Franz Hoffmann

Franz Hoffmann's Erzählungen

Franz Hoffmann

Franz Hoffmann's Erzählungen

ISBN/EAN: 9783742886989

Manufactured in Europe, USA, Canada, Australia, Japa

Cover: Foto ©Thomas Meinert / pixelio.de

Manufactured and distributed by brebook publishing software
(www.brebook.com)

Franz Hoffmann

Franz Hoffmann's Erzählungen

In demselben Hause!

Eine Erzählung

für

meine jungen Freunde.

Von

Franz Hoffmann.

Amerikanische Stereotyp-Ausgabe.

———— ·•·• ————

Philadelphia.

Verlag von J. Kohler, No. 202 Nord Vierte Straße.

1864.

Erstes Kapitel.

Das Haus und wer darin wohnte.

Vor kaum zehn Jahren, da stand das Haus noch, wie ich mit meinen eigenen Augen gesehen habe. Und zwar stand es keine zweihundert Schritt weit von einem der lebhaftesten Plätze Berlin's in einer engen, kleinen, schmalen, aber himmelhohen Seitengasse, die Einem viel höher vorkam als andere Straßen, weil die Dächer an einzelnen Stellen so nahe aneinander stießen, daß kaum ein Fuß breit Raum und Himmel zwischen ihnen zu sehen war.

Engen Straßen aber mit hohen Häusern geht es wie engen Gebirgsthälern mit hohen Felswänden: selten nur, und zwar immer ganz allein am hohen Mittage läßt die liebe Sonne freundlich einen Strahl ihres goldenen Lichtes hineinfallen, und darum ist es denn auch jederzeit kalt, feucht und schmutzig in solchen Gassen, eine widrige, dumpfe Luft herrscht darin, das Straßenpflaster ist schlüpfrig, und die Bewohner der Häuser haben fast immer ein bleiches, kränkliches Aussehen. Es geht ihnen wie den Blumen, die man im Keller überwintert. Luft und Wärme fehlen ihnen, und schon, wo nur Eines fehlt, verkümmert jede lebendige Kreatur.

In der kleinen Gasse zu Berlin, — nennen wir sie die Petergasse — , wurde es mindestens eine halbe Stunde später Tag, und eine halbe Stunde früher Nacht als in

29   5

ben breiten, hellen, prachtvollen Hauptstraßen der preußi-
schen Hauptstadt. Wer es vermeiden konnte, ging nicht
gern hindurch, obgleich es eine Verbindungsgasse zwischen
dem erwähnten Platze und einer breiteren Straße war,
wo von früh bis Abends der regste Verkehr herrschte.
Aber man machte lieber einen kleinen Umweg, um nur
nicht die dumpfe, verdorbene Luft einathmen zu müssen,
die zwischen den hohen Häusern wie eingeklemmt schien.
Ein kalter Schauer lief Einem unwillkührlich den Rücken
hinunter, man fühlte ein Frösteln selbst an den heißesten
Sommertagen wenn man das schmutzige, ewig feuchte
Steinpflaster der Gasse betrat, und man fand es beinahe
unbegreiflich, daß in einer solchen Straße überhaupt Menschen wohnen könnten. Aber trotzdem war sie nicht nur
bewohnt, die Petergasse, sondern sie war sogar ganz ungewöhnlich bevölkert, und an den großen Häusern mit ihren
breiten Fronten und zum Theil hohen Fenstern, die freilich meist ganz trübe, erblindete Scheiben hatten, hing
nur selten ein Zettel oder ein Täfelchen mit der Bemerkung aus: „Hier ist eine Wohnung zu vermiethen." Es
war Alles besetzt, Alles von oben bis unten, von den
Dachstübchen und Kämmerchen an bis in die Kellerwoh-
nungen hinab, zu denen mitunter halsgefährliche Treppen
hinabführten. Das machte, die Quartiere waren ungewöhnlich wohlfeil, und in den großen Häusern wohnten
meist arme, kleine Leute, die jeden Groschen zu Rathe halten und ihre Wohnungen nach der Billigkeit, nicht nach
der Bequemlichkeit, Schönheit oder Gesundheit wählen
mußten.

In alten Zeiten hatte die enge Gasse ohne Zweifel rei-
chere Leute zu Bewohnern gehabt. Dazumal fragte man
nicht nach viel Luft und Licht, und überhaupt, man wußte
es eben nicht viel anders. „Eng' und wohl sei besser als
weh' und weit," meinten unsere Vorfahren, und dachten
nicht viel darüber nach, ob ein so enges, gedrängtes Bei-

sammenwohnen der Gesundheit nützlich oder nachtheilig
sei. In späteren Zeiten wurde das freilich anders. Da
suchte man Luft und die liebe Sonne, man breitete sich
gern behaglich aus, und zog eine freundliche hübsche Aussicht dem engen Zusammen-Leben vor. Die dumpfen
finsteren Straßen und Gäßchen wurden verlassen, und da
man die stattlichen, hohen Häuser nicht mitnehmen konnte,
wie das bewegliche Hab' und Gut, so wurden sie verkauft
und vermiethet, oft zu den billigsten Preisen, wie's gerade
traf. Nun zog die Armuth ein, wo bisher der Reichthum
gethront hatte, und der Petergasse erging es in dieser
Weise, wie so vielen anderen Straßen und Gäßchen: sie
sank allmählig von einem Quartiere der Reichen zu einem
Winkelviertel der Armen herab, und mit der Armuth zog
dann auch Schmuß, Unreinlichkeit und Verfall der Häuser
mit ein. Ihre vormals immer sauber und stattlich erhaltenen Fronten überzogen sich mit einem räucherigen Grau,
Flechten und Moose wucherten auf den Gesimsen und
Vorsprüngen, der Kalkanwurf bröckelte von den Wänden,
und kein Mensch dachte daran, zu reinigen, zu erhalten
und auszubessern. Wenn nur im Innern Alles nothdürftig zusammenhielt; aus der Außenseite mochte werden, was Wind, Wetter und Alter daraus zu machen
Lust hatten.

So befand sich denn die Petergasse vor etwa zehn bis
zwölf Jahren in einem traurigen Zustande des Verfalls
und der Verwitterung, und nur ein einziges Haus zeichnete sich vor den übrigen durch eine etwas besser erhaltene
Außenseite vortheilhaft aus. Es lag ziemlich in der
Mitte der Gasse und war aus dem Grunde heraus von
soliden, tüchtigen Sandstein-Quadern aufgeführt. Ueber
den Kellern, zu denen eine noch feste, obgleich sehr
schmutzige Treppe hinunterführte, erhob sich das etwas
vorspringende Erdgeschoß mit gewaltigen Schwibbogen,
deren dicke, massive Säulen von unerschütterlicher Festig-

29

keit die oberen Stockwerke stützten und trugen. Die bedeckte Halle zwischen den Säulen und den bewohnten
Räumen des Erdgeschosses diente zu einem beliebten
Durchgange und zu einem noch beliebteren Sammelplatze
des Publikums bei eintretendem Regenwetter, obgleich der
ohnehin schmale Raum noch mehr verengt wurde durch
alte Hökerweiber, die in ihren Körben Obst und Näsche-
reien für die bettelhaften Straßenjungen des Gäßchens
feil hielten.

Unter dem Erdgeschosse erhoben sich noch zwei Stockwerke, ebenfalls von Sandstein-Quadern erbaut. Die
verhältnißmäßig großen Fenster waren von schön gearbei-
teten und fein ausgemeißelten Säulen eingefaßt, und die
Simse darüber zeigten in sauberer Ausführung, welche
die Hand eines geschickten Bildhauers errathen ließ, mannigfache Verzierungen, die nur leider durch das Alter hie
und da gelitten hatten, und durchgängig von schwärzli-
chem Moose, von Rauch und Schmutz überzogen waren,
wie alles Uebrige. Ueberdies hatten ein Dutzend kecke
Sperlinge ihre Nester in einigen Frucht- und Blumen-
körben, und sogar zwischen die Köpfe von verschiedenen
geflügelten Engeln gebaut, und Strohhalme mit Feder-
chen und dergleichen mehr gemischt, hingen aus diesen
unordentlichen, schlecht erhaltenen Nestern schuhlang heraus. Das ganze Haus, veräuchert, beschmutzt und mit
blinden Scheiben, konnte also mit seinem ganzen verwahr-
losten Aeußern nicht den angenehmsten Eindruck auf den
Beschauer machen, und wenn es trotzdem immer noch besser
aussah als die Nachbarhäuser, so verdankte es dies einzig
und allein dem Umstande, daß es von Anfang an nicht
mit Kalkbewurf angeputzt war, der also auch nicht stellen-
weise in großen landkartenähnlichen Flecken abfallen
konnte. Vernachlässigt und rußig bewahrte es durch seine
massive Bauart doch immer den Anschein von Dauer und
Festigkeit.

29

Der Besitzer dieses Hauses war ein alter, wunderlicher Kauz. Er hieß Herr Rempelmeier, und nur wenige Leute gab es, die mehr von ihm wußten, als eben nur diesen Namen. Von wohlhabenden Aeltern in dem erwähnten Hause geboren und erzogen, hatte er seine Jugend in der Petergasse verlebt, und war dann, bald nach seiner Einsegnung, im siebzehnten Jahre seines Alters verschwunden. Es hieß, seine Aeltern hätten ihn nach Hamburg in ein großes Droguerie-Geschäft gethan, damit er dort den Handel erlernen sollte. Seit jener Zeit wurde lange Jahre hindurch nicht viel mehr von ihm vernommen. Seine Mutter starb, — Fritz Rempelmeier gab kein Lebenszeichen von sich. Zwei Jahre nachher gesegnete auch sein Vater das Zeitliche und wurde begraben, ohne daß Fritz Rempelmeier ihn auf seinem letzten Gange begleitete. Das Haus stand leer und öde. Thür und Fenster waren geschlossen, und in den verwaisten Zimmern trieben nun Ratten, Mäuse und Spinnen ihr Wesen. Das dauerte so vier oder fünf Monate. Da, auf einmal hing eine Tafel an der Hausthür, mit der Ankündigung: „Haus im Ganzen oder auch im Einzelnen zu vermiethen. Anfragen bei Advokat Wunderlich auf dem . . . . . Platze, Nummer 12."

Von Fritz Rempelmeier keine Spur weiter. Neugier oder Lust zu miethen trieb verschiedene Leute zum Herrn Wunderlich, der ein bekannter, viel beschäftigter Advokat war. Man fragte, man forschte nach Fritz Rempelmeier, und der Advokat begnügte sich mit der Erklärung, daß er Auftrag und Vollmacht habe, das Haus zu vermiethen. Die Vollmacht in bester Form, von Hamburg datirt, lag vor. Was der Besitzer des Hauses dort betrieb, ob Handelsgeschäfte oder was sonst, das erfuhr Niemand, und im Grunde genommen hatte auch Niemand danach zu fragen. Kurz und gut, das Haus wurde an verschiedene Leute vermiethet, und bald steckte es voll von oben bis unten.

29

Der Miethzins wurde an Advokat Wunderlich bezahlt, oder, wenn er nicht pünktlich bezahlt wurde, von demselben eingetrieben, und den wirklichen Hausherrn bekamen die Miether nicht zu sehen.

Das dauerte Jahre lang so fort. Hie und da fragte einmal Dieser oder Jener an, ob das Haus nicht zu verkaufen sei? Aber der Advokat verneinte mit der entschiedensten Bestimmtheit. Die alten Miether zogen aus, ne zogen ein, die Bewohnerschaft des alten Hauses chselte fast alle zwölf Monate, und am Ende dachte man gar nicht mehr an Fritz Rempelmeier, sondern betrachtete den Advokaten Wunderlich als den Besitzer des Hauses.

Da, nach vielen, vielen Jahren, hieß es auf einmal: „Rempelmeier kommt wieder nach Berlin!"

Der Advokat Wunderlich, der seit dem Tode des alten Rempelmeier nun selber schon ein alter Mann mit ganz weißem Kopfe geworden war, hatte es selber gesagt, und so unglaublich die Nachricht schien, mußte man ihr doch wohl Glauben schenken. Allen Miethern nämlich, die in der ersten und zweiten Etage wohnten, wurde gekündigt, sie mußten Knall und Fall ausziehen, und konnten nicht einmal eine Entschädigung dafür beanspruchen, indem Advokat Wunderlich in fast allen seinen Miethscontrakten weislich seine Vorsichtsmaßregeln für diesen Fall getroffen hatte. Im Uebrigen wurden aber keine großen Vorkehrungen weiter zum Empfange des Hausherrn getroffen. Als die ausgeräumten, leeren Stuben und Kammern nothdürftig ein wenig gesäubert waren, schloß Herr Wunderlich die Thüren zu, und Niemand bekümmerte sich mehr um das Haus als die wenigen armen Leute, die oben in einem Dachstübchen, im Erdgeschoß und unter der Erde in der Keller=Etage wohnten.

Vierzehn Tage darauf rollte eines Morgens ein großer, schwer beladener Frachtwagen vor die Thür des Hauses und hielt hier an. Während der Fuhrmann seine vier

Pferde ausspannte, stieg ein langer, hagerer Mensch mit verwitterten Zügen, in einen großblumigen, bunten Damast-Schlafrock gekleidet, und ein rothes wollenes Tuch um den Kopf gebunden, vom Wagen herunter, und fragte den ersten besten Jungen, wo der Advokat Wunderlich wohne. Der Junge wußte keine Auskunft zu geben, aber eine alte Hökerin, die bereits mit Verwunderung den fremden Menschen angeschaut hatte, gab raschen Bescheid.

„Ei, Herr, ja," sagte sie; „Sie sind doch gewiß der Herr Rempelmeier, da Sie gerade hier nach dem Advokaten fragen! Na, ich weiß, wo er wohnt, und meine Liese kann gleich hinspringen und ihn herrufen! Lauf', Liese, hole den alten Wunderlich, und sag' ihm nur, der Herr Rempelmeier wär' angekommen!"

Liese war ein kleines Mädchen von acht bis neun Jahren, und sprang davon wie eine Gazelle. Zehn Minuten später kehrte sie mit dem Advokaten zurück, welchem sich der Fremde, der bis dahin in mürrischem Schweigen verharrt und der Hökerfrau kaum eine Antwort gegeben hatte, jetzt wirklich als den nach vielen Jahren heimgekehrten Fritz Rempelmeier vorstellte. Die kleine Liese streckte während dem ihr Händchen hin, um für ihren Gang zum Advokaten einen kleinen Botenlohn in Empfang zu nehmen; aber Herr Rempelmeier fuhr sie hart an, schalt sie ein zudringliches Bettelmädchen, und schlüpfte wie eine Wiesel in's Haus, dessen Thür Herr Wunderlich mittlerweile geöffnet hatte. Thränen gekränkten Gefühls in den Augen blickte die kleine Liese hinter ihm drein, und wagte es nicht, dem barschen Herrn in das Haus zu folgen.

„I, Liese, laß' ihn laufen," rief ihr die Mutter zu. „Aergere dich nicht über den alten Geizkragen! Aber er soll nur noch einmal kommen, der Grobian, dann wollen wir ihn schön ablaufen lassen. Der Geizhals der!"

Nicht fünf Minuten dauerte es, so wußte die ganze Nachbarschaft die Geschichte mit der kleinen Liese, und von

29

Anfang an galt Herr Rempelmeier für einen argen Geizhals, als den er sich dann später auch in der That be-
währte. Gleich darauf gab er wieder ein Beispiel von
schmutzigem Geize, indem er den Arbeitern, von denen er
seine Habseligkeiten vom Wagen in das Haus schaffen
ließ, mit aller Gewalt von ihrem redlich verdienten Lohne
Abzüge zu machen versuchte, sich um ein paar Dreier eine
halbe Stunde lang mit ihnen herumzankte, und lieber die
größten Grobheiten einsteckte als seinen Geldbeutel öffnete.
Schimpfend und murrend zogen die Leute ab, und Herr
Rempelmeier hatte zwar ein paar Groschen gespart, sich
dafür aber auch in der ganzen Nachbarschaft einen schlim=
men Ruf erworben.

Daraus schien er sich indeß nicht viel zu machen, denn
er kümmerte sich überhaupt nicht um die ganze Nachbarschaft. Nur nach seinen Miethsleuten fragte er, und
zwar nur aus dem einzigen Grunde, um ihnen eine Erhöhung des Miethzinses anzukündigen. Wer sich's nicht
wollte gefallen lassen, der mochte ausziehen, und in der
That räumten auch Alle das Haus, bis auf einen alten
Schuster im Erdgeschoß, der auf zeitlebens gemiethet hatte
und auf welchen wir weiter unten wieder zurückkommen
werden.

Nun wohnte Herr Rempelmeier fast ganz allein in seinem großen Hause und richtete sich nun ein, wie ein Dachs
in seinem Bau. Zur Bedienung und Hülfe nahm er einen alten Burschen an, der sich ihm durch wohlfeilen
Taglohn empfahl, und kramte mit diesem in den alten,
verstäubten Räumen des Hauses umher. Auf seinem
Frachtwagen hatte er mancherlei altes Gerümpel mitgebracht, Kisten und Kasten verschiedener Art, Schränke,
Tische und andere Möbel, auch allerlei seltsames Gethier
in ausgestopftem Zustande, Krokodile, Schlangen, Vögel
in Menge, getrocknete Fische von wunderbarer Gestalt und
eine Unzahl von gläsernen Flaschen und Gefäßen, in

29

benen Reptilien von gräulichem Aussehen in Spiritus
gesetzt standen. Von hübschen, bequemen, eleganten Möbeln bekam man nichts zu sehen; nur lauter solchen alten
Kram, von dem sich die Hökerweiber und die neugierig zu-
schauenden Straßenjungen bald entsetzten, bald darüber
lachten. Diese ausgestopften, getrockneten, in Spiritus
gesetzten Bestien und Reptilien brachte Herr Rempelmeier
in der ersten Etage seiner Wohnung unter; stellte sie auf
Regale und in alte Schränke längs den Wänden auf, ließ
sie an Stricken von der Stubendecke herab hängen und
machte in dieser Weise ein wirkliches Naturalien-Kabinet
aus seinen Gemächern. Was in der ersten Etage nicht
Platz fand, wurde in die obere, zweite gebracht, und auch
hier aller leere Raum damit ausgefüllt. Hier oben hin
brachte er auch große Kasten voll Käfer und Schmetter-
linge, die schon einen hübscheren Anblick gewährten als
die widerlichen und seltsamen Gestalten der kriechenden
Thiere, und nun war er so ziemlich mit seiner inneren
Einrichtung fertig. Nur an Möbeln und Hausgeräth
fehlte es noch, und Herr Wunderlich gab ihm den Rath,
das Mangelnde in einem Möbelmagazine einzukaufen.

„Denken Sie denn, daß ich ein Krösus oder verrückt
und närrisch im Kopfe bin?" gab Herr Rempelmeier barsch
zur Antwort. „Ich war lange genug in Surinam und
habe mich hinlänglich in den Wäldern unter freiem Himmel herumgetrieben, um Euren unsinnigen, kostspieligen
Luxus entbehren zu können! Wo sind die alten Möbel,
die meine Aeltern selig hinterlassen haben?"

„Ei, Herr Rempelmeier. Sie wollen doch nicht das alte
wurmstichige, von den Motten zerfressene Zeug in Gebrauch nehmen?" rief der Advokat aus.

„Was da!" lautete die Antwort, „wurmstichig und von
den Motten zerfressen oder nicht, das ist mir alles eins!
Ich brauche keinen Luxus, den ich bezahlen muß! Wo
sind die alten Sachen?"

„Ei nun, ich habe sie in eine Bodenkammer stellen lassen, wo noch mehr solches altes Gerümpel verrostet," erwiederte der Advokat Wunderlich.

„Gut," sagte Herr Rempelmeier. „Vorwärts, Joseph, wir wollen's herunter holen vom Boden!"

Joseph hieß der Diener, den sich Herr Rempelmeier angeschafft hatte, und, von dem Advokaten geführt, stieg er mit ihm auf den Boden hinauf. Die geräumige Kammer dort oben war voll gepfropft von verschiedenen Sachen, die sich aber freilich in einem Zustande befanden, der nicht viel Einladendes hatte. Fingerdick lag der Staub auf den alten Kommoden, Tischen und Stühlen, von denen längst die Fournirung abgesprungen war und nur noch in Stücken und Fetzen daran herum hing; die Spiegel, vielleicht aus dem vorigen Jahrhundert herstammend, waren zerbrochen und so blind, daß sie kaum noch zu ihrem ursprünglichen Zwecke brauchbar erschienen; die Sopha's hatten weder Ueberzug noch Polster mehr, — kurz, es fand sich eben nichts als altes Gerümpel, für das kein Mensch nur ein paar Thaler gegeben haben würde. Aber Herr Rempelmeier fand Alles vortrefflich, und nahm nicht den geringsten Anstand, seine Gemächer mit den alten Möbeln auszustaffiren. Er und Joseph räumten den ganzen Tag und am Abend war die Bodenkammer ziemlich leer, wogegen die Stuben eine wahre Musterkarte von zerbrochenem, verrostetem, abgenutztem und werthlosem Gerümpel bildeten.

Aber gerade in solchen Umgebungen schien sich Herr Rempelmeier am wohlsten zu fühlen, wenigstens fiel es ihm nicht ein, jemals seine Prachtgemächer und sein Haus zu verlassen. Jahr und Tag wohnte er schon in seinem Hause, und hatte die Schwelle desselben noch nicht wieder übertreten, noch nie wieder seine hagere, trockene, mumienartige Gestalt auf der Straße blicken lassen. Die Hökerfrau, deren Töchterchen damals den Advokaten herbeigeholt hatte, wußte dies ganz genau, denn vom frühen Morgen an wo sie sich auf ihrem Plaße einfand, bis zum späten Abende, wo sie ihn wieder verließ, beobachtete sie die Hausthür und lauerte darauf, daß Herr Rempelmeier einmal heraustreten solle, um ihm irgend einen Schabernack anzuthun, denn sie hatte sein schnödes Benehmen gegen ihr Lieschen noch nicht vergessen. Aber wie gesagt, sie lauerte vergebens. Herr Rempelmeier hielt sich weislich im Hause und beschäftigte sich mit seinen ausgestopften und getrockneten Kreaturen, die er immer mit neuer Liebe betrachtete, weil sie ihm keine Futter- und andere Kosten verursachten.

Nur ein einziges lebendes Wesen befand sich außer dem alten Diener noch um ihn, nämlich ein alter, in goldenem und grünem Gefieder schimmernder Papagei, den er aus Surinam mit nach Europa gebracht hatte. In früheren Zeiten war er das Eigenthum eines jener Sclaven gewesen, der ihn auf seinen Streifereien durch die Wildnisse und Urwälder Amerika's begleitet hatte. Er hörte, der Papagei nämlich, denn der alte Sclave war längst gestorben, auf den Namen Jakob, und wenn sein Herr Jakob! rief, so antwortete der Papagei allemal, mit etwas knarrender und schnarrender Stimme freilich, aber vollkommen deutlich: „Hier, Herr Rempelmeier!" und flog herbei, um sich auf seine Schultern zu seßen. Das machte dem Herrn Rempelmeier Spaß, und da sich Jakob an schmaler Kost genügen ließ, also nur eine höchst geringe Ausgabe veranlaßte, so blieb er der Gefährte seines Herrn und wurde gnädig in den Zimmern desselben geduldet.

Nicht so gut erging es dem alten Joseph. Der Mensch aß zu viel, und wurde dem Herrn Rempelmeier deshalb in der ersten Woche schon zur Last. Als er nun gar am Ende derselben seinen Lohn forderte, war das Gefäß des Zornes bis zum Rande gefüllt. Joseph wurde ohne Umstände verabschiedet, und nun schaltete und waltete Herr Rempelmeier wieder ganz allein in seinen vielen

29

Gemächern unter seinen todten Bestien, die weder aus seiner Schüssel aßen, noch Geld von ihm verlangten.

Aber ohne alle Aufwartung konnte sich Herr Rempelmeier doch nicht behelfen. Wenn er sich auch mit der einfachsten Kost begnügte, so mußte doch immer Jemand da sein, der sie ihm besorgte. Das fiel ihm erst ein, als er Joseph aus dem Hause gejagt und nun keinen Menschen hatte, der ihm am folgenden Morgen sein Frühstück brachte.

„Dummes Zeug, dummes Zeug," murmelte er, „ich muß zu Wunderlich schicken und mit ihm sprechen!"

Aber wen sollte er schicken? Einen Boten hatte er nicht, und selber gehen mochte er nicht. Herr Rempelmeier befand sich in großer Verlegenheit.

Da auf einmal, als er noch ärgerlich und verdrießlich darüber hin und her sann, was zu thun sei, kam der Advokat wie gerufen von selber.

„Guten Morgen, Herr Rempelmeier," sagte er, und Herr Rempelmeier empfing ihn zum ersten Male mit einem Schimmer von Freundlichkeit im Gesichte. „Ich bringe Ihnen eine gute Nachricht, über die Sie sich freuen werden, wie ich hoffe."

„Eine gute Nachricht? Wie?" fragte Herr Rempelmeier mißtrauisch. „Was wäre das?"

„Nun, mit Einem Worte: Sie stehen nicht mehr ganz allein in der Welt, es lebt noch Jemand von Ihren Verwandten, eine arme, aber brave und rechtschaffene Frau, die Ihrer ganzen Theilnahme würdig ist."

„Eine a r m e Frau?" sagte Herr Rempelmeier und zog sein Gesicht in die Länge. „Was thu' ich damit? Was soll ich mit Verwandten? Ich will keine Verwandten! Bleiben Sie mir mit allen Verwandtschaften vom Leibe!

„Aber, Herr Rempelmeier, es ist Ihre wirkliche und wahrhaftige Cousine von mütterlicher Seite! Vielleicht die einzige Verwandte, die Sie noch haben in der Welt!

29

Und unglücklich dazu! Mein Gott, Sie werden doch nicht
so hartherzig sein, die arme Nichte Ihrer seligen Frau
Mutter im Elende verschmachten zu lassen!"

„Nichte hin, Nichte her! Verschmachten hin, verschmachten her! Was geht's mich an!" entgegnete Herr Rempelmeier mit Härte, und schob seine Hände in die Taschen
seines weiten Schlafrocks. „Ich will nichts hören!"

„Aber wen wollen Sie einmal, wenn Sie sterben, zu
Ihrem Erben machen?" fuhr der Advokat hartnäckig fort.
„Sollen denn Ihre gesammelten Schätze und Reich-
thümer in fremde Hände fallen?"

„Herr, was wissen S i e denn von meinen Schätzen und
Reichthümern?" grollte Herr Rempelmeier mit verdrießli-
cher Miene. „Ich habe keine Schätze, gar keine! Ich bin
ein armer Mann, der kaum zu leben hat! Und nun kein
Wort weiter davon! Ich habe andere Sorgen, schwere
Sorgen, fatale Sorgen! Joseph ist fort!"

„Wohin!"

„Zum Henker meinetwegen! Ich konnte ihn nicht brauchen! Der Kerl aß mich arm! Aber was nun? Was
nun? Wer holt mir mein Frühstück? Mein Mittagsessen?
Schaffen Sie mir wen anders! Aber wohlfeil! Theure
Leute kann ich nicht brauchen."

Der alte Advokat lächelte pfiffig vor sich hin. „Hören
Sie, Herr Rempelmeier," sagte er, „da wüßt' ich am Ende
wirklich Jemanden. Nehmen Sie Ihre Cousine in's
Haus! Dann ist ihr geholfen, und Ihnen geholfen!"

Herr Rempelmeier horchte doch auf. „Hm, hm!"
brummte er. „Wenn sie keinen Lohn verlangt, und nichts
zu essen, — oben steht ein Dachstübchen leer, das könnte
sie bekommen, — ganz umsonst, nur mit der Bedingung,
daß sie dafür meine Aufwartung besorgt und mich nie ein
Wort von Verwandtschaft hören läßt. Ich hasse alle
Verwandtschaft! Hungriges Volk! Kann's nicht brauchen."

„Nun, ich will mit der armen Frau reden," erwiederte
29

der Advokat. „Es ist doch wenigstens ein Obdach, und später wird man ja sehen. Die arme Frau Engelbert! Sie hatte mehr von der Liebe ihres einzigen Verwandten gehofft."

„Dummheiten! Ich kenne sie gar nicht!" murrte Herr Rempelmeier. „Wie kommt sie eigentlich zu Ihnen?"

„Ei nun, auf die einfachste Weise von der Welt," erwieder der Advokat. „Ein Gerücht, daß Sie aus der Fremde zurückgekehrt wären, war ihr zu Ohren gekommen, und da suchte sie mich auf, um sich näher zu erkundigen. Ihr Mann war ein Kaufmann, ein redlicher, fleißiger Mann, ich kannte ihn. Aber er wurde krank, siechte ein Jahr oder so etwas hin, und starb endlich. Während der Krankheit konnte das Geschäft nicht gehörig besorgt werden, Verluste anderer Art kamen hinzu, kurz, nach dem Begräbniß befand sich die arme Wittwe im größten Elende und von Allem entblößt. Aber sie verlor den Muth nicht. Sie arbeitete, sie verdingte sich als Wäscherin, als Scheuerfrau, und Gott weiß, zu was für schwerer Arbeit noch, um nur auf ehrliche Weise das tägliche Brod zu verdienen. Eine kreuzbrave Frau ist sie, die Frau Engelbert, und wahrhaftig, wenn man bedenkt, daß sie doch von guter Familie ist, daß es ihr nicht an der Wiege gesungen wurde, wie schwer Gottes Schickung sie dereinst treffen sollte, und daß sie nun doch so standhaft und muthig alles Leid erträgt, so muß man alle Achtung vor der braven Frau haben!"

„Was kümmert das mich? Ihre Sache!" brummte Herr Rempelmeier. „Nichts weiter davon! Nur noch Ein Wort für tausend. Die Dachstube kann sie unter den angegebenen Bedingungen haben, aber weiter nichts. Punktum! Adjeu, Herr Wunderlich!"

„Alter Geizhals!" brummte der Advokat, als er die Haustreppe hinunter stieg. „Und doch weiß ich, daß ich hier ein schönes Vermögen für ihn zusammengescharrt habe, abgesehen von dem, was er von Surinam mitge-

29

bracht hat!" Aber ich glaube wahrhaftig, er ließe lieber seine armen Verwandten verhungern, als daß er einen Thaler von seinem Mammon herausrückte. Niedriger, schmutziger Geizhals !"

Der alte, brave Advokat mochte wohl Recht haben in seinem Urtheile über Herrn Rempelmeier. Trotzdem zog noch am nämlichen Tage Frau Engelbert in die kleine Dachstube ein, und brachte auch ihren Sohn mit, ihren Wilhelm, einen hübschen Knaben von elf oder zwölf Jahren, von dem der Advokat kein Wort zu Rempelmeier gesagt hatte, aus wohlbegründeter Furcht, dann ganz und gar kein Gehör bei ihm zu finden. Rempelmeier tobte und schalt auch wie ein Besessener, als er von der Anwesenheit des Knaben Kunde erhielt; als aber Frau Engelbert alle seine Vorwürfe schweigend hinnahm, als sie nur im bittern Schmerze ihre Hände faltete, und große Thränen kummervollen Leides über ihre bleichen, hohlen Wangen rollten, da schien denn doch ein menschliches Rühren endlich Eingang in das vertrocknete Herz des alten Geizhalses zu finden, und sein Toben und Poltern schwand in ein grollendes Murren dahin. Erst hatte Frau Engelbert auf der Stelle das Haus wieder räumen sollen, aber davon war jetzt keine Rede weiter. Sie blieb, und Rempelmeier duldete schweigend, daß sie in ihrer stillen, geräuschlosen Weise für seine kleinen Bedürfnisse sorgte. Das Dasein des Knaben schien er in vier Wochen gänzlich vergessen zu haben. Er bekam ihn nicht zu sehen, und Frau Engelbert hütete sich wohl, Seiner bei dem hartherzigen Verwandten zu erwähnen. Sie war froh, daß der arme Wilhelm überhaupt im Hause nur geduldet wurde.

Und doch hätte Wilhelm alle Liebe und Freundlichkeit guter Menschen in reichem Maße verdient, denn er war in Wirklichkeit ein guter, braver, wackerer Knabe, und die einzige Freude seiner armen Mutter, an der er mit unbeschreiblicher Zärtlichkeit hing.

29

Was übrigens Herr Wunderlich über die Verhältnisse
von Frau Engelbert ihrem Verwandten mitgetheilt hatte,
beruhte Alles auf Wahrheit und hatte seine vollkommene
Richtigkeit. Ihre Aeltern waren nicht gerade reiche, aber
doch ziemlich wohlhabende Leute gewesen, die ihr eine gute
Erziehung hatten geben lassen. Daß sie später verarmte,
war nicht ihre Schuld, sondern eine Schickung des Herrn,
die sie mit wahrhaft christlicher Ergebung und Standhaf-
tigkeit ertrug. Sie zwang sich, ihre früheren, besseren
Umstände zu vergessen, und dachte nur allein darauf, auf
rechtschaffene Weise ihr Brod zu erwerben und ihren Knaben zum Guten zu erziehen, ohne sich dabei zum Betteln
erniedrigen zu müssen. Sie arbeitete, und scheute sich vor
k e i n e r Arbeit, wie niedrig sie auch sein mochte und
wie wenig sie zu ihren vorherigen Verhältnissen passen
wollte. Durch Nähen, Waschen, Plätten und dergleichen
mehr fristete sie ihr Dasein, und erwarb im Schweiße ihres
Angesichts wenigstens so viel, um nicht am Nothwendigsten
darben zu müssen. Mit Freuden ging sie auf den Vorschlag ein, zu ihrem Vetter Rempelmeier in's Haus zu
ziehen, denn sie berücksichtigte, daß, so ärmlich auch die ihr
angebotene Wohnung sein mochte, doch wenigstens keine
Miethe dafür zu bezahlen wäre, und in die Launen und
Eigenthümlichkeiten des Herrn Vetters hoffte sie sich schicken
zu lernen, wie sie sich in so Manches geschickt und gefügt
hatte. Und im Uebrigen, — große Ansprüche konnte sie
ja nicht machen, und machte sie nicht. Das Wenige, was
sie für Herrn Rempelmeier zu thun hatte, war alltäglich
bald besorgt, und es blieb ihr beinahe der ganze Tag übrig, wo sie, wie sonst, ihre Arbeiten verrichten konnte.
Außerdem stand Wilhelm in manchen Stücken ihr treulich
zur Seite, und bald brauchte sie sich fast gar nicht mehr
um Herrn Rempelmeier zu bekümmern. Die kleinen
Dienstleistungen für ihn besorgte der Knabe. Mit Tages
Anbruch stand er auf, holte das Frühstück für den gestren-

gen Herrn Vetter, das in nichts weiter als einem Dreier-
bröbchen aus dem nächsten Bäckerladen und in einer
Flasche frischen Wassers bestand, und im Winter machte
er Feuer in dem einzigen Ofen an, den der Herr Vetter
heizen ließ. Mittags lief er nach der Garküche und holte
für zwei Groschen, die immer bereit lagen, Gemüse und
Fleisch zur Mittagsmahlzeit, trug eine Stunde darauf das
Geschirr wieder fort, und nun war er für den ganzen Tag
fertig mit Herrn Rempelmeier, den er übrigens nie zu
sehen bekam, weil er nur in das Vorzimmer treten durfte,
wo Jener nie erschien, außer wenn Wilhelm schon fort
war. Herr Rempelmeier glaubte sich noch immer von
Frau Engelbert bedient, und machte sich stets unsichtbar,
um etwaigen Betteleien aus dem Wege zu gehen, die ihm
unter allen Umständen höchst unangenehm gewesen wären.

Die Dienstleistungen Wilhelms waren also weder
sehr schwierig, noch sehr zeitraubend, und er sowohl wie
seine Mutter fanden sie durch die freie Wohnung im Hause
zur Genüge bezahlt. Herr Rempelmeier hätte sich dreist
bei ihnen zeigen können; keinem von Beiden wäre es einge-
fallen, ihn um ein Geschenk anzusprechen. Frau Engelbert
arbeitete lieber als daß sie bettelte; und Wilhelm dachte
überhaupt gar nicht daran. Ihm fehlte und mangelte ja
nichts. Er war an Armuth gewöhnt, kannte nichts Besseres, und verlangte nichts Besseres. Wenn er Morgens
ein Stück Brod, Mittags eine warme Suppe und Abends
wieder ein Stück Brod hatte, so war er zufrieden und in
seinem Gott vergnügt. Auch mangelte ihm wirklich die
Zeit, viel über seine und seiner Mutter Lage nachzudenken.
Wenn er für Herrn Rempelmeier gesorgt hatte, mußte er
in die Schule gehen oder seine Schularbeiten zu Hause
im Dachstübchen machen, und nur die Abende und Sonn-
tage waren von diesen Beschäftigungen frei. Aber dann
plauderte er entweder mit seiner Mutter, oder, wenn diese
irgend eine Abhaltung hatte, so schlüpfte er die Treppe

29

hinunter zu Meister Leonhard, dem alten Schuhflicker und
Junggesellen, der das Erdgeschoß des Hauses bewohnte,
und ließ sich von ihm etwas erzählen.

Das waren köstliche Stunden für Wilhelm, diese Stunden, die er bei dem Meister Leonhard zubrachte. Der alte
Junggesell hatte viel erfahren in seinem langen Leben,
und er plauderte gern mit Wilhelm, dessen offenes zutrau-
liches Wesen ihm von Anfang an wohlgefallen hatte.
Leonhard's Wohnung war eng und klein. Von dem
großen Flur des Hauses, der in früheren Zeiten zu einer
Niederlage von Waaren gedient haben mußte, trat man
in einen kleinen Laden, der dem alten Schuhflicker zur
Werkstätte diente. Hier sah es nun bunt genug aus, und
es standen und lagen so viele verschiedene Sachen umher,
daß man kaum Platz zum Umdrehen hatte. Dicht am
Fenster befand sich ein kleiner Tisch mit einem dreibeinigen
Schemel davor. Auf dem Tische lagen Pfriemen, Aalen,
Messer, Hämmer und allerlei altes Schuh- und neues Le-
derwerk durcheinander, und von der Decke herunter hing
eine große Glaskugel darüber, die Meister Leonhard
Abends gebrauchte, um sich helles Licht zur Arbeit zu ver-
schaffen. Vor dem Tische auf dem Schemel saß er vom
ersten Tagesgrauen an bis Abends spät, und flickte Stiefeln und Schuhe, denn obgleich er nur selten in die Verlegenheit kam, neue Arbeit liefern zu müssen, fehlte es
ihm doch nicht an anderweitiger Beschäftigung. Der alte
Leonhard arbeitete dauerhaft und billig, und die Arbeitsleute, die Auflader, die Packknechte, die Eckensteher in der
umliegenden Gegend kannten diese Tugenden des Alten
von langer Zeit her, und erhielten ihm ihre Kundschaft.
Dabei verdiente der alte Leonhard sein tägliches Brod,
und wohl auch noch Manches darüber, denn die Höker-
frauen vor dem Hause munkelten so Mancherlei, und Lieschen's Mutter behauptete sogar steif und fest, daß der alte
Leonhard ein hübsches rundes Sümmchen in der Spar-

kaſſe auf's Trockene gebracht haben müſſe. Es mochte
ſeine Richtigkeit haben, aber wer konnt' es beweiſen? Die
häusliche Einrichtung und das einfache, ſtille Leben des
alten Burſchen ließ nicht vermuthen, daß er große Schätze
geſammelt haben könne. Das kleine Stübchen neben der
Werkſtatt enthielt nur ſein hartes Bett, das er jeden
Morgen mit ſeinen eigenen Händen zurecht machte, und
ein paar alte Möbel, für die eine Trödelfrau keine zehn
Thaler im Ganzen gegeben hätte. Großen Luxus mit
Kleidungsſtücken trieb Meiſter Leonhard auch nicht. An
Werkeltagen trug er ſein Schutzfell, und Sonntags eine
alte Uniform, die noch aus dem ſiebenjährigen Kriege her-
ſtammte, denn Meiſter Leonhard war unter dem alten
Fritzen Soldat geweſen, hatte den ganzen ſiebenjährigen
Krieg mit durchgefochten, und zuletzt als Feldwebel ſeinen
Abſchied genommen, weil er merkte, daß ſeine alten Kno-
chen nicht mehr ſo recht fort konnten, wie in früheren
Zeiten. Die Wunden und Strapatzen des Kriegs hatten
ihre Nachwehen. Zum Glück brauchte er um ſeinen Lebensunterhalt nicht beſorgt zu ſein. In der Jugend
hatte er das Schuhmacherhandwerk gelernt und noch nicht
vergeſſen, mit Draht und Nadel, mit Hammer und Meſſer
umzugehen. Er miethete die kleine Wohnung im Erdge-
ſchoß des Hauſes, kaufte einen leidlichen Ledervorrath von
ſeinem erſparten Solde, und erwarb nun ſchlicht und recht
ſeinen Lebensunterhalt. Ein zwanzig Jährchen oder noch
drüber mochte er ſchon in ſeiner kleinen Werlſtatt gehauſt
haben, und dort war er auch immer und zu jeder Tageszeit
zu finden, außer am Sonntag Vormittag, wo er regelmäßig, in die alte, abgetragene, aber ſtets ſauber gebürſtete
Uniform gekleidet, mit dem Geſangbuche unter'm Arme in
die Militär-Kirche ging und andächtig ſeinen Gottesdienſt
verrichtete. Nachmittags dann ſaß er, ein kurzes Pfeif-
chen ſchmauchend, am Fenſter ſeines Stübchens und betrachtete ſich die ſonntäglich gepuutzten Leute, die vor ihm

29

Parade machten. Das war seine gewöhnliche Sonntags-
Unterhaltung, und Montags saß er wieder im Schußfell
auf dem Schuster-Schemel, und gebrauchte munter sein
Handwerksgeräth, um alte Stiefeln auszubessern, Flüstern
aufzusetzen oder neue Sohlen aufzulegen, wenn es absolut
mit den alten nicht mehr gehen wollte. Bei dieser einfachen, regelmäßigen und arbeitsamen Lebensweise fühlte
sich der alte Leonhard ganz zufrieden und glücklich, und
hatte wohl auch alle Ursache dazu, denn die ganze Nachbarschaft kannte und liebte das alte, ehrliche, treue, fleißige
Soldatenblut, und Keiner ging an seiner Werkstatt vorüber, ohne ihm freundlich zuzunicken oder ihm ein herzli-
ches: „Guten Tag, Vater Leonhard!" zuzurufen.

Der alte Schuhflicker war so recht ein gefundener Schatz
für Engelbert's Wilhelm. Schon in der ersten Woche,
nachdem er mit der Mutter in des Herrn Rempelmeier's
Haus eingezogen war, hatte er eine Bekanntschaft mit ihm
angeknüpft, die sich bald zu der zärtlichsten Anhänglichkeit
und Freundschaft steigerte, so daß Wilhelm fast jeden
Abend, wenn seine Mutter nicht daheim war, bei dem alten Leonhard zubrachte, wogegen der alte Invalide sich die
Mühe nicht verdrießen ließ, die Treppen nach dem Boden-
stübchen hinaufzusteigen, wenn Wilhelm ihn nicht besuchen
konnte. So viel stand fest, daß sie jeden Abend mitein-
ander zubringen mußten, es hätte sonst einem Jeden von
ihnen Etwas gefehlt. Der alte Krieger fand Gefallen an
dem Jungen, und Wilhelm schwärmte für den braven
Leonhard, der die wunderschönsten Geschichten vom alten
Fritze und von den blutigen Kämpfen und Schlachten des
siebenjährigen Krieges zu erzählen wußte, wo es so gewaltig und blutig hergegangen war. Dabei wußte sich
Wilhelm allmählig auch nützlich zu machen. Müssiggang
war seine Sache nicht; der Trieb zur Thätigkeit war ihm
angeboren, und er konnte nicht die Hände im Schooße
liegen lassen, wenn Meister Leonhard beim Erzählen seiner

29

schönen Geschichten Nadel und Pfriemen handhabte. So
gut er konnte, ging er dem alten Freunde zur Hand,
wichste die hanfenen Fäden mit Pech zu Schusterdraht,
lernte Schabmesser und Pfriemen gebrauchen, und brachte
es allmählig so weit, daß Meister Leonhard meinte, er
könne nachgerade einen ganz leidlichen Schusterjungen
abgeben. Zuletzt lernte Wilhelm sogar ganz ordentlich
das Schuhflicken und nun arbeiteten der Alte und der Junge
manche Abendstunde fleißig um die Wette, während Leonhard plauderte und erzählte, und Wilhelm andächtig und
bewunderungsvoll zuhorchte. Kurz und gut, Leonhard
und Wilhelm waren nach Jahr und Tag trotz der großen
Verschiedenheit ihres Alters die besten Freunde von der
Welt geworden und liebten einander wie Vater und Sohn.

Es befand sich aber außer Wilhelm noch Jemand im
Hause, der gern der Dritte im Freundschaftsbunde gewesen
wäre, oder doch wenigstens eben so gern, wie Wilhelm,
den schönen Erzählungen des Invaliden gelauscht hätte,
wenn es dieser nur hätte zugeben und dulden wollen.
Dies war Günther's Karl, der Sohn des Kellerwirths,
der im Hause unter der Erde eine Winkelschenke für Taglöhner, Arbeitsleute, Eckensteher und andere Gäste hielt,
die gerade nicht zu dem ehrbaren Stande der Arbeiter
gehörten. Zu Anfang, als Frau Engelbert erst oben hinauf in das Dachstübchen des Hauses gezogen war, hatte
Karl Günther eine Bekanntschaft mit Wilhelm anzuknü-
pfen gesucht, und es war ihm auch gelungen, den arglosen
Knaben ein paar Mal in die Schenke unter der Erde mitzunehmen. Aber das Treiben da unten sagte Wilhelm
nicht zu. Er hörte und sah so Manches von den rohen
Gästen, was ihm die Röthe der Scham auf die Wangen
trieb, während Karl nur darüber lachte, und schon nach
dem zweiten Besuche empfand er einen heftigen Wider-
willen nicht nur gegen den Besuch des Kellers, sondern
auch gegen Karl selber, der ihn dort hingeführt hatte. Er

zog sich von ihm zurück, und ging ihm so viel wie möglich aus dem Wege. Der alte Leonhard, nachdem er dessen Bekanntschaft gemacht, bestärkte ihn noch in seiner Abneigung gegen Karl, und lobte ihn, daß er sich von dem Burschen fern hielt.

„Er ist ein Taugenichts," sagte er, als einmal zwischen ihnen die Rede auf ihn kam; „er lügt und stiehlt, ich weiß es aus eigener Erfahrung, und ein solcher Umgang paßt nicht für dich. Mir darf er nicht über die Schwelle kommen, seit ich gesehen habe, daß er der alten Becker'n, Liese's Mutter, heimlicher Weise hinter ihrem Rücken die Aepfel aus dem Korbe gestohlen hat. Ich rief ihn herein in die Werkstatt, nahm ihm die Aepfel ab, regalirte ihn dafür mit dem Knieriemen und drohte ihm, das nächste Mal, wo dergleichen wieder passirte, der alten Becker'n Alles zu sagen. Seitdem hütet er sich, stiehlt nicht mehr unter meinen Augen und geht mir weit aus dem Wege. Aber ein Taugenichts ist er geblieben nach wie vor, ich weiß es, denn ich sehe Manches hier aus meinem Winkel, was andere Leute nicht sehen, und darum, wie gesagt, halte dich fern von ihm. Mich haßt er wie Gift und Operment und dich wird er auch bald ebenso hassen; aber mache dir nichts daraus, Wilhelm, und fürchte dich nicht. Zu Leide soll er dir schon nichts thun, und überdies bin ich auch noch da und der Knieriemen ist ganz gut im Stande. Geh' nicht mit ihm um, und gib dich nicht mit ihm ab! Lieber allein sein, als mit Lügnern und Spitzbuben zusammen!"

Wilhelm merkte sich die Warnung des ehrlichen Leonhard um so besser, als sie mit seiner eigenen Abneigung gegen Karl übereinstimmte, und befolgte sie pünktlich. Die Folge war, daß ihm Karl, wie Leonhard vermuthet hatte, spinnefeind wurde; und anfänglich mehrere Versuche machte, ihm einen Schabernack anzuthun. Aber Wilhelm war auf seiner Hut, und der alte Leonhard hielt die Au-

29

gen offen. Als er Karl einmal dabei ertappte, daß derselbe seinen Schützling aus einem Winkel heraus mit harten Thonkugeln aus dem Blaserohre beschießen wollte, schlich er sachte herbei, nahm ihn am Kragen, schleppte ihn in die Werkstatt, und verabfolgte ihm eine zweite Portion Knieriemen von so gediegener Art, daß Karl für's Erste daran genug hatte und nicht nach der dritten verlangte. Er ließ fortan Wilhelm in Frieden, haßte ihn aber heimlich um so mehr, weil derselbe hartnäckig seinen Umgang und seine Freundschaft verschmähte.

Dies war das Haus, und dies waren die Leute, die unter demselben Dache darin wohnten. Reichthum und Armuth, Ehrlichkeit und Bosheit, Fleiß und Trägheit fanden sich auf kleinem Raume neben und über einander, und es konnte kaum fehlen, daß diese verschiedenen Elemente mit der Zeit in mannigfache Berührung und vielleicht auch in seltsame und wunderliche Conflikte geriethen.

Zweites Kapitel.

Zerwürfnisse.

Frau Engelbert erwarb sich, wie erwähnt, auf rechtschaffene Weise ihr tägliches Brod, und obgleich sie es in ihren bedrängten Umständen nicht so weit brachte, einen sicheren Nothpfennig für schlechtere Zeiten zurückzulegen, brauchte sie doch mit ihrem Wilhelm auch keine Noth zu leiden. Brod, eine Schüssel Kartoffeln und ein wenig Salz dazu, dann und wann an Sonn- und Festtagen auch ein Stückchen Fleisch mit etwas Gemüse fand sich immer auf ihrem Tische, und die bescheidenen Leutchen

29

ließen sich daran genügen, und dankten Gott im Herzen für die liebe Himmelsgabe. Aber als Wilhelm mit der Zeit größer wurde, mehrten sich die Sorgen um die täg-liche Nahrung, und Frau Engelbert schaute manchmal mit trüben Gedanken in die nächste Zukunft. Bis jetzt hatte Wilhelm eine Freischule besucht, wo er kein Schulgeld zu bezahlen brauchte und sogar seine Schulbücher umsonst bekam, weil er sich durch Fleiß, Ordnung und bescheidenes, sittsames Betragen vor allen seinen Mitschülern vortheil-haft auszeichnete. Aber allmählig rückte die Zeit heran, wo diese Vergünstigung ein Ende nehmen mußte. Noch ein kurzes Vierteljahr, und Wilhelm wurde durch die Confirmation in den Bund der Christen aufgenommen. Dies war nicht nur für seinen inneren, sondern auch für seinen äußeren Menschen ein wichtiger Abschnitt, ein höchst folgereicher Wendepunkt in seinem Leben. Mit der Con-firmation trat die Nothwendigkeit ein, welcher Frau En-gelbert mit Bangen und Zagen entgegen sah. Nach seiner Einsegnung konnte Wilhelm nicht länger die Frei-schule besuchen, sondern mußte darauf denken, sich durch eigene Kraft selbstständig einen Weg durch das Leben zu bahnen. Wie sollte der arme Junge das anfangen ohne Geld, ohne Freunde, ohne Unterstützung irgend einer Art? Frau Engelbert dachte wohl an den reichen Vetter Rem-pelmeier, den einzigen Verwandten, den sie hatte, den Einzigen, dessen Beistand sie allenfalls in Anspruch neh-men konnte, aber mit einem Seufzer mußte sie sich selbst eingestehen, daß sie sich auf Hülfe von dieser Seite her keine Hoffnung irgend einer Art machen dürfe. Und wo, bei wem, an welchem Orte sonst sollte sie Hülfe suchen? Vergebens ließ sie Blicke und Gedanken überall umher-schweifen, sie sah nirgends eine tröstliche Aussicht, nirgends einen Hoffnungsstrahl, der ihre gebeugte Seele erquickt und aufgerichtet hätte.

Dazu kam noch so manches Andere, was ihr Herz be-

drückte. Nicht allein die Zukunft beunruhigte sie, sondern
auch die Gegenwart schon brachte ihre schweren Sorgen mit
sich. Die Ernte war im vergangenen Jahre mißrathen,
und in Folge dessen hatte sich allmählig eine Theurung
aller Lebensmittel eingestellt, die für wohlhabende und
reiche Leute zwar nur lästig, für die Armen aber bereits
eine drückende Lebensfrage geworden war. Brod und
Kartoffeln kosteten doppelt und dreifach so viel als in früheren, besseren Zeiten, und doch durfte Frau Engelbert
keine höheren Forderungen für ihre Dienstleistungen stellen, wenn sie sich nicht der Gefahr aussetzen wollte, gar
keine Beschäftigung mehr zu bekommen. Sie hatte sich in
den letzten acht oder neun Monaten, seitdem Wilhelm den
Confirmations-Unterricht bei dem Herrn Pfarrer genoß,
mit Noth und Mühe ein paar Thaler zusammengespart,
aus mütterlicher Fürsorge, damit ihr Wilhelm, wie die
anderen Knaben, in einem sauberen, des hohen Tages
würdigen Anzuge an den Tisch des Herrn treten könne.
Aber ach du lieber Gott, wo blieben die paar Thaler in
der theuren Zeit? Einer nach dem andern mußte veraus-
gabt werden, um die nöthigsten Lebensbedürfnisse herbeizuschaffen, und obgleich Frau Engelbert jedesmal einen
Stich im Herzen empfand, wenn sie wieder eins von den
mühsam gesammelten blanken Geldstücken aus ihrer Truhe
nahm, blieb ihr doch eben keine Wahl, sie mußte es
nehmen, und die Hoffnungen auf Anschaffung eines sauberen Anzuges für Wilhelm schwanden mit jeder Woche
mehr dahin, bis zuletzt endlich ihr kleiner Schatz gänzlich
erschöpft war. Vier Wochen vor der Confirmation nahm
sie den letzten Thaler aus der Truhe, und eine heiße
Thräne mütterlichen Schmerzes träufelte darauf.

Bisher hatte Wilhelm von den bangen Sorgen der
Mutter noch keine Ahnung gehabt, denn sie verbarg ihm
so viel als möglich allen Kummer, um dem jugendlich
sorglosen Knaben nicht auch noch das Herz schwer zu ma-

chen. Aber heute zum ersten Male bemerkte Wilhelm, als
er aus der Freischule kam, die rothgeweinten Augen der
Mutter, und mit ungestümer Zärtlichkeit fiel er ihr um
den Hals.

„Was fehlt dir, Mütterchen? Was fehlt dir?" fragte er.
„Hat dir Jemand etwas zu Leide gethan? Der könnte sich
vor mir in Acht nehmen! Sprich Mütterchen, sage mir
Alles! Warum hast du geweint? Wer hat dich gekränkt?
Doch nicht etwa gar Günther's Karl, der Bösewicht?"

„Nicht doch, Wilhelm, nicht doch," entgegnete die Mutter, und trocknete die Thränen, die von Neuem flossen.
„Niemand hat mich gekränkt oder beleidigt! Du mußt
nicht so ungestüm sein!"

„Aber warum weinst du denn, Mütterchen? Warum
hast du geweint? drängte Wilhelm. „Du kannst es
nicht verhehlen, kannst nicht, Mutter! Und nun ich dies
weiß, mußt du mir auch Alles sagen!"

Das Herz der armen Mutter war so voll, der Knabe
bat so inständig, ließ so gar nicht nach mit Bitten und
Flehen, — sie mußte ihm endlich allen ihren Kummer
mittheilen, mußte ihr Herz erleichtern, das zu zerspringen
drohte, und so erzählte sie denn Alles, was sie seit vielen
Wochen schon bedrückt und geängstigt hatte. Wilhelm
hörte still bewegt zu, und streichelte nur von Zeit zu Zeit
mit trauriger Miene die zitternden Hände der armen guten Mutter.

„Also um meinetwillen machst du dir alle diese
trüben Gedanken und verbitterst dir das Leben?" sagte
er, als er Alles wußte. „Gute, liebe, arme Mutter, das
hättest du ja nicht nöthig gehabt! Was macht es denn aus,
wenn ich auch wirklich in meinem alten Rocke an den Altar
treten muß? Meinst du denn, daß Gott auf das Kleid sieht?
Gott sieht auf das Herz, und gewiß, Mütterchen, ein from-
meres Herz, eines, was mit mehr Liebe und Ehrfurcht zu
Ihm, dem Allgütigen und Allmächtigen aufsieht, wird der

Vater im Himmel unter uns Allen nicht finden. Gewiß nicht."

„Aber die Menschen, Wilhelm! die Menschen!" entgegnete die Mutter. „Sie werden dich Alle ansehen, und dann wirst du dich schämen müssen, daß du kein festliches Kleid trägst."

„Die Menschen?" erwiederte der Knabe. „Schämen sollte ich mich vor ihnen? Warum denn, Mutter? Es ist ja doch nicht m e i n e, nicht u n s e r e Schuld, daß wir arm sind? Armuth ist ja doch keine S c h a n d e, Mutter! Oh nein, ich werde mich n i c h t schämen, gar nicht, auch nicht ein Bischen, so wenig, wie sich der Sperling seines einfachen grauen Federkleides schämt, wenn er sein Körnchen Gerste neben dem prächtig gefiederten Pfau von dem Hofe aufpickt. Ei bewahre, Mütterchen, ich schäme mich gar nicht, und d a r ü b e r brauchst du dir also nicht die geringste Sorge zu machen."

„Aber die jetzige Theurung, Wilhelm? Was soll noch werden, wenn nicht bald wohlfeilere Zeiten kommen?"

„Sie w e r d e n kommen, Mütterchen! Sie w e r d e n kommen! Wir müssen nur Geduld haben. Und überdies, wenn ich erst aus der Schule bin, so kann ich dir auch besser zur Hand gehen als jetzt, und was ich brauche, mir selber verdienen."

„Aber wie? Wie, lieber Junge?"

„Nun, wie Gott will!" entgegnete er einfach. „Wasser tragen, Holz spalten und so etwas mehr, das kann ich, und mit der Zeit wird sich auch noch Besseres finden. Sei ohne Sorge, Mütterchen! Wer in Berlin wohnt und rechtschaffen arbeiten will, der findet immer ein Brod und ein Unterkommen."

„Aber, Wilhelm, es war doch von jeher dein Wunsch, ein Handwerk zu lernen, und nun ist jede Aussicht dazu verschwunden. Zeitlebens Handlanger und Taglöhner zu
29

bleiben, wenn man so fleißig und strebsam ist, wie du, das ist ein trauriges Loos!"

Wilhelm ließ den Kopf sinken und schlug die Augen zu Boden. „Das ist wohl wahr, Mütterchen," sagte er nach einer Pause stillen Nachdenkens. „Ich hoffte darauf, zu einem geschickten Tischler in die Lehre zu kommen, wenn ich confirmirt sein würde, und es schmerzt mich, daß ich mir diese Hoffnung aus dem Sinne schlagen muß. Aber, was einmal nicht sein kann, muß man eben zu entbehren suchen und alles hinnehmen als Gottes Schickung. Vielleicht später einmal macht es sich doch."

Die Mutter schüttelte den Kopf. Sie dachte anders darüber, und Wilhelm las ihre Zweifel in ihren traurigen, niedergeschlagenen Mienen.

„Weißt du, Mütterchen," fuhr er, plötzlich lebhafter werdend, fort, „wir könnten eigentlich den alten Leonhard einmal um Rath fragen. Er ist doch ein verständiger Mann und hat mich lieb. „Wer weiß, ob er nicht irgend einen guten Gedanken hat! Soll ich ihn holen?"

„In Gottes Namen," erwiederte die Mutter. „Vor dem ehrlichen, braven Leonhard brauchen wir nichts geheim zu halten! Nur wird er leider eben so wenig Rath wissen, wie wir Beide!"

„Thut nichts," sagte Wilhelm. „Holen will ich ihn doch, und zwar gleich, denn er wird so wie so bald Feierabend machen."

Da ihm die Mutter nicht wehrte, so sprang er hurtig die Treppen hinunter, und kehrte bald darauf mit dem alten Schuhflicker zurück, der mit gewohnter Herzlichkeit der armen Mutter die Hand reichte. Nach wenigen Minuten wußte er Alles, was ihr Herz bedrückte, und schüttelte nachdenklich den Kopf.

„Theurung, — Confirmation, — Handwerk lernen," sagte er nach einer Weile, — es ist ein Bischen viel auf einmal! Aber wenn's auch noch mehr wäre, Rath muß
29

geschafft werden! Vor allem Andern, Frau Nachbarin, haben Sie sich denn schon an den Herrn Rempelmeier gewendet und diesem Ihre Noth geklagt?"

„Nein! Ich getraute mir's nicht! Sie wissen ja, Herr Nachbar, er ist . . ."

„Ein alter, geiziger Sonderling, ja, das weiß ich," fiel Meister Leonhard ein. „Abscheulich geizig, allerdings! Aber dabei ist er doch immer Ihr Vetter, und, im Grunde genommen, kann er in diesem Falle gar nicht anders, er muß wenigstens unserem Wilhelm einen anständigen Anzug anschaffen! Ja, das muß er, und gleich morgen müssen wir zu ihm gehen, Frau Nachbarin, und müssen ihm frischweg reinen Wein einschenken."

„Ich wag' es nicht, ich wag' es wahrhaftig nicht," erwiederte die arme Frau zitternd; er will nichts von unserer Verwandtschaft wissen; Herr Wunderlich, der Advokat, hat es mir gesagt und mir eingeschärft, nie eine Hindeutung darauf zu machen, wenn ich die freie Wohnung in seinem Hause behalten wollte."

„Was da, Redensarten!" polterte der alte Leonhard. „Umstände verändern die Dinge, und keine Regel ist ohne Ausnahme. Gehen Sie nur ganz dreist zu ihm, Frau Engelbert, und sprechen Sie frisch von der Leber weg! Wenn er nicht ein steinhartes Herz hat, der Herr Vetter, so muß er Ihnen bei den jetzigen Umständen unter die Arme greifen!"

„Ich thu' es nicht, ich getraue mir's nicht!" erwiederte die Mutter, die schon bei dem bloßen Gedanken zitterte, vor den reichen, geizigen Vetter zu treten. „Lieber will ich noch Schmerzlicheres erdulden, als von ihm hart und schnöde zurückgewiesen werden!"

„Nun denn, Mütterchen, so geh' ich!" sagte Wilhelm entschlossen. „Vater Leonhard hat Recht! Herr Rempelmeier ist und bleibt unser Vetter, und da kann er's nicht groß übel aufnehmen, wenn ich ihn um eine Unterstützung

29

in so schweren Zeiten anflehe. Morgen Mittag, wenn ich ihm sein Essen bringe, geh' ich zu ihm. Was kann er mir denn zu Leide thun? Höchstens kann er Nein zu meiner Bitte sagen, und das wird mich dann am Ende nicht so sehr kränken, wie es dich kränken würde, Mütterchen! Ja, ich gehe zu ihm! Vetter Rempelmeier ist ja kein Währwolf, der Einen gleich verschlingen wird! Ich gehe hin, Mutter!"

„Recht so, Wilhelm, mein Junge!" sagte Meister Leonhard. „Ein gutes Wort findet meist gute Statt, und am Ende ist der Herr Vetter in der That nicht so schlimm, als er sich anstellt. Nur frischen Muth, Junge! Und im allerschlimmsten Falle, — na, so bin ich auch noch da! Werden ja sehen!"

Die Mutter machte keine Einrede weiter, Wilhelm verharrte bei seinem Entschlusse, Meister Leonhard bestärkte ihn darin, und so blieb es denn dabei.

Anderen Mittags faßte Wilhelm frischen Muth, dachte sich eine kleine Rede aus, die er dem Herrn Vetter halten wollte und öffnete, mit ein wenig pochendem Herzen freilich, aber doch mit felsenfester Entschlossenheit die Thür zum Vorzimmer des Herrn Vetters.

„Wenn er dich nur einläßt!" dachte er, denn dies war vorläufig seine einzige Sorge. Aber dieser Sorge sollte er auf der Stelle überhoben werden. Herr Rempelmeier selber stand leibhaftig im Vorzimmer, und als ihn Wilhelm so ganz unverhofft erblickte, wäre ihm fast die Suppenschüssel aus den Händen geglitten.

„He, he, wer bist du?" schrie ihn Herr Rempelmeier an, der in seinen langen bunten Schlafrock eingehüllt war und eine bunte Zipfelmütze auf dem Kopfe trug. „Wer bist du? Was willst du hier? Was hast du hier zu suchen? Wie kommst du herein?"

„Sie sehens ja, Herr Rempelmeier, durch die Thür, wie ich immer herein komme!" antwortete Wilhelm ganz erschrocken.

„Immer? ſagſt du. Immer?" kreiſchte Rempelmeier: „Wer gab dir den Schlüſſel zur Thür? Es iſt ein Nachtschlüſſel! du wollteſt mich beſtehlen! Diebe! Mörder! Räuber!"

„Herr Rempelmeier, um Gotteswillen, ſeien Sie doch ruhig! rief ihm Wilhelm zu. „Ich bin ja Ihr Vetter Wilhelm! Meine Mutter iſt ja Ihre Aufwärterin! Meine Mutter, die Frau Engelbert! Herr Jeſus, wie können Sie denn gleich das Schlimmſte denken?"

Herr Rempelmeier beruhigte ſich ein wenig, ſah aber immer ſehr zornig und drohend aus. „So, ſo! brummte er. „Du biſt der Sohn der Frau Engelbert! Aber warum kommt ſie nicht ſelbſt? Was hab ich mit dir zu ſchaffen? Dich hab ich nicht gemiethet! Ihr betrügt mich! Ihr ſeid alle Spitzbuben!"

„Betrügen, Herr? Wer betrügt Sie?" entgegnete Wilhelm mit Entrüſtung. „Wir ſind ehrliche Leute, Herr Rempelmeier, meine Mutter und ich!"

„So? Du willſt dich wohl noch auf's hohe Pferd ſetzen?" ſprach Herr Rempelmeier, und zog ſeine buſchigen Augenbrauen zuſammen. „Kannſt du läugnen, daß du mir ſchon ſeit ein paar Tagen nur die halbe Portion Eſſen, und nur ein halb ſo großes Bödchen wie früher gebracht haſt? Das iſt Betrug, und ich laſſe mich nicht betrügen!"

„Aber Herr Rempelmeier, was kann ich dafür, daß jetzt Alles ſo theuer iſt?" entgegnete Wilhelm im Bewußtſein der Unſchuld „Fragen Sie, wen Sie wollen, und Jedermann wird Ihnen ſagen, daß Alles, Brod und Fleiſch und Kartoffeln, doppelt ſo hoch bezahlt werden muß, wie noch vor ſechs Wochen!

„Lügen! Lauter Lügen!" ſchrie Herr Rempelmeier. „Packe dich fort, Burſche! Packe dich! Und deiner Mutter ſage, daß ich ihre Dienſte nicht mehr brauche! Aus dem

29

Hause will ich euch jagen, euch Beide, und noch in dieser Woche sollt ihr mir fort!"

„Aber, Herr Rempelmeier, so hören Sie doch nur!" bat Wilhelm. „Wenn Sie mir nicht glauben wollen, so lassen Sie den Herrn Wunderlich kommen!"

„Nichts da! Fort, fort, fort mit dir, und marsch aus dem Hause, sag' ich!" zeterte Herr Rempelmeier. „Weiter fehlte mir nichts, als mich bei offenen sehenden Augen betrügen zu lassen! Fort mit dir, und kein Wort mehr, oder..."

„Ich gehe schon, Herr Rempelmeier! Ich gehe schon," sagte Wilhelm mit Thränen der Kränkung und Entrüstung in den Augen. „Gott mag Ihnen verzeihen, daß Sie Ihre armen Verwandten so übel behandeln, die Ihnen doch gar nichts zu Leide gethan haben!"

Und fort stürzte der arme Wilhem aus dem Vorzimmer, und eilte zu seinem Freunde Leonhard hinunter, um dort seinen Schmerz auszuweinen, ehe er sich vor seiner armen Mutter blicken ließ. Ganz bleich und in Thränen aufgelöst fiel er dem ehrlichen Schuhflicker um den Hals.

„Nun! Nun! Nun, was gibt's denn, Junge?" fragte der alte Leonhard voller Theilnahme. „Beruhige dich, mein Sohn! Trockne deine Augen, und erzähle mir 'mal ganz ordentlich, wie die Sache zugegangen ist. Natürlich kommst du doch von oben, vom alten Rempelmeier! Also nur immer heraus mit der Sprache."

Allmählig faßte sich Wilhelm; er beherrschte seine innere Empörung, und wiederholte beinahe buchstäblich die schnöden Beschuldigungen und Drohungen, die Herr Rempelmeier gegen ihn ausgestoßen hatte. Der alte Leonhard biß die Lippen mit seinen Zähnen und kaute an seinem eisgrauen Schnurrbarte, ein Zeichen, das den nahe bevorstehenden Ausbruch eines Sturmes ankündigte.

Der Sturm brach auch richtig los.

„Das soll ja doch aber gleich ein Donnerwetter....."

rief er aus, als Wilhelm ihn mit dem ganzen Auftritt bekannt gemacht hatte. „Meine Uniform, Junge! fuhr er fort, und warf sein Schußfell in die Ecke, daß es raschelte. „Dort im Schranke! So! Und nun lange mir den Dreimaster! So! Und nun wollen wir doch auch ein paar Worte mit dem schäbigen Geizkragen reden!"

„Um Gotteswillen, Vater Leonhard, Ihr werdet doch nicht?" rief Wilhelm erschrocken aus.

„Und warum nicht? Ich habe mich dazumal weder vor den Franzosen, noch vor den Oestreichern und den Russen gefürchtet, und da werde ich nun nicht bei dem geizigen Remmeier anfangen, Furcht zu haben! Was zu viel ist, ist zu viel! Ich habe still geschwiegen, als er euch nicht als Verwandte betrachtete, als er euch wie eine Gnade die armselige Dachstube zuwarf, als er euch nicht einmal sehen und kennen lernen wollte! Aber jetzt, wo er gar euren ehrlichen Namen beschimpft, wo er die Rechtschaffenheit selber mit Füßen tritt, wo er euch ohne allen Grund und alle Ursache aus dem Hause werfen will" — i, da soll ja doch:...! Ich will ihm zeigen, daß es noch Leute gibt, die ihm die Wahrheit in's Angesicht sagen, und bin doch wirklich neugierig, was er mir darauf zu erwiedern hat!"

Der alte Soldat hatte sich selber so in den Zorn hinein geredet, daß er schrie, wie ein Ausrufer und mit dem Fuße auf den Boden stampfte, daß die Fenster klirrten.

„Donnerwetter!" fuhr er mit blitzenden Augen und zorngerötheten Wangen fort, — „ist das eine Art, wie man die Leute behandelt? Meint der alte Geizhals, er dürfe sich Alles erlauben, weil er Geld hat? Er sollte Gott danken, daß ihm noch rechtschaffene Verwandte übrig geblieben sind, und statt dessen gerade im Gegentheil zeigt er ihnen die Thüre! Nun, ich werde ihm auch zeigen! Weg da, Wilhelm! Versperre mir den Weg nicht."

Vergebens suchte der Knabe den erzürnten alten Soldaten zurück zu halten. Leonhard schob ihn ohne alle Um-

29

ſtände auf die Seite, riß die Thür auf und trat auf den Hausflur. Mit Verwunderung erblickte er hier einen Jungen mit verſchmitztem, aber jetzt etwas verlegenem Geſicht, der augenſcheinlich an der Thür gehorcht hatte und hier von dem Alten überraſcht worden war.

„Ei, Musje Karl!" ſchrie ihn Leonhard an. „Haſt du gehorcht, Spitzbube? Wart', ich werde dir gelegentlich die Ohren mit dem Schabemeſſer abſchneiden, du ſchleichender, tückiſcher Halunke! Aber heute kann ein Jeder hören, was ich ſage, und alſo mag's dir für dieſes Mal ſo hingehen!"

Und ohne ſich weiter um den Jungen zu bekümmern, warf er die Thür hinter ſich zu, daß es krachte, und ſtieg mit feſtem Tritte die Stiege zum oberen Stockwerke hinauf. Der Eingang zu Herrn Rempelmeiers Wohnung war verſchloſſen, aber Leonhard zog die Klingel, und als dies noch nicht helfen wollte, ſchlug er mit beiden Fäuſten gegen die Thür und trommelte Generalmarſch wie der beſte Tambour. Jetzt endlich regte ſich's drinnen.

„He, wer iſt da draußen und macht ſolchen Heidenſpektakel?" ſchrie die ſcharfe zornige Stimme des Herrn Rempelmeier.

„Ein Beſuch iſt's!" ſchrie Leonhard zurück. „Nur aufgemacht! Dann werden Sie ſchon hören, was ich Ihnen zu ſagen habe!"

„Aber wer iſt dieſer ungehobelte Gaſt, der auf ſolche Weiſe Einlaß verlangt?"

„Das wird ſich finden! Sie werden ſchon ſehen! Machen Sie nur auf, und das geſchwinde, oder ich ſchlage Ihnen die alte morſche Thür in Millionen Stücken."

„Zugleich rüttelte Leonhard ſo gewaltig an der Thür, daß Herr Rempelmeier in der That Angſt bekam, ſie möchte in Trümmern gehen und lieber dem ungeſtümen Drängen nachgab. Er ſchob den Riegel auf die Seite, und ließ Leonhard ein. Zornig ſtanden ſich die beiden Männer gegenüber.

29

„Herr, ist das Manier?" fragte Rempelmeier, als er den alten Soldaten in seiner Uniform erblickte. „Wissen Sie, daß ich die Polizei rufen lassen werde?"

„Lassen Sie meinetwegen rufen wen Sie wollen! erwiederte der alte Leonhard, der nun, da er den Eingang zur Festung erobert hatte, ein gutes Theil ruhiger und besonnener wurde. „Aber erst hören Sie mich an, Herr Rempelmeier! Ich habe mit Ihnen zu reden!"

„Aber wer ist er denn eigentlich, Herr?" schrie Rempelmeier zornig.

„Meister Leonhard, Schuster und Miethsmann seit zwanzig Jahren oder so etwas in diesem Hause!" erwiederte der alte Soldat, indem er sich militärisch in die Höhe richtete und salutirend die Hand an seinen Dreimaster legte.

„Miethsmann? Bei mir? In meinem Hause?" sagte Herr Rempelmeier, indem er sich hohnlächelnd die Hände rieb. „Kerl jetzt hab' ich Ihn! Fort muß Er mir, und das heute noch, auf der Stelle, ohne allen Verzug!"

„Nein, nein, Herr Rempelmeier, nicht so geschwind!" erwiederte Leonhard. „Ich habe Contrakt, und also kann zwischen uns gar keine Rede sein von Ausziehen. Mit mir geht das nicht so geschwind, wie mit Ihrer Frau Base, der Sie freilich den Stuhl vor die Thüre setzen können! Aber sehen Sie, gerade über Ihre Frau Base will ich eben mit Ihnen reden!"

„Ich will nichts hören, unverschämter Kerl! Pack Er sich fort!" rief Herr Rempelmeier, der in immer heftigeren Eifer gerieth.

„Sie sollen mich hören, und Sie müssen mich hören, denn es ist eine wahre Sünde und Schande, wie Sie Ihre Verwandte behandeln," fuhr der alte Leonhard, ohne sich einschüchtern zu lassen, ganz kaltblütig fort. „Nicht allein, daß Sie nichts zur Unterstützung der Frau Engelbert und ihres Wilhelm thun, der ein so wackerer Bursch ist, daß Jedermann seine Freude an ihm haben muß, nein, Sie

29

wollen die armen Leute auch gar noch als Betrüger hin=
stellen. Und nun will ich Ihnen sagen, Herr, daß Sie in
diesem Punkte ganz unrecht haben. Wilhelm hat Sie
n i ch t betrogen, sondern ganz allein in der jetzigen theu=
ren Zeit liegt es, daß Ihre Portionen kleiner geworden
sind. Da fragen Sie, wen Sie wollen, und nun kein
Wort weiter darüber. Aber von etwas Anderem muß
ich noch sprechen. Wilhelm soll confirmirt werden, und
hat kein ordentliches Kleid dazu. Dann soll er zu
einem ordentlichen Meister in die Lehre kommen, und
hat kein Geld dazu. Nun frag' ich Sie, ob Sie da
nicht ein Uebriges thun wollen? Im Grunde ge=
nommen ist es Ihre einfache C h r i st e n p f l i ch t, und
außerdem bei Ihnen noch die nächste V e r w a n d t e n =
p f l i ch t. Also kurz und bündig heraus: Ja oder Nein!
Mit hundert Thalern ist die Sache abgemacht, und das
ist für Sie nur eine Kleinigkeit."

Herr Rempelmeier hatte sprachlos vor Erstaunen die Rede
des alten Leonhard angehört, und konnte noch jetzt vor
Entrüstung kaum zu Worte kommen. Endlich brach das
Gewitter los, das sich auf seiner finsteren gerunzelten
Stirne gesammelt hatte, und mit dumpf grollender
Stimme machte er seinem Unwillen Luft.

„Das ist doch eine Frechheit, die doch alle Grenzen über=
steigt!" sagte er grimmig. „Mensch was hab' ich mit
Ihm zu schaffen? Was geht es Ihn an, ob ich mich um
meine Verwandtschaft bekümmere oder nicht? Meint Er
denn, ich soll mich mit allem Bettelvolk abgeben? Hinaus
da! Hinaus! Und daß weder Er noch einer von dem
Lumpengesindel sich wieder bei mir blicken läßt. Das
Weib mit ihrem frechen Jungen soll mir auf der Stelle
aus dem Hause, und Ihn will ich auch schon hinausbrin=
gen, ehe Er sich's versieht!"

„Ei ja doch, wenn das Alles so geschwind ginge!" er=
wiederte Leonhard kaltblütig. „Aus der Dachstube müssen
29

die armen Leute nun freilich, wenn Sie darauf bestehen, aber aus dem Hause — nein! Gott sei Dank, in meinem Stübchen ist allenfalls noch Plaß für zwei Menschen, und da Sie kein Herz für Ihre Verwandten haben, so muß ich alter Kerl mich wohl ihrer annehmen. Nur denn Adje, Herr Rempelmeier! Und ich will Ihnen nur wünschen, daß Sie wieder solche brave Aufwartung bekommen, wie Sie an der Frau Engelbert gehabt haben! Adje!"

Mit militärischem Gruße legte Leonhard wieder seine Hand an den Dreimaster, drehte sich kurz und steif um, und marschirte nach der Thür zu, die noch halb offen stand. Durch die Oeffnung blickte das pfiffige Gesicht von Gün=ther's Karl.

„Spißbube!" fuhr ihn Leonhard an. „Bist du denn überall? Schon wieder gehorcht? Was willst du hier?"

„Ei, ich will nur Herrn Rempelmeier fragen, ob er nicht einen neuen Laufburschen brauchen kann," gab Karl mit kecker Stimme und der unschuldigsten Miene von der Welt zur Antwort. „Ich thu' es umsonst, Herr Rempelmeier, wenn Sie nur meinen Vater im Keller wohnen lassen und ihm die Miethe nicht aufkündigen wollen. Ich werde Sie gewiß schon besser bedienen, als der einfältige Junge, der Wilhelm."

„Komm herein," sagte Herr Rempelmeier kurz, „und Er," fügte er, gegen Leonhard gewendet, hinzu, „Er geht!"

Der alte Leonhard schwankte. Sollte er es zugeben, daß Herr Rempelmeier diesen Burschen annahm, den er als einen durchtriebenen Schelm kannte? Sein ehrliches Ge=müth sträubte sich dagegen, und er wollte Jenem wenigstens eine Warnung zukommen lassen.

„Herr Rempelmeier," sagte er, „nehmen Sie den Jungen nicht! Verstehen Sie mich? Er taugt in der Wurzel nichts, ich warne Sie!"

„Seine Warnungen kann Er sparen," entgegnete Herr

29

Rempelmeier mit wegwerfender Miene. „Komm her, mein Sohn, wir werden schon einig werden mit einander!"

„Nun denn, wie Sie wollen," sprach der alte Leonhard. Sie werden ja sehen, wie weit Sie mit der Schelmerei kommen, nachdem Sie der Ehrlichkeit und Rechtschaffenheit die Thür gewiesen haben. Ich für mein Theil habe gethan, was ich mußte."

Rechtsum machte der alte Soldat, und stieg die Treppe wieder hinab, ohne noch einen Blick auf Herrn Rempelmeier oder auf Karl zu werfen, der ihm höhnisch nachgrinste.

„Er wird ja sehen, wird ja sehen!" murmelte er vor sich hin. „Erfahrung macht klug."

So gelangte er wieder in seine kleine Wohnung. Wilhelm wartete noch Seiner mit stiller Angst und geheimer Hoffnung. Aber als er das finstere Gesicht des alten Soldaten sah, war's mit der Hoffnung vorbei.

„Seht Ihr wohl, Vater Leonhard!" rief er ihm traurig entgegen, — „so habt Ihr doch auch unverrichteter Sache abmarschiren müssen. Ach, ich wußt' es wohl, ich wußt' es!"

„Was weißt du? Gar nichts weißt du! antwortete Leonhard barsch. „Heute noch ziehst du mit deiner Mutter herunter in die Stube da, und das Uebrige wird sich auch finden."

„Aber Ihr, Vater Leonhard? wo wollt Ihr wohnen?"

„Hier in der Werkstatt ist Platz genug für ein Bett und einen Stuhl, und das ist mehr als ein alter Soldat nöthig hat," antwortete der Schuster. „Und nun mache mir keine Worte und Redensarten weiter! Du und deine Mutter, ihr zieht zu mir, weil der alte Rempelmeier nun einmal auf seinem Kopfe besteht, und am Ende ist dies für uns gerade das Allerbeste, was wir uns nur wünschen können. Wir werden ein Bischen eng wohnen, — aber eng und wohl ist besser, als weit und weh! Zuletzt düfteln

29

wir doch irgend etwas heraus, um dir zu einem Anzuge
zu verhelfen, und jedenfalls schon ein Vortheil, daß ich
künftig nicht mehr die drei Treppen hinauf zu steigen
brauche, wenn ich euch Abends besuchen will. Hier sind
wir gleich hübsch beisammen. Und am Ende, Junge, was
meinst du, wenn du ein Schuster würdest? Da könntest du
gleich bei mir lernen, und brauchtest deiner Mutter keine
Sorge um's Lehrgeld zu machen. Ich hoffte freilich, wir
würden ein wenig höher hinaus können mit dir, als bis
zum Flickschuster, aber es geht doch nun einmal nicht, und
wenn man's gründlich betrachtet, so fährst du nicht einmal
ganz schlecht dabei. Die Schusterei nährt ihren Mann,
das siehst du an mir. Nun, Wilhelm, wie lange werde
ich noch leben? lange nicht! Und wenn ich dann todt
bin, — Verwandte habe ich nicht, — so erbst du hier mein
bischen Wirthschaft und Handwerkszeug, dazu die Kundschaft, und — Blitz noch einmal! — so wirst du nicht verhungern mit deiner Mutter und brauchst den alten Rempelmeier nicht! Eingeschlagen, Wilhelm! Wenn du
willst, so ist die Sache abgemacht, und wir können mit deiner Mutter darüber reden!"

Wilhelm fiel dem treuherzigen, edelmüthigen, alten
Leonhard um den Hals, und drückte ihn mit voller Kraft
seiner jungen Arme an's Herz.

„Ihr seid so gut, Vater Leonhard!" schluchzte er.

„Was gut oder nicht gut," brummte der Alte. „Cristen-
pflicht! Allgemeine Nächstenliebe! Punktum! Drücke
mich nicht so, Wilhelm! Ich glaube dir schon, daß du mich
alten Kerl lieb hast. Und nun marsch zu deiner Mutter;
ihre Entscheidung gibt den Ausschlag, und wir werden
ja hören, ob sie mit unserer Einrichtung zufrieden ist."

Wilhelm unterdrückte seine Gemüthsbewegung, und
folgte Leonhard die Treppe hinauf. Auf den obersten
Stufen zum ersten Stock begegnete ihnen Karl und grinste

29

schadenfroh, als er den alten Invaliden mit Wilhelm erblickte.

„Grinse du nur!" sagte Leonhard zu ihm, indem er vor
dem frechen Buben stehen blieb und ihn mit festem Blicke
anschaute. „Du meinst, daß du einen Vortheil über Wilhelm erlangt hast, weil der alte Rempelmeier so einfältig
gewesen ist, dich in Dienst zu nehmen! Aber wir wollen's
abwarten. Der Krug geht zu Wasser, bis er bricht, und
Ehrlichkeit währt am längsten. Jetzt packe dich und versperre uns hier nicht den Weg."

Man sah es dem Jungen an, daß er gern eine freche
Antwort gegeben hätte, aber er wagte es nicht, denn trotz
aller seiner sonstigen Dreistigkeit empfand er vor dem alten
Soldaten doch eine heimliche Furcht. Gewandt schlüpfte
er an ihm vorbei, und erst als er unten auf dem Hausflur
war, rief er noch ein paar naseweise Worte zurück. Leonhard beachtete sie nicht, sondern stieg die Treppen vollends
bis zur Dachstube der Frau Engelbert in die Höhe. Mit
kurzen Worten und ohne alle Umschweife erzählte er, was
vorgefallen war, und wiederhohlte seinen Vorschlag, daß
Frau Engelbert und Wilhelm mit zu ihm ziehen sollten,
indem er wie der geschickteste Diplomat die Sache so zu
drehen und zu wenden wußte, als ob nicht der Frau Engelbert, sondern ihm selbst der größte Gefallen damit ge-
schähe. Obgleich Frau Engelbert diese kleine Kriegslist
recht gut durchschaute, wurde das Anerbieten doch mit zu
großer Herzlichkeit gemacht, als daß es hätte ausgeschlagen
werden können.

„Sie meinen es gut mit uns, Meister Leonhard," sagte
sie, ihm die Hand reichend, mit inniger Rührung. „Ja,
wir kommen zu Ihnen, und was in unsern Kräften steht,
wollen wir thun, um Ihnen unsere Dankbarkeit zu beweisen!"

„Nichts von Dankbarkeit und dergleichen," entgegnete
der alte Leonhard lächelnd. „Ich weiß, wir werden uns
29

beffer vertragen mit einander, wie der alte Rempelmeier
und Pfiffikus Karl im erften Stockwerk. Die Hauptfache
ift: wir bleiben vor der Hand in demfelben Haufe
und unter demfelben Dache, und was weiter kommt, können wir ja ruhig abwarten. Angefaßt, Wilhelm! Wir
wollen gleich an's Ausräumen gehen, und nachher kann
Freund Rempelmeier mit feiner Dachftube machen was er
will, — uns foll es nichts weiter kümmern."

Gefagt, gethan. Noch vor Abends waren die geringen
Habfeligkeiten der armen Frau Engelbert ausgeräumt,
und hatten im Stübchen Vater Leonhards Platz gefunden.
Ein wenig enge ging es nun freilich wohl her im Erdge-
fchoß des großen Rempelmeier'fchen Haufes, aber Vater
Leonhard machte nicht viel Wefens daraus.

„Du kennft meine Rede, Wilhelm," fagte er lachend,
— „eng und wohl ift beffer, als weit und weh, und am
Ende, wenn ich mir's recht überlege, taufchte ich felbft mit
dem reichen Rempelmeier nicht. Was hat er denn von
feinem Gelde und feiner großen Wohnung? Er ift allein
mit feinen ausgeftopften Vögeln und Schildkröten, während wir unferer drei find und in Liebe und Freundfchaft
mit einander leben! Und wer weiß, was noch Alles gefche-
hen kann? Noch ift nicht aller Tage Abend, und in Gottes
Hand ift das härtefte Herz wie weiches Wachs. Wer kann
fagen, ob nicht eines Tages dem alten Rempelmeier die Augen aufgehen? Und nun wollen wir uns wegen der Zukunft
keine Sorge weiter machen, Frau Engelbert. Ein Obdach
haben wir, des Leibes Nahrung und Nothdurft wird fich
mit Gottes Hülfe finden, und im Uebrigen: wir bleiben
gute Freunde fo lange wir leben! Alfo nur frifchen Muth!
Alles Andere macht fich nachher von felbft!"

Der tröftliche, wohlgemeinte Zufpruch des alten braven
Leonhard verfehlte feine Wirkung nicht. Frau Engelbert
trocknete ihre Thränen, und Wilhelm machte wieder ein
heiteres Geficht. Was hatten fie im Grunde auch viel
29

verloren? Nur ihr Dachſtübchen und die von vornherein
ungewiſſe Hoffnung auf eine kleine Unterſtützung ihres
hartherzigen Verwandten. Das war kein großer Verluſt,
wenn ſie rechneten, welcher Erſatz ihnen dafür geworden
war. Ein Obdach hatten ſie wieder, und außerdem ſtand
ihnen Vater Leonhard als treuer Freund liebreich zur
Seite. Sie hatten in der That eher Urſache, mit der Veränderung ihrer Lage zufrieden, als unzufrieden zu ſein,
und daß ſich dieſe Ueberzeugung ihnen mehr und mehr
aufdrang, das bezeugte die unbefangene und heitere Fröhlichkeit, die allmählig über jedes ſchmerzliche Gefühl die
Oberhand gewann. Sie kamen in's Plaudern, in's Scherzen, in's Lachen, ſie entwarfen Pläne für die Zukunft, ſie
bauten allerlei Luftſchlöſſer, ſie beſprachen ihre kleine häusliche Einrichtung, und als endlich der Wächter draußen
die zehnte Stunde verkündigte, da fanden ſie, daß ſie ſeit
langer Zeit keinen ſo vergnügten Abend verlebt hatten, als
dieſen, der mit ſo traurigen Gedanken und Empfindungen
angefangen hatte.

„Gott wird geben, daß ihrer mehr ſo kommen," ſagte
Vater Leonhard, als er aufſtand und ſeiner Einquartirung
herzlich die Hand ſchüttelte. „Gute Nacht und gute
Ruh'!"

Drittes Kapitel.

Draußen brennt es.

Eine geraume Zeit hindurch herrſchte im Hauſe wieder
Ruhe und Frieden. Herr Nempelmeier hatte ſeine armen
Verwandten vermuthlich bereits vergeſſen, denn er fragte
nie nach ihnen, und wußte wahrſcheinlich gar nicht, daß
ſie noch in ſeinem Hauſe wohnten. Karl, ſein neuer Auf-

29

wärter, hütete sich auch wohl, ihrer je zu erwähnen, obgleich er sie mitsammt dem alten Schuster gern für immer
aus dem Hause entfernt hätte. Aber er wußte, daß dies
nicht ging. Mit Gewalt ließ sich der alte Leonhard nicht
vertreiben, denn er war in seinem Rechte. Karl, der Alles hörte, weil er überall horchte, hatte auch gehört, daß
Herr Rempelmeier den Advokaten Wunderlich fragte, was
es für eine Bewandtniß mit dem alten Leonhard habe;
und Herr Wunderlich hatte den Bescheid gegeben, daß der
alte Leonhard auf zeitlebens gemiethet hatte, und seine
Wohnung nicht zu verlassen brauchte, außer wenn etwa
das Haus verkauft würde. Aber zum Verkauf bezeigte
Herr Rempelmeier keine Lust, und so blieb denn Alles beim
Alten. Leonhard wurde nicht weiter gestört oder beun-
ruhigt. Herr Rempelmeier bekümmerte sich nicht um ihn,
und Karl, der ihn fürchtete, ging ihm weislich aus dem
Wege.

Ueberhaupt hatte Karl jetzt mehr zu thun, als dem alten Soldaten Aerger und Verdruß zu bereiten. Er gab
sich die ersinnlichste Mühe, die volle Gunst des Herrn
Rempelmeier zu gewinnen, und es gelang ihm in der
That sehr wohl, das gewöhnliche Mißtrauen des alten
Herrn allmählig zu überwinden. Seine Schlauheit gab ihm
dazu die besten Mittel an die Hand, indem er die schwache
Seite Rempelmeiers zu seinem Vortheile benutzte. Zunächst sorgte er dafür, daß der alte Herr reichlicher als je
mit Nahrungsmitteln versorgt wurde, ohne einen Pfennig
mehr dafür bezahlen zu müssen. Zum Frühstück brachte
er ihm Kaffee und Buttersemmeln, zum Mittagsessen einen tüchtigen Napf voll Suppe mit Fleisch und Gemüse,
und Abends ließ er es nicht an kaltem Braten und But-
terbrod fehlen. Herr Rempelmeier konnte seine Verwunderung über diese ungeheuere Verschwendung nicht bergen.

„Junge," sagte er eines Tages, als Karl ihm wie gewöhnlich seine Mittagsmahlzeit brachte, — „Junge, du
29

machst doch nicht etwa gar Schulden auf meine Rechnung? Wenn ich etwas der Art merke, dann wehe dir!"

„Gott behüte, Herr Rempelmeier," antwortete der ver-
schmitzte Bursche. „Es ist Alles in Ordnung! Ich be-
t r ü g e Sie nur nicht, wie gewisse andere Leute, die sich
von Ihrem Tische mit satt gegessen haben, ohne daß Sie
ein Wort davon wußten."

„Aber Wunderlich sagte mir doch auch, daß wir große
Theuerung hätten, so daß ich schon glaubte, ich hätte
dem ... dem ... nun, dem Burschen da unrecht gethan."

„Theuerung hin, Theuerung her, Sie sehen doch, daß
Ihr Tisch wohl versorgt ist, und daß er nicht mehr kostet
als früher! Was wollen Sie weiter, Herr Rempelmeier?"

„Ich denke nur, eines Tages wird das schlimme Ende
nachkommen! Eine große Rechnung, mein' ich! Aber ich
sage dir, Bursche, ich bezahle nichts, nicht einen rothen
Heller!"

„Ei, wer spricht denn auch davon, Herr Rempelmeier!
Sie bezahlen ja alle Tage! Sie geben mir das Geld und
ich besorge Ihnen das Essen dafür! Wenn man ein wenig Bescheid in Berlin weiß, so kann man schon billig
und gut leben trotz der Theuerung. Ich sage Ihnen ja,
Herr Rempelmeier, ich bin ein ehrlicher Bursche und be-
trüge Sie nicht. Mir können Sie in allen Stücken vertrauen!"

„Das freut mich, Karlchen! das ist brav von dir!"
sagte Herr Rempelmeier, und klopfte dem schlauen Burschen freundlich auf die Schulter. „Wenn ich so fort mit
dir zufrieden bin, so schenke ich dir auch einmal etwas!
Ja, das versprech' ich dir! Etwas Seltenes und Schönes,
was hier zu Lande gar nicht zu haben ist! Einen ausgestopften Vogel, oder eine bunte Schlange in Spiritus, oder
einen getrockneten Fisch, oder was dir sonst gefällt von
meinen Herrlichkeiten!"

29

„Ein blankes Goldstück wäre mir lieber!" dachte Karl in seinem Sinn, und lachte heimlich über den alten Knauser, der ihn mit solchen elenden Versprechen zu kirren suchte. Aeußerlich gab er sich aber die Miene der lebhaftesten Dankbarkeit.

„Ach, Herr Rempelmeier, Sie sind zu gütig," sagte er, und küßte ihm die Hand, um sein höhnisches Lächeln zu verbergen, das ihm unwillkürlich um die Mundwinkel spielte. „Aber das kann ich ja gar nicht annehmen! Nein, Herr Rempelmeier! Das kann ich nicht! Um ein Geschenk ist mir's auch gar nicht zu thun, gewiß nicht, und nie werde ich mich entschließen können, Ihre Großmuth zu mißbrauchen. Nur..."

„Was denn, Karlchen? Was denn?" fiel Herr Rempelmeier ein, als jener stockte. „Du willst nichts von mir geschenkt nehmen? Sieh', das ist brav, sehr brav von dir! Ich sehe doch, daß es noch uneigennützige Menschen in der Welt gibt! Aber was wolltest du noch sagen, Karlchen? Du wolltest noch etwas sagen! Sprich es aus, mein Söhnchen, und wenn ich's machen kann, so verlaß' dich auf mich! Nun, was wolltest du?"

„Ach, Herr Rempelmeier, ich wag' es kaum! Es ist wohl allzu unverschämt von mir!"

„Nicht doch, nicht doch, mein Söhnchen! Immer sprich du nur!"

„Nun denn, Herr Rempelmeier, wenn Sie mir so freundlich Muth machen, so hören Sie! Geschenkt nehmen etwas von Ihren Herrlichkeiten? — nein, nicht um Alles in der Welt! Aber sehen, Herr Rempelmeier, sehen möcht' ich sie für mein Leben gern einmal! Nur sehen! Nichts anfassen, nichts berühren, — Alles nur aus der Entfernung betrachten!"

„Ei, Söhnchen, Söhnchen, warum hast du mir das nicht schon längst gesagt?" sprach Herr Rempelmeier ganz vergnügt. „Sollst sehen, sollst Alles sehen, mein Söhn-

chen! Komm' nur, folge mir nur! Meine ganzen Sammlungen will ich dir zeigen, denn du bist ein braves
Bürschchen, dem man gut sein muß, weil es bescheiden und
nicht so habsüchtig ist, wie gewisse andere Leute, die mich
betrogen und angebettelt haben! Das thust du nicht;
also komm' nur, mein Söhnchen, komm'!"

Herr Rempelmeier öffnete eine Thür, und Karl durfte
in die inneren Gemächer des Hauses eintreten, wohin bis
jetzt Niemand, als Herr Wunderlich, der Advokat, Zutritt
gefunden hatte. Das war aber gerade, was Karl schon
längst wünschte; keineswegs freilich, um die ausgestopften Thiere und anderen Sammlungen des Herrn Rempelmeier zu sehen, sondern um zu spioniren, zu kundschaften
und auszuforschen, wo der alte Geizhals seine Reichthümer an Gold und Silber liegen haben mochte. Karl
ging dabei schlau genug zu Werke. Vor der Hand begnügte er sich, über die Krokodile, Schildkröten, Schlangen
und Fische in Erstaunen und Entzücken zu gerathen, und
entwickelte dabei eine solche geschickte Beredsamkeit, daß
Herr Rempelmeier vollständig getäuscht wurde und nicht
entfernt die eigentliche Absicht des schlauen Buben vermuthete. Er führte ihn von einem Zimmer in's andere,
selbst in das obere Stockwerk hinauf, und freute sich über
die verwunderungsvollen Gesichter, die Karl zu schneiden
sich alle mögliche Mühe gab. Endlich waren alle Räume
durchwandert, und man kehrte in das untere Stockwerk
zurück. Karl seufzte und zog eine betrübte Miene.

„Nun, was fehlt dir?" fragte Herr Rempelmeier.
„Hast du noch nicht genug gesehen?"

„Oh, das wohl! Mehr als ich zu fassen vermag, Herr,"
antwortete der Bursche. „Aber das ist's eben! An Einem
Male hat man nicht genug, und ich fürchte, Sie werden
mir nicht ein zweites Mal erlauben, diese Zimmer zu betreten und Ihre wundervollen Sammlungen zu betrachten."

29

„Ei, warum denn nicht, Söhnchen? Warum nicht?“ erwiederte Herr Rempelmeier, und rieb sich ganz vergnügt die Hände. „Komm' du, so oft du willst, alle Tage meinetwegen! Mich störst du nicht, sondern ich freue mich sogar, daß du Interesse an meinen ruhmvoll und unter Gefahren aller Art gesammelten Schätzen zeigst. Ja, ja, besuche mich nur, mein Söhnchen, und wir werden ja sehen, werden ja sehen, was aus dir zu machen ist! Vielleicht gar ein Naturforscher, der in meine Fußtapfen tritt! Das wäre herrlich, Söhnchen! Du würdest mein Schüler, ich schickte dich über's Meer, nach Brasilien, nach Surinam, nach Java, nach Borneo, und wir sammelten immer mehr, immer mehr und mehr, bis wir keinen Raum mehr für alle Wunder hätten! Aber freilich, treu und fleißig und sparsam müßtest du sein, Karlchen! Das ist eine Hauptsache! Leben, wie ein Hund, und sammeln, wie eine Biene! So hab' ich's gemacht von Jugend auf, und da, da siehst du den Erfolg davon! Das schönste Naturalienkabinet mit den kostbarsten Sachen, und hat mich nicht einen rothen Heller gekostet! Alles selbst gesammelt, Söhnchen! Alles selbst gefangen, getödtet, getrocknet, ausgestopft, und noch mehr dazu, hahaha, ja, ja, der alte Rempelmeier ist zeit seines Lebens kein Dummkopf gewesen! Na, gleichviel, Söhnchen! Ich habe schon gemerkt, du bist auch nicht auf den Kopf gefallen, und wenn du treu und redlich und sparsam, vor Allem sparsam, bist, so kann etwas aus dir werden! Wollen sehen! Wollen sehen! Besuche mich morgen wieder und so oft du willst!“

Karl bedankte sich für die Erlaubniß und schlüpfte davon.

„Wunderlich!“ murmelte er vor sich hin, als er die Treppe hinabstieg. „Sehr wunderlich! Ich habe mir doch fast die Augen aus dem Kopfe geschaut, und gleichwohl nichts entdeckt! Er muß sein Geld gut versteckt ha-

29

ben, der alte, schlaue Geizhals! Aber nur Geduld, ich
kriege ihn trotzdem schon noch, und das, ehe er's denkt!
Der alte Narr! Glaubt, ich komme um seine widerlichen
Spinnen und Kröten! Ja, wenn ich nicht wüßte, wenn
ich nicht gehorcht und gehört hätte, was er mit dem Advokaten gesprochen! Aber er ist reich, reich, reich, der alte
Geizhals, und also muß er getäuscht werden, bis . . ."

Die letzten Worte verklangen in einem unverständlichen
Flüstern, und in der nächsten Minute verschwand Karl im
Eingange zum Keller, der nach der unterirdischen Woh-
nung seines Vaters führte.

Während der junge Bösewicht auf diese Weise seine
schlauen Garne um den alten Rempelmeier zog, wie eine
Kreuzspinne, die eine unvorsichtige Fliege fangen will,
wohnten Leonhard, Frau Engelbert und Wilhelm still
und friedlich bei einander, und fragten wenig nach dem,
was über ihrem Haupte oder unter ihren Füßen vorging.
In der Gewißheit, daß sie keinerlei Unterstützung von dem
reichen Verwandten zu erwarten haben würden, ergaben
sie sich in die unabwendliche Nothwendigkeit, sich nach wie
vor auch unter den schwieriger gewordenen Verhältnissen
durch eigene Kraft zu helfen.

Es ging auch wirklich Alles besser, als Frau Engelbert
gefürchtet hatte, und öfter als einmal sollte sie die Erfahrung machen, daß Gott Hülfe zu schaffen weiß, wo das
kurzsichtige, schwache Menschenauge nicht den mindesten
Hoffnungsschimmer erblickt. So lag ihr zunächst noch
immer die Sorge am meisten auf dem Herzen, daß Wilhelm zu seiner Confirmation kein festliches Kleid hatte.

Was geschah?

Gelegentlich erzählte der alte Leonhard seinen Kunden,
auf welche Art er zu seiner Einquartirung gekommen sei,
und dann gab ein Wort das andere, bis ziemlich die ganze
Kundschaft wußte, wo es bei Frau Engelbert fehlte. Der
Eine bedauerte die arme Wittwe, der Andere schalt auf

den alten Geizhals Rempelmeier, der seine einzigen Verwandten so elend darben ließ, und noch Andere ließen hie und da bei ihren Herrschaften ein Wörtchen fallen, das, wie ein Samenkörnchen, gute Frucht verhieß. Und in der That, die Frucht ließ nicht warten. Eines Tages schickte ein alter Junggesell, dessen Bedienter ein Kunde von Leonhard war, einen noch ganz guten, aber altmodigen Frack, mit der Bemerkung, daß Wilhelm Engelbert sich eine Jacke daraus machen lassen sollte. Ein paar Tage später schickte eine gute, fromme Wittwe, deren Magd ebenfalls bei Leonhard arbeiten ließ, einen vollständigen Anzug aus dem Nachlasse ihres kürzlich verstorbenen Mannes, und sogar noch einen Thaler baaren Geldes dazu, der in der Tasche der grünen Plüschweste steckte. Das gab eine Freude für Leonhard und Frau Engelbert, welche Letztere nun doch wider alles Erwarten ihren sehnlichsten Wunsch der Erfüllung nahe sah. Nur der Arbeitslohn für den Schneider fehlte noch, der den Anzug für Wilhelm passend einrichten mußte, und auch hiezu fand sich bald darauf Rath. Noch mehrere milde Schenkungen trafen im Laufe der nächsten Tage ein, und jetzt herrschte Ueberfluß da, wo erst vor Kurzem noch nichts als Armuth und Mangel gewesen war.

„Was nun noch für Noth, Frau Engelbert?" sagte Leonhard mit freudeglänzenden Augen, als er die eingelaufenen milden Gaben betrachtete. „Die Hälfte aller Sachen reicht hin zum schönsten Anzuge für Wilhelm, zu zweien sogar, und die andere Hälfte verkaufen wir, damit wir den Schneider bezahlen können. Dann ist Alles in Ordnung, und unser Wilhelm wird so stattlich vor den Tisch des Herrn treten, daß keine Mutter sich Seiner zu schämen brauchte."

Wie Leonhard sagte, so ward es gemacht. Die schlechtesten Sachen wurden verkauft, und der Erlös reichte aus, um den Schneider zu befriedigen. Als Wilhelm zum er-

29

ften Male in seinem neuen Anzuge vor die Mutter trat,
sah er aus wie ein Prinz, und mit Freudenthränen fiel
ihm Frau Engelbert um den Hals.

„Da sehen Sie's, Frau Nachbarin, daß man nie verza-
gen muß!" sagte Leonhard treuherzig, indem er selber mit
wohlgefälligen Blicken den schmucken Jungen betrachtete.
„Der alte Gott lebt noch und läßt Keinen zu schanden
werden, der in Liebe und Treue an ihm festhält! Was
brauchen wir den alten Rempelmeier, wenn der liebe Gott
für uns ist? Und auch der wird endlich noch zur Er-
kenntniß kommen, und wird einsehen, daß es besser ist,
rechtschaffene Verwandte um sich zu haben, als spitzbübische
Fremde, die ihm nur schmeicheln und heucheln, um ihn
gelegentlich zu betrügen! Aber weg damit! Wir wollen
uns durch den Gedanken an ihn unsere Freude nicht verderben lassen, und haben auch noch mehr zu thun heute.
Verstehst du, Wilhelm, du darfst der Dankbarkeit nicht
vergessen. Du mußt deine Wohlthäter besuchen, die dich
so schön herausgeputzt haben, und das je eher je besser."

„Gewiß, Vater Leonhard," erwiederte Wilhelm. „Ich
werde sogleich gehen."

„Ja, zuerst zu der braven Wittwe, der Frau Müller,
dann zum Herrn Rath Krespel, dem alten Junggesellen,
dann zur Frau Willich, und endlich zum Herrn Kaufmann
Dorn, die Alle an dich gedacht haben. Sehen Sie, Frau
Engelbert, es gibt doch immer noch viele gute, mildherzige,
wohlthätige Menschen auf der Welt, gleich ihrer Vier in
unserer nächsten Nachbarschaft! Da darf man nie den
Muth verlieren, wenn's Einem auch einmal ein wenig
schlecht geht, und der Brodkorb ein bischen höher als gewöhnlich hängt. Und nun geh', Junge! Die braven Leute
werden sich freuen, wenn du so stattlich einher kommst!"

Wilhelm zögerte nicht, denn sein eigenes Herz trieb ihn,
die Fülle der Dankbarkeit auszusprechen, die ihn beseelte.
Erst nach zwei Stunden kam er mit ganz glücklichem Ge-

ſicht, die Augen ſtrahlend vor Freude, von ſeinem Gange wieder zurück, und konnte nicht genug rühmen, wie lieb-reich und freundlich er überall aufgenommen ſei. Er brachte ſogar noch die frohe Nachricht mit, daß Frau Müller und Herr Dorn künftig der Mutter mannigfache Beſchäftigung zu geben verſprochen hätten, ſo daß ſich alſo auch noch eine Ausſicht auf neuen redlichen Erwerb eröff-nete, welcher die ſchwere, drückende Sorge um das liebe tägliche Brod verringern würde. Alles in Allem genom-men, ſtellte ſich's nun alſo heraus, daß die ſchnöde Härte des geizigen Vetters Rempelmeier faſt ein wahres Glück für ſeine armen Verwandten genannt werden konnte.

Die Confirmation ging denn auch in ſtiller, gottſeliger Freudigkeit vorüber, und nun trat der Zeitpunkt ein, wo ſich Wilhelm für ſeinen künftigen Lebensberuf beſtimmen mußte. Wie wir bereits wiſſen, hatte er keine Wahl. So gern er zu einem geſchickten Tiſchler in die Lehre ge-gangen wäre, wozu er die meiſte Neigung empfand, blieb ihm doch nichts weiter übrig, als Leonhard's wohlgemein-tes und freundliches Anerbieten anzunehmen und Schuh-flicker zu werden. Zu jedem anderen Gewerbe fehlte ihm das Lehrgeld, ohne welches er nun einmal nirgends als Lehrjunge angenommen wurde. Wilhelm fügte ſich ge-duldig und ohne Murren in das Unvermeidliche. Er griff mit demſelben Eifer, wenn auch nicht mit derſelben Freundlichkeit, zu Pfriemen und Ahle, wie er zu Hobel und Säge gegriffen haben würde, und kein Wort aus ſei-nem Munde, kein Zug in ſeiner Miene verrieth der Mut-ter, daß er irgend welchen geheimen Kummer über die Vereitelung ſeiner liebſten Hoffnung empfand. Er zeigte immer ein heiteres Geſicht, und war ſo unermüdlich fleißig, daß Vater Leonhard ſeines Lobes kein Ende fand. Eifer, Geſchicklichkeit und herzliche Dankbarkeit für alles Gute, was der brave Schuhflicker ihm und der Mutter erwieſen hatte, gingen bei ihm Hand in Hand, und ſo konnte es denn gar nicht fehlen, daß der junge Lehrburſche bald eben ſo flink und gewandt arbeitete, wie ſein Meiſter, und ihn endlich ſogar in der Zierlichkeit und Sauberkeit der Arbeit noch übertraf.

„Der Junge iſt ein wahrer Schaß für mich!" ſagte Leonhard öfter zu Frau Engelbert. „Die Kundſchaft ver= mehrt ſich, und am Ende erleben wir's noch, daß wir n e u e Arbeit zur bloßen Flickerei hinzu kriegen, und daß Wilhelm noch der geſchickteſte Schuhmacher in ganz Ber- lin wird."

Solche Lobſprüche des alten Leonhard, den er wie einen Vater liebte und ehrte, flößten dem Herzen Wilhelms im= mer friſchen Muth und neue Freudigkeit ein. Er ge= wöhnte ſich endlich an den Gedanken, zeitlebens Schuh= macher zu bleiben, und ſtille Zufriedenheit bemächtigte ſich allmälig ſeines Gemüthes. Die väterliche Güte des bra= ven Meiſters, die Freude der Mutter an ſeinem gedeihli= chen Fleiße halfen ihm über Manches hinweg, was ihn ſonſt wohl gedrückt und bekümmert hätte, und ſo that er denn rechtſchaffen und beharrlich ſeine Pflicht, ohne ſich ſeine Zufriedenheit durch unerfüllbare Wünſche verbittern zu laſſen.

So ſtanden die Sachen etwa ein Vierteljahr nach ſeiner Confirmation, als ein Ereigniß eintrat, welches ihn wieder mit Vetter Rempelmeier, an den er ſeither kaum mehr ge= dacht hatte, in nähere Berührung bringen ſollte. Mitten in der Nacht nämlich brach in der nächſten Nachbarſchaft von Herr Rempelmeiers Hauſe Feuer aus, und zwar ſo plötzlich und mit ſo gewaltiger Heftigkeit, daß an ein ra= ſches Dämpfen deſſelben nicht zu denken war. Die Flam= men ſchlugen hoch aus dem Dache des Nachbarhauſes und verbreiteten ſich mit verzehrender Schnelle nach den leicht gebauten Hintergebäuden, ſo daß auf einmal, ehe noch ir= gend eine Hülfe herbeigeſchafft werden konnte, Herr Rem= pelmeiers Haus zur Hälfte von den Flammen umgeben,

29

und von der äußersten Gefahr bedroht war, der Feuersbrunst als Beute anheim zu fallen. Das Geschrei der
Wächter, das Rasseln der Trommeln, der schauerliche Ton
der Feuerhörner weckte zuerst Leonhard auf, der sich mit
Einem Rucke aufraffte und mit beiden Fäusten an Wilhelm's Thür pochte, als er den hellen Schein der Flammen grell durch die Fenster blitzen sah.

„Hollah, Wilhelm, steh' auf! Es brennt dicht neben
uns an!" schrie er.

Wilhelm erwachte mit einem Schreckensrufe, und, an
allen Gliedern zitternd, warf er hurtig seine Kleider über,
während Leonhard hinaus eilte, um sich von dem Stande
der Dinge und von der etwa drohenden Gefahr zu unter-
richten. Als er zurückkehrte, trat eben auch Wilhelm in
sein Zimmer und fragte hastig, wie es stehe?

„Schlimm genug," erwiederte der alte Leonhard. „Das
Nebenhaus brennt lichterloh, und es kann keine zehn Minuten mehr dauern, so muß unser Dach ebenfalls Feuer
fangen. Wenn nicht rasche Hülfe kommt, so sieht's bös aus."

„Mein Gott!" sagte Wilhelm. „Und Vetter Rempelmeier! Er schläft ganz allein in den großen Räumen, die
von seinen Kostbarkeiten vollgepfropft sind!"

„Was da Rempelmeier und Kostbarkeiten?" fuhr der
alte Soldat barsch heraus. „Mag er zusehen, wie er
fertig wird!"

„Aber wir müssen ihm helfen, Vater Leonhard!" fuhr
Wilhelm fort. „Der alte Mann ist ganz allein; .. er
schläft am Ende noch; .. wie soll er etwas einpacken und
retten, wenn er keine Hülfe hat?"

„Ei, Junge, hat er denn dir geholfen, als du der
Hülfe bedürftig warest?" fragte Leonhard scharf. „Oder
hat er dich nicht vielmehr mitsammt deiner armen Mutter
aus dem Hause jagen wollen? Nichts da! Ich rühre
keine Hand für den alten Geizhals! Mag er sehen, wie
er fertig wird!"

29

„Aber, Meiſter Leonhard, ſteht denn nicht in der Bibel, daß man nicht Böſes mit Böſem vergelten ſolle?" erwieberte Wilhelm. „Unmöglich könnt Ihr's über's Herz bringen, den alten Mann ganz allein und ohne Beiſtand zu laſſen."

„Ich thue keinen Schritt für ihn!" entgegnete Leonhard. „Mag er ſich helfen laſſen, von wem er will! Er hat ja Günthers Karl! Der mag ihm packen und räumen helfen. Freilich ſtehe ich nicht dafür, daß ſich nach dem Räumen auch Alles wiederfinden wird, denn ich weiß ja aus Erfahrung, daß Karlchen zu gelegener Zeit gern lange Finger macht."

„Ah, um ſo mehr bedarf alſo Herr Rempelmeier des Beiſtandes!" fiel Wilhelm ein. „Der Arme! Er weiß ſich gewiß nicht zu rathen und zu helfen, und am Ende ſchläft er wohl gar noch! Wie erſchrocken wird er ſein! Meiſter Leonhard, ich bitte Euch, vergeßt des Vergangenen und denkt nur daran, daß unſer nächſter Nachbar in Gefahr ſchwebt! Kommt!"

„Nun denn, meinetwegen!" rief der alte Mann nach einem kurzen Kampfe mit ſich ſelber. „Er verdient es zwar nicht, der alte Geizhals, aber wenn du mich ſo bitteſt, Wilhelm, ſo mag's drum ſein! Geh' nur voran, ich komme gleich nach, und will nur deiner Mutter ſagen, daß ſie ſich keine Sorge um dich machen ſoll."

„Geht nur, geht, braver Leonhard!" rief die Mutter, die längſt erwacht war und das ganze Geſpräch gehört hatte, aus dem Nebenzimmer. „Helft oben, ſo gut Ihr könnt, und ich will indeſſen Sorge tragen, daß hier unten nichts paſſirt. Eilt Euch nur, Meiſter Leonhard."

„Alſo auch Ihr, Frau Engelbert?" rief der alte Soldat aus. „Auch Ihr ermahnt mich, daß ich dem geizigen Rempelmeier zu Hülfe kommen ſoll? Aber denkt Ihr denn gar nicht mehr daran, wie ſchnöde Ihr von ihm behandelt worden ſeid?"

29

„Ich denke an nichts weiter, als daß der Arme in Noth und unser nächster Nachbar ist," entgegnete Frau Engelbert. „Seinen Nächsten aber soll man lieben, wie sich selbst, — so steht geschrieben!"

„Nun, wahrhaftig, das heiß' ich Christenthum!" rief Leonhard aus. „Aber wenn Sie's denn meinen, Frau Engelbert, nun so sei es auch in Gottes Namen! Das hätt' ich aber nicht gedacht, daß ich dem alten Burschen, der uns so schlecht behandelt hat, noch einmal beistehen würde! Aber wie Sie wollen, Frau Engelbert! G e r n e geschieht's zwar nicht, aber geschehen soll's! Mittlerweile verschließen Sie hier unten nur die Thür, damit Ihnen nichts zukommt, denn manchmal benutzen schlechte Menschen die Verwirrung und nehmen die Gelegenheit wahr, um zu stehlen, wie die Raben! Wenn Sie die Thür aber zuhalten, kann Ihnen nichts geschehen, und bis hierher kommt auch das Feuer nicht, denn hier unten haben wir lauter feuerfeste Gewölbe! Vor jetzt will ich nun aber hinauf und schauen, was unser Wilhelm macht."

Wilhelm war schon längst die Treppe hinaufgesprungen und klopfte mit Gewalt an die Außenthür, welche nach den Gemächern Herrn Rempelmeiers führte. Er klopfte noch, als Leonhard kam, und Niemand öffnete von innen, noch ließ sich überhaupt eine Stimme hören.

„Es scheint, er schläft wie ein Todter!" sagte Leonhard. „Wenn er nicht bald aufmacht, so müssen wir die Thür sprengen! Aber klopfen wir erst noch einmal, Wilhelm! Beide zusammen!"

Sie donnerten Beide gegen die Thür, aber Herr Rempelmeier ließ noch immer nichts vernehmen. Jetzt verlor der alte hitzige Soldat die Geduld. Mit fünf Sprüngen war er die Treppe wieder hinunter, mit anderen fünfen wieder herauf, und brachte eine Holzaxt mit, mit der er so gewaltige Schläge gegen die Thür schmetterte, daß sie un-

29

möglich noch lange Stand halten konnte. Nun aber regte sich's auch drinnen.

„Hülfe! Hülfe!" schrie Herr Rempelmeier mit kreischender Stimme. „Räuber, Mörder, Diebe, Einbruch, Feuer! Hülfe, Hülfe!"

„Ja doch, zum Donner! Hülfe bringen wir ja!" rief der alte Leonhard mit seiner Löwenstimme zurück. „Machen Sie nur auf, Herr Rempelmeier! Nebenan brennt's, und wir wollen Ihnen retten helfen, was möglich ist!"

Ein Ruf des Schreckens drang von innen durch die Thür, und nun dauerte es nicht mehr lange, daß sie geöffnet wurde. Herr Rempelmeier zeigte sich, blaß, zitternd am ganzen Leibe, und so erschrocken, daß er weder Leonhard noch Wilhelm erkannte.

„Herr Jesus, Herr Jesus!" schrie er. „Brennt denn mein Haus schon?"

„Noch nicht, alter Herr!" entgegnete Leonhard. „Aber es könnte so weit kommen, und zwar schneller, als Ihnen lieb sein wird, und also will ich Ihnen gerathen haben, daß Sie Ihre besten Habseligkeiten so schnell als möglich in Sicherheit bringen. Wir wollen Ihnen helfen, wir Beide!"

„Und ich auch! Ich will auch helfen!" sagte noch eine andere Stimme. „Geschwind, Herr Rempelmeier! Der Dachstuhl über unserem Kopfe hat schon Feuer gefangen!"

„Sieh' da, bist du auch hier, Bursche?" sprach Leonhard zu dem neuen Ankömmlinge, in dem er augenblicklich Karl Günther erkannte. „Nun, ich dachte mir wohl, daß du nicht fehlen würdest — aus gewissen Gründen und Ursachen! Aber verstehst du, Bursche, wir sind auch da! Also reine Hand, oder ... ein Wetter kommt über dich! Nun, Herr Rempelmeier, fassen Sie sich! Geschwind! Wo sollen wir zuerst angreifen?"

Herr Rempelmeier stand noch da, wie eine Salzsäule starr und steif, so hatte ihn Schrecken und Entsetzen ge-

29

lähmt. Erst als ihn Leonhard an der Schulter packte und heftig schüttelte, kam er wieder ein wenig zur Besinnung.

„Hier, hier!" schrie er und lief in die inneren Gemächer seiner Wohnung, wohin ihm die andern folgten. „Räumt, rettet, helft, oder ich bin ein verlorener Mann! Großer Gott, erbarme dich meiner!"

„Aber, Herr Rempelmeier, so nehmen Sie doch ein bißchen Vernunft an!" schrie ihm Leonhard zu. „Was sollen wir denn räumen? Was zuerst retten? Diese ausgestopften Bestien doch wohl nicht? Fassen Sie sich, Mann! Ehe das Feuer bis hier herunter brennt, haben wir Zeit genug, Ihre beste Habe in den großen Hausflur hinunter zu schaffen. Dort liegen sie sicher, denn der Flur ist gewölbt und das Gewölbe feuer- und bombenfest. Also Achtung! Wo sollen wir anfangen?"

Herr Rempelmeier schien ein wenig zur Besinnung zu kommen. Er bezeichnete einige alte Möbel, die er in Sicherheit gebracht zu haben wünschte, und Leonhard nebst Wilhelm griffen so wacker zu, daß sie binnen fünf Minuten die Treppe hinunter geschafft waren. Andere Sachen folgten, und die beiden Retter befanden sich noch in voller Thätigkeit, als Karl, der sich bis jetzt nicht sonderlich angestrengt hatte, plötzlich schrie, daß das Feuer oben bereits in das zweite Stockwerk eingedrungen sei.

„Nun wohlan, so müssen wir noch flinker sein!" sagte Leonhard, indem er sich den Schweiß von seiner glühenden Stirne wischte. „Was haben Sie noch, Herr Rempelmeier?"

Der alte Mann schien bei der Schreckensnachricht Karls von Neuem alle Besinnung verloren zu haben. Zuerst stieß er einen Schrei aus, und dann rannte er auf die nächste Wand zu, an der er mit zitternden Händen, laut ächzend und jammernd, herum tappte.

„Er ist närrisch geworden vor Angst, wie es scheint!"
29

sagte Leonhard. „Heda, Herr Rempelmeier, was machen Sie denn? Sein Sie doch vernünftig!"

„Hier! Hier! schrie Rempelmeier. „Oeffnet die Thür! Oeffnet, oder ich bin verloren!"

„Sapperment ja, hier ist doch keine Thür!" rief Leonhard. „Sehen Sie denn nicht, daß Sie an der leeren Wand herumkrabbeln?"

„Der Schrank! Der eiserne Kasten!" stammelte Herr Rempelmeier ganz verwirrt. „Ich armer, geschlagener Mann! Ich kann den Drücker nicht finden!"

„Freilich, wenn Sie unvernünftig zutappen, da geht's nicht!" sagte Leonhard. „Halt' einmal, Herr! Was suchen Sie eigentlich hier?"

Indem er diese Frage stellte, packte Leonhard den ganz verwirrten Rempelmeier bei beiden Schultern und hielt ihn so fest, daß er sich nicht von der Stelle rühren konnte.

„Verstehen Sie mich nicht?" fuhr er fort. „Ich will wissen, was Sie an der Wand suchen?"

„Den Schrank! den Schrank!" rief Herr Rempelmeier.

„Ist denn ein Schrank da?"

„Ja! Ja doch!"

„Nun, so nehmen Sie sich Zeit zum Oeffnen," sagte Leonhard. „Noch stürzt das Dach nicht über unseren Köpfen zusammen! Langsam und besonnen, Herr Rempelmeier!"

Die feste Haltung Leonhards verfehlte ihren Eindruck nicht.

„Suchen Sie!" sagte er zu Rempelmeier, der ihn verdutzt anschaute. „Wo ist der Drücker, der öffnet?"

„Hier!" sprach Herr Rempelmeier, der nun endlich begriff, was er selber beabsichtigte, und drückte an einer Stelle in der Wand, worauf sofort eine geheime Thür aufsprang und einen geräumigen Schrank sehen ließ, in welchem verschiedene kleine Eisen- und Blechkasten aufbewahrt standen.

29

„Aha, jetzt verstehe ich!" sagte der alte Leonhard. „Hier sind die Hauptsachen, die in Sicherheit gebracht werden müssen. Eins — zwei — drei — vier Kasten! Zugegriffen, Wilhelm! Und hab' ein Auge darauf, damit nichts abhanden kommt! Am besten ist's, wir bringen die ganze Geschichte zu deiner Mutter, die wird sie schon bewachen! Hand weg, Mosje Karl! Du hast nichts zu suchen hier!"

Mit gierigen Blicken hatte Karl den verborgenen Wandschrank gemustert, und auf der Stelle errathen, daß hier also die Stelle sei, wo Herr Rempelmeier seine Kostbarkeiten und werthvollsten Schätze aufbewahrte. Wie ein Habicht schoß er jetzt auf den Schrank zu, und hatte sich schon eines Kastens mit zitternder Hand bemächtigt, als der alte Leonhard dazwischen trat, und ihm die schon sicher geglaubte Beute wieder aus den Händen riß.

„Hand davon!" wiederholte der alte Soldat „Dir traue ich einmal nicht, und habe meine guten Gründe dazu. Wilhelm, nimm du zwei Kasten, und ich werde die anderen nehmen! So, und nun vorwärts zu deiner Mutter!"

Sie brachten die Kasten in Sicherheit, übergaben sie der Obhut der Frau Engelbert, und kehrten nach drei Minuten zurück, um mit dem Ausräumen fortzufahren. Diese drei Minuten hatte Karl indessen gut benutzt. Während Herr Rempelmeier bei dem Getöse, das von außen her zu seinem Ohre drang, bei dem Geschrei der versammelten Menge, bei dem Rasseln der Spritzen und Wasserwagen, bei dem Krachen und Poltern der zusammenstürzenden Häuser und all' dem anderen Getümmel, das im Gefolge einer Feuersbrunst zu toben pflegt, von Neuem den Kopf verlor, durchsuchte Karl noch einmal den Wandschrank, und fand im heimlichsten Winkel desselben noch ein Kästchen, das dem scharfen Blicke Leonhards in der Eile entgangen war. Mit triumphirendem Hohnlä-

29

cheln ſteckte er es ein, ohne daß Herr Rempelmeier es bemerkte, und ſchlich ſich leiſe aus dem Zimmer. Als er den
Vorſaal betrat, kehrten aber Leonhard und Wilhelm von
unten wieder zurück, und er drückte ſich hurtig in die dun-
kelſte Ecke, um von ihnen nicht bemerkt zu werden. Leonhard ſah ihn auch wirklich nicht; Wilhelm aber hatte ihn
gleich beim Eintreten erblickt, und wunderte ſich, warum
der Burſche ſo katzengleich vorſichtig zur Seite ſchlich.

„Der hat ein böſes Gewiſſen!" war ſein erſter Gedanke.

Anſtatt Leonhard in die inneren Gemächer nachzueilen,
blieb er hinter der nächſten Thür ſtehen, und beobachtete
von hier aus Karls Bewegungen. Bald erkannte er, daß
er ſich in ſeiner Vermuthung nicht getäuſcht hatte. Karl
lauerte nur noch einen Augenblick, dann erhob er ſich aus
der dunkeln Ecke, wo er ſich niedergekauert hatte, ſchlüpfte
aus dem Vorzimmer und eilte die Treppe hinunter. Leiſe
wie ein Schatten ſprang Wilhelm hinter ihm her.

Im Hausflur angekommen, ſchien Karl ſich vor Entdeckung geſichert zu halten. Er näherte ſich dem kleinen
Fenſter, das auf die Straße hinausging, und durch welches von außen Licht genug hereindrang, um nahe dabei
alle Gegenſtände erkennen zu laſſen.

„Ich muß doch ſehen, was ich erwiſcht habe, und ob es
der Mühe werth iſt, es mitzunehmen," murmelte er und
zog das Käſtchen aus der Taſche, deſſen Deckel er öffnete.
Ein „Ah" der Verwunderung, des Erſtaunens, der Freude,
drang über ſeine Lippen. Das Käſtchen enthielt ohne
Zweifel ſehr koſtbare Juwelen, die im Widerſcheine der
draußen die Nacht lichtenden Feuersbrunſt ſo herrlich blitzten und funkelten, daß Karl einige Sekunden hindurch wie
geblendet ſtand und die Augen nicht davon abwenden
konnte. Dieſe wenigen Sekunden reichten aber hin, alle
ſeine Pläne zu vereiteln und ſeinen innerlichen Jubel
in Schrecken und Wuth zu verwandeln. Wilhelm hatte

29

sich leise hinter ihn geschlichen, und als Karl eben den
Deckel des Kästchens wieder zumachte und im Begriff war,
es wieder in seine Tasche zu stecken, fuhr Wilhelm hurtig
zu und entriß mit kräftigem und entschlossenem Griffe das
Kästchen seinen diebischen Händen. Karl stieß einen
Schrei der Wuth und des Schreckens aus und stürzte wild
wie ein Tiger über Wilhelm her. Wilhelm aber war auf
einen solchen Angriff gefaßt, hielt ihm Stand und schleuderte dann seinen vor Ingrimm schäumenden Gegner gelassen zur Seite.

„Mach', daß du fort kommst, Karl!" sagte er. „Du
weißt, daß ich stärker bin als du und daß du nichts gegen
mich ausrichten kannst. Wenn ich nun vollends den
Meister Leonhard rufe und ihm erzähle, daß du hast stehlen wollen, so geht's dir übel!"

Karl mochte einsehen, daß er unter den obwaltenden
Umständen allerdings den Kürzeren ziehen müsse. Er
wagte keinen neuen Angriff auf Wilhelm, sondern stieß
nur eine häßliche, wilde Verwünschung aus und knirschte
wüthend mit den Zähnen.

Das gedenk' ich dir, Wilhelm!" sagte er zitternd vor
Haß und Wuth und schlüpfte davon. Wilhelm kehrte
ihm gelassen den Rücken zu, ohne sich über seine Drohung
nur im Mindesten zu beunruhigen und sprang die Treppe
hinauf, um seinem braven Meister wie bisher beim Ret-
tungswerke Beistand zu leisten.

Indeß zeigte sich nun bald, daß die Gefahr, so drohend
sie anfänglich auch gewesen sein mochte, dennoch allmälig
beseitigt werden konnte und wurde. Schon nach Verlauf
einer Stunde beherrschte man draußen das entfesselte
Element, und als Meister Leonhard nach oben ging, um
zu sehen, welche Fortschritte das Feuer im Giebel des
Hauses gemacht haben mochte, bemerkte er mit Verwunderung und angenehmer Ueberraschung, daß der Giebel
vom Feuer gar nicht ergriffen worden war.

29.

„Beruhigen Sie sich, Herr Rempelmeier," sagte er, indem er zurückkehrte. „Oben steht Alles gut, und weder die zweite Etage noch auch das Dach hat Schaden gelitten. Der boshafte Bube, der Karl, hat uns, wie es scheint, nur einen Schrecken einjagen wollen, und ich werde ihn dafür bei der ersten Gelegenheit an den Ohren zausen. Das Feuer ist so gut, wie gelöscht, und Sie können sich ganz ruhig wieder schlafen legen."

„Aber meine Sachen! Meine Kostbarkeiten! Meine Möbel!" erwiederte Herr Rempelmeier beinahe weinend.

„Nun, die liegen ganz ruhig im Hausflur unten, und es wird Ihnen kein Stückchen davon abhanden kommen," antwortete der alte Leonhard. „Die Hausthür ist verschlossen, so daß Niemand herein kann, und damit auch aus dem Keller herauf keine langen Finger gemacht werden, will ich Sorge tragen, daß der Riegel vorgeschoben wird. Also besorgen Sie nichts, Herr Rempelmeier, ich stehe Ihnen für Alles."

Herr Rempelmeier mochte wohl fühlen, daß er dem ehrlichen alten Schuhflicker trauen könne, und seine Unruh mäßigte sich. Plötzlich aber, als seine Blicke auf den noch offen stehenden Wandschrank fielen, kehrte sie in verdoppeltem Maße zurück, und er konnte sich kaum enthalten, ein lautes Jammergeschrei auszustoßen. Bleich, mit starrem Auge, zitternd und bebend an allen Gliedern, heftete er seine Blicke auf die leeren Fächer des Schrankes.

„Ach, Sie suchen die Kästchen, die da drinn standen," sagte Leonhard, der sogleich seine Gedanken errieth. „Geh', Wilhelm, und hole sie herauf. Herr Rempelmeier braucht sich nicht um sie zu ängstigen, sondern soll sie gleich wieder in seinen Schrank einschließen."

Wilhelm gehorchte, und kehrte bald darauf mit den Kasten zurück. Mit zitternden Händen griff Herr Rempelmeier danach, überzeugte sich durch einen Blick, daß sie nicht geöffnet worden waren und schob sie dann hastig in

29

die Fächer des Schrankes, dessen Thür er dann hurtig zu-
schlug. Nun athmete er tief auf, wie wenn er von einer
schweren Last befreit worden wäre, und sein von Angst
und Schrecken ganz verzerrtes Gesicht legte sich wieder in
die gewöhnlichen Runzeln und Falten.

„Ich dank' Euch, danke Euch, lieben Leute," sagte er.
„Ja, ja, geht jetzt nur, ich bin sehr angegriffen, und will
mich niederlegen. Morgen aber, morgen besucht mich!
Ihr sollt mich nicht undankbar finden! Nein, gewiß nicht!
Ich will Euch reichlich vergelten, gut bezahlen, ja gewiß!
Ihr werdet zufrieden sein!"

„Was zum Henker, Herr, schwatzen Sie denn für Zeug?"
entgegnete Leonhard barsch und unwillig. „Warten Sie
doch erst ab, ob wir etwas von Ihnen verlangen! Vergelten! Bezahlen! Als ob wir für unsere Mühe bezahlt
sein wollten! Wir haben unsere Nachbar- und Christen-
pflicht gethan, und damit Punktum! Komm', Wilhelm!
Und nun gute Nacht, Herr! Ich wünsche, daß Ihnen der
Schrecken keinen Schaden thun mag!"

„Braver Mann! Braver Mann!" sagte Herr Rempelmeier, in der That ein wenig gerührt, wie es schien,
von der Uneigennützigkeit des wackeren Schuhmachers.
„Ich kenne Euch jetzt, erinnere mich. Ihr seid der alte
Leonhard, nicht wahr?"

„Ja, der bin ich, und das ist Wilhelm, Ihr Vetter,
Herr, und der beste Junge im ganzen Viertel!"

„Ach ja, ach ja!" sprach Herr Rempelmeier, und zeigte
einige Verlegenheit in seinen Mienen. „Ich besinne mich,
ich war einmal ein bischen heftig gegen ihn! Aber nichts
für ungut! Ich weiß jetzt, daß er brav ist, und will es
wett machen! Ja, das will ich!"

„Na, sehen Sie, alter Herr, das ist doch noch ein ver-
nünftiges Wort," sagte Leonhard erfreut. „Er verdient
es wohl, daß Sie sich Seiner annehmen, und ihn will ich
morgen früh heraufschicken. Aber für jetzt gute Nacht!
29

Wir ſind Alle müde, und ein paar Stunden Schlaf werden uns wohl thun!"

Er ging und Wilhelm folgte ihm. Sorgfältig ſchloß
Herr Rempelmeier alle Thüren hinter ihnen zu und begab
ſich wie die Uebrigen zur Ruhe.

Viertes Kapitel.

Herr, führe uns nicht in Versuchung.

War es Ermüdung, war es Achtloſigkeit, daß Wilhelm
ganz und gar das Käſtchen vergaß, das er dem ſpitzbübi-
ſchen Karl abgenommen hatte, — kurz, er dachte während
der Nacht nicht daran, es dem Herrn Vetter Rempelmeier
wieder zuzuſtellen. Aber am andern Morgen, als er ſeine
Kleider überwarf und den harten, eckigen Gegenſtand in
der Taſche fühlte, da erinnerte er ſich an Alles und er-
ſchrak recht ordentlich über ſeine Gedankenloſigkeit. Indeß,
es war noch früh am Tage, Herr Rempelmeier ſchlief ohne
Zweifel noch, und hatte auf alle Fälle das Käſtchen noch
nicht vermißt, weil er ſonſt gewiß einen furchtbaren Spektakel gemacht haben würde.

Abſichtslos, nur von einer kleinen Regung der Neugierde
getrieben, zog Wilhelm, als er ſich vollends angekleidet
hatte, das Käſtchen aus der Taſche und öffnete den Deckel
deſſelben. Die helle Morgenſonne ſchien gerade durch
eine kleine Lücke in der gegenüber-liegenden Häuſerreihe
zum Fenſter herein, und blitzte hell auf den Steinen, die
den Blitz ſprühend und blendend in allen Regenbogenfarben zurückwarfen. Es war in der That ein herrlicher
Anblick, dieſe ſchön geſchliffenen, weißen, rothen und

29

blauen Steine zu sehen, die bunt gemischt im Kästchen durch einander lagen. Die wahrhaft überraschende und blendende Pracht der kostbaren Juwelen entriß dem staunenden Wilhelm einen Ausruf der Ueberraschung.

„Heda, was schrei'st du denn, Junge?" rief Meister Leonhard, der den Ausruf in der Werkstatt gehört hatte.

Wilhelm eilte hinaus und zeigte ihm den Inhalt des Kästchens, den er, wie vorhin in den hellen Strahlen der Sonne schimmern, funkeln, glänzen und hunderte von Blitzen werfen ließ.

„Sapperment ja, Wilhelm, was ist das?" rief der Alte aus. „Weißt du wohl, daß diese Steinchen da einen Werth von vierzig- bis sechszigtausend Thaler haben, vorausgesetzt nämlich, daß sie nicht nachgemachte, sondern ächte Juwelen sind! Aber sie s i n d ächt! Kein falscher Stein kann einen solchen Glanz haben und in solchen Regenbogenfarben blitzen! Wie bist du zu diesem Schatze gekommen, Wilhelm?"

„Ich habe ihn vergangene Nacht dem Spitzbuben, dem Karl, abgenommen, der eben im Begriff war, mit dem Kästchen in seinen Keller hinab zu schleichen. Der hätte recht lachen sollen heute, wenn ihm der Streich gelungen wäre!"

„Glaub' es, glaub' es wohl," sagte Leonhard nachdenklich, indem er seine Augen fortwährend auf den Juwelen ruhen ließ. „Das wäre ein Fang für ihn gewesen! Welche Diamanten! Welche Rubinen und Saphire! Ein einziger von diesen Steinen, von den größern nämlich, der und der und dieser da, ist unter Brüdern seine fünfhundert Thaler werth. Daß der Herr Rempelmeier einen solchen Schatz hätte, habe ich mir freilich nicht träumen lassen. Aber nun erkläre ich mir auch, warum er so voll Angst und Bestürzung war, und erst gar nicht den Wandschrank öffnen konnte, in welchem er ohne Zweifel das Kästchen aufbewahrte. Es ist ein großes Glück, daß du

29

es dem Karl abgejagt haft, Wilhelm, denn ich glaube bestimmt, wenn der Bursche es erst unten im Keller gehabt hätte, würde es für immer verschwunden und nicht wieder aufzufinden gewesen sein. Kann ja doch selbst die Recht=schaffenheit bei solch einem Anblicke in Versuchung gerathen! Mache zu das Kästchen, Wilhelm! Je länger man diese Steine ansieht, desto weniger kann man die Augen davon losreißen!"

„Aber Ihr macht Scherze, Vater Leonhard!" sagte Wilhelm, der die Weisung des Meisters ganz überhört zu haben schien. „Ein einziger solcher Stein sollte an fünfhundert Thaler werth sein? Unmöglich! Hier sind ja zehn, zwölf, vierzehn solche große Steine! Und dann noch die Menge kleiner! Ihr wollt mir etwas weiß machen, Vater Leonhard!"

„Denkst du, es sei mein Ernst nicht, was ich gesagt habe? Närrischer Junge! Dieser einzige schöne Diamant, hat mindestens seine tausend Thaler an Werth. Ich kenne das. In früheren Jahren, als ich noch bei meinem Regimente stand, war ich eine kurze Zeit hindurch Bursche bei meinem Obersten, und kam auch manchmal in die Zimmer der gnädigen Frau. Da hab' ich gesehen, daß für solche Steine, die noch nicht einmal so groß und schön wie diese da waren, gegen tausend Thaler auf Einem Brette bezahlt wurden. Der Herr Oberst war ein reicher Mann und konnte solche Ausgaben machen, ohne daß es ihn weiter drückte. Ja, ja, Wilhelm, daher weiß ich's und ich irre mich nicht! Ich sage dir, es steckt ein großes Vermögen in den Steinchen da!"

Wilhelm war außer sich vor Staunen und Verwunderung. Der Kopf schwindelte ihm, sein Herz pochte und seine Hände zitterten. „Großer Gott," dachte er, „ein einziger solcher Stein, und uns Allen wäre geholfen! Meine arme Mutter brauchte nicht mehr so schwer zu arbeiten, und ich — ich könnte Lehrling, Geselle, Meister

29

werden, ohne daß wir uns zu sorgen und abzukümmern
brauchten!"

Der alte Leonhard heftete einen scharfen, forschenden
Blick auf das verwirrte, bleiche Gesicht Wilhelms und errieth alle seine Gedanken.

„Herr, führe uns nicht in Versuchung!" sagte er laut
und feierlich. „Mache das Kästchen zu, Junge, mache es
zu und trage es fort, — sogleich, ohne Zögern, Wilhelm!
Herr Rempelmeier wird jetzt wohl auch aufgestanden sein.
Fort mit dem Plunder! Ehrlich währt am längsten, und
Reichthum macht auch nicht glücklich, wenn man kein reines Herz und einen Schaden am Gewissen hat. Trage
die Steine fort, Junge!"

Wilhelm warf hastig den Deckel des Kästchens zu. „Ich
gehe, ich gehe schon, Vater Leonhard!" sagte er. „Ihr
habt Recht!. Reichthum macht nicht glücklich!. Wir sehen
es ja an Vetter Rempelmeier! Was nützen ihm alle
diese schönen Steine? Höchstens, daß er seine Augen zuweilen an ihrem Glanze weiden kann! Ich trage sie hinauf zu ihm."

Entschlossen verließ er die Werkstatt, stieg die Treppe
hinauf und klopfte an Herrn Rempelmeiers Thür. Wohl
eine Minute dauerte es, bis sein Klopfen gehört wurde.
Endlich erschallte von innen eine Stimme, die zu Geduld
ermahnte. Wilhelm trat an das Fenster des Vorflurs
und blickte nachdenklich auf den Hof hinunter.

„Einmal noch!" murmelte er vor sich hin. „Nur ein
einziges Mal noch ansehen! Es sieht gar zu herrlich aus,
wenn das Alles glänzt und in den schönsten Farben schim-
mert!"

Er zog das Kästchen aus der Tasche, öffnete den Deckel
und versenkte sich mit Auge und Seele in das Anschauen
der Steine.

„Ach, wenn ich nur drei davon, nur zwei, nur einen
einzigen hätte!" dachte er, während seine Schläfe pochten,

29

seine Augen glühten und jeder Nerv in fieberhafter Aufregung bebte. „Nur einen! Und es sind so viele! Er merkt wohl kaum, daß einer davon fehlt, und ich würde so reich, so glücklich durch den Besitz!"

Seine Hand zitterte, seine Finger zuckten, tausend verlockende Bilder von sorgenlosem Wohlleben zogen funkelnd an seinem geblendeten Geiste vorüber ... Ein Griff, ein einziger Griff, und alle diese Bilder wurden Wirklichkeit! ...

Aber wie? Sollte er sein Glück durch eine S ü n d e erlaufen? Und konnte das ein Glück sein, was er mit seinem reinen Gewissen, mit der Ruhe und dem Frieden seiner Seele bezahlen mußte? „Herr, führe uns nicht in Versuchung!" flüsterte Wilhelm vor sich hin, indem er sich der Worte Meister Leonhards erinnerte, und — z u = f l o g der Deckel des Kästchens, das umflorte Auge Wilhelms strahlte wieder hell, heller, als alle die Diamanten und Rubinen des Kästchens, das Pochen seines Herzens verstummte, und, beide Hände faltend, blickte er mit fast freudiger Dankbarkeit zum Himmel auf.

„Gott der Gnade und Barmherzigkeit, ich danke dir!" flüsterte er. „Du hast mich die Versuchung überwinden helfen! Ja, ich will lieber arm, lieber elend und von allen Menschen verlassen sein, als den Keim der Sünde in meinem Herzen wuchern lassen! Wenn ich nur d i c h und ein reines Gewissen habe, Herr mein Gott, was sollte mir denn noch fehlen?"

In diesem Augenblicke knarrte die Thür hinter ihm, und als Wilhelm sich umdrehte, erblickte er Herrn Rempelmeier selbst, noch ganz bleich und verstört von den aufregenden Ereignissen der vergangenen Nacht.

„Ach, du bist es!" sagte er mürrisch. „Was willst du schon so früh, Bursche? Konntest du es nicht abwarten, dir deine Belohnung zu holen? Eine Stunde später wär's auch noch Zeit gewesen!"

„Nein, o nein, Herr Rempelmeier," antwortete Wilhelm
29

einfach. „Ich will Ihnen nur hier etwas bringen, was ich aus Vergessenheit die Nacht über bei mir behalten habe."

Mit diesen Worten zog er das Juwelenkästchen hervor und reichte es Herrn Rempelmeier hin. Kaum erblickte dieser das Kästchen, so stieß er einen Schrei aus, wie ein verwundeter Adler, und wie ein Adler auf seine Beute schoß er auf das Kästchen zu, das er mit zitternden Händen an sich riß.

„Mein Schatz! Mein Schatz!" murmelte er mit farblosen, zitternden Lippen. „Meine Diamanten! Meine Rubinen! Mein höchster kostbarster Schatz!"

Mit einem Entzücken, das unbeschreiblich aus seinen Augen und seinen faltenreichen, runzelvollen Zügen strahlte, drückte er das Kästchen an sein Herz, an seine Lippen, streichelte es, liebkoste es, bedeckte es mit Küssen, fast wie eine zärtliche Mutter, die ihr schon verloren geglaubtes Kind, plötzlich frisch und gesund wiederfindet, und stieß halb erstickte Schreie und Ausrufungen des Entzückens aus. Aber plötzlich änderte sich seine Miene wieder, sein Blick wurde starr und schoß Blitze unter der gerunzelten Stirn und den tief herabgezogenen Brauen hervor, und mit einem Sprunge, wie ein Tiger, schoß er auf Wilhelm zu, und packte ihn mit beiden Fäusten, deren lange, hagere Finger sich ausstreckten, wie die Fänge und Krallen eines Raubvogels.

„Unglücklicher!" kreischte er. „Wußtest du, was das Kästchen enthielt? Hast du es geöffnet? Antworte! Rede! Sprich!"

„Ja doch, ja doch, Herr Rempelmeier," erwiederte der arme Junge ganz entsetzt und erschrocken über den völlig unerwarteten, tigerartigen Anfall des wunderlichen Greises. „Ich habe es gesehen, es liegen Edelsteine darin!"

„Ha, du wirst bleich! Du zitterst!" schrie Herr Rempelmeier mit keuchender Brust und packte Wilhelm noch fester. „Du hast kein gutes Gewissen! Ich sah es an

deinen blaſſen Lippen, an deinem ſcheuen Blicke! Du haſt
mich beraubt, beſtohlen, Elender! Geſteh' es! Geſtehe!"
Obgleich Wilhelm noch immer erſchrocken und faſt beſinnungslos war über dieſen heftigen Wuthsausbruch ſeines wunderlichen Verwandten, ſo kehrte doch jetzt bei der
ſchnöden Anſchuldigung, daß er ein Dieb ſei, mit einem
Male ſeine ganze Feſtigkeit und Beſonnenheit zurück.
„Pfui, Herr Rempelmeier!" ſagte er. „Wie können
Sie einen armen Burſchen wie mich, geradezu des Dieb-
ſtahls beſchuldigen? Wenn ich hätte ſtehlen wollen, würde
ich Ihnen dann das Käſtchen wieder gebracht haben?
Sehen Sie Ihre Steine nach, und wenn einer fehlt, ſo
bin wenigſtens ich es nicht, der ihn genommen hat!"
„Ja, das will ich, nachzählen will ich, einen nach dem
andern will ich zählen!" rief Herr Rempelmeier. „Aber
du, du gehſt mir nicht von der Stelle! Herein hier! Hier
herein! Und wehe dir, wenn nur der geringſte Stein in
dem Käſtchen fehlt!"
Mit dieſen Worten öffnete Herr Rempelmeier die Thür,
zog Wilhelm am Kragen hinter ſich drein, verſchloß die
Thür doppelt und dreifach hinter ihm, damit er auf keinen
Fall entwiſchen könne, und ſtellte ihn in eine Ecke des
Zimmers.
„Hier bleibſt du und rührſt dich nicht von der Stelle!"
ſchrie er ihn drohend an. „Geſchehen iſt's um dich, wenn
du nur einen Schritt vom Platze weicheſt, während ich
meine Steine nachzähle!"
Wilhelm zuckte die Achſeln. „Zählen Sie nur!" ſagte
er. „Ich werde nicht davon gehen, denn Sie müſſen mir
erſt Abbitte thun, daß Sie mich in einem ſo ſchmählichen
Verdachte gehabt haben."
„Das wollen wir erſt ſehen, das wollen wir ſehen,"
antwortete Herr Rempelmeier, indem er mit zitternder
Hand ſeine Juwelen auf einen alten Tiſch ausſchüttete,
und dann mit zugleich angſtvollem, gierigem und hoffendem
29

Blick die Steine nach Farbe und Größe sortirte. Eine
gute halbe Stunde brachte er bei diesem Geschäfte zu und
dann packte er mit äußerster Sorgfalt die kostbaren Diamanten und Rubinen wieder in das Kästchen ein, das er
an seinen früheren Aufbewahrungsort in den wohl verborgenen Wandschrank stellte. Mit etwas beschämter
Miene und verlegen niedergeschlagenen Augen näherte er
sich hierauf Wilhelm wieder.

„Hm, hm!" brummte er, — „es ist Alles richtig, Alles
stimmt, ich habe dir Unrecht gethan, du bist ein ehrlicher
Bursche, wahrhaftig! Hätt's nicht geglaubt, aber es ist
wahr, es fehlt kein Steinchen! Nimm mir's nicht übel,
daß ich dich so barsch behandelte; ich bin ein wenig heftig
von Natur, und man konnte doch nicht wissen, konnte nicht
wissen, ... es gibt ja viele Spitzbuben in der Welt! Aber
du bist brav und ehrlich, ja, grundehrlich! Da, hier ist
meine Hand, ich danke dir, und bitte dich um Verzeihung!"

„Schon gut, Herr Rempelmeier," sagte Wilhelm, indem
er die dargebotene Hand ergriff und drückte. „Es ist mir
nur lieb, daß Sie Alles wieder gefunden haben! Aber
wenn auch wirklich ein paar Steine gefehlt hätten, mir
hätten Sie doch die Schuld nicht geben dürfen!"

„Und wem sonst? Wem sonst? Du hast doch das Kästchen gehabt!"

„Ja, aber ich habe es erst gehabt, nachdem ich es Kellerwirths Karl'n weggenommen hatte. Der wollte sich damit heimlich davonschleichen, und es wär' ihm fast gelungen, den Schatz auf die Seite zu bringen."

„Was du sagst!" rief Herr Rempelmeier erschrocken aus.
„Wie war das? Erzähle mir's! Aber aufrichtig!"

„Ich lüge nicht, so wenig wie ich stehle," entgegnete
Wilhelm mit einigem Stolze, und beichtete ganz der Wahrheit getreu, wie er Karl im Vorzimmer getroffen, wie er
ihm nachgeschlichen war, und wie er ihm wieder seine
Beute entrissen hatte. Herr Rempelmeier wurde abwech-

29

felnb blaß und roth bei dieser Erzählung, und ging mit
großen, unstäten Schritten im Zimmer auf und nieder.
„Viper! Schlange! Natter!" murmelte er vor sich hin.
„Ich habe eine Schlange an meinem Busen genährt! Und
er that so ehrlich, so rechtschaffen, so treu, so anhänglich!
Heuchlerische Brut! Nicht über die Schwelle darf er mir
wieder kommen! Aber du, mein Sohn, du bist ein redlicher
Bursche! Ich habe dich verkannt und bin dir eine Ent=
schädigung schuldig! Du sollst wieder mein Aufwärter
werden! Ja, das sollst du! Ich verspreche dir's!"

Wilhelm lächelte. „Es thut mir leid, Herr Rempel=
meier, aber sehen Sie, das geht jetzt nicht mehr!" sagte er.
„Ich bin bei dem alten Meister Leonhard in der Lehre,
und zween Herren kann Niemand dienen, wie schon in der
Bibel geschrieben steht. Sie müssen sich schon einen an=
dern Burschen annehmen."

„Hm, hm! Das ist ja recht verdrießlich!" entgegnete
Herr Rempelmeier. „Aber etwas muß ich doch für dich
thun! Muß dich belohnen! Dir etwas schenken! Was
willst du haben? Sag' mir's grad' heraus! Ich bin zwar
ein armer Mann! Die paar blanken Steinchen sind mein
Ein und mein Alles, und haben fast gar keinen Werth, ge=
wiß, gar keinen, aber doch, e t w a s will ich für dich thun,
weil du ehrlich bist und mir vergangene Nacht so treulich
geholfen hast, — nun, was willst du? Sag's!"

Wilhelm schwieg. Die Heuchelei des alten, geizigen
Herrn, die er recht wohl durchschaute, erfüllte ihn mit ge=
rechtem Unwillen, und er konnte es nicht über sich gewin=
nen, ihn um ein Geschenk anzusprechen.

„Lassen Sie nur, Herr Rempelmeier," sagte er endlich.
„Ich bin ganz zufrieden und verlange nichts von Ihnen."

„Ja, ja, ja, du bist wirklich ein braver Bursche! Ich
seh' es aus Allem!" erwiederte Herr Rempelmeier, und
streichelte mit seiner dürren Hand heuchlerisch Wilhelms
Wangen. „Aber das muß auch belohnt werden! Nein,

29

nein, du sollst mich nicht undankbar finden, so arm ich auch
bin! Warte, warte, mein Söhnchen! Was schenk' ich dir
gleich! Ha, jetzt weiß ich's! Warte, warte!"

Hastig schoß er dann in ein Nebenzimmer, und ein we=
nig verdutzt schaute Wilhelm hinter ihm drein. Wollte
der alte Geizhals seinem Herzen wirklich einen Stoß ge=
ben? Es war kaum zu glauben. Aber da kam er wieder,
und auf der Hand trug er seinen alten grünen Papagei,
der gerade mauserte und in Folge dessen sehr ruppicht und
erbärmlich aussah.

„Da, mein Söhnchen!" sagte Herr Rempelmeier mit
seinem freundlichsten Grinsen, das sein ohnehin schon nicht
sehr anmuthiges Gesicht zu einer häßlichen Fratze verzog,
— „da diesen schönen Vogel will ich dir schenken, den ich
selber in den Urwäldern von Surinam gefangen und mit
nach Europa herüber gebracht habe. Ein schöner Vogel
ist's, der dir viel Vergnügen machen wird! Nicht wahr,
mein Söhnchen? Ein herrliches Geschenk, — wie? Aber
nimm ihn nur hin, den alten Jakob! Nimm ihn hin!
Da ist er! Da! Nicht wahr, du freuest dich sehr, mein
Söhnchen?"

„Ja, gewiß über alle Maßen!" erwiederte Wilhelm,
der beim Anblicke des alten ruppichten Vogels kaum sein
Lachen verbeißen konnte. „Aber er frißt wohl recht viel,
der alte Jakob?"

„Ja doch, ja doch, eben darum..." sagte hastig Herr
Rempelmeier, hielt aber plötzlich wieder inne, und blickte
verlegen auf die Seite, denn er fühlte wohl, daß er sich
und seinen schmutzigen Geiz eben jetzt recht arg verrathen
hatte. „Nein, nein," fuhr er dann fort, und suchte seine
gewöhnliche Miene wieder anzunehmen, „o nein, viel
gerade frißt er nicht, und dann, Söhnchen, siehst du, ist er
auch an die schlechteste Kost gewöhnt! Nimm ihn nur!
So! Und nun geh'! Wir sind quitt mit einander."

Wilhelm nahm lächelnd den Papagei in Empfang und

29

empfahl sich. Auf der Treppe draußen mußte er aber doch laut auflachen.

„Was wird mein guter alter Meister Leonhard sagen, wenn ich mit einem Papagei ankomme! rief er aus und sprang lustig die Treppe hinunter.

„Alter Geizkragen!" sagte Vater Leonhard mit größerem Verdrusse und Unwillen, als Wilhelm vermuthet hatte. „Er ist unverbesserlich! Ich hatte wirklich gehofft, daß er endlich in sich gehen und dich aus Dankbarkeit zu sich nehmen würde, — aber nein! Sein Herz ist verdorrt und vertrocknet in den heißen Strahlen der Sonne von Surinam, und keiner Regung von Liebe und Zuneigung mehr zugänglich. Aber laß dich's nicht kümmern, Wilhelm! Wir kommen auch ohne deinen Herrn Vetter durch die Welt, und meinetwegen mag er nun leben oder sterben, ich bekümmere mich eben so wenig wieder um ihn, wie du selber es thun sollst. Den Papagei bring' ihm zurück.

„Er möcht' ihn selber füttern, hätt' ich gesagt!"

„Nicht so hitzig, Meister," entgegnete Wilhelm lächelnd. „Den Papagei behalten wir und setzen ihn vor das Fenster unserer Werkstatt auf eine Stange. Das lockt die Leute, Meister, und dann ist der alte grüne Jakob doch zu etwas gut."

„Nun, der Einfall ist nicht übel," meinte Vater Leonhard, schon etwas besänftigt. „Mach' es also, wie du willst; ich will weiter nichts davon hören, so wenig wie vom alten Rempelmeier. Der und ich, wir sind geschiedene Leute!"

Wilhelm ließ ihn schelten; er wußte schon, daß der Aerger nicht lange anhalten würde. So kam's auch wirklich. Als erst der Papagei vor dem Fenster auf seiner Stange saß, und sich die Straßenjugend frohlockend und jubelnd um ihn herum sammelte, da vergaß Leonhard Alles, was ihn verdroß, und freute sich nur der muntern Jugend, welche der Papagei beiläufig rechtschaffen ausschalt.

29

„Schelm! Spitzbube!" schrie er den Jungen zu, und so oft er schrie, brach der Jubel von Neuem los, bis der alte Leonhard endlich selber herzlich mitlachen mußte.

Das hatte sich Wilhelm von Anfang an gedacht, und da nun die üble Laune des Meisters vorüber war, so ging er still und fleißig, wie sonst, an seine Arbeit, und dachte nach einer Stunde weder an Vetter Rempelmeier mehr, noch auch an seinen Geiz und an seine Juwelen.

Fünftes Kapitel.

Die Klappe.

Manche Woche verstrich, bevor sich wieder etwas Besonderes im Hause ereignete. Herr Rempelmeier hatte sich an Karls Stelle eine neue Bedienung angeschafft, ein armes kleines Mädchen, von dem man nicht viel gewahr wurde, da es ganz sacht und still, wie ein Mäuschen, Morgens und Mittags die Treppe auf und ab schlüpfte. Karl ließ sich nicht mehr in den oberen Etagen des Hauses blicken, sondern hielt sich im Keller und half seinem Vater die Gäste bedienen; und unsere guten Freunde, Meister Leonhard, Wilhelm und seine Mutter lebten in schlichter Arbeitsamkeit für sich hin, wie es ihre Gewohnheit war.

Da geschah es, gegen den Spätherbst hin, daß Meister Leonhard krank wurde, und zwar recht ernstlich krank. Eine alte Schußwunde noch aus dem siebenjährigen Kriege her brach wieder auf, ein böses Fieber gesellte sich hinzu, und wohl oder übel mußte Vater Leonhard das Bett hüten, und bedurfte der wachsamsten und sorgfältigsten Pflege.

Das war eine Gelegenheit, die Frau Engelbert und Wilhelm nicht unbenutzt vorübergehen ließen, um ihrem braven Wohlthäter ihre ganze Dankbarkeit zu bezeigen.

29

Wilhelm verließ sein Bett nicht, und sogar des Nachts wich er nicht von der Stelle, sondern, um immer gleich bei der Hand sein zu können, machte er sich im Lederwinkel der Werkstatt, wo Vater Leonhard seine Vorräthe von Kalb-, Rind- und Sohlenleder aufbewahrte, eine Schlaf-Stelle zurecht, wo er sich niederwarf, ohne sich auszukleiden, wenn der Kranke einmal ein paar Stunden ruhigen Schlaf hatte, und so auch seinem Pfleger einige Ruhe vergönnte. Bei Tage übernahm Frau Engelbert das Wärteramt, denn Wilhelm mußte noch fleißiger als sonst arbeiten, um die Kunden zu befriedigen und das nöthige Wirthschaftsgeld anzuschaffen. Seine Mutter half ihm dabei nach besten Kräften, und da sie flink und geschickt die Nadel zu führen wußte, so war ihr Beistand von wesentlichem Nutzen, und es wurde so wenig etwas versäumt, als ob Meister Leonhard wie sonst auf seinem dreibeinigen Schusterschemel gesessen hätte.

Er war übrigens schon wieder auf der Besserung, da traf es sich einst in der Nacht, als Alles schlief und nur die Wächter noch auf der Straße patrouillirten, daß Wilhelm noch ruhig bei der Arbeit saß, um ein Paar Stiefeln auszubessern, die am nächsten Morgen abgeholt werden sollten. Sie gehörten einem armen Arbeitsmanne, der bloß das eine Paar hatte, und es also nicht länger als eine Nacht entbehren konnte, wenn er nicht den folgenden Tag ohne Taglohn bleiben wollte. Wilhelm nähte und flickte mit mehr als gewöhnlichem Eifer, und förderte die Arbeit so flink er konnte.

„So!" murmelte er, als er den einen Stiefel fertig aus der Hand legte; — „nun rasch zum anderen!"

Er langte ihn unter dem Arbeitstische vor und besichtigte ihn mit bedenklicher Miene.

„Der ist schadhafter, als ich dachte," sagte er vor sich hin. Mit Flicken ist da nicht viel geholfen, ich muß eine neue Sohle unterlegen, und dann wird's dem armen

29

Kerl zu theuer. Aber nein! Ich will nachsehen! Vielleicht finde ich ein passendes Stück Leder unter den Vorräthen, und dann ist ihm geholfen."

Wilhelm stand auf, schlich auf den Zehen, um den ruhig schlummernden Meister Leonhard nicht aufzuwecken, nach dem Lederwinkel, und durchsuchte leise den ganzen Vorrath. Aber es wollte sich wider Erwarten nicht finden, was er suchte, bis er das letzte Fell aufhob und bei Seite legte. Unter dem Felle lagen Abschnitzel und Reste die Menge, und erfreut über den Fund kramte Wilhelm in den Abfällen umher, bis er im Suchen und Wegwerfen bis auf die blanken Diele kam.

Da stutzte er plötzlich.

In der Diele bemerkte er nämlich eine viereckige, kleine Klappe, etwa eine Spanne lang und breit, und zu gleicher Zeit glaubte er das Gemurmel von Stimmen zu vernehmen, das von unten her durch den Fußboden zu seinem Ohre drang.

„Was ist das?" fragte er sich selbst. „Unter der Werkstatt liegt der Keller, — sollte diese Klappe mit ihm in Verbindung stehen? Das muß ich doch untersuchen?

Ein eiserner Ring war an einem Haken in der Klappe befestigt und lag umgekippt in einer Art Rinne, so daß er nicht über die Fläche der Diele hervorragte. Es war aber ein Leichtes für Wilhelm, den Ring aufzuheben, und nun zog er sacht und vorsichtig an der Klappe, um sie ohne Geräusch zu öffnen. Obgleich sie augenscheinlich seit langer Zeit nicht im Gebrauch gewesen war, gab sie doch der geringsten Anstrengung nach und nicht ohne Verwunderung sah Wilhelm durch die Oeffnung einen schwachen Lichtschimmer von unten herauf dringen, und hörte jetzt noch deutlicher als zuvor, so deutlich sogar, daß er jedes Wort verstand, was unter ihm gesprochen wurde, die Stimme von zwei Personen, die sich im Keller unten mit einander unterhielten. Er bückte sich tiefer auf die Oeffnung nie-

29

der, welche die Klappe bisher verschlossen hatte, und bemerkte nun, daß sie wirklich mit dem Keller in direkter
Verbindung stand, und zwar durch eine viereckige hölzerne
Röhre, welche durch das Gewölbe hindurchgeführt und
von unten mit einer andern Klappe von durchlöchertem
Blech verschlossen war. Durch die kleinen Löcher derselben
drang schwach der erwähnte Lichtschimmer, und durch die
Röhre erschallte so deutlich das Geräusch der Sprechenden,
besonders jetzt, als Wilhelm lauschend sein Ohr niederbeugte, wie wenn er unten dicht neben den Sprechenden
gestanden hätte.

„Diese Entdeckung muß ich doch morgen dem Vater
Leonhard mittheilen!" dachte Wilhelm, und war eben im
Begriff, die Klappe wieder zu schließen, da er nicht die geringste Neugierde empfand und gar nicht danach verlangte,
die Gespräche der Kellerbewohner zu behorchen, als er mit
einem Male von Neuem stutzte, die schon ergriffene Klappe
wieder bei Seite legte und sein Ohr noch tiefer als bisher
zu der Oeffnung niederbeugte.

In dieser Stellung blieb er unbeweglich wohl eine
Viertelstunde lang, und vielfach wechselte während dieser
kurzen Zeit der Ausdruck seiner Züge zwischen Erstaunen,
Verwunderung, Schrecken, Entsetzen und Abscheu.

„Es ist so, wie ich dir sage, alter Vater," sprach nämlich
eine Stimme unten, welche Wilhelm zuerst stutzig gemacht,
und in der er augenblicklich Karls Stimme erkannt hatte:
— „Diamanten und andere Edelsteine einen ganzen Kasten voll, und so gut ihn der alte Rempelmeier verborgen
hat, weiß ich seit dem Feuer doch, wo der Schatz liegt!"

„Und warum hast du mir nicht schon früher etwas davon gesagt, Junge?" fragte die andere Stimme, die
Stimme des Kellerwirths.

„Weil ich bis heute nicht wußte, wie man dem Schatze
beikommen könnte!" erwiederte Karl. „Aber seit heute

29

weiß ich's, und so wachsam auch der alte Geizdrache, der
Rempelmeier ist, so kann ich ihn doch täuschen."

„Wie wolltest du das anfangen, Junge? Ueber die
Kellertreppe und durch den Vorsaal kommen wir nicht hinein, ohne Geräusch zu machen und den Alten aufzuwecken."

„Ganz recht," antwortete Karl, — „aber ich kenne einen neuen Eingang. Als die Maurer heute den Schutt
wegräumten, der noch vom Brande her draußen auf dem
Hofe liegt, rissen sie auch einen halb verbrannten bretter-
nen Verschlag mit weg, der zu unserem Hause gehörte, und
den ich bis dahin wenig oder gar nicht beachtet hatte, weil
ich nicht ahnen konnte, was dahinter steckte. Jetzt auf
einmal aber bemerkte ich eine alte, schmale, mit Spinnen-
weben ganz überzogene Thür, deren Angeln, Schloß und
Bänder halb vom Roste zerfressen sind. Die Maurer achteten nicht darauf, ich aber ließ die Thür nicht wieder aus
den Augen, und sobald die Leute Feierabend machten und
es dunkel wurde, schlich ich an die Thür hin und versuchte
sie zu öffnen. Auf den ersten Anlauf ging es nicht. Also
holte ich unsere Dieteriche und probirte so lange, bis endlich das Schloß nachgab. Es war harte Arbeit, denn inwendig war Alles eingerostet. Aber kurzum, ich kriegte
sie endlich auf und schlüpfte hindurch. Inwendig fand
ich eine schmale, steile Treppe, die nach oben führte. Ohne
mich zu bedenken, schlich ich leise in die Höhe, denn ich
konnte mir wohl denken, daß mich hier nicht leicht Jemand
erwischen würde. Die Treppe war gewiß schon längst in
Vergessenheit gekommen, und wahrscheinlich weiß der alte
Rempelmeier selbst nichts davon, weil er sonst den Zugang
gewiß besser verwahren würde. Ungefähr zwanzig Stufen
stieg ich aufwärts, da gelangte ich an einen schmalen Absatz und stand vor einer massiven, eichenen Thür, die mich
lebhaft an das eichene Getäfel erinnerte, mit dem die
Wände des großen Zimmers bekleidet sind, in welchem der
alte Rempelmeier seinen Schatz aufbewahrt. Von in-

29

wendig hatte ich nie, so oft ich auch in das Zimmer gekommen bin, eine Spur von dieser Thür bemerkt; sie muß
also sehr gut im Getäfel verborgen sein, so gut, daß auch
Herr Nempelmeier, so mißtrauisch er ist, keine Ahnung von
ihrem Vorhandensein hat. Als ich die Thür mit Hülfe
meiner Blendlaterne, die ich anzündete, näher untersuchte,
fand ich eine Feder, durch welche sie sich ohne Mühe wird
öffnen lassen. Der einzige bedenkliche Punkt ist nur, daß
sie in den Angeln eben so verrostet ist, wie die Thür unten,
und also Geräusch machen könnte, wenn man sie aufmacht.
Der alte Nempelmeier hat vermuthlich einen sehr leichten
Schlaf, und du siehst also ein, Vater, daß die Sache immer noch nicht ganz leicht ist."

„Pah, das hat nichts zu sagen, Junge!" antwortete
der alte Günther. „Wenn wir die Angeln tüchtig mit
Oel tränken, so weicht bis morgen Nacht der Rost auf und
die Thür öffnet sich so geräuschlos, wie wir nur wünschen
können. Du hast da eine herrliche Entdeckung gemacht,
Junge! Aber weißt du auch gewiß, daß die Thür in das
richtige Zimmer und nicht etwa gar in das Schlafgemach
des Alten führt?"

„Das weiß ich gewiß, denn ich habe gleich nachdem ich
wieder in den Hof hinunter gegangen war, die genauesten
Messungen angestellt, und kenne nun bis auf den Zoll die
Stelle, wo die Thür ausmündet. Sie liegt gerade dem
Wandschranke gegenüber, in welchem das Juwelenkästchen
steht."

„Sehr gut! Ist aber nicht etwa ein Schrank oder sonst
ein Stück Möbel inwendig vor die Thür gestellt? Du
siehst ein, Junge, daß ein solches Hinderniß Alles verderben könnte."

„Ich weiß wohl! Aber es steht nichts da, nicht das geringste, außer höchstens vielleicht ein Stuhl, den man leicht
auf die Seite rücken könnte. Ich habe mir die Einrich-
29

tung des ganzen Zimmers genau vergegenwärtigt, und bin in dieser Beziehung meiner Sache gewiß."

„Und der Alte schläft nicht in dem Zimmer selber?"

„Nein, in der Kammer daneben, aber ich muß dir sagen, Vater, daß er Nachts gewöhnlich die Thür aufläßt."

„Das thut nichts, das thut nichts! Da du so genauen Bescheid weißt, so schlüpfst du im Dunkeln hinein, und machst leise die Thür zu. Nachher müssen wir nur vorsichtig sein und kein Geräusch machen."

„Aber wenn er aufwachte, Vater?"

„Er wird nicht aufwachen, Junge! Und wenn doch, so sind wir im Dunkeln, zwei gegen Einen, und werden ihn leicht überwältigen. Wir binden ihn, stopfen ihm ein Tuch in den Mund, daß er nicht schreien kann, sperren ihn in die Kammer ein, und räumen dann gemächlich aus. Es muß gelingen, Junge!"

„Ja, Vater, es muß gelingen! Wenn er auch schreit, — es hört ihn Niemand, denn die Fenster seiner Schlafkammer gehen auf den Hof hinaus, und gegen Mitternacht hin ist dort keine Menschenseele. Am Ende wär's das Beste, Vater, wir gingen sogleich an's Werk! Es wird heute so gut als morgen sein, und gethan ist gethan."

„Nein, nein, nicht heute! entgegnete der alte Günther. „Du vergißt, daß die Angeln der Eichenthür erst eingeölt werden müssen. Wir wollen ganz sicher gehen. Brächen wir heute ein, so würde der Alte vielleicht beim ersten Geräusche schon aufwachen, aus dem Bette springen, nach unten flüchten, den Schuster Leonhard wecken, und Alles wäre verloren. Geduld bis morgen, aber heute noch wollen wir unsere Vorbereitungen treffen. Du weißt doch aber gewiß, Junge, daß der Einbruch überhaupt der Mühe werth ist?"

„Ob ich's weiß, Vater! Ich habe ja die Juwelen gesehen, habe sie in Händen gehabt! Es ist ein Schatz, sage ich dir, ein wahrer Schatz!"

29

„Nun denn, so komm! Nimm die Laterne, ich will das Oelfläschchen nehmen."

Wilhelm, der, wie man sich leicht denken kann, mit gespannter Aufmerksamkeit auf jedes Wort gelauscht und den ganzen verrätherischen Plan behorcht hatte, hörte jetzt unten Schritte, und die leise Ermahnung des alten Günther, die Schuhe auszuziehen. Hierauf knarrte eine Thür und es war augenscheinlich, daß Vater und Sohn aus dem Keller schlichen, um ihr nächtliches Werk zu beginnen. Wilhelm beabsichtigte anfänglich, ihre Rückkehr abzuwarten, aber plötzlich fiel ihm ein, daß die Spitzbuben am Ende doch noch heute, auf der Stelle, ihren auf morgen verschobenen Plan ausführen könnten. Ohne sich lange zu besinnen, streifte er ebenfalls seine Schuhe ab, schlich auf den Hausflur, und hinaus auf den Hof, um unter allen Umständen den Diebstahl zu verhindern. Seinen Plan hatte er schon entworfen. Er wollte unten an der Treppe horchen, und wenn er das geringste verdächtige Geräusch oben bemerkte, hurtig die untere Thür zuschlagen, dann durch das Haus zurück nach oben laufen, und Lärm machen, so daß Herr Rempelmeier nothwendig aufwachen und die Nachtwächter von der Straße herbeieilen mußten. Aber nur zwei Minuten brauchte er zu warten, um sich zu überzeugen, daß die Diebe heute nichts mehr unternehmen würden.

„Es ist genug!" hörte er den alten Günther oben flüstern. „Die Angeln schwimmen im Oel, und morgen wird aller Rost aufgelöst sein. Komm, Junge!"

Ein leichtes Geräusch benachrichtigte Wilhelm, daß er auf seiner Hut sein müsse, um nicht entdeckt zu werden. Unhörbar und schnell, wie der Schatten einer Wolke, der über die Erde fliegt, huschte er in's Haus und in die Werkstatt zurück, wo er sich wieder an die Klappe begab und von Neuem horchte. Wenige Augenblicke später

29

knarrte abermals unten eine Thür und drang das Geräusch von Schritten herauf.

„Das wird ein Hauptstreich, Vater," hörte er Karl sagen. „Morgen um diese Stunde sind wir steinreich, und
kein Mensch kann nur den geringsten Verdacht gegen uns
hegen. Aber was fangen wir mit den vielen Edelsteinen
an?"

„Das zu überlegen, haben wir Zeit, wenn wir sie besitzen! Jetzt marsch in's Bett! Es ist spät, und die Wächter könnten aufmerksam werden, wenn wir so lange Licht
brennen."

Nach einigen Minuten war Alles still unten; der
schwache Lichtschimmer, der durch die Klappe herauf drang,
erlosch, und Wilhelm schloß daraus, daß er für heute
nichts mehr erfahren werde. Uebrigens hatte er aber auch
genug gehört. Vorsichtig deckte er die Klappe wieder auf
die Oeffnung, und versank dann in ein tiefes und ange-
strengtes Nachdenken, aus dem er erst spät wieder erwachte, um den angefangenen Stiefel vollends fertig zu
machen.

Sechstes Kapitel.

Der Einbruch.

Am andern Morgen schwankte Wilhelm noch, ob er
dem Meister Leonhard Alles, was er in der Nacht gehört,
entdecken, oder ihn gar nicht benachrichtigen, sondern ganz
nach seiner eigenen Einsicht verfahren sollte. Aber Meister Leonhard half ihm bald aus allen Zweifeln heraus,
denn, kaum aufgewacht, merkte er mit seinem scharfen
Blicke auf der Stelle, daß irgend etwas Besonderes vorgefallen sein mußte.

29

„Heda, Wilhelm, was ist los?" fragte er. „Du siehst blaß, übermacht, nachdenklich und sorgenvoll aus, und doch habe ich besser geschlafen wie seit langer Zeit, und fühle mich fast ganz wieder gesund. Also muß dir ganz etwas Apartes passirt sein! Komm' einmal her und erzähle mir's."

„Aber, Vater Leonhard," entgegnete Wilhelm zögernd, „werdet Ihr Euch auch nicht allzusehr aufregen? Ihr könntet am Ende Schaden haben, und dann wär' ich daran schuld!"

„Ei nicht doch, lieber Junge! Bewahre der Himmel!" antwortete Meister Leonhard. „Du siehst ja, und ich sage dir ja, daß es mit mir wieder ganz gut geht! Also mache keine langen Umstände, sondern heraus mit der Sprache!"

„Nun denn, Meister Leonhard, so sollt Ihr Alles hö= ren," sagte Wilhelm mit raschem Entschlusse. „Aber erst noch eine Frage: wußtet Ihr denn, daß in dem Fußboden hier eine Klappe ist, durch die man Alles hören kann, was unten im Keller gesprochen wird?"

„Ja freilich weiß ich's, aber seit vielen Jahren habe ich nicht wieder daran gedacht. Als ich herzog und meine Schusterwerkstatt einrichtete, war's mir lästig, durch die Klappe immer den Spektakel von unten herauf zu hören, und da deckte ich die Röhre ein für alle Mal zu und machte den Winkel zu meinem Vorrathswinkel. Da hörte und sah ich nichts mehr. Aber wie hast du denn die Klappe entdeckt?"

„Ganz zufällig! Ich suchte ein Restchen Sohlenleder, und da fand ich die Klappe. Aber meint Ihr wohl, Mei= ster, daß die unten etwas von der Röhre wissen?"

„Nein, ich glaube nicht. Es ist unten ein Stück Blech vorgemacht, das von Rauch und Alter und Rost allmälig ganz geschwärzt ist, und mit dem Gewölbe die gleiche Farbe angenommen hat. Nein, Günthers wissen nichts von der Klappe."

29

„Das erklärt mir, warum sie so gar keine Vorsicht beobachteten," sagte Wilhelm.

„Keine Vorsicht beobachten? Was willst du damit sagen, Wilhelm? Du hast wohl gehorcht?"

„Ja, Vater Leonhard, ich habe gehorcht, aber nicht aus
Neugierde, wie Ihr sogleich erfahren sollt. Ich habe einen schändlichen Plan entdeckt, dessen Ausführung aber
zum Glück noch verhindert werden kann."

Vater Leonhard horchte gespannt auf, und Wilhelm
wiederholte nun ziemlich Wort für Wort die Unterredung,
die er vergangene Nacht belauscht hatte.

„Und das ist Alles wahr?" sagte Vater Leonhard voller
Erstaunen. „Die Treppe ist wirklich vorhanden und die
Thür während der Nacht noch eingeölt?"

„Alles wahr, Vater Leonhard! Meine Ohren haben's
gehört, meine Augen haben's gesehen, und nächste Nacht
soll der Streich ausgeführt werden."

„Ja, er soll, aber er wird nicht!" sagte der alte
Leonhard energisch. „Dafür laß du mich sorgen, mein
Junge!"

„Und mich auch, Vater Leonhard!" fiel Wilhelm ein.
„Ich habe schon darüber nachgedacht, wie es anzufangen
ist, und ich glaube, am besten wird es sein, ich gehe gerade
zum alten Herrn Rempelmeier und erzähle dem den ganzen Anschlag."

„Nicht wahr, damit du ausgelacht und wieder mit einem
alten Papagei abgespeist wirst?" erwiederte Leonhard.
„Nein, nein, mein Junge, das muß pfiffiger angefangen
werden! Laß mich nur erst besinnen! Wir müssen die
Spitzbuben auf der That ertappen, und dein Herr Vetter
muß endlich einmal zur Einsicht kommen und erfahren,
wie brav du bist. Indeß, im Grunde genommen, was
geht uns die ganze Geschichte an? Laß doch den alten
Rempelmeier selber für sich sorgen! Warum sollen wir
gerade immer über ihn wachen? Was für Verpflichtungen

29

haben wir gegen ihn? Hat er dich denn etwa als seinen
Verwandten behandelt? Hat er sich deiner und deiner
armen Mutter angenommen? Nichts von alledem!
Schlecht behandelt hat er euch, hat euch nicht die geringste
Unterstützung gewährt, hat euch sogar aus seinem Hause
werfen wollen! Ei was, Wilhelm! Laß du den alten
Geizhals selber sehen, wie er mit den Spitzbuben fertig
wird."

„Oh nein, nein, das ist Euer Ernst nicht, Vater Leonhard!" sagte Wilhelm.

„Und warum nicht? Warum soll es mein Ernst nicht
sein, Junge?"

„Weil geschrieben steht, daß man nicht Böses mit Bösem
vergelten, sondern seinen Nächsten lieben soll, wie sich selbst.
Ich sehe schon, Ihr wollt mich nur auf die Probe stellen,
Vater Leonhard, aber Ihr wißt doch wohl, daß ich weder
rachsüchtig noch schadenfroh bin! Auf der Stelle geh' ich
zu Vetter Rempelmeier, und sage ihm Alles!"

„Das sollst du wohl hübsch bleiben lassen, Wilhelm!"
fiel der alte Leonhard mit Entschiedenheit ein. „Solchen
dummen Streich darfst du mir nicht machen, oder du würdest Alles verderben. Wenn du jetzt hingingst, so würde
der Alte vielleicht Lärm schlagen, die Spitzbuben würden
benachrichtigt werden, würden Alles läugnen, und, da
man ihnen nichts beweisen kann, über unsere Dummheit
in's Fäustchen lachen, oder wohl gar eine gelegenere Zeit
abpassen, um ihren Anschlag doch noch auszuführen.
Nein, nein, Wilhelm! In solch' einem Falle muß man
klüger zu Werke gehen. Dem alten Rempelmeier soll geholfen werden, denn es war freilich nur Spaß, wenn ich
sagte, wir wollten ihn im Stich lassen, aber — nicht ihm
allein, sondern auch dir soll geholfen und der alte Geizhals
gezwungen werden, sich deiner anzunehmen, wie es einem
rechtschaffenen Verwandten zukommt. Ruhig, Junge!
Laß du mich machen! Dem Bösen die Strafe, dem Red-
29

lichen die Vergeltung! So gehört sich's! Und jetzt reiche
mir 'mal meine Kleider her, ich bin gesund und will auf-
stehen."

„Und was nachher, Meister? Was nachher?"

„Das will ich dir erklären, während du mir beim An-
kleiden behülflich bist. Die Stiefeln her! So! Verstehst
du, wir dürfen uns nichts merken lassen, gar nichts, damit
die Spitzbuben keinen Verdacht schöpfen! Du nimmst
also nachher altes Schuhwerk und gehst aus, als ob du zu
Kunden gehen wolltest, schleichst dich aber statt dessen zum
nächsten Polizei-Commissär und bittest ihn, daß er mich
besuchen möge, aber nicht in Uniform, sondern in schlich-
tem, bürgerlichen Anzuge! Verstehst du, dies schärfst du
ihm besonders ein, denn der Mosjö Karl ist ein schlauer
Fuchs, und könnte sonst Lunte riechen. So! Jetzt die
Jacke und das Schutzfell! Ich fühle mich so wohl, wie
ein Fisch im Wasser! Die Spitzbuben-Geschichte hat mich
wieder gesund gemacht! So, Wilhelm! Und nun mache,
daß du fort kommst! Wenn du den Halunken, den Karl
siehst, so laß dir nichts merken, sondern nimm eine unbefangene Miene an. Die Schelmen müssen bei der That
ergriffen werden, sonst lachen sie über uns und sinnen auf
neue Streiche. Also vorwärts, Wilhelm! Ich werde
mich indessen auf den Schusterschemel setzen und flicken, so
gut ich kann."

Wilhelm machte keinen Einwand weiter, sondern gehorchte, lief nach dem nächsten Polizeibureau und richtete
seinen Auftrag aus. Kaum war er eine halbe Stunde
zurück, so kam auch der Commissär, aber so gut verkleidet,
daß ihn Meister Leonhard selber im ersten Augenblicke
für einen gewöhnlichen Arbeitsmann hielt. Aber der
Irrthum wurde bald aufgeklärt, und Leonhard erzählte
nun kurz und bündig, um was es sich handelte.

„Sehr gut," sagte der Commissär. „Die Spitzbuben
29

follen uns nicht entwifchen. Haben Sie Herrn Rempelmeier fchon benachrichtigt?"

„Nein! ich wünfche fogar fehr, daß er von Allem nichts
erfährt, bis die Schelmen am Werke find."

„Warum das?"

„Ich habe meine Gründe dazu!"

„Die muß ich kennen," fagte der Commiffär. „Die
Sache wird viel glatter abgehen, wenn er benachrichtigt
wird, denn meine Leute können alsdann in der Wohnung
felber verfteckt werden, und find im geeigneten Augenblicke
gleich bei der Hand."

Es wird auch gehen, wenn Sie Ihre Leute unten bei
der Hintertreppe poftiren und die Spitzbuben dort in Empfang nehmen laffen," erwiederte Leonhard. „Aber gleichviel! Ich kann Ihnen auch fagen, warum der alte Rempelmeier erft benachrichtigt werden foll, wenn die Schelme
fchon am Werke find. Geh' einmal hinaus, Wilhelm.

Und mit wenigen Worten fetzte er nun das Verhältniß
aus einander, in welchem der alte Geizhals zu Wilhelm
ftand.

„Sehen Sie, Herr," fuhr er fort, „wenn er die Gefahr
handgreiflich vor Augen fieht, fo wird er einen heilfamen
Schrecken haben, und dann wird er beffer würdigen können, was der brave Junge für ihn gethan hat, als wenn
wir ihm von vornherein Alles mittheilen. Er foll ein
Uebriges thun an dem Jungen, den er bis jetzt immer
fchlecht behandelt hat, obgleich, wenn Wilhelm damals bei
der Feuersbrunft nicht zugriff, feine Juwelen fchon längft
auf die Seite gebracht worden wären. Damals fpeifte
er den ehrlichen Burfchen mit dem alten Papagei dort im
Fenfter ab, aber diesmal foll er nicht fo wohlfeil weg-
kommen."

„Schon recht, ich verftehe!" erwiederte der Commiffär.
„Wir müffen alfo unfere Maßregeln danach nehmen, und
werden Herrn Rempelmeier erft im letzten Augenblicke be-
29

nachrichtigen. Um zwölf Uhr Nachts soll der Einbruch also geschehen?"

„Um zwölf Uhr! Fragen Sie den Jungen aber lieber selber noch einmal. Wilhelm, du kannst wieder eintreten!"

Wilhelm kam und bestätigte, daß die Spitzbuben gegen Mitternacht hin einzubrechen beabsichtigten.

„Wohlan, so werden wir zwischen zehn und elf Uhr heute Abend hier sein," sagte der Commissär. „Halten Sie sich von zehn Uhr an ruhig, und löschen Sie das Licht aus. Wenn ich dreimal leise an's Fenster klopfe, so öffnen Sie mir die Hausthür. Bis dahin kümmern Sie sich um nichts, denn ich werde schon auf der Hut sein, und die Schelme keine Sekunde lang aus den Augen verlieren."

Nach diesen Weisungen entfernte sich der Commissär wieder, und ruhig warteten Leonhard und Wilhelm den Anbruch der Nacht ab, indem sie, als ob nichts geschehen wäre, ihre gewöhnlichen, täglichen Geschäfte besorgten.

Es wurde Abend. Endlich schlug es zehn Uhr, und mit dem letzten Schlage löschte Meister Leonhard das Licht aus, zur großen Verwunderung von Frau Engelbert, die von Allem, was vorgefallen war, bis zu diesem Augenblicke keine Sylbe erfahren hatte. Jetzt erst theilte ihr Leonhard leise flüsternd mit, um was es sich handelte. Frau Engelbert wünschte den besten Erfolg, und betete im Stillen zu Gott, daß Sein starker Arm ihren Knaben schützen möge.

Es schlug gerade halb elf, als von draußen dreimal ganz leise an den Fensterladen geklopft wurde. Leonhard erkannte das Zeichen des Commissärs und schlüpfte auf den Hausflur, um ihm die Thür zu öffnen.

„Sind Sie es, Herr?" fragte er.

„Ja, mit drei Gefährten. Oeffnen Sie schnell!"

Geräuschlos ging die Hausthür auf, und der Polizei-Commissär, von drei handfesten Männern begleitet, trat ein.

„Da sind wir," sagte er. „Doch nichts passirt mittlerweile?"

29

„Nichts!"

„Wohlan, Meister Leonhard, so führen Sie uns in Ihre Stube. Dort werden wir den rechten Zeitpunkt abwarten."

Vorsichtig verschloß Leonhard erst die Thür wieder, und dann begaben sich Alle in die Werkstatt, wo sie nur noch Wilhelm fanden, indem sich Frau Engelbert mittlerweile in ihr eigenes Stübchen zurückgezogen hatte. Der Commissär gebot Ruhe und Stille, und setzte sich neben die Klappe, wo er ein paar Augenblicke auf das von unten heraufsteigende Geräusch horchte.

„Es sind noch Gäste unten," sagte er dann. „Alles steht gut. Die Spitzbuben werden warten, bis sich der Letzte entfernt hat, und wir gewinnen indeß Zeit, unsere Vorbereitungen zu treffen.

„Sollen wir Herrn Nempelmeier wecken?" fragte Wilhelm.

„Nein!" erwiederte der Commissär. „Ich habe mir's anders überlegt. Er mag ruhig fortschlafen, während wir über ihn wachen. Meinst du, daß er schon schläft, mein Sohn?"

„Gewiß! Er geht regelmäßig mit dem Schlage zehn Uhr zu Bett."

„Gut, warten wir noch eine Viertelstunde. Dann werden wir oben Posto fassen."

„Aber wie, Herr?" fragte Leonhard. „Jede Thür ist oben verschlossen."

„Nicht für die Polizei," entgegnete der Commissär lächelnd. „Sie werden sehen, mein Freund. Wir haben unsere Leute."

Als es elf geschlagen hatte, erhob sich der Commissär und zündete eine kleine Blendlaterne an. „Jetzt wird es gehen," sagte er. „Die Schelme sind unten noch beschäftigt, und Herr Rempelmeier wird wohl eingeschlafen sein. Führe uns Wilhelm. Wir müssen jede Thür öffnen bis
29

zur letzten, die in das Hauptzimmer führt. Vorwärts, Leute! Aber seid vorsichtig! Kein Geräusch!"

Auf weichen Filzsohlen, die auch Wilhelm und Leonhard unterbinden mußten, unhörbar wie Schatten, stiegen Alle die Treppe zum oberen Stockwerk hinauf. Die Thür zu den Gemächern war verschlossen, wie man erwartet hatte; aber einer von den Begleitern des Commissärs öffnete sie so schnell, so leicht und geräuschlos, als ob er ein Zauberer wäre. Eben so die zweite und dritte Thür, deren obere Hälfte mit einem Fenster versehen war.

„Vortrefflich!" sagte der Commissär leise. „Von hier aus kann man also das ganze Zimmer übersehen?"

„Ja," erwiederte Leonhard. „Und uns gerade gegenüber liegt die Schlafkammer des Herrn Rempelmeier."

„Das wissen Sie gewiß?"

„Ganz gewiß!"

„Gut, so wird hier Halt gemacht," sprach der Commissär, und wendete sich dann zu den mitgebrachten Begleitern, die Alle mit Waffen wohl versehen waren. „Ihr bleibt hier, Leute, und verhaltet Euch vollkommen ruhig," befahl er. „Ich kehre indeß in die Werkstatt zurück, werde aber im rechten Augenblicke wieder hier sein. Kommen Sie, Meister Leonhard, und du auch, Wilhelm."

Geräuschlos, wie sie gekommen, begaben sie sich wieder nach unten, und der Commissär nahm wie vorhin seinen Posten an der Klappe ein.

„Aber die Hintertreppe!" sagte Meister Leonhard. „Wollen Sie die nicht bewachen lassen?"

„Alles besorgt," erwiederte der Commissär. „Man wird die Schelme unbehindert hinauf, aber nicht so wieder herunter lassen. Aber ruhig jetzt!"

„Alle schwiegen, und bei der tiefen Stille der Nacht vernahm man jedes Geräusch, was von unten aus dem Keller herauf drang. Kurz nach halb Zwölf verließ der letzte Gast das Schenklokal, und hinter ihm wurde der

29

nach der Straße führende Ausgang vom Wirthe ver-
schloffen.

„Jetzt ist's Zeit!" sagte unten eine Stimme. „Bist
du bereit, Karl?"

„Schon lange, Vater! Wir können gleich an's Werk
gehen."

„So nimm die Laterne, ich will die Dietriche nehmen.
Wenn Alles gut geht, sind wir mit der ganzen Geschichte
in einer Viertelstunde fertig. Hast du den Strick und das
Tuch?"

„Hier, Vater!"

„Gut! Man kann nicht wiffen! Am Ende wacht der
Alte doch auf, und für diesen Fall müssen wir uns vorsehen. Komm nur! Wir wollen gehen!"

„Und wir auch!" sagte der Commiffär leise, sobald das
Knarren einer Thür unten verrieth, daß die Spitzbuben
den Keller verlaffen hatten. „Müssen sie über den Hausflur, um in den Hof zu gelangen?"

„Nein; sie haben aus dem Keller einen besondern Ausgang nach dem Hofe."

„Dann vorwärts! Hurtig!"

Alle drei verließen die Werkstatt und eilten nach oben.
Die Leute dort waren auf ihrem Posten und meldeten,
daß sich bis jetzt nichts gerührt hätte.

„Gut! Aber nur aufgepaßt," sagte der Commiffär.
„Der Augenblick ist da, sie werden sogleich kommen."

Die Polizeileute mußten sich in der Nähe der Thür auf-
stellen, während der Commiffär selbst mit Leonhard und
Wilhelm an das mit einem halb durchsichtigen Vorhange
versehene Fenster trat, von welchem aus man das ganze
Zimmer übersehen konnte, sobald Licht hineingebracht
wurde. Es dauerte nicht lange, so vernahm man ein
leises Geräusch, und gleich darauf schob sich das Getäfel
der einen Wand auseinander, und der gedämpfte Lichtschimmer einer Blendlaterne fiel in hellen Streifen in das

29

Gemach. Dem Lichtschimmer folgten der Kellerwirth und sein Sohn. Sie hatten sich die Gesichter geschwärzt, um im Nothfall nicht erkannt zu werden. Mit unhörbaren Schritten traten sie ein, und ihr erstes Geschäft war, daß sie die weit offen stehende Thür der Kammer, in welcher Herr Rempelmeier schlief, leise zudrückten, so daß der Lichtschimmer der Laterne sie nicht verrathen konnte. Nachdem diese nothwendige Vorsichtsmaßregel getroffen war, gingen sie rasch an's Werk. Karl bezeichnete den Wandschrank, wo die Schätze aufbewahrt wurden, und sein Vater nahm die Dietriche zur Hand. Fünfe bis sechse probierte er; keiner schloß. Endlich knackte es, die Riegel wichen und knarrend öffnete sich die Thür des Wandschranks. Mit gieriger Hand tappte der Kellerwirth hinein und zog mit triumphirendem Lächeln das Kästchen hervor, in welchem er die Juwelen vermuthete. Auch täuschte er sich nicht. Als er den Deckel zurückwarf, blitzten ihm die funkelnden, edeln Steine blendend entgegen, und ein nur mühsam unterdrückter Ausruf des Entzückens glitt über seine Lippen.

Noch weidete er seine Augen an dem köstlichen Anblicke, als plötzlich die Kammerthür wieder geöffnet wurde, und eine lange, weiße Gestalt mit der Nachtmütze auf dem Kopfe und in bloßen Strümpfen auf der Schwelle erschien. Die Diebe hörten und sahen nichts, so sehr waren sie in das Anschauen des erbeuteten Schatzes vertieft, während Herr Rempelmeier, denn er war die weiße Gestalt, die wie ein Gespenst aus der Kammer getreten war, — plötzlich einen lauten, kreischenden Schrei ausstieß, und mit blinder Wuth auf die ihm den Rücken zukehrenden Diebe zustürzte. Sich umwenden, wie ein Tiger auf Rempelmeier losspringen, ihn zu Boden reißen und seine Hände und Füße knebeln, war für den Kellerwirth, einem starken, athletischen Kerl, das Werk einiger Augenblicke.

„Räuber! Mörder!" schrie Herr Rempelmeier, indem er sich mit verzweifelter, aber vergeblicher Anstrengung ge-

29   5

gen seinen Angreifer wehrte, der ihn mit Riesenkraft am Boden festhielt und ihm jetzt das Tuch zwischen die Zähne stopfte.

„Um Gotteswillen," flüsterte Leonhard dem Commissär zu, — „sollen wir nicht zuspringen?"

„Nein, nein," erwiederte dieser eben so leise. „Es geschieht ihm nichts! Seine Lage ist zwar ein wenig unbequem, aber wir werden ihn bald daraus erlösen. Da, sehen Sie, die Schelme lassen ihn schon wieder los! Still!"

In der That, nachdem Herr Rempelmeier gebunden und geknebelt war, so daß er nur noch ein halb ersticktes Grunzen hervorbringen konnte und sich kaum noch zu rühren vermochte, ließ ihn der Kellerwirth achtlos wie ein Scheit Holz liegen, und kehrte zu dem Wandschrank zurück, den er mit seinem Sohne in größter Bequemlichkeit und ohne alle Eile untersuchte. Außer einigen anderen Kostbarkeiten fanden sie noch ein Kästchen mit Goldstücken angefüllt, die sie mit vergnügtem Grinsen in ihre Taschen steckten, und nun endlich, als der Schrank vollständig ausgeräumt war, schlossen sie ihn ganz ruhig wieder zu und öffneten die geheime, wohl verborgene Thür in der Wand, um ohne weitere Rücksicht auf Herrn Rempelmeier, der die verzweifelsten Anstrengungen zu seiner Befreiung von den angelegten Fesseln machte, ihren Rückzug anzutreten. In diesem Augenblicke jedoch, eben als der Kellerwirth auf der Treppe hinter der Thür verschwand, stieß der Commissär eine Fensterscheibe ein, feuerte ein Pistol in die Stube ab, und rief mit Donnerstimme: „Halt, Schurken! Ihr seid gefangen!"

Zur gleichen Zeit hörte man das Krachen einer andern Pistole, die auf dem Hofe, unten am Fuße der Treppe abgefeuert wurde. Die beiden Spitzbuben wichen erschrocken zurück, und stürzten wieder in das Zimmer, um hier, wo möglich, einen Fluchtweg ausfindig zu machen. Aber mittlerweile war der Polizei-Commissär mit seinen Leuten

29.

schon eingedrungen, und da auch jetzt die auf dem Hofe postirten Leute die Treppe herauf stürmten, so blieb den Verbrechern nichts weiter übrig, als sich zu ergeben. Man legte ihnen Handschellen an, nahm ihnen die gestohlenen Sachen wieder ab, und befreite Herrn Rempelmeier, der in ohnmacht-ähnlicher Erstarrung da lag, und nicht zu begreifen schien, was um ihn her vorging. Der freche Raub seiner kostbaren Schätze, dem er mit offenen Augen zusehen mußte, ohne ihn verhindern zu können, hatte alle seine Lebensgeister gelähmt, und man mußte ihn aufheben und auf einen alten Lehnsessel tragen, da er nicht im Stande war, sich mit eigener Kraft aufzurichten. Wilhelm widmete ihm die sorglichste Theilnahme, während der alte Leonhard sich zu den Dieben wendete, die eben inmitten der Polizeibeamten abgeführt werden sollten.

„Siehst du wohl, Karl?" sagte er. „Der Krug geht zu Wasser bis er bricht, und ich habe dir immer gesagt, daß du noch einmal im Zuchthause sterben wirst!"

„So? Meint Ihr, alter Schuster?" erwiederte der Bube mit frecher Miene. „Das wollen wir doch erst abwarten. Ich bin noch jung, und Amerika ist nicht weit, und ein anderes Mal glückt's wohl besser!"

„Unverschämter!" sagte der Polizei-Commissär entrüstet. „Noch so jung, und schon so verderbt!"

„Das macht der Müssiggang, Herr Commissär!" sprach der alte Leonhard. „Müssiggang ist aller Laster Anfang, und dieser junge Bursche hat wohl noch keine Stunde in seinem ganzen Leben recht nützlich angewendet. Gewarnt habe ich ihn oft genug, aber sein Hang zum Laster war stärker, als alle meine wohlgemeinten Worte."

„Nun denn, so muß er jetzt fühlen, weil er nicht gehört hat," entgegnete der Commissär. „Gute Nacht, Meister Leonhard! Gute Nacht beisammen! Und Ihr da, vorwärts! Wir werden dich so sicher verwahren, Bürschchen, daß die ehrlichen Leute eine geraume Zeit lang vor

29

dir sicher sind! Gute Nacht, Herr Rempelmeier! Und vergessen Sie nicht, daß Sie die Rettung Ihrer Kostbarkeiten ganz allein Ihrem jungen Vetter Wilhelm verdanken. Ohne ihn wären Ihre Schätze verloren, und Sie werden daher Manches an ihm gut zu machen haben. Und jetzt — marsch!"

Die Polizei-Soldaten und der Commissär entfernten sich mit den Gefangenen. Leonhard gab ihnen das Geleit und schloß die Thüren hinter ihnen zu. Wilhelm aber blieb bei dem Vetter Rempelmeier zurück, der sich noch immer nicht von seinem Schrecken erholen konnte. Er brachte ihn zu Bett und wachte an seinem Lager, bis klar und hell ein neuer Morgen herauf dämmerte.

Siebentes Kapitel.

Herr Rempelmeier.

Klar und hell kam der Morgen, aber der erste Sonnenstrahl, der durch das Kammerfenster auf Herrn Rempelmeier fiel, ließ nichts Erfreuliches wahrnehmen. Der alte Herr lag im heftigsten Fieber; halb träumend, halb wachend stieß er verwirrte Reden aus, murmelte abgebrochene Sätze und Worte vor sich hin, und machte mehrmals Miene, aus dem Bette zu springen, woran ihn Wilhelm nur mit Mühe verhindern konnte. Die ganze Nacht hindurch war dies schon so fortgegangen. Angst und Schrecken schienen die Verstandeskräfte des Herrn Rempelmeier völlig gelähmt zu haben, und überall glaubte er Diebe und Mörder zu sehen, die nach seinem Leben und seinen Schätzen trachteten. Der arme Wilhelm hatte unendliche Noth

29

mit ihm, und vermochte ihn kaum zu beschwichtigen, wenn ein solcher Fieberanfall Macht über ihn gewann.

Endlich, als der Tag vollends angebrochen war, schien sich die aufgeregte Phantasie des alten Herrn ein wenig zu beruhigen. Die Anfälle kamen weniger häufig und wurden minder heftig, seit Herr Rempelmeier zuletzt in einen sanften Schlaf verfiel, der mehrere Stunden anhalten zu wollen schien. Nun erst stand Wilhelm leise auf und schlich in das Vorzimmer, wo er sich müde und erschöpft auf einen Lehnstuhl warf, um einige Augenblicke zu ruhen. Unwillkürlich fielen ihm die Augen zu, und er wäre wohl fest eingeschlafen, wenn nicht bald darauf auch Meister Leonhard gekommen wäre. Bei'm Knarren der Thür fuhr Wilhelm rasch auf.

„Ha, Wilhelm, mein Junge, wie geht's?" fragte Leonhard leise mit gedämpfter Stimme. „Was macht der Alte? Schläft er?"

„Ja, seit einer halben Stunde," erwiederte Wilhelm, indem er seinem wackeren Meister die Hand reichte. „Aber ich hatte eine schlimme Nacht mit ihm, und ich fürchte sehr, daß noch schlimmere folgen werden. Herr Rempelmeier scheint ganz ernstlich krank zu sein."

„Ei nun, wundern sollte mich das gerade nicht," sagte Leonhard. „Die Spitzbuben sind ein wenig rauh mit ihm umgegangen! Und dann zusehen zu müssen, wie ihm der Wandschrank ausgeräumt wurde, ohne es verhindern, ohne nur um Hülfe schreien zu können, — das war freilich kein Spaß, besonders für den alten Herrn da, dessen ganzes Herz an seinem Golde und seinen Juwelen hängt. Doch er wird's überstehen, denk' ich, wenn er sich nur erst erinnert, daß ihm ja nichts abhanden gekommen ist. Du hast doch Alles, was den Spitzbuben abgenommen wurde, wieder im Schranke verwahrt?"

„Ja wohl, Alles ist darin, und hier hab' ich den Schlüssel," entgegnete Wilhelm. „Ich möchte ihn gern Herrn

29

Rempelmeier aushändigen, aber er versteht mich nicht, wenn ich ihn ihm anbiete."

„Nun, man muß Geduld mit ihm haben," sagte Meister Leonhard. „Aber laß doch sehen, was er macht und ob er noch schläft."

„Hülfe! Diebe! Räuber! Mörder!" schrie jetzt plötzlich Herr Rempelmeier selber aus der Kammer heraus.

„Da hat er wieder den Anfall!" sagte Wilhelm hastig, und war mit Einem Satze in der Kammer drin. Leonhard folgte ihm langsamer. Herr Rempelmeier saß aufrecht im Bette, sein Gesicht war verzerrt von Furcht und Angst, seine Augen starrten wild umher, und er zitterte am ganzen Leibe. Wilhelm trat zu ihm und redete ihm sanft zu.

„Ruhig, ruhig, Herr Rempelmeier," sagte er beschwichtigend. „Es ist ja nichts! Sehen Sie doch, die liebe Sonne scheint herein, und es ist heller, lichter Tag! Da kommen keine Diebe und Mörder! Nein, Nein, Sie können ganz ruhig sein! Legen Sie sich nur wieder nieder und versuchen Sie zu schlafen. Wir wachen bei Ihnen, ich, Wilhelm, und hier der brave Meister Leonhard; wir verlassen Sie nicht!"

„Ja, ach ja, ich besinne mich!" erwiederte Herr Rempelmeier, und schien wieder ein wenig zu sich selbst zu kommen. „Ja, ja, du bist ein guter Junge! Der Polizei-Commissär sagte es! Ja, ich vergeß' es nicht! Und Meister Leonhard .... ja, ja, ja, ja! Ich weiß, ich weiß, er ist ehrlich! Aber," fuhr er, plötzlich wild auffahrend, fort, — „wo sind meine Juwelen? Wo ist mein Gold? Die Räuber haben mir Alles genommen! Alles! Ich bin ein verlorener Mann!"

„Nicht doch, Herr Rempelmeier! Es ist ja Alles wohl geborgen hinter Schloß und Riegel!" entgegnete Wilhelm. „Erinnern Sie sich nur! Die Spitzbuben sind gefangen und haben Alles wieder herausgeben müssen!"

29

„Ach ja, ja!" sagte Herr Rempelmeier, dessen Aufregung sich milderte, als er sich die letzten Scenen der vergangenen Nacht in's Gedächtniß, freilich ein wenig mühsam, zurückrief. „Aber, lieber Wilhelm, ich bitte dich, zeige mir die Kästchen! Zeige sie mir! Am Ende haben Sie doch etwas mitgenommen! Ich bitte dich..!"

„Sogleich, Herr Rempelmeier! Bleiben Sie ganz ruhig liegen, ich hole die Kästchen, oder Meister Leonhard soll sie holen, — hier ist der Schlüssel zum Schranke!"

Mit starren Blicken schaute Herr Rempelmeier hinter Leonhard drein, als derselbe in das Zimmer hinaus eilte; aber ein Schrei des Jubels und des Entzückens brach über seine bebenden Lippen, da er mit den wohlbekannten Kästchen zurückkehrte. Herr Rempelmeier riß sie ihm aus den Händen, öffnete mit zitternder Hand den Deckel, und jubelte, jauchzte von Neuem, als er mit Einem strahlenden Blicke sein Eigenthum ungetastet wieder vor sich sah. Einige Augenblicke weidete er sich an dem ihm so bezaubernden Anblicke; dann aber wurde die Aufregung zu mächtig über ihn, er stieß einen Seufzer aus, und sank ohnmächtig in die Kissen seines Bettes zurück. Die beiden Kästchen mit seinen Reichthümern hielt er aber so krampfhaft, daß Leonhard sie ihm nur mit Mühe entwinden konnte.

„Du lieber Gott," sagte er, „was ist der Geiz doch für eine traurige Leidenschaft! Wahrhaftig, Wilhelm, wenn ich so viel Angst darum ausstehen müßte, wie Herr Rempelmeier, dann möchte ich alle seine Schätze gar nicht haben! Na, wir wollen die Kästchen hier neben das Bett auf das Tischchen stellen, damit er sie gleich wieder sieht, wenn er aufwacht. Und nun, mein lieber Junge, laufe zum Doktor! Du siehst wohl, dein Herr Vetter ist ernstlich krank, und da wollen wir doch keine Vorsicht verabsäumen. Und weißt du, zum alten Advokaten Wunderlich könntest du auch mit springen und ihn rufen; er ist noch der Einzige, zu dem Rempelmeier Vertrauen hat."

29

Wilhelm sprang davon, und bald stand er mit dem Arzte und dem Advokaten wieder am Krankenbette. Es that Noth, daß er sich beeilte, denn, Herr Rempelmeier phantasirte wieder in schlimmer Fiebergluth, und der Arzt zog eine bedenkliche Miene, als er den Puls des alten Herrn fühlte und seine funkelnden Augen sah, aus denen das Licht des Verstandes entwichen war.

„Es wird sehr treuer und aufopfernder Pflege bedürfen, wenn wir ihn gerettet sehen wollen," sagte er kopfschüttelnd.

„Oh, an der Pflege soll's ihm nicht fehlen!" sprach Wilhelm rasch. „Ich bin da, und meine Mutter! Sie können ganz unbesorgt sein, Herr Doktor!"

„Du? Und deine Mutter?" sagte Herr Wunderlich, der Advokat. „Das wäre in der That alles Mögliche, wenn gerade Ihr... Hm! Verdient hat er's nicht um Euch."

„Verdient oder nicht verdient," antwortete Wilhelm einfach, — „er ist immer unser Verwandter, und Verwandte sollten einander nichts nachtragen. Außerdem verlangt ja schon die einfachste Pflicht, daß wir uns Seiner in dieser hülflosen Lage annehmen müssen, und unter allen Umständen soll man doch Niemanden Böses mit Bösem vergelten."

„Nun, mein Kind, wie du meinst, wie du meinst; ich will dir in deinem guten Werke nicht hinderlich sein," sagte Herr Wunderlich gerührt. „Aber erfahren soll er's dann auch, was Ihr für Ihn gethan habt! Ja, bei Gott, das soll er! Wahrhaftig, nach solcher Behandlung, ist das alles Mögliche, alles Mögliche!"

Während Herr Wunderlich den Knaben lobte, schrieb der Doktor sein Recept, und ordnete dann auf das Genaueste an, wie mit Herrn Rempelmeier verfahren werden müsse. Er nahm augenscheinlich die Krankheit sehr ernsthaft und empfahl wiederholt die äußerste Sorgfalt, indem er bemerkte, daß man erst beim Anfange des Uebels wäre, und das Ende noch keineswegs absehen könne.

29

Er hatte nur zu sehr Recht, der Doktor. Volle vier Wochen lang schwankte Herr Rempelmeier zwischen Leben und Tod, und wenig fehlte, so wäre er nie wieder vom Krankenlager aufgestanden. Nur die aufopferndste Pflege von Seiten seiner Verwandten rettete ihn, wie der Doktor selber öfter als einmal zum Advokaten Wunderlich sagte, der übrigens selbst schon diese Bemerkung gemacht hatte, und von der Richtigkeit derselben vollständig überzeugt war.

Endlich, nach vier schlimmen Wochen, gelangte Herr Rempelmeier wieder zum Bewußtsein, war aber noch viel zu schwach, um der Sorgfalt seiner Pfleger entbehren zu können. Wilhelm und seine Mutter wachten abwechselnd an seinem Bette, und zuweilen löste sie auch Leonhard ab, wenn Frau Engelbert etwa durch dringende Arbeiten einmal behindert wurde.

Mehrere Tage lang beobachtete Herr Rempelmeier stillschweigend das sanfte, geräuschlose, aber immer liebevolle Walten seiner Verwandten, die er, wie er sich recht gut wieder erinnerte, so hart und schnöde behandelt hatte. Er sprach kein Wort zu ihnen, aber desto mehr schien er über sie nachzudenken, und eine vollständige Umwandlung ging allmälig in seinem ganzen inneren Wesen vor. Am fünften oder sechsten Tage nach seiner beginnenden Wiedergenesung, als Wilhelm zufällig einmal gerade abwesend war, brach er endlich sein Schweigen gegen den Doktor und seinen alten Freund Wunderlich, und fragte, ob Wilhelm und seine Mutter ihn während seiner ganzen Krankheit gepflegt hätten? Beide bejaheten natürlich diese Frage, und Herr Rempelmeier warf einen seltsamen Blick auf die beiden Kästchen, die noch immer auf dem kleinen Tische neben seinem Bette standen. Dann versank er wieder in ein grübelndes Sinnen und Nachdenken, aus dem ihn aber der Doktor wieder erweckte.

„Ja, Herr Rempelmeier," sagte er, „es war die treueste Pflege, die ich noch je an einem Krankenbette beobachtet
29

habe, und Sie können mir auf's Wort glauben, daß Sie ohne eine solche Pflege schwerlich wieder genesen sein würden."

„Hm! Also Vermögen und Leben gerettet!" murmelte Herr Rempelmeier vor sich hin." „Und das, nachdem ich...! Das ist viel! Hätt' es nie gedacht, niemals!"

„Ich glaub' es wohl," sagte der Advokat Wunderlich trocken. „Sie haben's auch nicht verdient an Ihren Verwandten, gewiß nicht."

„Weiß, weiß!" entgegnete Herr Rempelmeier. „Thut aber nichts!"

Mit diesen Worten drehte er sich mit dem Gesicht nach der Wand um, und sprach den ganzen Tag keine Sylbe mehr.

Wieder vergingen ein paar Wochen. Endlich konnte Herr Rempelmeier sein Bett wieder verlassen, und der Doktor erklärte ihn für geheilt.

„Gut!" sagte er. „Ich fühle mich auch wieder ganz wohl, aber trotzdem, — Sie besuchen mich doch noch, Doktor? Kommen Sie morgen um zehn Uhr früh und bringen Sie auch den alten Wunderlich mit. Wir müssen doch Abrechnung halten, und da ist's mitunter gut, Zeugen zu haben!"

„Alter Geizhals!" dachte der Doktor. „Er ist also noch immer nicht klug geworden."

„Schon recht," sagte er dann laut — „ich werde Herrn Wunderlich benachrichtigen. Und Ihre Verwandten, Herr Rempelmeier?"

„Werden bezahlt werden; Geduld!" lautete die kurze Antwort.

Der Doktor ging, innerlich entrüstet über den unverbesserlichen Geizhals, der dem armen Wilhelm wahrscheinlich nur ein karges Almosen zuwarf, und damit dann alle empfangenen Liebesdienste b e z a h l t zu haben glaubte. Dennoch stellte er sich am anderen Morgen in Begleitung
29

des Advokaten Wunderlich pünktlich um zehn Uhr ein, um nöthigen Falls noch ein gutes Wort für Wilhelm einlegen zu können. Wilhelm, seine Mutter und der alte Leonhard waren bereits zugegen, und plauderten mit Herrn Rempelmeier, der ziemlich vergnügt aussah, obgleich es doch an's Bezahlen gehen sollte, — eine Heiterkeit, über die sich der Doktor im Stillen nicht wenig verwunderte.

„Nun, da sind Sie ja, meine Herren!" rief ihnen Herr Rempelmeier entgegen. „Sein Sie willkommen! Setzen Sie sich! Und nun ohne Weiteres an's Geschäft! Ihre Rechnung, Doktor!"

Der Doktor legte sie schweigend vor ihn hin; Herr Rempelmeier warf nur einen Blick darauf, und zahlte dann den Betrag der angeführten Summe in blanken Goldstücken auf den Tisch. Dann nahm er eine kostbare Tuchnadel, die mindestens den dreifachen Werth des Geldes hatte und überreichte sie dem Doktor, der über diese unerhörte Freigiebigkeit des geizigen Herrn Rempelmeier wie aus den Wolken gefallen war.

„Nehmen Sie nur, nehmen Sie, lieber Herr Doktor," sagte er. „Ich bin kurirt, vollständig kurirt, und dies danke ich Ihnen, und . . . Denen da, die mich pflegten. Die Rechnung mit ihnen wollen wir auch in's Reine bringen, und zwar unverzüglich. Hier sind zwanzig Louisd'or, Wilhelm! Nimm hin! Und ich denke, nun sind wir quitt, und ich habe dich ziemlich großmüthig bezahlt."

„Bezahlen und immer bezahlen! Als ob Liebe sich bezahlen ließe!" murmelte der Doktor leise dem alten Wunderlich in's Ohr. „Ich sehe schon, er ist doch noch nicht ganz kurirt."

„Wollen sehen, wollen sehen, Doktor," sagte Herr Rempelmeier, der trotz des Flüsterns die leise gesprochenen Worte vernommen hatte, mit einem seltsamen Lächeln. „Aber du, Wilhelm, — warum greifst du nicht zu? Das Geld gehört dir!"

29

Wilhelm war abwechſelnd bleich und roth geworden und ſchien im Innerſten verletzt.

„Nicht Alles, da Sie mich doch bezahlen wollen, Herr Rempelmeier," entgegnete er. „Ein freundliches Wort des Dankes wäre mir lieber geweſen, als alle das viele Geld! Nun, gleichviel! Hier nehme ich vier Louisd'or für mich und meine Mutter! Ich glaube, die haben wir als Taglohn verdient. Für Ihre Großmuth muß ich danken, Herr Rempelmeier."

„Stolzer Junge! Hm! Hm!" murmelte dieſer, ſah aber nicht im geringſten böſe aus, ſondern warf einfach die übrigen ſechszehn Louisd'or wieder in das Käſtchen, aus dem er ſie genommen hatte. „Jetzt zu Euch, Meiſter Leonhard. Was bekommt Ihr von mir? Sprecht geradezu! Ihr habt doch auch Manches verſäumt während meiner Krankheit."

„Pah, das iſt ja nicht der Rede werth!" erwiederte Meiſter Leonhard treuherzig. „Nachbar-Pflicht! Ganz einfach! Schon recht! Ich mag nichts, brauch' nichts, und will nichts, ſondern ſage ſchönen Dank, Herr Rempelmeier."

„Nun denn, ſo wären wir ja fertig! Alles bezahlt!" ſagte dieſer, ſehr erfreut dem Anſcheine nach.

„Ja, Alles bezahlt!" ſprach der Doktor trocken, und griff nach ſeinem Hute. „Empfehle mich, Herr Rempelmeier!"

„Halt! Nicht ſo raſch, Doktor! Und Sie auch, Wunderlich? Sie wollen auch fort?"

„Nun ja doch! Es iſt ja Alles bezahlt, wie Sie ſagen!"

„Gewiß, was ſich bezahlen läßt," ſprach Herr Rempelmeier, und ſein Geſicht nahm plötzlich einen andern Ausdruck, den Ausdruck der tiefſten Rührung an. Seine Augen ſtrahlten, ſeine Lippen bebten. — Doktor! Wunderlich! Wilhelm, mein Sohn! Beſte Muhme! Alter treuer Leonhard!" rief er mit zitternder Stimme—

„Ihr konntet wirklich, alſo wirklich glauben, daß der alte

Rempelmeier noch nicht ganz kurirt sei?" Ich sagte Euch doch, daß ich's wäre, ganz und gar, von Grund aus und für immer! Und doch noch Mißtrauen? Das schmerzt! Ei ja doch, ja doch! Ich habe Euch bezahlt, was zu bezahlen war, wiederhole ich, — aber kann ich denn die Liebe und Sorgfalt bezahlen, die mir dieser brave Junge und seine Mutter und der alte Brummbart da bezeigt haben? Meint Ihr denn, daß ich, weil ich geizig war, recht geizig, daß ich, sage ich, nun auch ein Herz von Stein haben müßte! Meint Ihr denn, ich hätte ungerührt bleiben können bei so vieler Liebe, Treue, Sorgfalt und Uneigennützigkeit? Nein, nein, nein! Ihr sollt besser vom alten Rempelmeier denken lernen! Die Augen sind mir aufgegangen! Ich habe eingesehen, und hier fühle ich's, daß die Liebe guter Menschen mehr werth ist, als alles Gold! Was wäre ich, wenn dieser Knabe nicht edelmüthig über mich gewacht, und mir Böses mit Gutem vergolten hätte? Nicht viel mehr als ein Bettler, oder eine Leiche! Wilhelm, mein Sohn — hierher — an mein Herz! Du bist mein Kind, und ich will dein Vater sein von jetzt an!"

Erstaunt, erschüttert standen Alle, während Wilhelm in Thränen ausbrechend, an die Brust des alten, nicht minder tief ergriffenen und erschütterten Mannes sank.

„Das ist brav!" sagte Meister Leonhard. „Ich gratulire, Herr Rempelmeier. Jetzt, wo Sie solchen Sohn haben, sind Sie reich, und wenn Sie auch all' Ihr Hab' und Gut verloren hätten!"

„Gott hat sein Herz gelenkt! Ich danke dir, Gott!" sprach Frau Engelbert mit strahlendem Blicke, indem sie die gefalteten Hände zum Himmel aufhob.

„Es ist ein Wunder geschehen!" sagte der Doktor.

„Ja, ein Wunder!" wiederholte Herr Rempelmeier, indem er auch Frau Engelbert umarmte, und den Uebrigen herzlich die Hände schüttelte. „Ja, ein großes Wunder! Gott hat mein Herz gerührt durch Eure einfachen Tugen-

29

ben, mein Herz, das verhärtet war durch die Schlechtigkeit
so mancher Menschen, die mir auf meinem Lebenswege be-
gegneten. Vielfach betrogen, getäuscht, hintergangen verlor ich schon früh alles Vertrauen zu den Menschen, und
wurde hart, geizig, gefühllos und unbarmherzig. So
kehrte ich hierher zurück. Ich wollte nichts von Euch wissen, wollte nur mir allein leben, und da ich Niemanden
hatte, den ich lieben konnte, so liebte ich nur mein Geld,
meinen Reichthum, den ich unter Mühen und Sorgen, die
ich Euch vielleicht ein anderes Mal erzähle, in Surinam
erworben hatte. Da kam die Feuersbrunst. Sie hätte
mich klug machen sollen, sie erschütterte auch wirklich mein
verhärtetes Gemüth, aber ich dachte: „Sie haben mir aus
Eigennutz geholfen, und das Kästchen mit den Juwelen
nur deshalb nicht behalten, weil sie die Strafe fürchteten.
So belog ich mich selbst. Endlich aber gingen mir die
Augen auf. Die Pläne der Gottlosen entschleierten mir
das innerste Gemüth der Wackeren und Gerechten, die mir
Böses mit Gutem, Härte mit Liebe, starre Feindseligkeit
mit aufopfernder Treue vergolten. Nun schmolz die
Rinde von Eis und mein Gewissen erwachte! Wilhelm,
mein Sohn, kannst du mir verzeihen? Könnt Ihr Alle
mir verzeihen, was ich jetzt innigst bereue? Antwortet mir,
sagt mir, ob Ihr mich alten, harten, geizigen Vetter mit
Eurer fortdauernden Liebe beglücken könnt?" —

Wilhelm umarmte den Vetter von Neuem, Frau Engelbert drückte seine rechte, Meister Leonhard seine linke
Hand. Das war ihre Antwort, und Herr Nempelmeier
verstand sie.

„Also Alles vergeben und vergessen, und fortan Liebe
und Freundschaft?" sagte er jubelnd, und drückte Wilhelm
mit Ungestüm an seine Brust. „Nun denn, so theilt Alles
mit mir, was ich besitze, und nie sollt Ihr den Vetter
Nempelmeier wieder einen alten Geizhals schelten können!"

29

„Amen!" sagte der Doktor und der Advokat Wunder-
lich mit gerührter Stimme, und nie hatten sie Herrn
Rempelmeier so warm die Hand gedrückt, als es in diesem
Augenblicke geschah. — — — —

Unsere einfache Geschichte ist zu Ende. Sie sollte dir
zeigen, lieber Leser, daß die uneigennützige, ächte Liebe
unter allen Verhältnissen stärker ist, als jede Kraft des
Bösen, die stets vor ihr weichen muß, wie die Nacht vor
dem Lichte. Dies bewährt sich auch in dem ferneren Leben unserer Freunde. Sie waren glücklich, denn sie
liebten einander, und viele Jahre hindurch erfreuten sie
sich noch ihres reinen Glückes in demselben Hause.
wo Gott ihre Herzen sich hatte finden und für immer in
treuer Liebe sich vereinigen lassen. —

Wie die Saat, so die Aernte.

Eine Erzählung

für

meine jungen Freunde.

Von

Franz Hoffmann.

Amerikanische Stereotyp-Ausgabe.

Philadelphia.

Verlag von J. Kohler, No 202 Nord 4te Straße.

1864.

Erstes Kapitel.

Das Herrenhaus.

In einer freundlichen, fruchtbaren und anmuthigen Gegend Englands lag ein hübsches, behäbiges Gasthaus, dessen ganzes Aeußere darauf hindeutete, daß es ihm nie an reichlichem Zuspruch fehlte. Es hatte mehr das Aussehen einer ländlichen Wohnung, wie sie sich ein wohlhabender Stadtbewohner wünschen möchte, um sich aus dem Qualm und Staub der Straßen dahin zu retten, als das einer öffentlichen Herberge. Die Nebengebäude, Ställe, Wagenschuppen und dergleichen, lagen abseits von dem Wohnhause, welches aus einem Erdgeschoß und einem ersten Stocke bestand, und von einem hübschen Garten mit Blumen und Gesträuch umgeben war. Die Fenster des Erdgeschosses waren von wilden Weinreben umrankt, und vor der Eingangsthür befand sich eine Art von Verandah, dicht mit Schlingpflanzen bewachsen, welche im Sommer lieblichen Schatten, Kühlung und Schutz vor den Sonnenstrahlen bot, ohne einem erquickenden Lufthauche den Zugang zu verwehren. Die Verandah, breit und geräumig, war mit Tischen und Stühlen versehen, und galt für das Lieblingsplätzchen der Gäste, welche ein Stündchen der Erholung von der Tagesarbeit mit guten Nachbarn und Freunden verplaudern wollten. Durch die offenen Zwischenräume der Verandah hatte man eine hübsche Aussicht nach dem Herrenschlosse des Lord Wilford, und auf ein freundliches Dorf, das sich seitwärts von demselben ausbreitete, und mit seinen rothen Dächern höchst anmuthig aus seinen Umgebungen,

schönen Obstgärten und einzelnen Gruppen von alten
Eichen und Linden, hervorschaute. Noch weiter hin fiel
der Blick in die Ebene hinaus, wo reiche Fruchtfelder
mit Wald und Park lieblich abwechselten, und besonders
im Sommer das Auge des Beschauers durch ihr saftiges
und üppiges Grün erfreuten.

Das Herrenschloß war ein schönes und stolzes Gebäude von ausgedehntem Umfange, ganz von Quadern
aufgeführt, und hob sich mit seiner breiten Vorderseite
prachtvoll aus dem umgebenden Parke hervor. Es machte
den Eindruck von Glanz, Reichthum und Größe — und
dieser Eindruck wurde nicht geschwächt, wenn man es in
genaueren Augenschein nahm. An der Hinterseite des
Schlosses dehnte sich ein großer Weiher aus, dessen klare
Fluth die Quadern der Grundmauern umspielte. Ein
dichter Kranz prachtvoller Eichen, Buchen, Linden und
Kastanien umgab ihn ringsum, und warf seinen Schatten über die spiegelhelle Wasserfläche. Schwäne zogen
ihre glänzenden Furchen darüber hin, und Fische mancherlei Art spielten in dem kühlen Grunde, der eine an-
muthige Frische aushauchte. Für ein Gemüth, das Ruhe,
Einsamkeit und stille Betrachtung liebte, konnte es kaum
einen schönern Ort geben, als der Balkon, welcher sich
auf der Rückseite des Schlosses vor mehreren Fenstern
des oberen Stockwerkes hinzog, und sich unmittelbar
über dem Wasser befand. Eine große Flügelthür, welche
im Sommer fast immer offen stand, führte hinaus, und
oft konnte man hier den reichen und mächtigen Lord Wilford sehen, wie er mit seiner Gemahlin und seinem einzigen Kinde, einem schönen Knaben von drei oder vier
Jahren, die Anmuth der lieblichen Sommerabende genoß.

Ein solcher Sommerabend war es, als sich ein ein-
samer Reiter dem hübschen Gasthause näherte, das wir
bereits zu schildern versucht haben. Das Pferd schritt
langsam vorwärts, und sein Reiter trieb es nicht zur

Eile an, sondern warf aufmerksame und forschende Blicke
um sich her, die zuletzt mit einem finsteren und düsteren
Ausdrucke auf dem kaum eine Viertelstunde entfernten
Schlosse haften blieben. Er hielt in Betrachtung dessel-
ben sogar sein Pferd an, und murmelte halblaut einige
Worte, die ungehört verhallten, und von dem leisen
Abendwinde hinweggetragen wurden.

Der Reiter war ein stattlicher Mann von etwa dreißig
Jahren, und sein Gesicht wäre schön zu nennen gewesen,
wenn nicht ein böser und harter Ausdruck seinen Zügen
etwas Starres und Düsteres verliehen hätte. Seine
Haut war von der Sonne eines tropischen Klima's geschwärzt; sein Anzug, einfach und unscheinbar, hatte
einen militärischen Schnitt, und seine ganze Haltung
deutete darauf hin, daß der Reiter dem Kriegerstande
angehörte oder angehört haben müsse. Uebrigens war
sein Pferd ein schönes und augenscheinlich kostbares
Thier, und ein reicher Brillantring, der am Finger des
Reisenden funkelte, ließ so wenig, wie sein übriges Aeußere, vermuthen, daß er sich in ärmlichen Umständen befinden könne, obwohl er weiter kein Gepäck, als nur
einen kleinen Mantelsack, hinten am Sattel festgeschnallt,
bei sich führte.

Nachdem der Reiter noch einen langen, finsteren und
drohenden Blick auf das Schloß gerichtet hatte, wandte
er ihm endlich den Rücken zu, spornte sein Pferd an,
und ritt in raschem Trabe auf das Gasthaus zum rothen
Stern zu, wo ihm der Wirth dienstfertig entgegen eilte,
um ihm das Pferd abzunehmen und dasselbe in den
Stall zu führen.

„Wie? Ihr selbst, Meister Wirth?" fragte der Reisende. „Habt Ihr so wenig Zuspruch, daß Ihr Euch
nicht einmal einen Stallburschen halten könnt?"

„O nein, Sir," entgegnete Mr. Burry, der Wirth
zum rothen Stern, und schüttelte den Kopf — „die Leute

finb nur eben nicht baheim, und baher möcht' ich auch
um Nachsicht bitten, wenn Sie nicht ganz so prompt bedient werden, als es sich ziemt."

„Und wie kommt das, Sir, daß Ihr alle Leute fort=
schickt, wenn Ihr doch jeden Augenblick Gäste erwarten
könnt?" sagte der Fremde.

„Ach, Herr, ein trauriges Ereigniß" — versetzte der
Wirth sichtlich betrübt—„unser guter Lord—drüben im
Herrenhause— man sagt, er werde kaum die Nacht über=
leben, und meine Leute sind dahin, um Nachrichten ein=
zuziehen? Der brave, liebe Herr! So schnell und plötz=
lich muß er ein Ende nehmen!"

Der Fremde erbebte bei den Worten des Wirthes,
und seine broncene Gesichtsfarbe verwandelte sich in ein
bleiches Gelb. Rasch aber drehte er dem Wirthe, vermuthlich um ihm seine Gemüthsbewegung zu verbergen,
den Rücken zu, und sagte kurz: „Schon gut, Sir! Ihr
werdet mir das nachher erzählen. Kommt hierher, sobald
Ihr mein Pferd besorgt habt."

Der Wirth entfernte sich, und kaum war er in den
Hintergebäuden verschwunden, so stieß der Fremde einen
Ruf des Erstaunens aus, und ging mit großen, hastigen
Schritten, das Auge zu Boden gesenkt, mehrmals in der
Verandah auf und nieder.

„Was mag ihm begegnet sein?" murmelte er vor sich
hin. „Und gerade am Tage, wo ich nach zwölfjähriger
Abwesenheit zurückkehre! Er stirbt, und ich — ha, nicht
ich bin der Erbe, der morgen triumphirend in dieses stolze
Schloß einziehen wird! Fluch über dies Weib und dieses
Kind, die meinem Glücke im Wege stehen! Und das
nach solchen Versprechungen, nach solchen Gelöbnissen!
Verderben über die Brut!"

Das heftige und leidenschaftliche Selbstgespräch wurde
durch die Rückkehr des Wirthes unterbrochen. Der
Fremde nahm eine gleichgültige Miene an, befahl dem

Wirthe, eine Flasche Wein zu bringen, und lud ihn dann
ein, mit ihm ein Glas zu leeren.

„Setzt Euch, Mann," sagte er mit einer gebieterischen
Geberde — „und nun erzählt. Wer ist der Lord, über
dessen Tod Ihr Euch so betrübt anstellt."

„Oh, dies ist nicht Verstellung, Sir," entgegnete der
Wirth. „Lord Wilford war uns immer ein gütiger Herr,
und im ganzen Dorfe ist Niemand, der nicht die tiefste
Trauer um ihn empfände."

„Ah, Lord Wilford also heißt der Mann? Und was
ist mit ihm?"

„Er ist heute früh mit dem Pferde gestürzt, und so
gefährlich, daß keine Hoffnung zu seinem Aufkommen
mehr bleibt!"

„Hat er Familie?"

„Ja, eine Gemahlin und ein Söhnchen von beinahe
vier Jahren, das nun der Erbe der reichen Besitzungen
wird, die eine Rente von mehr als zwölftausend Pfund
Sterling abwerfen," entgegnete der Wirth.

„Zwölftausend Pfund Sterling!" wiederholte der
Fremde, und wendete sich abermals ab, um den wilden
und grimmigen Blitz zu verbergen, der aus seinem dü=
stern Auge schoß. „Und sonst hat Euer Lord keine Ver=
wandten weiter, als diese?"

„O ja, noch einen jüngeren Bruder, der vor zehn
oder zwölf Jahren in die Armee eintrat, und mit sei=
nem Regimente nach Ostindien ging," versetzte der Wirth.

„Und was ist aus ihm geworden?" fragte der Fremde.

„Niemand weiß es mit Bestimmtheit zu sagen," ent=
gegnete der Wirth. „Vor fünf oder sechs Jahren hieß es
einmal, er sei in einer Schlacht gegen die Afghanen ge=
blieben. Bald darauf heirathete unser Lord. Es hieß —
aber kein Mensch kann das beweisen, und ich glaube auch
nicht daran — daß er seinem jüngeren Bruder Arthur
einst das Versprechen gegeben habe, sich nicht zu ver=

(30)

mählen, um ihm nach seinem Tode die reichen Besitzungen zu hinterlassen — aber da nun die Nachricht vom Tode des Sir Arthur einlief, so konnte er natürlich nicht mehr an sein Versprechen gebunden sein — ein Versprechen, das mir überhaupt sehr zweifelhaft scheint. Warum sollte es der Lord gegeben haben?"

„Nun, vielleicht einer sterbenden Mutter zu Gefallen!" sagte der Fremde düster. „Dergleichen ereignet sich wohl."

„Ja, Herr!" rief der Wirth überrascht aus — „grade so hieß es, wie Sie da sagen! Die Mutter, eine sehr stolze Frau, soll den jüngeren Sohn mehr geliebt haben, als den älteren, der ihr nicht gebieterisch und hoffärtig genug schien. Auf dem Sterbebette noch soll sie in Lord Wilford gedrungen sein, sich nicht zu vermählen, um dem jüngeren Bruder den einstigen Besitz der Güter zu sichern, und der Lord soll dann, um der Mutter den Todeskampf zu erleichtern, das Versprechen auch wirklich gegeben haben."

„Ja, ja, ich weiß, daß er es gegeben hat," sprach der Fremde grimmig —. „Sir Arthur selbst, ein Freund und Kriegskamerad von mir, hat es mir in Indien erzählt. Ha, und dennoch ist dieses feierliche Versprechen gebrochen worden!"

„Nun, Herr, wie dem auch sei," entgegnete der Wirth, „Niemand kann deßhalb unserm guten Lord einen Vorwurf machen. Er vermählte sich erst, als die Zeitungen den Tod Sir Arthurs meldeten, und als auch nachher keine Nachricht einlief, die der vorigen widersprochen hätte."

„Wie konnte sie einlaufen, da der Mann, von dem Ihr sprecht, in die Gefangenschaft der Afghanen gerieth und Jahre lang darin schmachtete!" rief der Fremde mit finsterem Stirnrunzeln. „Nun, gleichviel!" fuhr er bitter fort — „Sir Arthur wird sich freuen, wenn er zurückkehrt und sieht, daß man ihm sein Erbe gestohlen hat.

Genug davon! Was kümmert mich die ganze Geschichte!
Ich danke Euch für Eure Nachrichten, Herr Wirth —
aber jetzt schafft mir etwas zu essen, was es auch sei —
ein Soldat ist nicht lecker! Nur geschwind!"

Der Wirth entfernte sich hurtig. Als der Fremde
wieder allein war, überzog eine drohende Wolke seine
finstere Stirn, er ballte die Hände und knirschte mit
den Zähnen.

„Also nur darum die Fesseln einer langen und schrecklichen Gefangenschaft gebrochen, darum hundertfachem
Tode, den Dolchen und Büchsen der Afghanen, dem
Hunger, dem Durst, den Pfeilen einer glühenden Sonne
getrotzt, um von der Schwelle meines Eigenthums hin-
weggejagt zu werden, wie ein bettelhafter und unbe-
rechtigter Eindringling. Jetzt würde ich reich, mächtig,
angesehen und gewaltig sein, wenn ein schurkischer Bruder sein Wort gehalten hätte — während ich durch seinen Wortbruch nichts bin, als ein armseliger Officier
mit halbem Sold, der sich in irgend einem verborgenem
Winkel der Erde verkriechen muß, um nicht ein Gegen-
stand des Gespöttes oder Mitleids seiner Kameraden zu
werden!"

Er stieß einen Schrei der Wuth und des Ingrimms
aus, stützte dann den Kopf in die hohle Hand, und versank in ein tiefes und grübelndes Nachdenken. Plötzlich
trat ein böses, Unglück verheißendes Lächeln auf seine
Lippen, und ein grimmiger Blitz schoß aus seinen Augen,
die er wieder nach dem aus den Bäumen des Parkes
hervorschimmernden Schlosse richtete.

„Das könnte gelingen!" murmelte er vor sich hin.
„Alles in Verwirrung — Alles am Bett des Sterbenden
versammelt — wer achtet da viel eines Kindes und eines
Fremden? Geduld! Vielleicht .. ich kenne ja jeden
Fußbreit im Schlosse — die Dämmerung nahet — die

Nacht kommt bald heran — es soll versucht werden — und ich räche mich, indem ich mein Recht wahre!"

Wiederum versank der Fremde in tiefes Sinnen, aus welchem ihn erst der Wirth aufschreckte, der mit einer dampfenden Schüssel herzu eilte. Der Gast aß und trank, und erwiederte auf die Frage des Wirthes, ob er über Nacht zu bleiben wünsche, ein kurzes Nein.

„Haltet mir vielmehr mein Pferd bereit, Sir," sagte er. „Ich muß noch weiter, und will nur noch einen Spaziergang machen, um mich nach dem Tagesritt ein wenig zu erfrischen. Wenn geht der Mond auf?"

„Kurz nach elf Uhr, Herr," antwortete der Wirth.

„Wohl, bis dahin hoffe ich zurück zu sein," sprach der Fremde, und stand auf, um den Weg nach dem nahen Dorfe einzuschlagen.

„Wenn es Ihnen beliebt, Sir," sagte der Wirth, „so dürfen Sie auch in den Park gehen! Der Zutritt ist Jedermann gestattet, und heute besonders wird Sie Niemand hinausweisen oder Ihnen nur lästig fallen!"

„Schon gut — wenn ich nichts Besseres finde, werde ich Eures Winkes gedenken," antwortete der Fremde und ging auf das Dorf zu. Er schritt zwischen den Häuserreihen hindurch, bis er jenseits wieder in's Freie gelangte. Jetzt bog er, nachdem er sich durch einen vorsichtigen Blick überzeugt hatte, daß er von Niemand beobachtet würde, von der bisherigen Richtung ab, sprang mit leichter Mühe über das Gatter in den Park, machte einen großen Umweg, bis es völlig dunkel geworden war, und näherte sich dann der Hinterseite des Schlosses, indem er dem Lichtscheine folgte, der aus den hohen Bogenfenstern drang und sich im klaren Wasser des Weihers spiegelte. Dicht beim Schlosse angelangt, blieb er stehen und lauschte. Alles war still, einsam und dunkel ringsum — nirgends bemerkte man nur den Schatten einer menschlichen Gestalt.

„Gut!" murmelte der Fremde. „Alles so, wie ich
dachte! In jenem Zimmer liegt der Sterbende — in
dem dort mit dem Balkon ohne Zweifel das Kind. Es
kann gelingen, und es muß gelingen! Der Weiher
ist tief genug, um ein" — er wollte sagen ‚Verbrechen',
aber er zögerte und sprach dann—„eine dunkle That, aber
eine That der Nothwehr, zu verbergen. Fort! Der
Augenblick ist da und es muß vollbracht werden."

Mit festem Schritte näherte sich der Mann einer kleinen Seitenpforte und rüttelte am Drücker. Das Schloß
gab nach und die Thür sprang auf. Der Fremde verschwand in ihr.

Er stand im Dunkeln, aber das war ein Hinderniß,
das ihn nicht aufhielt. Sicheren Schrittes, aber leise auf
den Zehen ging er weiter, stieg eine schmale Treppe in
die Höhe, und erreichte eine Thüre, durch deren Schlüs-
selloch ein matter Lichtschimmer drang. Lauschend drückte
er das Ohr an die Thür und horchte einige Sekunden
mit gespannter Aufmerksamkeit. Alles war still. Jetzt
öffnete er die Thür, warf einen hurtigen Blick in das
Gemach, und ein triumphirendes Lächeln verzerrte seine
Lippen. Niemand befand sich in dem Zimmer, als ein Kind,
ein Knabe von vier Jahren, der sanft und ruhig in einem
reich verzierten seidenen Bettchen schlief. Der Fremde,
der bis jetzt zögernd stille gestanden hatte, trat nun entschlossen in das Gemach. In demselben Augenblicke fuhr
aber auch ein Wachtelhündchen laut bellend auf ihn ein
und schnappte nach dem Fuße des Eindringlings. Dieser
stieß einen wilden, halb unterdrückten Fluch aus, bückte
sich nieder, packte den Hund mit entschlossenem Griff am
Halse, öffnete die Thür zum Balkon, und schleuderte das
Thier in die Tiefe. Das Gebell verstummte, und nur
ein leises Plätschern im Weiher war noch vernehmbar.

„Und jetzt sollst du ihm folgen!" murmelte der Fremde
mit grimmigem Ausdruck zwischen den Zähnen, und
(30)

näherte ſich raſch dem Bette. Er hob den ſchlummernden Knaben heraus, nahm ihn auf den Arm, und ging mit dem Kinde, das in feſtem Schlummer verharrte, wieder auf die geöffnete Balkonthüre zu.

„Stirb,“ ſagte er, indem er einen letzten Blick auf das Kind warf, deſſen zarte und liebliche Unſchuld ihn nicht zu rühren, nicht den mindeſten Eindruck auf ſein hartes, habſüchtiges und erbarmungsloſes Herz zu machen ſchien — „ſtirb und verſtumme auf ewig! In einem Augenblick iſt Alles geſchehen, und Jeder wird glauben müſſen, du ſeieſt aufgewacht, auf das Geländer geklettert und über den Rand geſtürzt! Stirb!“

Und ſchon hob er den Arm, um das noch immer ſchlafende Kind dem Hunde nach in den Weiher hinabzuſchleudern, als plötzlich ein greller, banger, verzweifelnder Aufſchrei aus dem unter ihm liegenden Zimmer erſcholl. Der Fremde erbebte, wankte, und trat vom Geländer des Balkons zurück.

„Ah — er iſt geſtorben — in dieſem Augenblicke geſtorben — das war der Jammerruf ſeines Weibes!“ murmelte er.

Lauſchend blieb er eine Weile ſtehen. Der klagende Ruf erſcholl von neuem herzerſchütternd durch die Stille der Nacht — lautes Wehklagen Anderer miſchte ſich dazwiſchen, und ein Poltern, Rennen und Laufen im Schloſſe machte ſich vernehmbar.

„Er iſt’s!“ flüſterte der Fremde. „Kein Zweifel — ſein Leben iſt entflohen! Und dem todten Vater ſollte im Augenblicke des Todes ſein Kind folgen? Vater und Kind in derſelben Minute?...“

Ein banger Schauder ſchüttelte den Körper des Fremden — ſein Haar ſträubte ſich — ſein Blick wurde ſtarr, als ob er einen Geiſt ſähe, und das dunkle Braun ſeiner Wangen färbte ſich bleich.

„Ich kann nicht, ich kann nicht!“ flüſterte er unbe

mußt mit krampfhaft zitternder Lippe. „Wenigstens nicht
jetzt — nicht hier — nicht in der Nähe des Todten, dessen
Auge mich sehen muß!"

Plötzlich schreckte der Mensch zusammen. Es schien,
als ob draußen Schritte vernehmbar würden, als ob
Jemand die Treppe herauf komme. Mit zwei Sprüng-
en war er wieder am Bette des Knaben, deckte es zu,
ließ die Vorhänge herab, so daß man nicht ohne ge-
nauere Untersuchung bemerken konnte, daß der Knabe
daraus verschwunden war, und eilte mit seiner kostbaren
Beute davon. Hurtig verschloß er die Thür hinter sich,
sprang mit schnellen, aber leisen Schritten, wie ein Pan-
ther der seinen Raub beschleicht, die Stufen der Treppe
hinab, und befand sich einen Augenblick nachher im
Freien. Noch immer war die Nacht dunkel, und schien
an dieser Stelle noch dunkler durch den düsteren Schatten der Bäume, deren Zweige über den Weiher hinweg
hingen. Noch einen Augenblick lauschte der Fremde —
dann trat er einige Schritte weit vor, — man vernahm
einen erstickten Schrei — ein Plätschern im Wasser —
dann war Alles wieder still, traurig, trübe und unheimlich. Nur rasch sich entfernende Schritte wurden noch
hörbar — auch sie verhallten in der Ferne — und einsam
lag das stolze Schloß, in welchem so eben ein schweres
Verbrechen begangen und ein großes Unglück geschehen war.

Etwa eine Stunde später kam der Fremde in dem
Gasthofe wieder an — allein, wie er sich entfernt hatte. Sein Gesicht war bleicher, als vorhin,
wo er gegangen war und sein Blick verstört. Doch beherrschte er seine innere Aufregung, die ohnedieß wohl
nicht bemerkt worden wäre, da der Wirth selbst und mit
ihm seine zurückgekehrten Leute sich außer aller Fassung
befanden — und verlangte sein Pferd.

„Was giebt es?" fragte er hierauf den Wirth, der,

voller Verwirrung, kaum den empfangenen Befehl ausführen konnte. „Was giebt es? Ihr seid ja außer Euch,
Mann!"

„Ach Gott, unser Lord ist todt," entgegnete der ehrliche Wirth tief betrübt, indem er mit der Hand über
seine feuchten Augen strich — „das Schlimmste ist geschehen!"

„Und sonst nichts?"

„Was sonst noch, Sir? Ich dächte, das Unglück wäre
groß und traurig genug! Ihr freilich habt den wackeren,
lieben, gütigen Herrn nicht gekannt!"

Achselzuckend und ohne sich weiter um den theilnahm-
losen Fremden zu bekümmern, strich der Wirth die Zeche
desselben ein. Der Fremde bestieg sein vorgeführtes
Roß, warf dem Aufwärter, der ihm den Zügel hielt, eine
Krone zu, gab dem Pferde die Sporen und sprengte in
wildem Galopp davon. Niemand dachte weiter an ihn,
Niemand ahnte das Verbrechen, das er begangen hatte.
Aber Gott kannte es. Die Saat des Bösen war gesäet.
Obgleich sie heimlich und im Verborgenen gesäet war
— sie keimte, und eines Tages mußte sie reif werden zur
Ernte.

<hr />

Zweites Kapitel.

Die Alpenhütte.

<hr />

In einem abgelegenen, tief zwischen hohen und
mächtigen Eisbergen gelegenen, schmalen und engen Thale
der Schweiz lag und liegt auch heute noch ein Dörfchen — wenn man nämlich diese Bezeichnung für zwölf
bis fünfzehn Hütten, die auf der Thalsohle oder an den
sanften Bergabhängen zerstreut umherlagen, will gelten

laſſen. Es wohnten da meiſt arme, aber brave und recht-
ſchaffene Leute; nur Wenige befanden ſich unter ihnen,
die ſich ein paar Kühe halten und Sommers auf die Alpen ſchicken konnten; die bei weitem größere Anzahl von
ihnen beſaß eben nur einige Ziegen, welche luſtig Morgens zu Berg zogen, ſich ihr bischen Futter auf den
Berghalden ſuchten und Abends nach dem Dörfchen zu-
rückkehrten, um ſich in die gewohnten Ställe zu begeben.
Für den Winter, wo Alles unter Eis und Schnee begraben lag, mußte ſchon im Voraus geſorgt werden, und
alle Frauen und Kinder im Dorfe, die einen Korb tragen und die ſteilen Berge erklimmen konnten, ſah man
vom Frühling an bis in den Spätherbſt beſchäftigt,
jedes Grashälmchen einzuſammeln und heim zu tragen,
was die waidenden Ziegen entweder übrig ließen, oder
was ſie trotz ihrer Kletterkunſt nicht erreichen konnten.
Mit Leitern und Stricken klimmten die flinken Buben
und Mädchen die ſchroffſten Felswände und Klippen hinauf, nicht ſelten mit Gefahr ihres Lebens, um vielleicht
nur einen Arm voll ſaftiger Kräuter zu gewinnen —
aber noch immer war Alles gut abgelaufen, und ſeit vielen Jahren wußte man kein Beiſpiel, daß irgend Jemand bei dieſer gefahrvollen und doch ſo kärglichen Ernte
das Leben eingebüßt hätte. Gott hielt die Armen mit
ſtarker Hand über den ſchrecklichen Abgründen—er machte
ihren Fuß ſicher, ihr Auge feſt, ihren Arm ſtark und gewandt, ihren Kopf ſchwindelfrei, und dieſe Uebung ihrer
Jugend kam ſpäter den Knaben trefflich zu ſtatten, wenn
ſie die Sichel mit der Büchſe vertauſchten, und als kühne
Jäger den Gemſen nachſpürten, die in den höher gelegenen Schluchten und auf den mit Schnee und Eis be-
deckten Bergſpitzen ihren Aufenthalt hatten. Alle Männer im Thale waren Gemſenjäger, und nicht leicht fand
man deren, die kühner und geſchickter geweſen wären,
als dieſe da. Oft ganze Tage und Nächte hindurch ver-

folgten sie das scheue, flüchtige Wild von Klippe zu Klippe, von Berg zu Berg, von Schlucht zu Schlucht, über Schnee- und Eisfelder hinweg, wo jeder Fehltritt den unvermeidlichen Tod drohte, nicht achtend der Mühen, Beschwerden und Entbehrungen, die mit ihrem gefahrvollen Geschäft verknüpft waren. Den Stutzen auf dem Rücken, den Alpenstock in der Hand, die schweren Eisschuhe an den Füßen und einen Ranzen an der Seite, welcher die karge Kost, Brod und Käse, enthielt, gingen sie rastlos dem Wilde nach, bis die sichere Kugel es traf, und der hocherfreute Jäger mit der mühsam erlangten Beute in seine ärmliche Hütte zurückkehren konnte. Ein Leben voll Mühe, Arbeit, Entbehrung, Gefahr und Beschwerden, war es, was die Leute in dem versteckten Thale führten, und dennoch lebten sie glücklich und zufrieden in ihrer Beschränkung, und dankten Gott, wenn es ihnen nur nicht am Allernothwendigsten fehlte, wenn sie nur immer Milch, Brod und Käse hatten, um den Hunger fern zu halten, und von einem Tage zum anderen vor dem Schlimmsten gesichert zu sein.

Hier in dieser abgelegenen und versteckten Wildniß, so abgelegen und versteckt, daß nur höchst selten ein Reisender dahin kam, deren doch Tausende alljährlich das schöne Schweizerland durchziehen, wohnte auch Peter Schaffringer mit seiner Frau und seinen Kindern Liesli, Elsi, Kathi und Bäbi in einer kleinen niedrigen Alpenhütte. Schaffringer war fast der ärmste Einwohner im Dörfchen. Er besaß nichts als das Häuschen mit einem kleinen Garten daran, ein Dutzend Ziegen, die mit den übrigen während des Sommers im Freien waideten, und des Winters in den Stall gesperrt wurden — seine gesunden rüstigen Arme, eine treffliche Büchse, und was mehr werth und besser war, als das Alles, einen frohen, heiteren Sinn, und ein christlich frommes, gottergebenes Gemüth, das ihn alle Entbehrungen mit leichter Mühe

ertragen ließ. Und diesen heiteren Sinn, dieses in Gott
fröhliche Gemüth besaßen auch sein Weib und seine
Kinder. Sie wußten's nicht anders, als daß ihr Leben
ein Leben voll Mühe, Entbehrung und Arbeit sein müsse,
und da sie nicht ein Besseres kannten, so sehnten sie sich
auch nicht nach viel Besserem. Früh des Morgens frisch
an die Arbeit, und Abends bei guter Zeit müde, aber
zufrieden, zur Ruhe, das war Jahraus, Jahrein ihr
Lebenslauf. Kein Tag im Jahre verging, wo sie nicht
ihre Geschäfte gehabt und fleißig gearbeitet hätten —
den Tag des Herrn und die Festtage natürlich ausgenommen; welche in Peter Schaffringers christlichem Hause
auch christlich gehalten wurden. Sommers stiegen Liesli,
Elsi und Kathi auf die Berge hinauf und sammelten
Wintervorräthe für die Ziegen ein; die Mutter mit der
kleinen Bäbi blieb daheim und besorgte die Küche, Wä-
sche und ganze Wirthschaft; und der Vater, die Büchse
auf der Schulter, verfolgte die flüchtigen Gemsen unermüdlich bis in ihre entlegensten Schlupfwinkel. Im
Winter saßen alle beisammen in dem kleinen Stübli um
den großen Ofen herum, und Jedes hatte ein Messer
und anders Werkzeuge zur Hand, mit denen es schöne
Figuren aus Holz schnitzte — Sennhütten, Körbchen,
Kästchen, Heiligenbilder und wunderschöne Blumensträuße
— Alles aus fein geädertem Ahornholz und so zierlich
gemacht, daß sich ohne Mühe Liebhaber dazu fanden,
wenn im Frühjahr der Vater den ganzen Vorrath vom
Winter in einen großen Korb einpackte und damit vier
Meilen weit in die Stadt ging, um ihn zu verkaufen.
Das brachte Geld, Geld genug, um damit wieder aus-
zukommen bis zum nächsten Jahr, vorausgesetzt, daß
den Ziegen nichts zustieß, daß die Gemsjagd erträglich
ausfiel, und daß der liebe Gott überhaupt besondere
Unglücksfälle von Peter Schaffringers kleiner Alpenhütte
und seiner Familie fern hielt.

Nun, viele Jahre waren vergangen, und Gottes
Segen hatte nie gefehlt, das Nöthigste war immer da
gewesen. So gab es denn nicht allzu viel Sorgen im
Hause, und man hoffte von einem Jahr zum andern,
daß das nächste wohl auch so gut ablaufen werde, wie
das vergangene — mit Gottes Beistand und Hülfe.

Eines Morgens nun — im Sommer war's, und die
Sonne stand noch tief drunten unter dem Erdrande, so
daß die Nacht noch mit dem anbrechenden Tage kämpfte
— stand ein Mann hoch droben auf den Alpenspitzen,
und lugte mit scharfem Auge auf ein Schneefeld hin, an
dessen Rande die Kräuter und Gräser fast üppiger sproß-
ten und wuchsen, als tiefer an den Berghalden, wo der
Schnee schon längst von den warmen Sonnenstrahlen
weggeleckt worden war. Er wußte wohl, der Mann, daß
sich an solchen Schneewänden gern die Gemsen einzu-
finden pflegten, um die saftigen, von der schmelzenden
Schneedecke getränkten Kräuter abzuwaiden, und darum
war er schon vor Mitternacht von daheim aufgebrochen,
um bei Tagesanbruch an Ort und Stelle zu sein, sich
auf den Anstand zu stellen, und den Gemsen aufzu-
lauern, die eine sichere Beute für seine Kugel sein mußten, wenn sie unvorsichtig genug waren, sich ihm auf
die Schußweite zu nähern.

Ein kräftiger Mann war der Jäger, von derber, ge-
drungener Gestalt, mit einem offenen, ehrlichen, klugen
Gesicht, und hellen blauen Augen, die frei und gutmü-
thig in die Welt hinein schauten. Ringsum ließ er sie
schweifen, so weit es die noch herrschende Dämmerung
gestattete, nahm dann seine Büchse von der Schulter
und stellte sich hinter einen Felsblock, der seine Gestalt
gänzlich verdeckte. Hier sah er nach seinem Gewehr,
überzeugte sich, daß das Pulver auf der Pfanne noch
frisch war und nicht von der feuchten Nachtluft gelitten
hatte, und blieb darauf regungslos und unbeweglich

ſtehen. Keine fünf Minuten dauerte es, ſo blißte ſein
Auge heller auf; vorſichtig ließ er ſich auf ein Knie
nieder und zog ſeine Büchſe an die Wange. Einige
Sekunden lag er ſo im Anſchlage — dann krachte ſein
Schuß, hundertfältig das Echo in den Bergen weckend
— und unmittelbar darauf ſprang der Jäger wieder auf
ſeine Füße.

„Der wäre getroffen!" murmelte er mit einem frohen
Lachen vor ſich hin. „Die Frau wird ſich freuen, wenn
ich mit der Beute heimkomme. Laß doch ſehen, wie das
Wild beſchaffen iſt."

Er trat hinter dem Felſen vor, ging mit weiten Schritten der Stelle zu, wo ſeine Kugel die Gemſe ereilt hatte,
und lächelte vergnügt, als er ſeine Beute vor ſich liegen ſah.

„Ein prächtiger Gemsbock!" ſagte er. „Der iſt ſeine
zehn Gulden unter Brüdern werth, ſo feiſt und ſtark iſt
er. Aber es wird Mühe koſten, bis ich ihn auf den Schultern in's Thal hinab geſchafft habe. Indeß werd' ich
damit wohl auch fertig werden."

Er zog ſein Waidmeſſer aus dem Ledergürtel, waidete
den Bock aus, feſſelte die Hinter- und Vorderläufe an
einander, hing ſich das Thier um den Hals, und ſchlug
den Heimweg ein. Troß der ſchweren Laſt, die er trug,
war ſein Schritt leicht und elaſtiſch, und die höchſten
Spißen und Hörner der Alpen erglühten kaum bei der
Berührung des erſten Sonnenſtrahls, der ſie traf, als
Peter Schaffringer — denn dieſer war der Jäger —
die Thalſohle erreichte, und hier ſich einen Augenblick auf
ein Felsſtück niederſeßte, um von dem beſchwerlichen und
mühſamen Marſche ein wenig auszuruhen.

Obgleich hoch droben auf den Alpen der Tag bereits
ſein glänzendes Banner auf die unzugänglichſten Eis-
kuppen aufgepflanzt hatte, war es hier unten doch noch
beinahe Nacht, und dunkle Schatten hüllten das Thal

(30)

ein. Während Schaffringer, seinen Gemsbock neben sich, aus tiefer Brust aufathmend, der wohlverdienten Ruhe pflegte, vernahm er plötzlich ein dumpfes Rollen in der Ferne vom Dorfe her, und lauschte verwundert auf das ungewöhnliche Geräusch. Das Rollen näherte sich rasch, und drang immer deutlicher zu seinem Ohre.

„Ich glaube gar, das ist ein Wagen!" sagte er endlich vor sich hin. „Mein Gott, wie kommt der hierher in unsere Berge! Seit Jahr und Tag kann ich mich nicht erinnern, daß so etwas dahier passirt wäre! Freilich, der Weg ist auch holpericht genug—wer nicht durch m u ß durch unser Dörfchen, der läßt es lieber abseits liegen, und macht einen Umweg auf der schönen neuen Straße, die außen an unserem Thal vorüberführt. Ich bin aber doch begierig, wer da herankommen mag."

Näher und näher rollte der Wagen. Als er dicht heran kam, sah Peter Schaffringer, daß es nur ein zweirädriger Karren war, mit einem tüchtigen, starken Pferde davor, das trotz des schlechten Weges in raschem Trabe vorüber flog. In dem Wagen saß nur ein einziger Mann, welcher die Zügel hielt, und mit der Peitsche den Gaul zu noch größerer Eile antrieb. Der Gemsjäger konnte weder seine Gestalt noch seine Züge deutlich sehen, da erstens die Dunkelheit noch zu groß war, und zweitens Mann, Roß und Wagen zu schnell an ihm vorüber schossen.

„Wunderlich, wunderlich!" brummte er vor sich hin. „Wer mag der sein? Und was hat er bei uns im Thale zu suchen gehabt? Wunderlich, wahrhaftig! Aber was kümmert's am Ende mich? Jeder Mensch hat sein Geschäft, und meines ist, nach Hause zu gehen und den Gemsbock der Mutter in die Küche zu liefern."

Er warf seine Beute wieder über die breiten, kräftigen Schultern, und ganz erfrischt von der kurzen Ruhe, setzte er mit verdoppelten Schritten seinen Weg nach dem

heimathlichen Dorfe fort. Noch war es kaum ordentlich
Tag geworden, als er an die Thür seiner Hütte klopfte
und seine Frau herbeirief, um ihr den prächtigen Gemsbock zu zeigen.

„Da sieh, Marie," sagte er, „der Gang diesen Morgen hat Glück gebracht! Du magst lange suchen und
oft auf die Berge steigen, ehe dir solch' ein Stück Wild
vor das Büchsenrohr kommt—und der Bursche da ist mir
geradezu von selber in den Weg gelaufen!"

„Gott sei Dank dafür, und daß du glücklich heim-
gekehrt bist, Mann," erwiederte die Frau hoch erfreut.
„Nun komm' auch, Alter, und erquicke dich an frischer
Milch und Käs' und Brod, das schon für dich bereit steht.
Geschwind! du wirst müd' und hungrig sein vom langen
Marsch!"

„Geht schon an," erwiederte Peter Schaffringer lä-
chelnd, und wischte sich die Schweißtropfen von der
Stirn. „Der Marsch war so sehr arg nicht, aber eine
Erfrischung wird mir freilich wohl thun."

Eh' er sich aber an den einfachen weißen Tannentisch
drinnen im Stübli niedersetzte, hing er erst den erlegten
Gemsbock außen an einen eisernen Haken, und trat nun
erst in das Gemach. Seine Töchter waren schon auf
und angekleidet, die langen Haarzöpfe sauber geflochten,
die einfachen Mieder blank und rein. Die helle Freude
lachte ihnen aus den Augen, als der Vater kam, und mit
frohem Gruße eilten ihm alle Vier entgegen.

„Guten Morgen, Kinder! Guten Morgen, Liesli und
Elsi! Guten Morgen allesammt! Ihr seid früh auf den
Beinen — so ist's recht, das macht den Tag um eine
Stunde oder zwei länger, als ihn die Müssiggänger und
Langeschläfer haben."

Muntere, schmucke Mädchen waren es, die sich um
den Vater drängten und ihm die Hand drückten. Das
Liesli war schon zwölf Jahr alt, das Elsi, Kathi und

Bäbi immer Eines ein Jahr jünger wie das Andere. Frisch und gesund sahen Alle aus, und man merkte es ihnen wohl an, daß sie noch nie eigentliche Noth und Mangel gelitten hatten. Sie setzten sich mit dem Vater zu dem einfachen Frühstück nieder, und die drei Aeltesten griffen schon zu ihren Sicheln und Körben, um auf die Berge hinaus zu gehen und Gras zum Wintervorrath für die Ziegen einzuholen, als auf einmal die Mutter in's Zimmer trat und ein ganz verwirrtes Gesicht machte.

„Hör' auch nur, Mann," sagte sie — etwas Wunderliches hat sich begeben! Die Leute aus dem ganzen Dorf laufen zusammen, und können sich gar nicht erklären, wie das mag zugegangen sein."

„Aber was denn, Frau?" fragte Peter Schaffringer. „Was ist denn geschehen? Doch kein Unglück, will ich hoffen?"

„O nein, nichts der Art," erwiederte die Frau. „Aber des Tschudi's Mimili hat mir zugerufen, ein Bübli hätten sie gefunden, schlafend auf der Wiese, und wisse Niemand, wie es dahin gekommen sei. Es wär' grade, wie vom Himmel hernieder geschneit."

„Ei, die Mimili wird Scherz mit dir getrieben haben," entgegnete der Vater. „Wie kann das sein?"

„Aber so sieh' doch nur, so höre doch nur," antwortete Frau Marie. „Schau, da gehen Alle zu des Tschudi Wiese hin, und Viele sind schon dort. Aus dem Fenster kannst du sie ja stehen sehen."

„Ja, wahrlich," sagte der Vater, der einen hurtigen Blick durch das Fenster warf. „Etwas Ungewöhnliches muß sich schon zugetragen haben, und ich will doch auch hin und schauen, was es ist."

Er ging, und die Neugierde ließ auch seiner Frau und den Kindern keine Ruhe mehr. Sie folgten ihm unmittelbar auf dem Fuße nach.

„Was giebt's denn, liebe Nachbarn und Freunde?" fragte Peter Schaffringer, als er zu den Männern trat, die in einem dichten Kreise beisammen standen.

„Was es giebt, Schaffringer?" antwortete Einer aus der Menge—„da schau her, ein Bübli so frisch und fein, als ob's eben erst aus der Erde gewachsen wäre. Der Tschudi hat schon eine gute Weile auf es eingeredet, aber der kleine Bursch gibt nicht Red' und Antwort, sondern schüttelt nur immer den Kopf und sagt weiter nichts, als: „Mei Modder! Mei gut Modder!" Kein Mensch weiß, was das heißen soll." —

„Na, laßt mich auch einmal mit ihm reden," sagte Peter—„vielleicht ist das Bübli nur erschrocken und muß Zeit haben, sich zu besinnen."

Peter trat vor, und da sah er das Bübli sitzen, das kaum vier Jahr alt sein mochte, und mit verweinten Augen ganz scheu und ängstlich umherschaute. Aber ein herzig liebes und hübsches kleines Bürschchen war's. Blonde Locken fielen ihm über Gesicht und Nacken herab, seine großen blauen Augen waren hell und glänzend, wie der blaue Himmel, seine runden Wangen glichen der Pfirsche an zarter Röthe, sein Mündchen war wie eine Kirsche, die frisch vom Baume gepflückt ist.

„Armes Bübli," sagte Peter Schaffringer in mitleidigem Tone, indem er ihm freundlich die blonden Locken und die Bäckchen streichelte — wo kommst du daher in dies Thal unter fremde Leute, und so ganz mutterseelen-allein? Sag' auch, sprich auch, kleines Bürschli, wie nennst du dich?"

Der Knabe blickte mit großen Augen den Mann an, der so freundlich zu ihm sprach, gab aber auch ihm keine Antwort, sondern schüttelte nur das Köpfchen und brach von Neuem in Thränen aus.

„Aber was hast nur vor, Kleiner?" fuhr Peter Schaffringer fort. „Hier thut dir Niemand ein Leides

an, du kleines Würmchen! Sprich nur grad' heraus,
was du weißt, und dann werden wir ja sehen, was wir
für dich thun können. Wer hat dich denn hierher ge=
bracht, mein Bübli? Das wenigstens wirst du doch ja=
gen können."

Der kleine Knabe, obgleich er augenscheinlich die an
ihn gerichteten Worte nicht verstand, merkte aber doch
wohl an dem gutmüthigen Tone, mit dem sie gesprochen
wurden, daß man es hier nicht böse mit ihm meinte.
Er wischte die Thränen aus den Augen, that sein Münd=
chen auf und plauderte — aber nicht Einer von den um=
stehenden Männern verstand ihn. Das klang Alles so
kauderwälsch unter einander, daß sich die Leute verwun=
dert anblickten und die Köpfe schüttelten.

"Das ist ein seltsames Ding," sagte Tschudi, der
Mann, welcher den Knaben zuerst entdeckt hatte, zu den
Anderen. "Ich werde aus dem Allem nicht klug, und
Gott allein mag wissen, wie der kleine Bursch hierher
in unser abgelegenes Thal verschlagen ist? Wenn das
überall nur mit rechten Dingen zugeht! Das Bübli
schwätzt eine Sprache, aus der man nimmermehr klug
wird!"

"Nun, was wird's weiter sein, Nachbar?" nahm Schaff=
ringer das Wort. "Aus den Schweizer= und den deut=
schen Landen ist das Bübli freilich nicht, und aus Welsch=
land auch nicht, denn da weiß ich ungefähr, wie die Leute
sprechen — aber irgend woher muß der Kleine doch kom=
men, obwohl ich mir um's Leben nicht erklären kann,
wie? Aber halt, da fällt mir etwas ein! Bübli, bist viel=
leicht mit einem Mann in einem Wägeli gekommen?
Sprich auch geschwind, ich bitt' dich!

Der Kleine schaute Peter an, gab aber wiederum keine
Antwort.

"Nun ja doch, es ist schon richtig," sagte Peter wie=
der zu den Andern—"der Kleine versteht unsere Sprache

so wenig, wie wir die seinige. Da bringen wir also nichts heraus. Aber ich denke mir, der Mann mit dem Wägeli muß das Bübli mitgebracht und hier ausgesetzt haben. Es kann fast gar nicht anders sein!"

„Was für ein Mann? Was für ein Wägeli? Er= zähl' auch du, was du weißt, Peter!" riefen die Män= ner durch einander. —

Da erzählte der Peter, wie er, von der Gemsjagd kom= mend, den Wagen mit dem Manne gesehen habe, wie kaum ein Zweifel sein könne, daß der Kleine durch den fremden, nächtlichen Gast in's Thal gelangt sei. Die Männer waren mit dieser Ansicht auch ganz einverstan= den, schauten sich aber immer noch verlegen an, und schienen nicht zu wissen, was nun zu machen sei.

„Ja, was ist nun zu thun," sagte endlich Einer. „Was fangen wir an?

„Ei, ich mein', das sei leicht zu sagen," sprach Peter Schaffringer. „Wir müssen dem Fremden nachsetzen, und holen wir ihn ein, so muß er das Bübli wieder an sich nehmen."

„Das wäre schön recht," — entgegnete Tschudi. „Aber was soll mittlerweile aus dem Bübli werden? Wer soll sich seiner annehmen? Wir sind Alle nicht reich und ein Jeder hat mit sich und seiner Familie genug zu thun — wer wird da noch ein fremdes Kind aufnehmen und wohl gar groß ziehen? Ich thu's nicht — ich habe Kin= der vollauf!"

„Und ich auch — ich auch!" riefen die Anderen. „Und wer weiß, ob da nicht Zauberei und Hexerei im Spiel ist? Das Bübli könnt' Einem Unglück bringen — ich mag's nicht — ich nicht — ich auch nicht — absolut nicht!"

So sprachen die Männer, und nur Peter Schaffrin= ger schwieg still und schaute mitleidig auf das arme kleine Bübli, das so gar betrübt und verlassen da saß, und dem immer die hellen Thränen über's Gesichtchen hinrollten

(30)

und wie Thauperlen auf den Rasen tropften. Und das
christliche milde Herz des braven Mannes schwoll von
Mitleid und Theilnahme, er dachte, „wenn eins von
deinen Kindern so dasäße in wildfremden Landen und
unter wildfremden Leuten, wie würd' es ihm dann gefallen, wenn Niemand sich seiner annehmen wollte,"
— und das Herz ging ihm über und trat ihm auf die
Lippen, so daß er leise zu Marie, seiner Frau, sagte:
„Was meinst auch?" und die herzige Brave verstand
wohl, was ihr Mann meinte, und nickte — und da trat
der Peter Schaffringer hin zu dem Bübli, hob es auf
den Arm, küßte es auf den kirschrothen kleinen Mund,
und sagte dann:

„Nachbarn und Freunde, ich fürchte nicht, daß das
Bübli Einem könnt' Unglück bringen, der es in's Haus
nähm', und so will ich's denn zu mir nehmen in Gottes Namen, und will es christlich erziehen mit meinen
vier Mädli's, und will es so gut halten, als wenn es
mein Kind wäre, in' Fall, daß wir den Fremden mit
dem Wägeli nimmer einholen. Ja, ihr Männer, das
will ich thun, und will hoffen, daß Der da droben
freundlich dreinschaut und seinen Segen gibt dazu! Wo
ihrer Vier satt geworden sind bisher, da wird auch für
das Fünfte noch ein Krügli Milch und ein Bröseli Brod
übrig sein und so mag denn das Bübli kommen und
mag bei uns bleiben und wohnen, so lang es dem lieben
Gott gefällt. Habe so wie so lauter Mädli, und soll
deshalb das verlassene arme Bübli mir recht willkommen sein."

„Und uns Allen mit," sagte Frau Schaffringer, indem sie sich zu dem Kleinen niederbückte und ihn mit
mütterlicher Liebe in die Arme schloß. „Komm, du herzig's Bübli, komm unter unser Dach, und wenn du auch
Alles und Alles verloren hast, ein Herz wie von Vater
und Mutter sollst du doch wiederfinden, und ich meine,

auch recht heimisch sollst du dich bald fühlen bei uns." So
tönte denn, und der Herr segne deinen Eingang in unsere niedere Hütte!"

So lieb und freundlich sprach die Frau Schaffringer, daß ihr milder Ton selbst auf das verstörte und
verwirrte Gemüth des Knaben seinen Eindruck nicht verfehlte. Er trocknete seine Thränen ab, schmiegte sich mit
dem Lockenköpfchen zärtlich an die gute Frau an, die
seine Pflegemutter werden sollte, und ließ sich ohne Wi-
derstreben von ihr aus dem Kreise der umstehenden
Männer hinweg tragen. In der Hütte angekommen,
war er freilich noch ein wenig verschüchtert und sehr
still, aber er aß doch und trank und die Freundlichkeit,
welche seine neuen Schwestern ihm bezeigten, schien einen
sehr wohlthuenden Eindruck auf ihn zu machen. Nicht
lange, so spielte er mit ihnen, und obwohl er sich weder
verständlich machen, noch verstehen konnte, was die Anderen zu ihm sagten, verrieth doch bald sein munteres,
heiteres Lachen, daß er sich in der kleinen Alpenhütte
unter den fremden Leuten schon recht heimisch und behaglich zu fühlen begann.

Während sich so Mutter und Schwestern daheim ab-
müheten, den Kleinen sein Unglück vergessen zu machen,
trafen die Männer, und mit ihnen natürlich Peter
Schaffringer, Anstalten, den geheimnißvollen Mann aufzufinden, der aller Wahrscheinlichkeit nach den kleinen
Gast im Thale abgesetzt hatte. Sie folgten der Spur
des Wagens bis zum nächsten Dorfe, das etwa drei
Stunden weit entfernt lag, und hier fanden sie richtig
das Roß und das Wägeli wieder, aber den Mann nicht.
Er hatte das Gefährt vom Wirth entlehnt, und mittlerweile sein eigenes Reitpferd im Stalle stehen lassen. Wo
er mit dem Wägeli gewesen war, wußte der Wirth nicht;
auch nichts von dem Knaben, den er gar nicht gesehen;
und wiederum auch nichts davon, wohin sich der Fremde

gewendet haben könne, nachdem er mit seinem eigenen
Roß, gleich nach der Rückkehr mit dem Gefährt, weiter
gereist war. Auch seinen Namen und nichts kannte er,
und es war also sehr schwierig, die Spur des Fremdlings
noch weiter zu verfolgen. Zwar geschah's — aber nützen
that es nichts. Es reisten so viele Fremde in der Schweiz,
wer konnte gerade einen Einzelnen herausfinden, dessen
Namen man nicht kannte, dessen Gesicht und Gestalt
Peter Schaffringer nur ganz undeutlich in der anbrechenden Morgendämmerung gesehen hatte. Die Nachforschungen mußten als gänzlich fruchtlos aufgegeben werden. Zwar versäumte man nicht, auch der Obrigkeit die
gebührende Anzeige zu machen und ihre Mithülfe anzusprechen, aber auch dies blieb vergebens — und Peter
Schaffringer mußte das in's Thal hineingeschnette Bürschchen nun wohl oder übel behalten. Die Nachbarn und
Freunde schüttelten den Kopf darüber, und machten wohl
gar dem braven Manne einen Vorwurf aus seiner christ-
lichen Barmherzigkeit und Nächstenliebe — indeß Peter
Schaffringer ließ sich seine gute That weder gereuen noch
leid werden.

„Was macht's, daß wir Einer mehr sind?" sagte er.
„Ich denke mir, das Bübli sei mir vom lieben Gott in's
Haus gesandt, und was Gott uns schickt, sollen wir ja
allezeit mit Freuden aufnehmen. Lacht mich nur aus
mit Eurem Gerede! Ich trau' auf den Herrn! Der
wird schon sorgen, daß es dem kleinen Findling so wenig
an Speise fehlt, wie dem Gemsbock auf der Alp und dem
Vögli im Thal. Mag's lustig gedeihen und aufwachsen,
das Bübli! So leicht soll mich's nicht grämen, daß ich
ihm mein Herz und meine Hausthür geöffnet habe!"

So sprach Peter Schaffringer, der brave und redliche
Mann, und die Anderen mußten wohl schweigen: denn
im Inneren, da schämte sich wohl Dieser und Jener, daß
nicht er den kleinen Knaben aufgenommen hatte, son-

wen grade der Aermste im Dörfchen, der nur den geringsten Reichthum und dabei die meisten Kinder besaß. Indeß, der Schaffringer hatte das Bübli einmal — mochte er's nun auch behalten und sehen, wie er mit ihm durchkam. Indeß, er hatte gute Frucht gesäet — wie hätte er Böses davon ernten sollen? —

Drittes Kapitel.

Die Aerndte beginnt.

Das war nun anfänglich eine wunderliche Wirthschaft in Peter Schaffringers Hütte. Aus dem kleinen Willi, so wurde der Findling genannt, war viele Wochen hindurch kein Wort heraus zu bringen, was man verstanden hätte, denn er sprach nur kauderwelsches Zeug, aus dem Niemand einen Sinn herausfinden konnte. Gleichwohl schien sich der Kleine in seinen neuen Umgebungen ganz heimisch zu fühlen. Er war lustig und guter Dinge, gedieh sichtlich bei der einfachen Kost, die ihm gereicht wurde, und kannte kein größeres Vergnügen, als mit den kleinen Ziegen zu spielen und draußen im Freien auf den grünen Wiesen umherzulaufen. Allmählig lernte er auch verstehen, was die Anderen zu ihm sprachen, und endlich fing er auch selbst an, sich ein wenig verständlich zu machen, obwohl er noch immer fremde, seltsame Worte in sein kindliches Geplauder mit einmischte. Aber auch das verlor sich nach und nach, und ehe noch der nächste Winter vorüber ging, plapperte des Willi sein Mäulchen eben so flink und verständlich, wie das der Anderen, und in seiner fremden Weise sprach er fast gar nicht mehr.

weide nöthig war, und schnitt mit Gras und Kräuter
zum Winterfutter für die Ziegen ein; späterhin übernahm er sogar das Amt eines Ziegenhirten im Dorfe,
das man ihm seines verständigen Wesens willen anver-
traute, was seinen Pflege-Eltern manchen kleinen Vortheil einbrachte; und Winters saß er mit den Uebrigen im warmen Stübli beisammen, und Keiner von Allen zeigte sich fleißiger und geschickter im Ausschnitzen
schöner Holzarbeiten, als Willi, dem diese Arbeit merkwürdig flink von der Hand ging. Er brachte die meisten Kästchen und Blumensträuße zu Stande, und dabei waren die seinigen weit hübscher, feiner und zier-
licher geschnitzt, als die der Anderen, so daß Vater
Schaffringer nicht selten verwundert große Augen machte,
und meinte, der Willi habe doch wahrlich eine recht
glückliche und geschickte Hand. Auf diese Weise verdiente
der Knabe schon frühzeitig seinen Lebensunterhalt, und
Peter Schaffringer hatte von seiner guten That eher
Vortheile gezogen als Nachtheile empfunden. Uebrigens,
wenn das auch nicht gewesen wäre, so hätte es in seinem
Verhalten gegen den Knaben dennoch keinen Unterschied
gemacht. Er und alle seine Angehörigen liebten den herzigen Buben schon genug um seiner selbst willen.

Als Willi noch größer wurde, machte er sich noch nützlicher, als bisher, indem er den Vater auf seinen Gems-
jagden zu begleiten pflegte. Keinen gewandteren Knaben
gab es im ganzen Thale und überhaupt weit und breit,
als des Schaffringers Willi. Von klein auf daran gewöhnt, Berge zu ersteigen, die schroffsten Felsspitzen zu
erklimmen und über Felder von Schnee und Eis zu
klettern, um ein paar Hände voll Alpenkräuter von den
gefährlichsten Orten, wohin sonst Niemand kam, wegzu-
holen, wurde es ihm nicht schwer, dem Vater auf die
schwindelnden Höhen zu folgen, wohin das scheue Gems-
wild sich im Sommer zurückzog. Sein Auge war scharf,

wie das des Adlers, der von hoch in den Lüften herab
seine Beute erblickt; sein Fuß leicht, sicher und fest, wie
der des Wildes, das er verfolgte; sein Kopf so frei von
Schwindel, daß er nicht einmal wußte, was Schwindel
sei, und ohne alles Bedenken, ohne alle Scheu auf Pfa-
den ging, die vor ihm wohl kaum eines Menschen Fuß
betreten hatte, und Niemand außer ihm zu betreten
wagte; sein Körper war so kräftig und geschmeidig zugleich, daß er nach Tage langem Umherirren in den öden
Wildnissen der Hochalpen kaum eine Ermüdung spürte;
und dabei hatte er ein eigenes Geschick, die Lager- und
Weideplätze der Gemsen aufzuspüren, die Thiere zu be-
schleichen und dem Vater in den Schuß zu treiben, so
daß Peter Schaffringer, wenn er mit Willi zur Jagd
auszog, fast niemals ohne eine Beute nach seiner Hütte
zurückkehrte.

„Das Bübli ist unbezahlbar," sagte er eines Tages
zu seiner Frau, als er den erlegten Gemsbock, wie gewöhnlich, außen am Nagel anhing, um ihm die kostbare
Haut abzustreifen. „Ein herzig's Bübli ist's! Ein wahrer Segen, den uns der liebe Gott in's Haus geschickt
hat! Seit er bei uns ist, scheint es fast, als ob gar kein
Unglück mehr zu unserer Hausthür herein könne! Alles
gedeihet unter seinen Händen! Keine Ziege ist in den
Abgrund gestürzt seitdem, ihre Zahl hat zugenommen,
anstatt zwölfe weiden jetzt ihrer zwanzig auf den Bergen, die alle unser Eigenthum sind; die Handelsherren
in der Stadt bezahlen gern ein paar Batzen für die
Kästchen und andere Sachen mehr, die der Willi mit
seinem feinen Messer und seinen geschickten Fingern geschnitzt hat; und alle Nachbarn loben das Bürschli, das
Keinem zu leid und Jedem zu lieb ist, und beneiden mich
fast darum, daß es uns angehört. Und merk' auf, liebes
Weib, wenn der Willi nur erst noch ein paar Jahre weiter hin hat, so wird's bald keinen geschickteren Gemsjäger

mehr geben im Gebirg, und keinen besseren Führer für
die Fremden in den Alpen, als den Willi! Schon jetzt
kennt er Weg und Steg weit und breit besser fast, als
ich selbst, obgleich ich auch gar nicht begreifen kann, wie
er's gelernt hat. Ja, ja, Mutter, ein wahrer Gottes-
segen ist das Bübli für uns, und ich meine, es dürf'
uns nicht gereuen, daß wir ihn zu uns genommen
haben!"

„Und wen reut' es auch, Alter," erwiederte Frau
Schaffringer lächelnd. „Ich meine, mir hättest du noch
nie etwas von Reue angemerkt. Ich habe ja den Buben so lieb, wie die eigenen Kinder, und er selber weiß
ja auch nicht anders, als daß er wirklich unser Kind sei.
Und so mag's auch bleiben, bis er größer ist, und einmal,
wenn's ihm gefällt, seine rechten Eltern aufsuchen kann.
Ich begreif' es doch um alle Welt nicht, wie man hat
das arme Bübli können so unbarmherzig in die Welt
hinein stoßen! Solch' ein liebes, herziges, bildhübsches
Kind! Begreifst du es, Peter?"

„Nein, wahrlich, ich versteh's auch nicht," antwortete
Peter Schaffringer. „Ich kann mir aber auch nicht denken, daß der fremde Mann im Wägeli soll des Willi
Vater gewesen sein. Das wäre doch gegen alle göttliche
Ordnung und gegen alles Menschengefühl. Aber siehst
du, Frau, ich habe mir das auch schon ganz anders gedacht. Ich denke mir, das Bübli mag wohl irgend einem
bösen Menschen im Wege gewesen sein, und der hat ihn
dann auf die Seite zu schaffen gewußt. So was passirt
halt schon in der schlimmen Welt draußen, und man
kann gar nicht wissen, ob das Bübli am Ende nicht vor-
nehmer und reicher Leute Kind ist!"

„Nun, was hilft's ihm?" sagte Frau Schaffringer.
„Ich mein', er werde wohl nimmer aus unserem Thal
hinaus kommen in die weite Welt. Und wenn auch!
die Welt ist so weit und so groß, und wohnen so gar

viele Millionen Menschen drin — wie soll der Bubi da nun seine Eltern, oder seine Eltern ihn ausfindig machen. Nein, das glaub' ich nimmermehr!"

„Ei was," antwortete Peter Schaffringer — „wer kann's wissen? Das hängt von unserem Herrgott da droben ab. Der findet wohl Mittel und Wege für Alles, und fügt mitunter die Dinge gar wunderbarlich. Jedenfalls, sagen müssen wir eines Tages dem Bübli, was für eine Bewandtniß es mit ihm hat, und mag er denn selbst zuschauen, was er thun will!"

„Freilich wohl, sagen müssen wir's ihm," sprach die Frau nachdenklich — „aber weißt, Peter, nur jetzt noch nicht. Er ist noch zu jung, und nicht verständig genug, und am End' könnt' er sich gar grämen, daß er keinen rechten Vater und keine rechte Mutter hat. Ich kann's halt doch nicht glauben, daß er sie jemals wieder findet! Ja, wenn er noch ein Kennzeichen oder so etwas an sich hätte, ein Muttermahl oder ein Leberfleckt, oder etwas der Art! Aber gar nichts, — nur ein paar schwache Narben am Oberarm — sonst ist das ganze Bübli so schmuck und blank, als ob's von Milch und Zucker gemacht wär'!"

„Thut Alles nichts," erwiederte Peter mit unerschütterlichem Vertrauen auf die Weisheit der Vorsehung. „Was sich finden soll nach dem Willen Gottes, das findet sich, und müßten die Vögli im Wald zu plaudern anfangen! Und haben wir denn nicht noch das Hemdchen des Bübli aufbewahrt? Dabran kann man schon sehen, wenn die Zeit kommt, ob es das rechte Bübli ist oder nicht. Aber freilich, Mutter, darin geb' ich dir recht, daß man ihm noch nichts sagen darf! Kommt Zeit, kommt Rath! Genug, daß es ihm so leiblich wohl geht, und er das Glück mit in unser Haus hinein gebracht hat! Mag's so bleiben! Und jetzt, Mutter, kannst den Gemsbock zerlegen, die Haut ist herunter und die Hörnli

auch. Werde wohl ein paar Gulden dafür einstreichen
können, abgesehen von dem Braten, den du uns morgen
auf den Tisch bringst. Ja, ja, ein prächtiges Bübli ist
der Willi! Ohne ihn wäre mir der Gemsbock da richtig
entwischt; war schon fort über alle Berge — aber der
Willi fing ihm richtig wieder den Wind ab — wie er's
angestellt, weiß ich nicht — kam ihm zuvor, und jagt ihm
mir grad in den Schuß, Krach, da lag er! Das Bübli
ist ein wahrer Segen für uns, ich kann's nicht oft genug
sagen!"

Wohl war der Knabe ein Segen für Peter Schaffringer und die Seinen, und das ein größerer, als irgend-
wer ahnen konnte. Nicht lange darauf nämlich, nachdem
Peter sein gutes Glück so sehr gerühmt hatte, kam schweres Leid über die Bewohner des kleinen Thales, so daß
sie viel Schmerz und Kummer erdulden mußten. So
geht es nicht selten in der Welt. Grade, wenn man glaubt,
daß man so recht mitten im Glück drinnen sitzt, und es
könne Einem auch gar Nichts Schlimmes zustoßen, grade
dann lauert vielleicht schon das Unheil vor der Thür,
und schlüpft herein, und ist da, und verwandelt alle Lust
und Fröhlichkeit in bitteres Herzeleid. So geschah es
auch mit den Thalleuten. Keiner dachte an Uebles, und
plötzlich war das Uebel da, und wußte kein Mensch, wo
es hergekommen war.

Seit vielen, vielen Jahren war in dem Thale kein
Mensch krank gewesen, außer etwa einmal an einer Erkältung, oder an den Folgen eines Sturzes, oder Falles,
oder sonst dergleichen. Was Fieber und ansteckende
Seuchen betrifft, davon wußte Niemand etwas. Die
Luft im Thale war so gesund und frisch, die Leute lebten
so einfach und mäßig, daß die ältesten Männer sich nicht
erinnern konnten, jemals etwas der Art erfahren zu haben. Aber auf einmal war das Unglück da. Ein junger
Bursch hatte in der nächsten Stadt zu thun gehabt, wo

die bösartigen Pocken schlimm hausten; und wenige Tage nach seiner Rückkehr wurde er auch schwer krank; ein wildes Fieber schüttelte ihn, und auf einmal brachen die Pocken mit Heftigkeit bei ihm aus. Die armen Leute kannten die Gefährlichkeit dieses Uebels nicht, sie hatten keine Ahnung davon, wie ansteckend es sei, und trafen also auch keinerlei Vorsichtsmaßregeln, ja, es fiel ihnen nicht einmal ein, einen Arzt aus der Stadt herbei zu rufen. Sie dachten, der Kranke werde schon ohnedies gesund werden, und die Nachbarn kamen zum Besuche zu ihm, schüttelten ihm die Hand, trösteten ihn in seinen Schmerzen, und dachten auch gar nicht entfernt daran, welche schlimmen Folgen ihre mitleidige Theilnahme haben könne.

Das Unvermeidliche mußte geschehen. Nur wenige Tage dauerte es, und plötzlich befand sich fast in jeder Alpenhütte ein Kranker. Die Seuche verbreitete sich mit schrecklicher Heftigkeit, und nun erst, als es zu spät war, rannte Einer nach der Stadt hin, um den Doctor herbei zu holen. Er kam, aber leider konnte er mit dem besten Willen nicht viel mehr thun; das Uebel war schon zu weit vorgeschritten. Zwar befahl er, daß sich die Gesunden von den Kranken fern halten sollten, doch konnte seinen Anordnungen kaum Folge geleistet werden. Wer sollte denn die Kranken pflegen, wenn nicht die Gesunden? Weiter und weiter griff das Uebel um sich, und zuletzt blieb auch Peter Schaffringers Hütte nicht davon befreit. Der Hausvater selbst wurde zuerst krank. Eines Abends klagte er über Frösteln und Kopfweh, das Fieber stellte sich ein, und am nächsten Morgen zeigte sich's, daß die Krankheit mit voller Macht und Heftigkeit ausgebrochen sei. Ein paar Tage später mußte sich auch die Frau legen, und den Tag darauf wurden auch die vier Mädchen von den Pocken ergriffen. Nur allein Willi blieb von dem Uebel befreit, und das war ein großes

(30)

Glück für die arme Familie, insofern doch nur wenig=
stens Einer übrig blieb, der die Uebrigen pflegen und
ihnen bei ihren schweren Leiden beistehen konnte.

Jetzt zeigte sich's recht, was für ein braver, herziger
Knabe der Willi war. Ohne Scheu und Furcht leistete
er den Kranken den nöthigen Beistand, flößte ihnen die
Arzneien ein, die der Doctor, der alle Tage in das
Dorf kam, aus der Stadt mitbrachte, reichte ihnen jede
Erquickung, die ihre Leiden ein wenig mildern konnten,
und blieb Tag und Nacht in seinen Kleidern, um jeden
Augenblick bereit zu sein, wenn man seiner Hülfe be=
durfte. In sein Bett legte er sich gar nicht mehr — er
schlief im Krankenzimmer auf der Holzbank, und auch
das nur, wenn seine Natur der unaufhörlichen Anstren=
gung unterlag und ihn die Müdigkeit trotz allen Wider=
strebens überwältigte. Und was für ein Schlaf war das
auch? Kaum eine Viertelstunde konnte er ruhig liegen,
dann weckte ihn ein schwacher Ruf, ein leiser Seufzer
eines der Kranken wieder auf, und er fuhr in die Höhe,
um von einem Bette zum andern zu gehen, um bald
hier einen Schluck Wasser, bald dort einen Löffel voll
Arznei, bald da einen Trunk Milch zu reichen. Und
nicht allein die Pflege der Kranken lag ihm ob, sondern
auch für die armen Ziegen mußte er sorgen, um die sich
außer ihm kein Mensch bekümmern konnte. Das ging
den ganzen Tag heraus und herein — immer und im=
mer mußte Willi auf den Füßen sein, und die Anstren=
gung war so groß, daß sie das Maaß seiner Kräfte am
Ende übersteigen zu müssen schien. Aber Willi hielt es
aus! Er ließ nicht nach, er versäumte nichts; sein guter
Wille zeigte sich stärker, als alle Beschwerden, und so groß
war sein treuer und nicht nachgebender Eifer, daß er auch
dem theilnehmenden Arzte nicht entgehen konnte.

„Merkwürdig, Willi,“ sagte derselbe eines Tages zu
dem Knaben — „daß du allein frei von der Krankheit

bleibst, während doch alle deine Geschwister ihr erlegen sind. Hast du noch gar kein Kopfweh, kein Frösteln, kein Ziehen in deinen Gliedern verspürt?"

„Nein, Herr," antwortete der Knabe. „Nur müde bin ich mitunter ein wenig!"

„Ja, das will ich schon glauben," entgegnete der Doctor. „Wenn man Tag und Nacht keine Ruhe hat, so wird auch der Stärkste am Ende müde. Aber laß doch einmal deinen Arm sehen, Willi!"

Der Knabe streifte bereitwillig den Hemdärmel bis an die Schulter in die Höhe, und reichte dem Arzte seinen weißen kräftigen Arm hin. Dieser betrachtete ihn mit scharfem Blicke und sagte dann:

„Dacht' ich's doch! Da sind die Impfnarben! Hätte dein Vater die Andern auch impfen lassen, dann wären sie, eben so, wie du, von den Pocken befreit geblieben. Seltsam ist's doch, daß er gerade bei dir eine Ausnahme gemacht hat! Nun, in Zukunft werden sich die Leute hier besser vorsehen, mein' ich! Jetzt leb' wohl, Bübli! Du brauchst keine Angst mehr vor den Pocken zu haben, denn du bekommst sie nicht."

„Und warum nicht, Herr?" fragte Willi. „Weil ich keine Angst davor habe? Denn Angst hab' ich auch gar nicht."

„Nein, weil du da auf dem Arme die drei Narben hast; die schützen dich" — erwiederte der Doctor. „Du bist als kleines Kind geimpft worden. Aber das verstehst du nicht — genug, daß du weißt, du habest nichts zu befürchten. Pflege die Deinigen so fort, wie bisher, braves Bürschli; dann mit Gottes Hülfe werden sie gewiß davon kommen."

„Ja, Herr, ich will thun, was ich vermag," erwiederte Willi treuherzig. „An mir soll's gewiß nicht fehlen!"

Und er ließ es nicht fehlen, der brave Knabe. Bei Tag und bei Nacht that er, was in seinen Kräften stand, und wenn die Kräfte erliegen wollten, so betete er zu Gott, daß er ihm Ausdauer und Stärke geben möge, seine Pflicht zu erfüllen. Das half! Gott kräftigte seine jungen Glieder, und nach mancher mühevollen, schlaflosen Nacht hatte Willi endlich die Freude, daß zuerst der Vater, dann die Mutter, und endlich auch die Schwestern von ihrem schweren Siechthum wieder genasen. Es war ein schöner Augenblick für Willi, als sie Alle zum ersten Mal wieder die Hütte verließen, um draußen im Freien vor der Thür die frische Luft wieder einzuathmen, die sie so lange hätten entbehren müssen. Hell schien die Sonne in das Thal hinein; die Matten und Wiesen, prangend in saftigem Grün, lagen wie kostbare Teppiche von Sammet über die Erde ausgebreitet; der Himmel war blau; die Vögel sangen, und wie riesige Silberhörner ragten die zackigen Alpenspitzen froh in die blauen Lüfte hinein. „Dank dem Herrn für seine Güte und Barmherzigkeit, daß er mich dies Alles noch einmal hat sehen lassen," sagte Vater Schaffringer mit gefalteten Händen und einem innig frommen Blicke nach Oben zum Himmelszelte. „Da stehen wir wieder Alle beisammen, genesen von schwerem Siechthum, und Keiner fehlt, an dem das Herz mit Liebe hängt! Willi, herzlieber Knabe, das ist, nächst Gott, dein Werk! Komm her zu mir, daß ich dich küsse! Ohne deine Treue, deine Liebe, deine Aufopferung hätte vielleicht Keiner von uns wieder die schöne Himmelsluft eingeathmet, Keiner unsere Berge wieder gesehen, Keiner sein Leben gerettet aus dem harten Kampfe mit der schlimmen Krankheit! Sei gesegnet, Knabe! Wahrlich, du hast tausendfältig vergolten, was wir Gutes an dir thun konnten, und eine glückliche Stunde war es, wo du in unsere Hütte einkehrtest."

Willi verstand nicht recht, was der Vater meinte, und schaute ihn ein wenig verdutzt mit den hellen blauen Augen an. „Was denn Vater?" sagte er. „Was habe ich

denn weiter gethan, als euch nach Kräften gepflegt und
zu Gott gebetet, er möge Euch wieder gesund machen!
Was kann denn ein Kind weniger thun, für seine Eltern
und seine Geschwister?"

„Ja, für die Eltern!" sprach Vater Schaffringer.

„Und doch, wie manches Kind gibt es, das sich seiner
Pflicht gegen die Eltern nicht so bewußt ist, wie du, der
du doch nicht einmal unser . . ."

Ein hurtiger Blick, ein kurzer Ausruf seiner Frau
ließ ihn inne halten. „Ach ja, ach ja," fuhr er dann
nach einem Weilchen fort — „er soll's ja noch nicht wissen! Die böse Krankheit hat Einen ganz wirr im Kopfe
gemacht!"

„Was soll ich denn nicht wissen, Vater?" fragte Willi
stutzig. „Habt Ihr denn ein Geheimniß gegen mich?"

„Ja, Willi, mein lieber Sohn," erwiederte Peter
Schaffringer offenherzig — aber du brauchst dich drum
nicht zu grämen, denn späterhin sollst du ganz gewiß
erfahren, um was es sich handelt. Jetzt bist du noch zu
jung dazu, Willi, und darum darfst du mich nicht quälen
mit Fragen. Es gefällt dir doch wohl bei uns, Willi,
nicht wahr?"

„Und warum soll mir's daheim nicht gefallen, Vater?" antwortete der Knabe. „Ich verstehe dich heute
gar nicht."

„Wirst mich später einmal schon verstehen, wie ich's
meine!" sprach der Vater herzlich. „Jetzt komm her,
liebes Bübli, und sei bedankt für alle deine Mühe und
Aufopferung. Gott möge dir's vergelten, wie er tausend-
fach mir vergolten hat, was ich dereinst in guter Absicht
für dich gethan. Bist ein braves Bürschli, und ich hoffe
noch viel Freude an dir zu erleben."

Willi fühlte sich ganz verwirrt über die empfangenen
Lobsprüche, und war herzlich froh, als er von Weitem

den Arzt kommen fah, der auf seinem Schimmel daher
trabte.

„Der Herr Doctor!" rief er, und sprang ihm entgegen, um sich nicht länger loben und preisen hören zu
müssen. „Gott grüß' Euch, Herr! Da sind sie Alle
wieder in der freien Luft, und ich bin doch auch herzlich
froh, daß sie wieder aus dem engen Zimmer heraus
dürfen!"

„Magst dich wohl freuen drüber, Bübli," entgegnete
der Doctor mit einem freundlichen Lächeln. „Daß sie's
dürfen und thun können, dazu hast du ein gutes Theil
geholfen. Nun, grüß' Gott, Vater Schaffringer! Grüß'
Gott alle mitsammen! Für das Mal seid Ihr durchgekommen, und mögt wohl Gott dafür danken und Eurem
Willi, der ein gar lieber und braver Knab' ist! Brauchst
nicht roth zu werden, Bübli! Du hast wohl verdient,
daß man ein Wort zu deinem Lobe sagt! Ein wahres
Glück, Vater Schaffringer, daß Ihr ihm habt die Schutzpocken einimpfen lassen!"

„Ich?" fragte der Alte verwundert. „Ich weiß von
nichts."

„Ei, was werdet ihr nicht wissen, Mann!" sagte der
Doctor. „Mich wundert's nur, daß Ihr bei Euern andern Kindern nicht eben so gescheid gewesen seid."

„Ja, aber wie denn, Herr? Was meint Ihr denn?"
fragte Peter Schaffringer immer erstaunter. „Ich versteh' Euch ganz und gar nicht."

„Nun, ich dächte, ich spräche deutlich genug," erwiederte der Doctor. „Die Schutzpocken habt Ihr dem Willi
einimpfen lassen; das hat ihn vor der Ansteckung bewahrt und ihn gesund erhalten, daß er Euch pflegen
konnte. Da schaut her, man sieht ja noch ziemlich deutlich die Narben auf dem Arme!"

Bei diesen Worten streifte der Doctor den Hemdärmel

Willi in die Höhe und deutete auf drei kleine schwache
Grübchen, die kaum auf der Haut zu bemerken waren. —
„Das sind die Pockennarben,"fuhr er fort, „und nun,
mein' ich, werdet Ihr Euch wohl auch besinnen und mir
sagen, warum Ihr nur den Buben und nicht auch seine
Schwestern habt impfen lassen?"

„Ja, ich versteh' von alldem auch gar nichts,"ant=
wortete Peter Schaffringer.

„Heiliger Severin!"rief der Arzt ungeduldig — „Ihr
müßt doch wissen, daß Ihr dem Willi in seinem ersten
Lebensjahre die Pocken habt impfen lassen!"

„Im ersten Lebensjahr? Ja, da hatt' ich den Buben
doch noch nicht! antwortete Peter, ohne in der Verwir=
rung daran zu denken, daß Willi zugegen war und jedes
Wort hörte.

„Ihr hattet den Buben noch nicht! Seid Ihr denn
wirr im Kopfe, Vater Schaffringer?"

„Ei, Gott behüte und bewahre! Aber das Bübli war
doch zum mindesten schon drei oder vier Jahr alt, als
wir's fanden und zu uns in's Haus nahmen!"

„Ah so!"sprach der Doctor lang gedehnt. „Der Willi
ist also Euer Kind gar nicht?"

„Nein doch! Er ist ein Bübli, das eines Morgens
dort auf der Wiese neben des Tschudi Haus gefunden
wurde, und da haben wir's aus Barmherzigkeit aufge=
nommen!"

Kaum waren die Worte heraus, so bereute Vater
Schaffringer alles schon, daß er sie gesprochen hatte.
Willi, der Alles vernommen und nun wußte, daß er we=
der Vater noch Mutter habe, stieß einen schmerzlichen
Schrei aus, und die Thränen stürzten ihm stromweis aus
den Augen über's Angesicht.

„Jesus, mein Heiland,"rief er und streckte zitternd
seine Arme nach Peter Schaffringer und seiner Frau
aus — „du bist nicht mein Vater, und du, du bist nicht

meine Mutter? Ach Gott im Himmel, dann bin ich also gar nichts, wenn ich nicht einmal Euer Sohn bin!" —

"Ei, thust auch wie ein Narr!" sprach Peter Schaffringer, ärgerlich über sich selbst, während seine Frau den weinenden Knaben mit beiden Armen umschlang und an ihr mitleidiges Herz drückte. "Bist auch ganz ein Narr, Willi! Wenn du auch nicht unser rechtes Kind bist, so mein' ich doch, du sei'st noch nimmer gewahr worden, daß wir dich weniger lieb hätten, wie die Anderen! So weine doch nicht, Bübli! Du thust mir ja weh mit deinen Thränen! Bist ja unser liebes Bübli, unser braver Willi, den wir alle von Herzen gern haben! Möcht' ich doch lieber, daß mir ein Gemsbock entwischt wär, als das Wort da! Nun, gieb dich zufrieden, Bürschli! Bleibst ja doch unser Kind, und mußt vergessen, was ich ausgeplaudert habe."

"Sei ruhig, Willi!" flüsterte auch die Mutter dem Knaben in's Ohr. "Schau, einmal hättest du ja doch erfahren müssen, was uns leid genug thut, daß du nämlich nicht unser wirkliches Kind bist. Aber siehst du, Willi, ein rechter Segen bist du ja für uns gewesen! Ohne dich wären wir vielleicht alle gestorben, und auch der Herr Doctor sagt ja, daß es ohne deine treue Pflege sehr schlimm um uns gestanden hätte! Darum sei doch getrost, Willi! Es muß dich ja freuen, daß du so Großes an uns gethan und Alles so überreichlich vergolten hast, was wir dir Liebes bezeigt! Munter Willi! Ich bleibe deine Mutter nach wie vor, wenn du auch nimmermehr deine rechte Mutter finden solltest! Mein herzliebes Kind bist du, Willi, und nicht weniger gern hab' ich dich, als deine drei Schwestern!

"Ich mein' auch, du dürfest dich nicht grämen, Bübli," sprach der Herr Doctor freundlich. "Wenn dir der liebe Gott deine wahren Eltern genommen, so hat er dir doch andere gegeben, die es auch treu und redlich mit dir meinen, und dafür darfst du nicht undankbar sein."

„Ich bin's ja auch gar nicht," antwortete der Knabe
— „aber nur, weiß ich denn, ob ich nun auch Vater und
Mutter und Schwestern auch lieben darf?"

„Ei, freilich darfst du," sprach Peter Schaffringer.
„Will mir's ausgebeten haben, daß du mich lieb hast,
wie ein braver Sohn, und mich wie deinen rechten Vater ansiehst! Wäre mir eine saubere Geschichte, wenn
du nun wolltest fremd thun, nachdem du uns so große
Liebesdienste geleistet hast! Wische dir doch die Thränen
ab, Willi, und mach' nicht ein so trauriges Gesicht! Du
bleibst unser Sohn, und wir bleiben deine Eltern! Damit Basta! Komm her und gieb mir'n Kusserl, Büble!
Da! So ist's recht! Und nun laß dich weiter nichts
kümmern, sondern blicke heiter um dich! Magst lange
suchen in der Welt, bis du noch so treue Herzen findest,
wie unsere hier, und somit gieb dich zufrieden.

Willi gab sich Mühe, seine Betrübniß zu verbergen,
obgleich es ihn bitterlich schmerzte, daß Schaffringer und
seine Frau nicht mehr seine Eltern sein sollten. Er
trocknete seine Thränen ab und zwang sich zu einem Lächeln, indem er den Vater bat, ihm nun auch vollständig
zu erzählen, wie er vorher in's Thal und zu seinen
Pflege-Eltern gekommen sei. Der Herr Doctor, der neugierig geworden war, drang auch in Peter Schaffringer,
nicht länger hinter dem Berge zu halten, nachdem einmal die Hauptsache verrathen sei, und nun erzählte denn
der Alte die ganze Geschichte, wie er den Wagen mit
dem Mann gesehen, und wie nachher das Bübli gefunden
sei, und wie er's zu sich in's Haus genommen und auch
behalten habe, als alle Nachforschungen nutzlos geblieben wären.

„So bist du zu uns gekommen, Willi," schloß er seinen
Bericht, „und allezeit werd' ich Gott dafür danken, daß
du bei uns eine Heimath gefunden hast. Ich meint' es
wohl gut mit dir, als ich dich aufnahm — aber wenn's

ein gutes Werk war, so ist mir's reichlich durch dich vergolten worden. Es ist halt, als ob ich ein Samenkörnlein gesäet hätte, das nun hundertfältige Frucht getragen! Mit dem Bübli ist der Segen unter mein Dach gekommen, und, was Schlimmes mit untergelaufen ist, das hat der Willi zum Guten gekehrt, wie jetzt wieder die bösen Pocken. Wärst du nicht da gewesen, Bübli, wir hätten Alle verkommen müssen! Also magst du wohl glauben, daß wir dich lieb haben, und uns würd' es schwer kränken, wenn deine Liebe zu uns geringer würde! Das wäre mir ein großes Herzeleid, Willi!"

"O, Vater, wie kannst du so was denken!" antwortete der Knabe. Nein, nein, nein! Nimmer werd' ich vergessen, daß du mich bei dir aufgenommen hast, als ich hülflos und schwach in die weite Welt geschleudert ward! Ich werd' Euch Alle noch mehr lieben, wie bisher, wenn's mich auch bekümmert, daß ich von meinen wahren Eltern verstoßen worden bin! Wenn Ihr mich armen Knaben behalten wollt, will ich's Euch mein ganzes Leben lang danken, so gut ich kann!"

"Schon recht, Willi! Und nun kein Wort weiter!" sagte Peter Schaffringer. "Zwischen uns braucht's kein Geschwätz mehr. Denk' nimmer dran an die vergangene Geschichte! Zu ändern ist da nichts, und wir müssen halt Gott danken, daß er noch Alles so wohl gefügt hat. Lauf, Bübli, und schau nach den Geißen! Da werden dir die traurigen Gedanken vergehen!"

Willi ging, weniger um nach den Ziegen zu sehen, als um sich ein verstecktes Plätzchen auszusuchen, wo er ungestört seinen Gedanken nachhängen konnte. Der Herr Doctor blieb bei den Anderen zurück, und forschte noch weiter nach allen Umständen, die auf Willi's Auffindung Bezug haben konnten. Auch das Hemd, das der Kleine damals getragen hatte, ließ er sich zeigen — aber das

Alles genügte nicht, um das Geheimniß auch nur im mindesten aufzuklären.

„Gott mag wissen, was es mit dem Bübli für eine Bewandtniß hat," sagte er. „Ist denn seit jener Zeit gar nie mehr nach ihm gefragt worden?"

„Niemals, Herr Doctor!" erwiederte Peter Schaffringer. „Ich kann mir nichts Anderes denken, als daß die Eltern des Willi sich mit Absicht seiner entledigt haben."

Der Doctor schüttelte den Kopf. „Das scheint mir nicht so," sagte er — eher glaube ich, daß hier ein Verbrechen begangen ist. Das Hembchen des Knaben ist fein und kostbar, und daraus läßt sich schließen, daß seine Eltern, wenn sie noch leben, reiche Leute sein müssen. Und wenn sie reich sind, warum sollten sie ihr eigenes Kind verstoßen? Das glaub' ich nimmermehr! Aber freilich — wie auch Alles sei — es ist so in Dunkel gehüllt, daß nur Gott allein den dichten Schleier lüften kann. Zu viele Jahre sind seit jener Zeit verstrichen, als daß man noch Hoffnung auf Nachforschungen setzen könnte. Wißt Ihr auch nicht, was für eine Sprache es war, die der Kleine redete?"

„Nein — wer konnt' es wissen? Es klang ganz kauderwelsch, Herr!" antwortete Peter. „Kein Mensch konnte daraus klug werden! Und warum auch! Es hätte ja doch zu nichts genützt."

„Doch vielleicht," erwiederte der Doctor — man hätte wenigstens das Vaterland des Kindes kennen gelernt und auch dort Nachforschungen anstellen lassen können. Aber nun ist's zu spät! Es müßte seltsam kommen, wenn die rechten Eltern des Kleinen entdeckt würden. Ich meine, Ihr werdet ihn wohl immer behalten müssen!"

„Ei, das wäre mir grad' recht," sagte Peter Schaffringer. „Mein ganzes Herz hängt an dem Bübli, und es gäb' ein groß' Herzeleid, wenn ich's herausgeben müßte!" Gott behüte den Willi! Er ist ein braver Bürschli und soll bei uns nimmer seine Eltern vermissen!"

"Und Gott behüt' auch Euch, alter, braver Schaffringer!" sprach der Herr Doktor, indem er dem wackeren Manne die Hand schüttelte. "So viel kann ich Euch sagen, ein undankbares Kind habt Ihr nicht erzogen in Willi! Aber jetzt genug, ich muß noch andere Kranke besuchen, die auf mich warten! Lebt wohl, Peter — und hört, wenn Ihr etwas über den Willi in Erfahrung bringen solltet, so laßt's mich wissen. Ich nehme Theil an dem Bübli, wahrhaftig, als ob's mein eigenes wäre! Nun, Gott befohlen allesammt."

Der Herr Doctor stieg wieder auf seinen Schimmel und ritt davon; Peter Schaffringer aber folgte den Seinigen in die Hütte, denn der Abendwind fing an, kühl von den Bergen hernieder zu wehen, und ein feuchter Nebel lagerte sich über die Wiesen im Thale. Er war nicht ganz zufrieden mit sich, daß er vor der Zeit das Geheimniß Willi's ausgeplaudert hatte. Indeß, als Willi mit ganz aufgeheitertem Gesicht von seinem Spaziergange zurückkehrte und mit heller Stimme guten Abend bot, beruhigte sich Vater Schaffringer, und tröstete sich mit der Hoffnung, daß Willi allmählig vergessen und nach kurzer Zeit wieder das fröhliche, herzige, liebe Bübli sein würde, das er von seiner Kindheit an gewesen war.

Viertes Kapitel.

Der Maler.

Manche Woche verstrich — der Sommer verging und der nächste Winter — aber Vater Schaffringers Hoffnung ging nicht ganz in Erfüllung. Daheim freilich

(30)

oder in Gegenwart Anderer ließ Willi sich nichts merken von dem, was in ihm vorging, und zeigte sich munter und vergnügt, anstellig und fleißig, wie sonst; wenn er aber allein war in den Bergen, oder die Ziegen hütete, oder des Nachts, wenn Alles schlief, allein wachte auf seinem Lager, dann floßen häufig Thränen der Wehmuth und der Kummers aus seinen Augen, und er trauerte darüber, daß er nicht wußte, wer er sei, und daß er so ganz allein in der Welt stand ohne Vater und Mutter und ohne alle Verwandte. Keineswegs, daß er seine Pflege-Eltern etwa nicht von ganzem Herzen und von ganzer Seele geliebt hätte! O nein! Aber heimlich fürchtete er, er sei doch nur eine Last für Peter Schaffringer, und das betrübte ihn, weil er wohl sah, daß sein Pflegevater nicht allzu reich mit weltlichen Gütern gesegnet war, und wenn er auch nicht gerade Mangel litt, so doch sich manchmal recht knapp behelfen mußte. Namentlich nun im nächsten Frühjahre. Da im vorigen Sommer Alle krank gewesen waren, bis auf den Willi, der aber die Kranken hatte pflegen müssen, so war nicht genug Heu für die Ziegen eingesammelt worden, und im Winter hatten neun von den zwölfen geschlachtet werden müssen, weil sonst die armen Thiere geradezu verhungert wären. Die drei übrig gebliebenen brachten aber auch nicht viel Nutzen, denn man hatte sie nur mit Noth und Mühe durchgebracht, und sie gaben keine Milch, was früher immer eine Haupteinnahme gewesen war. Das machte nun dem Willi große Sorgen und schweren Kummer, und er härmte sich ab, daß er so gar wenig thun konnte, der Armuth und Beschränkung abzuhelfen. Zwar zeigte er sich fleißig, so viel er vermochte — aber das genügte ihm noch lange nicht, und er hätte gern noch weit mehr geschafft, um den Pflege-Eltern so recht seine herzliche Liebe und Dankbarkeit zu beweisen. Aber was konnte er thun? Sich als Knecht verdingen und das

Haus verlaffen? Dazu war er ja noch viel zu jung, und Vater Schaffringer hätt' es auch nimmermehr zugegeben. Es blieb ihm nichts weiter übrig, als hübsche Figuren aus Holz zu schnitzen, und das that er denn mit fast übermäßigem Eifer den ganzen Winter hindurch, und auch noch im Frühjahr, bis die Zeit kam, wo man wieder für die Ziegen sorgen mußte.

So saß er eines Morgens still und traurig auf einem Felsstück, und sann über dies und das nach, während nicht fern von ihm die Ziegen auf dem Bergrücken weideten. Er dachte nach über die Vergangenheit und fragte sich selbst, wer er denn eigentlich sei, und wer seine Eltern sein könnten, wo sie wohl wohnten, und warum sie ihn schon als ganz kleinen Knaben von ihrem Herzen und aus ihrem Hause gestoßen hätten? Dann dachte er über die Gegenwart nach, wie er es anzufangen habe, seinen guten Pflege=Eltern nützlich zu werden, und grämte sich, daß er nicht größer und stärker und klüger sei, um irgend ein Hülfsmittel zu entdecken. Endlich blickte er auch in die Zukunft, und grübelte darüber, ob er wohl jemals seine wirklichen Eltern wieder finden würde, und ob sie, wenn es der Fall wäre, auch gut und liebreich gegen ihn sein würden, wie seine Pflege=Eltern? Und allerlei Luftschlösser baute er sich in Gedanken auf, prächtig blitzend und funkelnd, wie die Eisfirnen der Alpen hoch über ihm — oder auch trübe und düstere, wie die Nebelwolken, die sich in die feuchten Klüfte und Schluchten der Berge niedersenkten. Vielleicht waren ja seine Eltern reich mit Glücksgütern gesegnet, bewohnten ein schönes Haus mit Garten und Hof, oder wohl gar ein Schloß mit einem prächtigen Parke — und wenn sie ihn nun fanden, so wurde er auch reich und bekam schöne Kleider und allerlei Herrlichkeiten und das gefiel ihm. Aber nur ein Augenblick, und die prächtigen Luftschlösser fielen zusammen, wie ein Kartenhaus vor dem Hauche

(30)

eines Kindes. Was nützte ihm denn aller Reichthum, wenn er am Ende seine Pflege-Eltern und Schwestern verlassen mußte? Nein, lieber wollte er arm und unbekannt bleiben, als sich auf immer von ihnen trennen, und von den Bergen, aus dem heimlichen, trauten Thale scheiden, wo er so glückliche Tage verlebt, und so viele treue Liebe und Theilnahme gefunden hatte. Aber wie dann, wenn seine Eltern nun arm waren und am Ende seiner Unterstützung, seiner kindlichen Liebe bedurften? Wie dann? Wie dann? Mußte er ihnen dann nicht folgen, nicht ihre Armuth, ihr Unglück theilen und es ihnen tragen helfen? Ach wie schwer lag ihm diese Möglichkeit auf dem Herzen und bedrückte ihm das Gemüth! Er wußte ja eigentlich selbst nicht, was er wünschen sollte. Auf der einen Seite sehnte er sich darnach, seine wirklichen Eltern kennen zu lernen; und auf der anderen wieder fürchtete er sich davor, weil er dadurch doch wahrscheinlich die Pflege-Eltern verlor, die seinem Herzen so theuer waren und auch so ganz seine kindliche Liebe, Anhänglichkeit und Treue verdienten.

So zwischen Hoffnung, Sehnsucht, Kummer, Furcht und Betrübniß schwankend, saß er oft Stunden lang träumend da, und auch heute gab er sich allein diesen Gefühlen hin, als er plötzlich durch eine kräftige, aber freundliche Stimme aus seinem Sinnen und Grübeln aufgeschreckt wurde.

„Heda, du kleiner Bursch!" rief ihm die Stimme zu — „ich möchte gern nach dem Wasserfall drüben in den Bergen! Komm auch her und sage mir, ob nicht ein Führer dahin zu haben ist?"

Willi blickte auf, und sah unter sich, etwa hundert Fuß tiefer auf dem Fußwege einen jungen Mann mit einem Ränzchen auf dem Rücken, einer Mappe unter dem Arme und einem derben Alpenstock in der Hand, auf den er sich stützte, indem er zu dem Knaben in die Höhe sah. Der

Fremde trug einen breiträndigen Strohhut auf dem Kopfe, der ihn vor den Sonnenstrahlen schützen sollte, einen leichten Kittel von hellem Zeuche, bunt gestreifte leinene Beinkleider, und tüchtige Schuhe mit dicken Sohlen, die schon manchen Marsch ausgehalten haben mochten. Troß dieses einfachen Anzuges sah er aber doch ganz stattlich aus, und die großen feurigen Augen, die braunen Locken, welche um seine hohe Stirn und Schläfe spielten, die Adlernase und ein feines Stußbärtchen gaben ihm ein zugleich männliches und freundliches Aussehen. Unserem Willi gefiel der fremde Herr recht wohl, und er sprang sogleich zu ihm hinunter, um ihm so gut er konnte, Auskunft zu geben.

„Grüß' Euch Gott, lieber Herr," sagte er freundlich — nach einem Wasserfall fragt Ihr? Die gibt's hier in der Gegend genug, und immer einer schöner wie der andere."

„Desto besser," erwiederte der Fremde, „so werden wir mehrere aufsuchen und den schönsten auswählen. Aber der, den ich meine, heißt der Stäubi-Fall, und in der Stadt drüben sagte man mir, hier im Dorfe würde ich wohl Jemand finden, der mich hinführte."

„Ja, recht gern, herzlich gern," sagte Willi. „Das will ich thun, wenn mein Vater mir Erlaubniß gibt. Kommt nur, wir wollen ihn fragen — unser Haus liegt nur fünfhundert Schritte weiter oben im Thal."

Mit freundlichen Blicken betrachtete der fremde Herr den schmucken Buben, der so bereitwillig seine Dienste anbot, und lächelte ihm wohlwollend zu.

„Du bist mir ein herziger Bursch," sagte er. „So komm denn! Aber deine Ziegen? Werden sie sich nicht verlaufen?"

„O nein," erwiederte Willi sorglos — „sie finden hier Futter genug und da gehen sie nicht weit. Folgt mir nur, lieber Herr!"

Mit munterem Schritt ging Willi neben dem Frem=
den her, und brachte ihn in die Hütte zum Vater, der
bereitwillig seine Einwilligung zur Begleitung des frem=
den Herrn ertheilte.

„Ist der Weg weit bis zum Stäubi=Fall?" fragte
dieser.

„Drei Stunden gut und gern," entgegnete Willi.
„Und Ihr müßt brav zu Fuß sein, lieber Herr, denn es
geht steil aufi und abi in den Bergen, und von einem
Pfad ist nicht viel zu verspüren."

„Noch drei Stunden weit?" sagte der Fremde erstaunt.
„Weißt du denn so gut Bescheid in der Gegend hier,
kleiner Bursch?"

„Oh, ich weiß wohl, fragt nur den Vater," antwor=
tete Willi. „Jeden Berg, jedes Thal, jede Schlucht, je=
den Steig, jedes Bächli und jeden Wasserfall kenn' ich
da herum. Ich bin ja so oft mit auf der Gemsjagd
gewesen, und hab' auch sonst das Gebirg durchklettert
nach allen Richtungen hin. Fragt nur den Vater, Herr!
Der wird's Euch bestätigen, und auch, daß der Stäubi=
Fall noch lange nicht der schönste hier in der Gegend ist.
Den Laui=Fall solltet Ihr erst schauen, und den Elfi=
Sturz, und vollends den Urt=Bach! Da ist's schön!
Kommt nur leider gar nie ein Mensch hin außer mir!
Ach, aber gar herrlich und prachtvoll ist's da!"

„Gut, so wirst du mich auch dorthin führen," sagte
der Fremde, lächelnd über die Begeisterung des Knaben.

„Ja, herzlich gern — aber gut zu Fuß müßt Ihr sein,
Herr, und Schwindel dürft Ihr auch nicht sehr fühlen,
denn der Weg nach dem Urt=Bach führt dicht neben Ab=
gründen hin, und auf einem Grat entlang, wo man recht
aufpassen muß, wenn man nicht zweitausend Fuß tief
in den Grund hinabstürzen will."

„Gibt es denn keinen Weg weiter dahin?"

„Nein, keinen, Herr! Und das ist eben der Grund,

daß kein Mensch dahin kommt. Ich hab' ihn auch erst vor zwei Jahren bei der Gemsjagd entdeckt, wo mir ein Bock entwischt war und über den Grat hin flüchtete. Ich sprang hinter ihm drein bis in das Thal hinab, und da entkam er mir doch noch, weil ich keine Flinte hatte, wie der Vater, sonst hätt' ich ihn gewiß niedergeschossen und heimgebracht. Ja, wenn ich ein Büchsli hätt', das wär' schön, und die Gemsen würden's bald spüren! Aber was schwatz' ich auch! Wenn der Herr will, so bin ich bereit, ihn zu führen. Doch erst müßt Ihr mir sagen, ob Ihr wirklich schwindelfrei seid, denn sonst solltet Ihr lieber nicht hingehen."

„Sei unbesorgt, Kleiner" — erwiederte der Fremde. „Mein Tritt ist fest und mein Auge sicher — wo ein An= derer geht, wag' ich mich auch hin. Voran denn, damit wir zu rechter Zeit wieder heimkommen."

Willi steckte ein Stück Brod und Ziegenkäse in die Tasche, holte seinen Alpenstock, nahm Abschied von den Eltern und Schwestern, und dann ging es fort grade auf die Berge hinauf.

„Wohin soll ich Euch nun zuerst führen, Herr," fragte er, als die beiden Gebirgswanderer eine Stelle erreich= ten, wo die schmalen Felsenpfade sich in verschiedenen Richtungen kreuzten. „Dort hinauf geht's nach dem Stäubi=Fall — dorthin nach dem Elst=Sturz — und da hinauf nach dem Uri=Bach."

„Ich will's einmal dir überlassen, Willi — denn so heißt du doch, Knabe?" sagte der Fremde. „Wenn du meinst, der Uri=Bach sei der schönste Wasserfall von Al= len, so führe mich dorthin."

„Gut, Herr, dann müssen wir da hinauf," sagte Willi. „Und wenn Ihr erst dort seid, so werdet Ihr gewiß zufrieden sein, denn so etwas Herrliches, wie den Uri=Bach, gibt's in der ganzen Welt nicht mehr. Und grade jetzt ist er am schönsten, wo der Schnee mit Macht

(30)

hoch oben auf den Bergen schmilzt und alles Wasser
im Bach zusammenläuft. Ja, ja, der Weg wird Euch
nicht gereuen, wenn er gleich ein wenig mühsam und
beschwerlich ist."

„Das laß dich nicht kümmern, Willi," antwortete der
Fremde — „ich bin schon an lange Fußwanderungen in
den Alpen gewöhnt und ermüde nicht so leicht. Frisch
voran, mein Bübli!"

Frisch voran ging der Willi. Mit Leichtigkeit klimmte
er die steilen und beschwerlichen Pfade hinauf, so daß
der Fremde, obwohl auch er rüstig und gut zu Fuß war,
doch kaum nachkommen konnte. Immer höher führte der
Weg, über Felsen und Geröll hin, an weiten Schnee-
feldern entlang, vorüber an tiefen Felsschluchten und
Abgründen, über Klüfte hinweg, wo ein roh behauener
Baumstamm die Stelle einer Brücke versehen mußte, bis
die Wanderer endlich an einen Bergrücken gelangten, der
jäh und schroff aus schwindelnder Tiefe anstieg und oben
so schmal war, daß kaum der Fuß darauf haften zu können schien. Etwa tausend Schritte weit zog sich der
Grat, wie ein Messerrücken, entlang, und stieß am jenseitigen Ende an eine quer vorstehende Felsenwand, die,
noch steiler und schroffer, bis in die Wolken hinein zu
ragen schien.

„Da hinüber müssen wir, Herr," sagte Willi, indem
er vor dem Grat stehen blieb und sich die perlenden
Schweißtropfen von der Stirne wischte. „Wenn der
Kopf schwindelfrei ist, so gibt's keine Gefahr dabei —
aber freilich, Schwindel darf man nicht bekommen, denn
wer da in die Abgründe hinunter stürzt, der kommt nimmer lebendig wieder herauf."

Der Fremde, obgleich er sich schon als ganz tüchtiger
Alpensteiger bewährt hatte, stutzte doch ein wenig, als er
auf dem Grat entlang blickte. An den meisten Stellen
war er kaum einen bis zwei Fuß breit, und noch dazu

zeigte er sich vielfach zerrissen; zerklüftet und mit Fels-
brocken besäet, die das Hinüberschreiten eben nicht er-
leichterten.

„Und wenn wir hinüber sind, was dann?" fragte er.

„Dann müssen wir einen Sprung machen nach der
Felswand dort," sagte Willi. „Aber das ist nicht sehr
schwierig, denn drüben ist eine Felsplatte, die Raum
genug hat. Aber nachher kommt erst das Schlimmste.
Da müssen wir dicht an die Felswand gedrückt auf allen
Vieren vorwärts kriechen bis an die Ecke dort, und dann
rechts umbiegen nach der anderen Seite hin. Das ist
das Allergefährlichste. Wenn wir aber das überstanden
haben, so geht's glatt weg in's Thal hinunter, und ist
keine Gefahr mehr. Ja, der Weg ist nicht leicht zu finden, und ich hätt' ihn wohl nimmermehr entdeckt, wenn
mir nicht der Gemsbock vorangelaufen wäre. Ihr zögert, Herr? Nun, wenn Ihr Euch nicht ganz sicher
fühlt, so laßt uns lieber umkehren und den Stäubi-
Fall suchen. Mit dem hat's keine Gefahr, obwohl er
freilich auch nicht halb so schön ist, wie der Urt-Bach da
drunten."

In der That schien der Fremde ein geheimes Grauen
vor dem schwindelnden Wege zu empfinden, wo ein einziger Fehltritt, eine leiseste Anwandlung von Schwindel
den schrecklichen Sturz in den tiefen Abgrund und unvermeidlichen Tod drohete — aber er unterdrückte das
bange Gefühl und zeigte sich entschlossen, dem Knaben
zu folgen.

„Du warest also schon öfter drüben, Willi?" fragte er.

„Ja, schon sehr oft, Herr — es ist so gar schön drunten am Wassersturz!"

„Nun denn, in Gottes Namen vorwärts! Wo du
immer glücklich durchgekommen bist, wird es mir ja auch
gelingen! Vorwärts, Bübli! Wir wollen hinüber!"

„Gut, lieber Herr! Und nun habt auch keine Furcht!
(30)

Die Sach' ist am End' nicht gar so schlimm, wie sie aussieht! Bleibt mir nur immer dicht auf dem Fuße, und wenn Euch je etwas anwandelt, so setzt Euch ruhig nieder auf das Gestein und macht die Augen zu. Das hilft, und der Schwindel geht vorüber. Voran denn!"

Leicht und sicher, wie eine Gemse, betrat Willi den gefährlichen Pfad, und schritt so munter darauf entlang, wie etwa auf einer grünen Wiese bei einem Spaziergange. Der Fremde hielt sich dicht hinter ihm; muthig drang er vorwärts, und heftete seine Augen auf den Pfad vor sich, ohne einen Blick auf die Abgründe zu seiner Rechten und Linken zu werfen. So kamen sie ziemlich schnell vorwärts, und hatten nach einer kleinen halben Stunde ohne Unfall das Ende des Grates erreicht. Durch eine tiefe Spalte von etwa drei Fuß Breite war die jenseitige Wand von dem Grate getrennt. Da aber hüben und drüben der Felsen sich zu einer Art von Platte ausweitete, so war der Sprung hinüber nicht sehr gefährlich. Willi sprang leicht und gewandt über die Spalte hinweg, und der Fremde nahm keinen Anstand, ihm zu folgen. Glücklich standen Beide auf der jenseitigen Platte, und Willi klatschte fröhlich in die Hände, als seinem Begleiter der Sprung hinüber so gut gelang.

„So weit wären wir, Herr!" sagte er — „und mit dem Uebrigen wird's nun auch gehen. Aber doch möcht' ich Euch den Rath geben, Euer Ränzel hier zurück zu lassen. Drunten braucht Ihr's nicht, und von hier holt's Euch Keiner weg."

„Aber weshalb soll ich's da lassen? Es beschwert mich nicht," sagte der Fremde.

„Ja, es ist aber doch besser, wenn man beim Kriechen auf dem schmalen Pfad da nicht behindert ist," entgegnete Willi. „Ich bitt' Euch, laßt es hier, und das Ding, das Ihr unterm Arm tragt, auch!"

„Das geht nicht, Willi, benn grade meiner Mappe zu lieb bin ich hierher gegangen," antwortete der Fremde.

„Dem Ding zu lieb? Und warum benn?"

„Ei du närrisch Bübli, hast du denn noch nicht bemerkt, daß ich ein Maler bin? Siehst du, das ist meine Zeichnen-Mappe, wo ich alles Schöne hinein zeichne, was ich sehe, und wenn ich heim komme, so male ich große Bilder darnach. Verstehst du nun, weßhalb ich die Mappe nicht entbehren kann?"

„Ja, ja, mag wohl sein," sprach Willi zögernd — „aber doch — ich möchte halt doch lieber, daß Ihr's da ließet! Ihr könnt ja die Hände nicht frei bewegen, wenn Ihr's immer unterm Arme tragt."

„Hilft alles nichts, Bübli, die Mappe muß mit! Sie gehört zu mir, wie die Hand am Arme!"

„Das ist mir gar nicht recht," sagte Willi bedenklich. „Aber wißt Ihr was? Gebt sie mir, lieber Herr! Ich will das Ding recht in Acht nehmen, daß ihm kein Schade geschieht."

„Nein, nein, Willi, laß mich nur! Die Mappe ist nicht schwer und wird mich nicht allzuviel hindern! Geh' mir voran. — ich komme dir nach."

Willi war gar nicht zufrieden mit dieser Einrichtung. Er drang noch einmal in den Fremden, ihm die Mappe anzuvertrauen, aber dieser wollte nichts davon hören, und Willi mußte sich also wohl fügen. Doch that er's ungern und schüttelte bedenklich den Kopf.

„Nun, wenn Ihr durchaus nicht anders wollt, so kann ich nichts thun," sagte er. „Aber ich bitt' Euch, seht Euch ja recht vor, daß Euch die Mappe nicht hinderlich wird — schnallt sie mit dem Gürtel am Leibe fest, dann sind wenigstens die Arme und Hände frei."

Dieser Einfall schien dem Fremden besser zu behagen, und er folgte dem Rathe. Hierauf traf Willi seine Anstalten, den Weg weiter fortzusetzen.

„Bis an die Ecke hin wird's wohl gehen," sagte er. „Dort aber, Herr, müßt Ihr Euch aufrichten, mit der lin= ken Hand um die Ecke herum greifen, Euch festhalten, und dann den linken Fuß folgen lassen. Merkt nur auf, wie ich's mache — es ist so gefährlich nicht, als es aus= sieht, und ich werd' Euch auch schon beistehen. Jetzt auf allen Vieren vorwärts — kriecht immer dicht hinter mir her."

Willi warf sich auf die Knie nieder und kroch auf allen Vieren auf einem schmalen Wege hin, der eben nur Raum genug bot, Hände und Knie aufzustemmen. Rechts thürmte sich senkrecht die Felswand in die Höhe, und links gähnte ein Abgrund, dessen Tiefe kaum abzusehen war. Der Fremde zögerte indeß nicht, dem Beispiele Willi's zu folgen. Er kroch hinter ihm drein, und nach wenigen Minuten war die Felsen=Ecke erreicht, um welche man die Biegung nach rechts machen mußte.

„Jetzt aufgemerkt, lieber Herr!" sagte Willi. „Man kann sich ohne Gefahr aufrichten, weil der Weg hier breiter ist, als vorn. Schaut, nun stell' ich mich hier dicht an die Ecke — greife mit dem linken Arm herum — den linken Fuß nachgesetzt — und — da bin ich drüben. Hier ist eine Spalte in der Wand, da könnt Ihr Euch fest anklammern; und helfen will ich Euch auch."

Der Maler war gewiß ein muthiger Mann, aber vor der Gefahr, die ihm jetzt bevor stand, bebte er doch zu= rück. Der bisherige Pfad schnitt hier plötzlich ab, und endete an einem Abgrunde. Etwa zehn Fuß tiefer be= fand sich zwar ein Absatz mit einigem Strauchwerk — aber der Absatz war zu schmal, die Gesträuche zu schwach, als daß sie den Sturz eines Menschen in den weiter un= ten gähnenden Abgrund hätten hemmen können. Und nun, um zu Willi zu gelangen, der bereits sicher an der andern Seite der Felswand stand, mußte er den

Fuß über den Abgrund hin in die leere Luft setzen, ohne zu wissen, ob er drüben Halt genug finden würde, um darauf fußen zu können. Ein Schauder der Furcht überlief seinen Körper, und seine Wange wurde bleich.

„Heiliger Gott," rief Willi aus, der den Kopf um die Ecke herum streckte und die Veränderung des Malers bemerkte — Ihr seid doch nicht schwindlich, Herr? Setzt Euch nieder! Setzt Euch nieder! Ich werde im Augenblick bei Euch sein!"

Sicher und gewandt überschritt Willi den nur schmalen Raum, der ihn von dem Fremden trennte, und befand sich im Nu an seiner Seite. Der Fremde sah, wie leicht Willi das gefürchtete Hinderniß überwand, und sein früherer Muth kehrte sofort zurück.

„Es war nur ein leichter Schauder, Willi," sagte er. „Aber es ist vorüber. Geh' nur — ich werde nicht zurückbleiben."

Willi heftete einen besorgten Blick auf das Gesicht des Fremden; da er aber in dessen Zügen nur den Ausdruck von Entschlossenheit bemerkte, so zögerte er nicht länger, sondern kehrte auf die andere Seite der Felswand zurück. Kaum war er drüben, so folgte der Maler nach. Seine Hand, sein Arm erschien, und Willi führte sie nach der Spalte hin, die allerdings einen sichern Halt bot. Der Fremde klammerte sich an, schob den linken Fuß vor, wie ihm Willi gesagt hatte, und wollte eben den rechten folgen lassen, als der erste plötzlich vom Rande wieder herab glitt, und er nun mit dem halben Körper über dem Abgrunde hing.

„Herr mein Heiland!" schrie Willi von Entsetzen ergriffen. Aber gleich darauf faßte er sich, als er sah, daß sein Begleiter mit der linken Hand tapfer festhielt, griff ihn mit beiden Armen um die Schultern, und hob ihn mit Anstrengung aller Kräfte in die Höhe.

„Jetzt die Knie vor!" rief er. „Nur Muth, es ist keine Gefahr mehr!"

Der Maler gehorchte, richtete sich unter dem Beistande Willi's vollends auf, und befand sich einen Augenblick später in vollkommener Sicherheit.

Tief athmend und ein wenig bleich vor Schrecken lehnte er sich an die Felsenwand und schaute Willi mit einem dankbaren Blicke an.

„Das war kein Spaß, Herr," sagte dieser, nicht minder erschrocken, als der Fremde. „Aber tapfer habt Ihr Euch gehalten! Wenn Ihr die Hand los ließet, waret Ihr verloren!"

„Und das durch meine eigene Schuld," antwortete der Maler. „Wenn ich den Fuß einen Zoll weiter vorsetzte, geschah mir der Unfall nicht. Auf dem Rückwege werde ich mich besser in Acht nehmen. Nun weiter, Bübli! Dir folg' ich gern, denn ich sehe schon, du verläßt keinen Freund in der Noth! Ohne deinen Beistand wär' ich doch noch in den Abgrund gestürzt."

„Pah," sagte Willi leichthin — „Ihr hättet mich auch nicht im Stich gelassen! Aber Eure Mappe? Wo ist Eure Mappe geblieben, Herr?"

Ein rascher Griff des Malers nach seinem Gürtel — und er wurde bleicher, als er vorhin gewesen, wo er in der schrecklichsten Gefahr geschmachtet hatte. Der Gürtel war zerrissen und die Mappe wahrscheinlich in den Abgrund gestürzt und für immer verloren.

„Das ist ein harter Verlust!" sagte er schmerzlich. „Die Frucht eines ganzen Jahres unrettbar dahin! O Knabe, warum folgte ich nicht deinem Rathe, und ließ die kostbare Mappe zurück?"

„Liegt Euch denn so gar viel daran, lieber Herr?" fragte Willi.

„Mehr, als du begreifen kannst, liebes Kind!" antwortete der Fremde. „Ich habe fast mein ganzes, kleines

Vermögen geopfert, um Tirol, Italien und die Schweiz zu bereisen und Studien zu machen, und nun, wo ich fast am Ziele stehe, nachdem ich jeden Tag und jede Stunde meinem Zwecke aufgeopfert habe, wird mir der ganze Lohn meines Fleißes entrissen! Das ist hart und schmerzlich! Und ich hatte so schöne Träume von Glück und Ruhm und Ehre geträumt! Alles liegt nun begraben in der Tiefe!"

„Geduld, Herr, noch ist nicht Alles verloren," sagte Willi mit einem raschen Blicke in die Tiefe. „Dort hängt ja die Mappe im Gesträuch, das glücklicherweise sie aufgefangen hat, und — ja, es soll versucht werden — ich klettere hinunter und hole sie herauf! Es ist zwar nicht ganz leicht, aber ich habe schon Schwereres im bloßen Muthwillen vollbracht. An jener Stelle dort wird's gehen!"

Ehe noch der Maler den Knaben zurückhalten konnte, kletterte dieser, jeden kleinen Vorsprung, jede Felsenspalte benutzend, in die Tiefe, und erreichte glücklich die Platte, auf welcher die Sträuche Wurzel geschlagen hatten. Hier warf er sich platt nieder, rutschte mit dem halben Leibe über den Rand der Platte, indem er sich mit den Füßen fest anklammerte, streckte den Arm aus, ergriff die Mappe, stieß einen Freudenschrei aus, nahm den geretteten kostbaren Fund zwischen die Zähne, und kehrte freudestrahlend zu seinem Begleiter zurück, welcher zitternd vor Bangen und Furcht dem kecken Wagestück zugesehen hatte.

Willi, herzlieber Knabe, welche Verwegenheit!" sagte er, indem er mit beiden Händen hastig nach seiner Mappe griff. „Ich sollte dich schelten, weil du so leichtsinnig dein Leben auf's Spiel setztest, und doch muß ich dir danken, daß du mir mein kostbarstes Gut gerettet hast!"

„Ach, nichts davon, lieber Herr," antwortete der Knabe ganz wohlgemuth. „Ich bin froh, daß ich Euch einen

Dienst leisten und die Mappe retten konnte, auf die Ihr so großen Werth legt. Aber jetzt kommt weiter, damit wir an Ort und Stelle gelangen, und den Uri-Bach noch beim Sonnenschein sehen, denn da ist er am schönsten mit seinen bunten Regenbogen-Farben."

Munter lief er voran, und dem Maler wurde es nicht schwer, ihm zu folgen, indem der Weg jetzt immer glatt bergabwärts ging, und kein Hinderniß mehr die Eile hemmte. Bald gelangte man an Ort und Stelle; und der Maler, indem er seine Blicke umherschweifen ließ, stieß einen Ausruf der Bewunderung aus über die Pracht und Herrlichkeit der Natur, welche, großartig und lieblich zugleich, sein künstlerisches Gemüth mit Staunen und Begeisterung erfüllte. Der Uri-Bach stürzte brausend und donnernd von einer zerklüfteten Felswand hernieder, bildete auf verschiedenen Absätzen mehrere Wasserfälle, und sammelte sich endlich schäumend und kochend in einem weiten Bassin, aus dem er mit wilder Hast über Felsblöcke, und zertrümmerte Baumstämme hinweg einen weiteren Ausweg suchte. Eine Wolke feinen Wasserstaubes hüllte den Sturz wie mit einem leichten, fliegenden Gewande ein, das, von den Sonnenstrahlen durchblitzt, wie mit funkelnden Juwelen übersäet erschien. Zur Rechten und Linken thürmten sich mächtige Felswände hoch empor, vielfach zerrissen und an vorspringenden Stellen mit dem frischen Grün von Bäumen und Gesträuchen geschmückt, die den anmuthigsten Kontrast zu dem milchweißen, sprudelnden Wogenschwall bildeten. Hoch über Alles hinaus ragten die scharfen Spitzen der beeisten Alpengipfel, und noch höher der blaue Himmel mit leichten, schwimmenden Wölkchen und dem riesigen Diamant der Sonne, welcher die ganze erhabene Pracht mit einem glänzenden Lichtstrom übergoß.

„Ja, dies ist wahrlich mehr, als die glühendste Phantasie in ihren kühnsten Bildern sich träumen kann!" rief der Maler tief ergriffen aus. „Jetzt dank' ich dir doppelt, Knabe, daß du mich hierher geführt hast, denn alle die überstandenen Mühen und Gefahren sind nur ein Spottpreis für diese Herrlichkeit."

„Gelt, es ist wunderschön hier, lieber Herr?" sagte Willi erfreut. „Ja, ja, man mag lange suchen, bis man noch so ein schönes Plätzli findet! Wie das rauscht und braust und schäumt und donnert, und Schwall auf Schwall ohne Aufhören herniederstürzt! Ganze Stunden lang kann man zuschauen, und wird des Anblicks nimmer müde."

„Es freut mich, Willi, daß du die Schönheit der Natur so innig empfindest!" sagte der Maler mit einem freundlichen Blicke auf das strahlende Antlitz des schönen Knaben, aus dessen hellen Augen die reinste Bewunderung blitzte. „Wird dir aber die Zeit nicht lang werden? Ein paar Stunden muß ich gewiß sitzen und malen, wenn ich selbst nur ein flüchtiges Abbild all' dieser Wunderpracht in mein Skizzenbuch eintragen will."

„Malt nur, lieber Herr!" entgegnete Willi lächelnd, und warf sich auf das grüne, schwellende Moos nieder. „Hier vergeht mir die Zeit immer schnell, und müßt' ich einen ganzen Tag zubringen! Malt nur, ich störe Euch nicht."

Der Maler suchte sich eine passende Stelle aus, legte seine Mappe auf ein Felsenstück und zeichnete eifrig, mehrere Stunden lang. Endlich, als die Sonne sich schon dem Westen zuneigte, stand er auf und rief Willi herbei, dem er seine Arbeit zeigte. Der Knabe schrie laut auf vor Ueberraschung, denn wie durch einen Zauber hatte der Maler die Landschaft auf das Papier übertragen, und in kühnen, kräftigen Zügen die ganze Großartigkeit der Natur wiedergegeben.

„Das ist schön!" sagte Willi. „Ja, das ist der Uri-Bach und sein prächtiger Sturz, und die Nebelwolken,

(30)

und die Felsen und Alles! Wie glücklich seid Ihr doch, lieber Herr, daß Ihr so etwas Schönes machen könnt!"

Der Fremde lächelte und schlug das Blatt um. „Und was ist dies? fragte er.

„Ei mein Heiland, das bin ja ich!" rief Willi aus. „Wie, da werden sich aber Alle daheim freuen, wenn sie das sehen! Nicht wahr, lieber Herr, Ihr zeigt's ihnen? Das ist ja mein ganzes Gesicht, wie aus dem Spiegel gestohlen! Aber, was macht Ihr damit, lieber Herr?"

„Zum Andenken an dich will ich's mitnehmen, Bübli!" erwiederte der Maler. „Du hast mir eine große Freude gemacht, daß du mich hierher geführt hast, und wen ich lieb gewonnen habe, den zeichne ich mir gern ab zu recht frischer Erinnerung. Verstehst du mich nun?"

„Ja, ja, das versteh' ich wohl, und es freut mich auch, daß ich armes Bübli da drin stehe in dem schönen Buche!" entgegnete Willi. „Nur möcht' ich auch ein Bild von Euch haben zum gleichen Zweck, denn Ihr gefällt mir recht wohl, lieber Herr. Aber das ist wohl ein unver-schämtes Verlangen von mir?"

„O nein, Willi! Sobald wir heimkommen, will ich mein Gesicht zeichnen und du sollst's bekommen. Doch nun laß uns gehen, sonst überrascht uns die Nacht auf dem Heimwege."

Willi machte keine Einwendung, sondern trabte mit erfrischten Kräften wieder voraus. Die gefährliche Stelle an der Felswand wurde ohne weiteren Unfall zurückge-legt, und mit der Abenddämmerung langten die beiden Wanderer glücklich in Peter Schaffringers Hütte wieder an, wo des Willi Portrait nicht wenig angestaunt und bewundert wurde. Den Abend und die Nacht mußte der Maler bleiben, und am andern Morgen, als er weiter ziehen wollte, ließ ihn Willi auch noch nicht fort, weil er doch erst die anderen schönen Orte in der Gegend sehen müsse. Eine volle Woche blieb der Maler bei den braven Leuten in der kleinen Alpenhütte, und erfuhr dabei alle ihre Leiden und Freuden, des Willi Herkunft und Schicksal, und ihren ganzen Lebenslauf. Der Willi wurde ihm sehr lieb, und auch die Anderen, aber der Willi doch am meisten, denn er war ein so gar treuherziger, guter, und gefälliger Bursch. Unermüdlich führte er den Gast in seinen geliebten, herrlichen Bergen umher, und hatte eine herzliche Freude darüber, daß Herr Augustin — so nannte sich der Fremde — so viele schöne Bilder in seine Mappe malte. Es that ihm weh, als zuletzt Herr Augustin doch scheiden mußte. Zwei Stunden weit gab er ihm das Geleit, und nahm nun endlich Abschied.

„Lebt wohl, Herr," sagte er wehmüthig und mit Thränen in den Augen. „Denkt auch an uns, und glaubt mir nur, wir werden Euch nimmer vergessen."

„Das hoff' ich, Willi, mein lieber Knabe," erwiederte der Fremde herzlich — „und damit du auch ein Erinnerungszeichen hast, so nimm dies, was ich für dich und die Deinigen gezeichnet habe. Und nimm auch das noch," fügte er hinzu, indem er ein schweres Goldstück aus der Tasche zog — „magst dir dafür ein paar frohe Tage machen und meiner dabei gedenken!"

Das Päckchen, sauber in Papier eingeschlagen, nahm der Willi an — aber vom Gelde wollte er nichts wissen, absolut nicht — Herr Augustin mußte es wieder einstecken. Dann umarmte er ihn herzlich, schüttelte ihm zum letzten Mal die Hand, und lief dann, von Wehmuth überwältigt, spornstreichs nach Hause zurück. Hier erst machte er das Päckchen auf—aber da gab es eine Freude und eine schöne Ueberraschung! Nicht nur das Abbild des Herrn Augustin lag in dem Papier, sondern auch des Willi Portrait, und Peter Schaffringers, und der Mutter und der Schwestern, und zuletzt auch noch die liebe Alpenhütte mit Hof und Garten und den Ziegen

— und Alles so ähnlich, wie aus dem Spiegel gestohlen, daß man gar nichts Schöneres sehen konnte. Der Willi jauchzte laut, und auch die Anderen freuten sich sehr, und war ihnen der fremde Herr durch sein herziges Angedenken und Abschiedsgeschenk fast noch lieber geworden, als zuvor. Die Bilder wurden sauber eingerahmt, was der Willi ganz schön und zierlich zu machen wußte, und in der Hütte aufgehangen zur ewigen Erinnerung.

Aber damit war's noch nicht aus; Herr Augustin ließ noch einmal von sich hören. Vier Tage später kam der Bote aus der Stadt, trat in des Schaffringers Hütte, und gab eine prächtige Gemsbüchse ab mit einem Briefe an den Willi. Darin stand geschrieben: „Grüß' dich Gott, mein lieber Willi, und magst das Gewehr zum freundlichen Andenken annehmen und recht viele Gemsböcke damit niederknallen! Dein treuer, dich herzlich liebender Freund Augustin."

Dem Willi stürzten die Thränen aus den Augen vor Freude über das schöne Geschenk und über die liebreichen Worte seines Freundes. Der Vater aber sagte: „Das ist halt ein braver Herr, und du wirst seinem Geschenk gewiß Ehre machen, Willi! Ich meine, die Gemsböckli werden's bald verspüren, daß ein Schütz' mehr hier drunten im Thal wohnt! Gott segne den lieben Herrn, er hat uns wahrlich viel Freud' gemacht durch seinen Aufenthalt."

Fünftes Kapitel.
Fügungen des Herrn.

Peter Schaffringer täuschte sich nicht in seinen Voraussetzungen. Es dauerte nicht lange, so knallte Willi's Büchse hoch in den Bergen und auf den entlegensten

Eisfeldern, und selten zog der junge Jägersmann aus,
ohne mit einer Beute auf dem Rücken heimzukehren.
Sein Ruf als kühner und geschickter Gemsenjäger ver=
breitete sich nah und fern, und dazu gesellte sich noch
der Umstand, daß seit dem Besuche des Malers Augu=
stin öfter und öfter Fremde in das Thal kamen, und
die Wasserfälle, namentlich den Uri=Bach, zu sehen ver=
langten. Sie fragten immer nach Willi, und wollten
von keinem Anderen, als ihm geführt sein. Willi zeigte
sich immer bereitwillig, zum Führer zu dienen, denn er
wurde für seine Mühe reichlich belohnt, und brachte
manches schöne Stück Geld von seinen Wanderungen
mit heim, was er nie für sich behalten wollte, sondern
immer an die Mutter abgab. Dadurch verbesserten sich
allmählig die Umstände in der kleinen Alpenhütte wie=
der, und es dauerte gar nicht lange, so weideten aber=
mals zwölf Ziegen auf den Alpenwiesen, die Peter
Schaffringer gehörten, und gewiß nicht die schlechtesten
im Dorfe waren. Der Zulauf der fremden Reisenden,
anstatt sich mit der Zeit zu vermindern, wurde immer
größer, und endlich verlangten die Fremden gar, daß
Willi sie noch weiter im Lande herumführen solle, und
nicht selten ganze Wochen hindurch ihn bei sich behiel=
ten. So geschah's, daß Willi allmählig eben so berühmt
als Alpenführer wurde, wie als Gemsenjäger, und in
gleichem Maße steigerten sich auch seine Einkünfte, von
denen er nur das Allernöthigste für seine eigenen Be=
dürfnisse verwendete. Es machte ihm sogar große Freude,
Alles den Pflege=Eltern zu geben, und ihnen dadurch
die innige Dankbarkeit zu beweisen, die sein gutes und
treues Herz erfüllte. In dem Maße, wie er sich den Sei=
nigen nützlich machen konnte, kehrte auch die frühere
Heiterkeit in sein Gemüth zurück. Er sah, daß er seinen
braven Pflege=Eltern nicht zur Last war, daß er wirklich
vergelten konnte, was sie Gutes und Liebes an ihm ge=

than hatten, und das erfüllte ihn mit einem Frohsinn
und machte ihn so glücklich, daß er fernerhin keine Veränderung seiner Lage mehr herbei wünschte. Seine braven Pflege-Eltern dagegen wußten wohl den treuen Sinn
des herzigen Bübli zu würdigen, und liebten ihn fortwährend mit der gleichen Liebe, wie ihre eigenen wirklichen Kinder. Oft, oft freute sich Vater Schaffringer
darüber, daß er das heimathlose und verlassene Kind
an seinen Tisch und an sein Herz genommen hatte, denn
Willi war in der That ein rechter Segen für ihn geworden. Sein Gut mehrte sich, er, der Aermste im Dorfe,
wurde bald der reichste von allen seinen Nachbarn, und
das Samenkörnlein christlicher Mildthätigkeit, das er im
Vertrauen auf Gottes Beistand gesäet hatte, trug ihm
immer schönere und lieblichere Früchte. So waren denn
Alle sammt und sonders wohl mit einander zufrieden,
und der Willi am zufriedensten, indem er sich keine Sorgen mehr um die geliebten Pflege-Eltern zu machen
brauchte. Zwar fehlte es auch ihm nicht an mancherlei
Anfechtungen, denn die anderen Alpenführer in der Gegend herum beneideten den jungen Knaben um seinen
guten Verdienst, und suchten ihm mancherlei Abbruch
und Schabernack anzuthun — aber darüber grämte und
ärgerte sich Willi nicht, und ließ es sich nie einfallen,
Böses mit Bösem, Groll mit Groll, Neid mit Neid,
Mißgunst mit Mißgunst zu vergelten. Offen, grade,
ehrlich und rechtschaffen ging er seinen Weg, drängte sich
Niemandem auf, verleumdete keinen seiner Gegner, wies
aber auch keinen Antrag zurück, der ihm von fremden
Reisenden gemacht wurde. Auf diese Weise brauchte
er sich keinen Vorwurf zu machen, und verdiente doch
Geld genug, um ganz glücklich und zufrieden darüber
zu sein.

Aber wir müssen jetzt Willi verlassen, und uns weit
von ihm hinweg über Land und Meer begeben, wo sich

ein Ereigniß zutrug, das auf wunderbare Weise ein
helles Licht über die Herkunft des armen, auf's Gerathe-
wohl in die Welt geschleuderten Knaben verbreiten
sollte.

Lord Seymour, ein reicher und hochstehender englischer
Edelmann, war etwa ein Jahr nach den oben erzählten
Begebenheiten von seinem Landsitze nach London gezogen, wo er nicht selten prächtige Feste gab und die vor-
nehmste Gesellschaft der großen brittischen Hauptstadt
um sich versammelte. Mitten in die glänzenden Säle des
Lords wollen wir unsere Leser aus dem kleinen, engen
Alpenthale der Schweiz führen; aus der einfachen Größe
einer schönen Natur in die verschwenderische Pracht eines
Palastes, wo Alles von Gold und Edelsteinen blitzte,
wo Sammet und Seide rauschten, wo deckenhohe Spiegel den Lichtstrom von hundert Kerzen hundertfach zu-
rückstrahlten, und wo nichts vermißt wurde, was die
Macht unermeßlichen Reichthums Schönes, Kostbares
und Prachtvolles vereinigen kann.

Lord Seymour machte übrigens von seinem Reich-
thume den edelsten Gebrauch. Er liebte die Künste, und
seine Säle waren daher mit kostbaren Kunstwerken angefüllt, welche oft die Bewunderung seiner Gäste her-
ausforderte. Auch heute zog ein Gemälde, welches Lord
Seymour erst gestern mit einer bedeutenden Geldsumme
angekauft und in einem der Gesellschaft geöffneten Zimmer ausgestellt hatte, die Aufmerksamkeit vieler Besucher
auf sich. Das Bild stellte eine Alpenlandschaft dar mit
einem prachtvollen Wasserfall, mit kühn emporsteigenden
Felswänden und von silberglänzenden Bergspitzen, die
bis in die Wolken hinein zu ragen schienen. Groß und
gewaltig bei aller Einfachheit erregte das Bild die leb-
hafteste Theilnahme, und immer sammelten sich Gruppen
vor demselben, die es mit Ausrufungen der Bewunderung und des Beifalls betrachteten.

„Wahrlich ein schönes, herrliches Bild, Lord Seymour!" sagte ein Mann von sehr vornehmem Aussehen
zu dem Herrn des Hauses, der ihm zur Seite stand.
„Die großartige Alpennatur ist so treffend wiedergegeben, daß man sich mitten in die Berge der Schweiz versetzt glaubt. Ein großer und berühmter Maler muß es
sein, der dieses Bild entworfen hat."

„Groß — ja! Berühmt — nein, wenn er es nicht,
wie ich hoffe, durch dieses Bild wird, mein Prinz," entgegnete Lord Seymour. „Der Maler ist ein noch junger
Mann, und dies das erste Bild, das er als eine Frucht
seiner Reisen in der Kunstausstellung dem Urtheile der
Kenner preisgegeben hat. Ich sah dort das Bild, und
kaufte es nicht nur augenblicklich, sondern bestellte auch
sogleich noch drei andere Gemälde bei dem jungen Künstler, der es gemalt hat."

„Da sind Sie mir nur zuvorgekommen, Mylord,"
entgegnete der Prinz — „denn ich gestehe Ihnen, daß
ich ebenfalls große Lust habe, Ihren Maler zu beschäf-
tigen. Befindet er sich in London?"

„Er steht hier, mein Prinz," antwortete Lord Seymour lächelnd, indem er auf einen jungen Mann deutete, welcher glühend vor Freude die Lobsprüche angehört
hatte, die seinem Gemälde gespendet wurden. „Bitte,
mein lieber Mr. Augustin, treten Sie doch näher! Seine
Hoheit, der Prinz, wünscht Sie kennen zu lernen."

Erröthend und bescheiden, aber mit einem freien und
offenen Anstande trat Augustin, unser alter Bekannter
von der Schweiz her, vor den Prinzen und machte ihm
eine tiefe Verbeugung. Der Prinz fand ersichtliches
Wohlgefallen an dem jungen Künstler, den er mit freund-
lichem Blicke betrachtete, und dann einige wohlwollende
Worte an ihn richtete.

„Sie haben da wirklich ein Meisterstück gemalt, Sir,"
sagte er. „Wenn Sie Ihre Verpflichtungen gegen mei-

nen Freund Seymour erfüllt haben, so wünsche ich sehr, daß Sie auch mir einen Theil Ihrer Zeit widmen mögen. Mit dem Bilde da sind Sie in die erste Reihe der Künstler eingetreten, und ich sehe wohl, man muß eilen, wenn man von Ihnen Nutzen ziehen will."

„Hoheit sind zu gnädig," erwiederte Augustin mit seinem offenen ehrlichen Wesen —„denn ich muß Ihnen gestehen, daß ich kaum die Hälfte Ihrer wohlwollenden Lobsprüche verdiene. Das Bild ist fast nur die Kopie einer wunderbar schönen Schweizergegend, in die mich ein glücklicher Zufall in Gestalt eines allerliebsten Hirtenknaben mit dem reizendsten Gesichtchen von der Welt führte."

„Ah — erzählen Sie doch, das verspricht interessant zu werden," sagte der Prinz, indem er sich auf einen Sessel niederließ, während die Umstehenden ehrerbietig in einen Halbkreis zurücktraten, doch ohne sich so weit zu entfernen, daß ihnen die Erzählung Augustins entgehen konnte.

Der Saal war hell erleuchtet, die mächtigen Kronleuchter warfen ihr blendendes Licht bis in die entferntesten Winkel, und jetzt konnte man auch zwei Damen bemerken, die etwa zehn Schritte von der Gruppe der Zuhörer entfernt, im Gebüsch einer künstlich aus Orangen-, Myrthen- und Oleanderbäumen gebildeten Laube saßen und schon seit längerer Zeit in ein leise geflüstertes Gespräch vertieft schienen.

„Vermag denn nichts Sie aufzuheitern, liebe Lady Wilford?" fragte die eine Dame, während die Herren noch um das Bild herum standen. „Mitten in Glanz und Pracht, mitten unter den heiteren und vergnügten Gästen behalten Sie immer Ihr betrübtes, bleiches Gesicht, Ihre schwermüthigen Augen, und nicht einmal ein Lächeln verscheucht auf einige Augenblicke Ihre Traurigkeit."

„Wie kann ich fröhlich sein mit den Fröhlichen?“ erwiederte Lady Wilford mit einem sanften Kopfschütteln. „Niemals, niemals kann ich meinen William, meinen süßen, herzigen Knaben vergessen. Sie wissen doch, welches furchtbare Schicksal mich niederbeugte, und in einer einzigen Stunde alle Blüthen meines Lebens vernichtete?“

„Ich erinnere mich dunkel — aber nicht mehr genau“ — entgegnete Lady Seymour. „Sie verloren Ihren Gemahl und bald darauf auch Ihr einziges Kind, einen schönen Knaben? War es nicht so?“

„Ach, wenn es, wenn es noch so wäre,“ sagte Lady Wilford. „Dann würde ich mich der Fügung des Himmels gebeugt und wohl endlich Trost in dem Gedanken gefunden haben, daß meinem William die ewige Seligkeit zu Theil geworden sei. Aber bis zu dieser Stunde weiß ich nicht, ob mein Kind lebt oder gestorben ist. Ein undurchdringlicher Schleier bedeckt das Geheimniß. O Gott, wenn er lebte — vielleicht in Elend, in Sünde, in Verbrechen auferzogen wäre, wie entsetzlich!“

„Aber wie denn, Lady Wilford, wie denn?“ fragte mit lebhafter Theilnahme Lady Seymour. „Sie wissen nicht, ob Ihr Kind lebt? Ist es Ihnen entführt worden? Ich hörte doch, es sei in dem Weiher an Ihrem Schlosse ertrunken.“

„Ja, das glaubte man, das glaubte auch ich anfänglich — aber bald stiegen mir Zweifel darüber auf, und diese Zweifel, welche ich nicht zu unterdrücken vermag, vergiften mein ganzes Leben. Urtheilen Sie selbst, theure Freundin! In der Nacht, wo mein Gemahl starb, verschwand auch mein William. Vom Sterbebette meines theuren Gatten begab ich mich in das Gemach, in welchem das Kind schlief. Mein Herz war gebrochen, mein Geist zerrüttet durch den unersetzlichen Verlust meines Gemahls. Ganz dem bittersten Schmerze hingege-

ben, bemerkte ich nun, daß die Gardinen um das Bettchen meines Kindes zugezogen waren, und ich glaubte,
es schliefe. Meine Thränen flossen — es dauerte eine
geraume Zeit, bis ich Kraft fand, mich nur ein wenig
zu sammeln. Endlich näherte ich mich dem Bette meines
Kindes, um in dem Anblicke des Kleinen, des theuersten
Vermächtnisses meines Gatten, Trost und Stärkung zu
finden. Ich schlug mit zitternder Hand die Vorhänge
zurück, und mein Knabe, mein William — war verschwunden! Die Thür zum Balkon stand offen — unten
lag der Weiher — mein erster Gedanke war, der Knabe
sei auf das Geländer des Balkons geklettert und in die
Tiefe hinab gestürzt. Mein furchtbares Angstgeschrei
rief meine Dienerschaft an meine Seite — wenige Worte
erklärten Alles — man eilte hinunter, man durchsuchte
den ganzen Weiher nach dem Kinde — aber man fand
nichts, als die Leiche eines Hündchens, das an dem Bette
meines Knabens zu wachen pflegte. Von William keine
Spur. Wieder und immer wieder durchsuchte man die
Tiefe des Weihers — man ließ das Wasser ab — man
wühlte den Schlamm um und um — vergebens! Das
Kind blieb verschwunden, auf unbegreifliche Weise verschwunden, und keine Nachforschungen führten uns auf
seine Spur. Gott allein weiß, was aus dem armen,
theuren Knaben geworden ist!"

„Und hatten Sie keinerlei Verdachtsgründe gegen
irgend Jemand, der ein Verbrechen an dem Knaben ver-
übt haben konnte?"

„Gegen Niemand!" erwiederte Lady Wilford mit
Thränen in den Augen. „Der einzige Mensch, der ein
Interesse an dem Verschwinden meines Kindes haben
konnte, war der Bruder meines Gatten, der Erbe seiner
Güter, der jetzige Lord Wilford, der dort neben dem
Prinzen steht. Ihm war das Kind im Wege — aber
auch ihm ganz allein, und er — befand sich zu jener

Zeit nicht in England, sondern auf der Rückreise von Ostindien in seine Heimath. Erst ein halbes Jahr nach dem Verschwinden des Knaben kam er an, und sein Schmerz um den Verlust des Bruders war so aufrichtig, daß ich ihn überhaupt einer solchen That nicht fähig halten kann. Er verfuhr mit der zartesten Rücksicht gegen mich, suchte mich zu trösten und aus der Versunkenheit meines tiefen Schmerzes aufzurichten, und — wie dem auch sei, ich konnte nicht den geringsten Verdacht gegen ihn hegen. Wie konnte er Schuld an meinem Elend sein?"

„Und doch, das spurlose Verschwinden des Knaben ist sehr auffallend," sagte Lady Seymour. „Lord Wilford gefällt mir nicht, er hat etwas in seinem Gesicht, was mir Furcht, Abneigung und Scheu vor ihm einflößt! Was er nicht selbst that — konnte er es nicht durch eine Kreatur, die er bestochen, thun lassen? Sehen Sie nur, Lady Wilford, wie düster, wie wild und unheimlich er aussieht! Er ist ein Mensch, dem ich nichts Gutes zutraue, von dem ich aber alles Böse fürchten könnte."

In der That gewährte Lord Wilford einen seltsamen und auffallenden Anblick. In dem Augenblicke, wo Lady Seymour die letzten Worte sprach, bildete sich ein Halbkreis um den Prinzen, und Lord Wilford, hell von den lichtstrahlenden Kerzen beleuchtet, stand neben ihm, grade den beiden Damen gegenüber, welche genau sein Gesicht beobachten konnten. Eine tiefe, drohende Falte furchte seine broncene Stirn, die Augenbrauen, unter denen scheue Blitze auf den Maler hervorsprühten, waren finster zusammengezogen, die Unterlippe krampfhaft zwischen die Zähne gepreßt.

„Gewiß, ich erschrecke vor ihm," sagte Lady Wilford leise. „So habe ich ihn noch nie gesehen! Was mag ihm begegnet sein?"

„Still, still, liebe Freundin!" flüsterte Lady Seymour. „Hören wir auf den jungen Maler — es scheint, als ob seine Worte das Räthsel lösen würden!"

Die beiden Damen saßen ganz still, warfen zuweilen einen beobachtenden Blick auf Lord Wilford, und lauschten dabei auf die Erzählung des Malers. Augustin berichtete ganz einfach, wie er in ein abgelegenes, kleines Schweizerthal gekommen sei, dort einen Hirtenknaben gefunden und ihn zum Führer nach einem überaus prachtvollen Wasserfalle angenommen habe. Lebendig schilderte er das Thal, den Knaben, seine Pflege-Eltern, die kleine Alpenhütte, den gefahrvollen Weg nach dem Urt-Bach, den Muth und die Gewandtheit Willi's, und theilte endlich mit, auf welche seltsame Art der Kleine als ein Kind von drei oder vier Jahren in das Thal gekommen sei.

Alle folgten der Erzählung mit der lebhaftesten Spannung, am meisten aber schien Lord Wilford von derselben betroffen, denn jähe Röthe und gelbliche Blässe wechselten oft und plötzlich auf seinem Gesicht, große Schweißtropfen perlten auf seiner gerunzelten Stirn, und seine Knie schienen unter ihm zu schwanken, denn er hielt sich krampfhaft an der Lehne des Stuhles, auf welchem der Prinz Platz genommen hatte.

„Sehen Sie, sehen Sie!" flüsterte Lady Seymour ihrer Freundin zu — „welcher entsetzliche Ausdruck auf dem Antlitze Ihres Schwagers! Ich fürchte, seine Sinne verlassen ihn, und er fällt in Ohnmacht."

Lady Wilford vermochte keine Antwort zu geben, sie fühlte sich selbst wie gelähmt und einer Ohnmacht nahe. Die einfache Geschichte des Malers erschütterte sie bis in die tiefsten Tiefen ihrer Seele hinein — eine beseligende Ahnung stieg in ihr auf, als ob jener ausgesetzte Knabe, jener Willi, ihr Kind sein könnte, als ob endlich durch die wunderbarste Fügung des Himmels eine Spur

(30)

sich eröffnet habe, die man verfolgen müsse, und schon wollte sie die lähmende und doch entzückende Starrheit von sich abschütteln und auf den Maler zustürzen, um ihn näher zu befragen — als dieser eine umfangreiche Mappe von einem Tischchen nahm, und lächelnd sagte:

„Vielleicht interessirt es Sie, mein Prinz, das Bild jenes reizenden, mir ganz unvergeßlichen Knaben zu sehen. Ich zeichnete es in mein Skizzenbuch — und hier ist es — eine treue Kopie seiner hübschen, freundlichen, offenen Züge."

Der Prinz nahm die Mappe, warf einen Blick hinein, und ließ einen Ausruf der Ueberraschung hören.

„Welch' ein reizender Knabe! Sehen Sie nur, meine Herren!" sagte er.

Die Männer drängten sich um ihn — aber plötzlich wurden ihre Reihen durchbrochen, eine bleiche, schöne Dame erschien, ihre weiße, zitternde Hand griff nach dem Skizzenbuche, sie nahm es an sich — ein einziger Blick — und dann schrie sie laut auf: „Barmherziger Himmel, er ist es! Es ist mein Kind, mein William!"

„Weiter vermochte Lady Wilford nichts zu sagen—die glückselige Ueberraschung überwältigte sie, und ohnmächtig sank sie in die Arme ihrer Freundin, der Lady Seymour, welche ihr auf dem Fuße gefolgt war.

Alle umherstehenden Herren, der Prinz selbst nicht ausgenommen, bemüheten sich, Lady Wilford in's Leben zurück zu rufen, und nach kurzer Zeit schlug sie die Augen wieder auf. Ihr Blick suchte ihren Schwager — er war verschwunden. Aber was kümmerte sie sich darum?

Sie ergriff die Hand des jungen Malers, zog ein Medaillon aus ihrem Gürtel, und reichte es ihm hin.

„Nehmen Sie, nehmen Sie, und vergleichen Sie dieses Bild mit jenem da," sagte sie.

Augustin nahm das Medaillon in Empfang, und konnte einen Ausruf des Erstaunens nicht unterdrücken.

„Wahrlich, diese Aehnlichkeit ist auffallend, Mylady!" sprach er. „Haben Sie den Knaben schon früher gesehen? Es ist dasselbe Gesicht, wie das in meinem Skizzenbuche. Vergleichen auch Sie, mein Prinz!"

„Unzweifelhaft, meine liebe Lady Wilford," sagte der Prinz. „Aber was kann Sie so heftig erschüttern? Es sind ja nur zwei Portraits von ein und demselben Knaben."

„Nein, nein," erwiederte die Lady — „dies ist das Bild meines verstorbenen Gemahls, wie er als Knabe von zwölf Jahren gemalt ward — und dies — mein Gott, ich kann nicht länger zweifeln — dies ist das Bild seines Sohnes, meines mir vor Jahren entrissenen Kindes!"

Die Theilnahme, welche diesen Worten folgte, war allgemein.

„Beim Himmel, Mylady, Sie können Recht haben," sagte der Prinz. „Die Aehnlichkeit ist zu auffallend, und das Zusammentreffen wäre ohne inneren Zusammenhang zu merkwürdig. Aber lassen Sie hören, Mylady — wann traf Sie das Unglück, Ihr Kind zugleich mit Ihrem Gemahle zu verlieren?"

Mylady nannte den Tag und die Stunde.

„Und nun, mein lieber Mr. Augustin," wandte sich der Prinz zum Maler — „können Sie uns mittheilen, in welchem Jahre und zu welcher Zeit der kleine Knabe da in dem Schweizerthale ausgesetzt wurde?"

„Ganz genau, mein Prinz — der Knabe interessirte mich so sehr, daß ich Alles, was ihn betraf, sehr sorgfältig meinem Gedächtnisse einprägte. Der Kleine kam am 5ten August des Jahres 18.. in das Thal, und wurde von Peter Schaffringer an Kindesstatt aufgenommen."

„Das trifft zu," sagte der Prinz, „im Ganzen zehn Tage Unterschied, ziemlich so viel Zeit, als man ge-

braucht, um aus England nach dem Kontinente und der
Schweiz zu kommen. Ich wünsche Ihnen Glück, Lady
Wilford! Sie haben Ihr Kind wieder gefunden — we=
nigstens ich für meine Person zweifle daran nicht im
mindesten mehr."

„Gott, der barmherzige, gnadenreiche Gott lasse meine
beseligende Hoffnung in Erfüllung gehen!" sagte Lady
Wilford mit dem Ausdrucke himmlischen Glückes in den
strahlenden Augen. „Aber Sie, mein Herr" — wandte
sie sich zu Augustin — „würden Sie mir die Freude
machen, einer Mutter zum Auffinden Ihres Sohnes
behülflich zu sein? Könnten Sie sich durch meine fle=
hendsten Bitten bewegen lassen, mich zu begleiten?"

„Es bedurfte Ihrer Bitte nicht, Mylady," antwortete
freundlich der Maler. „Ich war schon entschlossen, mich
Ihnen zum Führer anzubieten, und bitte, ganz über
mich zu befehlen."

„Schön von Ihnen, mein lieber Sir," sprach der
Prinz freundlich, und klopfte wohlwollend den jungen
Maler auf die Schulter. „Reisen Sie und geben Sie
einer zärtlichen Mutter ihr Kind wieder. Ich versichere
Sie, es wird Ihr Schaden nicht sein, daß Sie ein paar
Wochen Zeit versäumen."

„Und wenn ich ein Jahr versäumte, Hoheit, ich würde
es nicht achten gegen die Freude, diesem lieblichen Kna=
ben seine Mutter zuzuführen. Wann, gnädige Frau,
befehlen Sie die Abreise?"

„Oh, ich bitte, sogleich," erwiederte Lady Wilford.
„Keinen Augenblick will ich zögern. Am nächsten Mor=
gen müssen wir schon in Dover sein und mit dem Dampf=
schiff weiter gehen. O Gott, bedenken Sie — eine Mut=
ter, die Ihr Kind sucht, ein seit Jahren beweintes, be=
trauertes Kind — kann sie einen Augenblick länger zö=
gern, als unumgänglich nothwendig ist?"

„Nein, nein, Mylady — ich bin zur Stelle bereit,"

sagte Augustin. „Ich eile nach Hause, um das Wichtigste zu besorgen, und werde dann unmittelbar nach Ihrem Palais kommen."

„Recht so, mein Lieber," sagte der Prinz. „Sie gefallen mir immer besser! Nehmen Sie meinen Wagen, er wird Sie nach Hause und dann zu Mylady bringen! Keine Widerrede! Und ich bitte mir aus, daß Sie mich bei der Rückkehr nach London nicht vernachlässigen, sondern mir einen Ihrer ersten Besuche machen. Leben Sie wohl, Sir! Und Ihnen, Mylady, Gottes Segen mit auf den Weg!"

Lady Wilford verabschiedete sich von ihrer Freundin und fuhr nach Hause, wo unverzüglich die Anstalten zur Reise getroffen, die Koffer gepackt, die Wagen aus den Remisen gezogen, und Postpferde bestellt wurden. Noch ehe die letzteren kamen, langte schon Augustin an, und wurde zu Lady Wilford geführt, wo er noch einmal sein in der Schweiz erlebtes kleines Abentheuer, das von so wichtigen Folgen begleitet sein sollte, ausführlich erzählen mußte.

„Ich zweifle gar nicht, Mylady, daß Sie den Knaben finden und als Ihren Sohn erkennen werden," schloß er seine Erzählung. „Gottes Finger ist es, der mich in das Thal führte, wo ich den Knaben kennen lernen sollte! Und wiederum ist es Gottes Finger, der mich zu Lord Seymour geleitete, wo ich Sie, Mylady, finden, und die Enthüllung eines Geheimnisses herbeiführen mußte, welches ohne den scheinbar ganz zufälligen Besuch in das ganz abseits gelegene Thal, ohne meinen Einfall, das schöne Gesicht des Knaben in mein Skizzenbuch zu malen, ohne die Herablassung des Prinzen, und endlich ohne Ihre gleichfalls scheinbar ganz zufällige Anwesenheit im Salon vielleicht niemals entschleiert worden wäre."

„Ja, gewiß, in allen diesen einfachen und doch so

(30)

merkwürdig zusammentreffenden Umständen erkenne auch
ich nur die weise und beseligende Fügung des Höchsten,"
erwiederte Lady Wilford. „Oft, oft habe ich in stiller
Nacht zu Gott gebetet, mir mein Kind zurück zu geben,
und siehe, der Herr verwarf mein banges Gebet nicht,
sondern ließ es eine Stätte finden an seinem heiligen
Throne. Ja in Allem, o Gott, ist deine Leitung sichtbar"
— fügte sie mit zum Himmel erhobenem Blicke hinzu —
„und jetzt vertraue ich doppelt auf deine Gnade und
Barmherzigkeit! — Kommen Sie, mein junger Freund!
Mein Herz drängt mich zu meinem Kinde hin, und
jede verlorene Minute brennt mir, wie Feuer auf der
Seele!"

Sie eilten hinab, stiegen in den bereit stehenden Wagen und flogen in donnerndem Galoppe davon. Ringsum
war es Nacht — aber am Himmel leuchteten die Sterne,
wie die strahlenden Sterne der seligsten Hoffnung im
Herzen der glücklichsten Mutter.

Sechstes Kapitel.

Wie die Saat, so die Aernte.

In derselben Nacht, kaum eine halbe Stunde vor
der Abreise der Lady Wilford, jagte ein leichter Reisewagen, mit vier schnellen Rennern bespannt, auf der
Straße nach Dover hin. Außer dem Postillon saß nur
ein einziger Mann in dem Wagen. In finsteres Brü-
ten versunken, lag er in einer Ecke, und raffte sich nur
von Zeit zu Zeit auf, um den Postillon mit Drohungen,
Flüchen und Versprechungen zu immer größerer Eile an-
zutreiben. Die Pferde jagten mit dem Winde um die

Wette, aber dem Manne in dem Wagen war der Flug
doch nicht schnell genug. „Vorwärts, vorwärts!" schrie
er. „Gebrauche die Peitsche besser, verd ...... Hund,
oder ich sage dir eine Kugel durch den Kopf! Vorwärts
in's Henkers Namen!. Jede Minute, die wir früher auf
der Station ankommen, bringt dir eine Guinee ein!
Vorwärts! Vorwärts!"

„Aber die Pferde stürzen mir vor dem Wagen zusammen, Sir!" erwiederte der Postillon.

„Laß sie stürzen, wenn sie nur bis zur nächsten Station ausreichen!" rief der Mann mit wilder Stimme.
„Nur fort, fort! Für jedes Pferd, das stürzt, zwanzig
Guineen. Hurrah, mein Junge! Fahre, daß die Funken stieben!'

Der Postillon hieb auf die Gäule ein — in rasendem
Galopp ging es weiter auf der ebenen Landstraße, die
Mähnen der schnaubenden Thiere sausten im Winde,
die Funken stoben unter ihren Hufen, Häuser und Bäume
flogen wie Schatten an dem rasselnden Wagen vorüber.
Jetzt schien der Reisende, der so große Eile hatte, endlich befriedigt; er lehnte sich wieder in die Kissen zurück.
Aber nach wenigen Minuten schon sprang er wieder
auf, warf ängstlich forschende Blicke hinter sich auf die
Landstraße, und donnerte dann wieder den Postillon an,
daß er die Pferde peitschen solle bis auf's Blut. So ging
es ohne Rast, ohne Ruhe weiter — die Thiere schienen
den Weg vor sich zu verschlingen — Staubwolken wir-
belten auf — der Reisende schrie „vorwärts, vorwärts"
— der Postillon knallte mit der Peitsche — endlich wurde
die Station erreicht.

„Sie werden zufrieden sein, Sir!" sagte der Postillon.

„Pferde, Pferde!" brüllte der Reisende. „Da sind
dreißig Guineen für dich! Aber Pferde, Pferde herbei!
Ich habe Eile!"

(30)

Das Geld gab den Stallknechten und Postillonen Flügel. Im Nu waren vier frische Hengste vorgespannt, und mit gleich rasender Schnelligkeit jagte der Wagen durch die Nacht dahin. Ehe der Morgen dämmerte, fuhr der Reisende in Dover ein, eilte an den Hafen, miethete für schweres Geld ein Dampfboot, das augenblicklich in See stechen konnte, ließ den Wagen und sein Gepäck hinein schaffen, und fort ging es in die Wasserwüste hinaus. Ein düsteres Lächeln erhellte die finsteren Züge des Reisenden, als die großen Schaufelräder mächtig die Wasser aufwühlten, und das Schiff mit der Schnelligkeit eines Vogels über die Wogen dahin rauschte.

„Kapitain, wann geht das nächste Dampfschiff nach dem Kontinente ab?" fragte er.

„Nicht vor Mittag, Mylord!" erwiederte der Kapitain.

„Ah, gut, sehr gut," murmelte der Reisende befriedigt. „Schonen Sie Ihre Kohlen und die Maschine nicht, Sir! Ich habe Eile, und werde Sie freigebig bezahlen. Wie viel Stunden können Sie früher, als das nächstfolgende Boot im Hafen ankommen?"

„Zwölf Stunden früher, Mylord, wenn Alles gut geht."

„Sagen Sie achtzehn, und ich verdopple den Ueberfahrtspreis. Hurtig, Sir — jede Stunde ist mir Goldes werth."

Verwundert schaute der Kapitain seinen Passagier an — aber der Glanz des Goldes übte auch auf ihn seine Macht. Er nickte mit dem Kopfe, dann eilte er hinab in den Feuerungsraum, gab einige Befehle, und der Heizer warf neue Massen von Kohlen auf die Gluth unter dem Dampfkessel. Nicht lange, so zeigte sich die Wirkung. Die Maschine arbeitete mit rasender Heftigkeit, die Räder flogen, die Wellen schäumten, das Schiff schoß mit verdoppelter Schnelligkeit durch die brausenden, am Buge hoch aufspritzenden Waſſer.

„Wir werden nicht achtzehn, ſondern zwanzig Stun=
den Vorſprung gewinnen, wenn wir die Verzögerung
der Abfahrt des zweiten Schiffes mit in Rechnung brin=
gen,“ ſagte der Kapitain zu ſeinem Paſſagier.

„Sehr wohl, Sir,“ antwortete der Reiſende. „Es
wird Ihr Schaden nicht ſein, wenn Sie mich ſchnell be=
fördern.“

Wie ein feuriger Renner, mit raſender Eile flog das
Dampfboot über die glanzvolle Waſſerfläche, und ließ
die Dampfwolken, die ſeinem Schlot entſtrömten, weit
hinter ſich zurück. Immer mehr hellte ſich das finſtere
Geſicht des Reiſenden auf, der, ein Fernrohr in der Hand,
oft die Meeresfläche hinter ſich durchſpähte und zufrieden
die Hände rieb, wenn er nichts entdeckte, was ihm Be=
ſorgniß einflößen konnte. Alle Schiffe, die in gleicher
Richtung mit dem Dampfboote ſegelten, wurden über=
holt, alle blieben ſchon nach wenigen Minuten weit hin=
ter ihm zurück. Wie der leichte Flug der Schwalbe des
Widerſtandes der Luft, ſo ſpottete das Schiff des Wider=
ſtandes der Wellen, und wetteiferte an Schnelle mit dem
Delphin, der ſich ſpielend in den klaren Wogen tum=
melte. Die Matroſen auf den fremden Fahrzeugen, an
denen das Boot vorüber ſauste, ſtarrten betroffen die
verwunderliche Erſcheinung an; — aber noch ehe ſie ſich
von ihrem Erſtaunen erholten, war das Boot ſchon vor=
bei und verſchwand auf den Flügeln des Dampfes in
der Ferne.

Ja, die Mutterliebe war ſchnell — aber ſchneller noch
als ſie ſchien der Drang des böſen Gewiſſens zu ſein,
die Angſt vor der Enthüllung eines ſchändlichen Ver=
brechens, die ſchnöde Habſucht, die ſich ihren Raub nicht
entreißen laſſen wollte.

Der Reiſende — kaum bedarf es wohl noch der Nen=
(30)

nung seines Namens — war Lord Arthur Wilford, der
Schwager der Lady Wilford, welcher nach dem Tode
seines Bruders und nach dem Verschwinden des kleinen
Williams das reiche Erbe, das er dem Knaben entrissen,
in Besitz genommen hatte. Er war es gewesen, der das
Kind seiner Mutter geraubt und heimlich aus England
in die Schweiz geführt hatte, um es dort der Armuth,
dem Elend und der Vergessenheit preiszugeben. Er
hatte geglaubt, seine dunkle That werde niemals an das
Licht der Sonne gelangen, der Same des Bösen, den er
mit ruchloser Hand ausgestreuet, werde nie aufgehen zu
einer schrecklichen Ernte. Jahre, lange Jahre waren dahin gegangen und hatten seine Hoffnung nicht getäuscht.
Nun aber, wie der Blitz aus blauem Himmel, traf ihn
die Entdeckung des Malers. Die so lange unglücklich
gewesene Mutter erkannte ihr Kind — sie mußte es finden — der Schleier, der über dem schmachvollen Geheimniß lag — mußte gehoben werden — der Verbrecher
mußte dem Gericht und der Strafe anheimfallen!

Alles dies stand klar vor Lord Wilfords Seele, als er
heimlich die Prunkgemächer Lord Seymours verließ, und
in seine Wohnung zurückkehrte. Was sollte er thun,
was beginnen, um der Schmach einer Entdeckung auszuweichen, die ihn mit ewiger Schande beladen und
zwingen mußte, die geraubten Güter dem rechten Erben
herauszugeben? Nur ein neueres, noch schwärzeres Verbrechen, als das erste, konnte ihn retten, und Lord Wilford bebte vor diesem Verbrechen nicht zurück.

„Der Bube muß sterben — er muß verschwinden, ehe
ihn seine Mutter gefunden hat!" Das war der finstere
Gedanke, der seine Seele erfüllte, als er sich aus der ersten Betäubung, in die ihn die wunderbare Enthüllung
des Malers versetzt hatte, wieder emporraffte. Wer einmal den ersten Schritt gethan, wer Ein Verbrechen begangen hat, der weicht selten vor dem zweiten zurück.

Lord Wilford dachte nach, überlegte, grübelte. Leicht erkannte er, daß die Mutter unverzüglich nach der Schweiz abreisen werde, um ihr verlornes Kind an ihr Mutterherz zu nehmen. Er mußte schneller sein als sie, er mußte ihr zuvorkommen, er mußte den Zeugen seiner That beseitigen. Augenblicklich bestellte er Pferde, packte eine Cassette mit Gold in seinen Wagen, und während die hoffnungsreiche Mutter noch mit der Erschütterung ihres heftig erregten Gemüthes rang, flog schon der Wagen des Verbrechers auf der Landstraße nach Dover dahin.

„Alles geht gut," murmelte er, als die Küste Deutschlands, in Nebel gehüllt, aus dem Meere auftauchte. „Ich habe einen Vorsprung von achtzehn Stunden gewonnen, und ich werde diesen Vorsprung verdoppeln, indem ich Tag und Nacht reise, und die Taschen der Postillone mit Gold fülle. Sechsunddreißig Stunden Vorsprung! Der Bube ist verloren, und seine Mutter wird nichts von ihm finden, als eine zerschmetterte Leiche in einem Abgrunde. Das Glück ist mit mir, und ich bin nicht der Thor, der es unbenützt lassen wird."

Ohne Unfall erreichte das Dampfboot die deutsche Küste; Lord Wilford bezahlte den Kapitain, warf auch den Bootsleuten eine Handvoll Gold zu, bestellte von Neuem Postpferde und jagte weiter. Das Gold that auch hier wieder Wunder. Näher und näher rauschte das Verderben dem armen Willi, der daheim in seinem Schweizerthale keine Ahnung davon hatte, wie nahe das höchste Glück ihm lachte, wie nahe aber auch das Verderben über seinem schuldlosen Haupte schwebte.

Finster, drohend und unvermeidlich schien das Verderben. Lord Wilford hatte sein Herz gegen jedes Erbarmen, gegen jede mitleidige Regung verhärtet, er war entschlossen, sein finsteres Werk mit einer finsteren That zu krönen. Schmach, ewige Schande und der Bettelstab

bedroheten ihn, wenn er nicht vorwärts schritt auf der
Bahn des Verbrechens. Wenn der Knabe verschwand,
war er sicher. Was lag ihm an dem Leben eines Kindes,
das er von seiner Geburt an gehaßt hatte? Sein Tod
warf einen undurchdringlichen Schleier über die Vergangenheit; sein Tod wandte die Schmach der Entdek-
kung von dem Kinderräuber ab; sein Tod sicherte ihm
den Besitz von Reichthum, von äußerem Glanz und äu-
ßerer Ehre. Wie es nach der bösen That mit seinem Gewissen bestellt sein würde, wie er es vor Gott verantworten wollte, daß er das Lebensglück eines unschuldigen
Kindes, einer unschuldigen Mutter vernichtet hatte —
darnach fragte Lord Wilford nicht. Er folgte nur dem
wilden Triebe der Selbsterhaltung, der Habsucht und
des Hasses.

Eines Tages hielt ein Wagen mit vier dampfenden
Pferden bespannt vor dem Gasthause, in welchem sich
gewöhnlich die Alpenführer zu versammeln pflegten. Es
war Lord Wilfords Reisewagen, und der Lord selbst
sprang heraus und fragte nach einem Führer, der ihn
zum Uri=Bach geleiten könne. Eine düstere Zufriedenheit
prägte sich in seinen Zügen aus. Er hatte Zeit gewonnen — Lady Wilford konnte vor dem Abend des folgenden Tages nicht ankommen, da sie schwerlich, wie er es
gethan, rastlos die Nächte hindurch fuhr.

Ein Mann kam, der seine Dienste als Führer anbot.
Lord Wilford runzelte die Stirn. Er hatte gehofft, daß
der Knabe der einzige Führer nach dem Uri=Bache sein
werde, wie er es aus der Erzählung des Malers geschlossen hatte. Indeß bezwang er seinen Unwillen hinter
einer mürrischen Miene, und fragte nach Willi Schaff=
ringer.

„Der ist nicht hier, mein Herr," sagte der Wirth des
Gasthauses. „Er wohnt weiter oben im Thale."

„Aber man hat mir erzählt, daß er der einzige sichere

Führer nach dem Wasserfall sei," erwiederte der Lord. „Der Weg dahin soll sehr gefährlich sein; und ich möchte mein Leben nicht einem Jeden anvertrauen."

„Der Weg ist nicht mehr so gefährlich, als er war, mein Herr," entgegnete der Wirth. „An dem gefahrvollsten Punkte, wo man früher über einen Abgrund hinwegschreiten mußte, ist jetzt eine Brücke angebracht, freilich nur aus einigen Holzstämmen, aber stark und fest genug, um jede Besorgniß zu beseitigen."

Lord Wilford versank in ein tiefes Sinnen. „Wohl," sagte er endlich zu dem Führer, „ich will es mit Euch versuchen — geht voran."

Der Führer war bereit, und nach einer mehrstündigen Wanderung gelangte Lord Wilford an die Stelle, wo der Maler Augustin ohne die Geistesgegenwart und Gewandtheit Willi's beinahe das Leben und seine Bildermappe verloren hätte. Der schmale Weg an der Felswand entlang war noch unverändert; an der Stelle aber, wo man um die Ecke biegen und in früherer Zeit über den gähnenden Abgrund hinwegschreiten mußte, lagen einige roh und kunstlos behauene Baumstämme mit einem Geländer versehen, so daß der Uebergang jetzt ohne alle Gefahr und Mühe bewerkstelligt werden konnte.

Lord Wilford betrachtete mit düsterem Blicke den schmalen Felsenweg, die Brücke und den furchtbaren Abgrund in die schwindelnde Tiefe.

„Und dort hinüber müssen wir, um zu dem Wasserfall zu gelangen?" fragte er.

„Ja, Herr!" entgegnete der Führer. „Der Weg an der Felswand entlang bis zur Brücke ist freilich nicht sehr einladend und sieht gefährlich genug aus — aber Sie brauchen sich deshalb nicht zu fürchten; wenn Sie nur auf allen Vieren hinüber kriechen wollen, dann stehe

(30)

ich Ihnen mit meinem Leben dafür, daß ich Sie sicher hinüber bringe.“

Lord Wilford schüttelte den Kopf. „Nein,“ sagte er — „mein Leben ist mir zu lieb, als daß ich es um eines Wasserfalles willen auf’s Spiel setzen möchte. Ich werde lieber nach dem Stäubi=Fall gehen — der Weg dahin ist mir bekannt, und ich brauche deine weitere Begleitung nicht. Hier ist dein Geld — geh’!“

„Aber, Herr, wenn Sie es versuchen wollten — es ist wirklich keine Gefahr!“

„Nichts mehr davon, Mann! Du kehrst nach dem Gasthause zurück und bestellst dem Wirthe, daß ich viel= leicht erst morgen wieder ankommen werde. Geh’ — ich bedarf einiger Ruhe und will allein sein.“

Der Führer, obwohl ihn das seltsame Benehmen des Fremden wunderte, wagte doch keine Einrede weiter, sondern entfernte sich, wohl zufrieden mit dem reichlichen Botenlohne, den ihm der Reisende gegeben hatte. Lord Wilford setzte sich auf den Felsen nieder, und blieb un= beweglich, bis die Gestalt des Führers in der Ferne ver= schwunden war. Dann aber stand er auf, näherte sich dem schmalen Felsenpfade, warf sich auf die Kniee nieder, und kroch auf allen Vieren furchtlos der Brücke zu, welche er ohne Unfall erreichte. Am Ende des gefährlichen Pfades angelangt, der sich hier zu einer breiteren Fels= platte erweiterte, richtete er sich auf und betrachtete mit einer auffallenden Sorgfalt das schwache Gerüst, welches in einer Krümmung nach der jenseitigen Platte hinüber führte. Genau und sorgfältig betrachtete er die Grund= lage desselben, rüttelte mit kräftigem Arme an den Stämmen, und lächelte mit unheildrohendem Ausdrucke, als dieselben beim ersten Rucke aus ihren Fugen wichen. Er schien sie hierauf wieder in die vorige Lage zu brin= gen, betrachtete noch einige Augenblicke sein Werk, und kehrte dann über den schmalen Felsenpfad wieder an seinen vorigen Standpunkt zurück.

„Alles gut," murmelte er vor sich hin. „Mein Gang war nicht vergebens! Ein Stoß und es ist geschehen, ohne daß irgend ein Mensch sagen könnte, ich sei der Urheber des zufällig geschehenen Unglückes. Jetzt zurück, und Willi Schaffringer soll mein Führer sein.".

Noch einen Blick, von einem unheimlichen Lächeln begleitet, warf er auf die Brücke, und schlug dann mit raschen und entschlossenen Schritten den Weg nach dem Thale ein, in welchem friedlich und ruhig Peter Schaffringers Hütte lag. Die Ziegen kletterten auf den nahen Felsen umher, als er anlangte, und in der Nähe der Hütte saß ein kräftiger, schöner Knabe auf einem Felsstück, und schnitzelte an einem Stück Holz, indem er dabei halblaut eine muntere Melodie vor sich hin pfiff. Lord Wilford betrachtete den Knaben einige Augenblicke, und wurde bleich. Ja, das war er! Dieser Hirtenknabe war das Original des Portraits in des Malers Zeichenmappe — dieser Knabe war das geraubte Kind, war Lord Wilfords Neffe, der Sohn seines Bruders, war William, der ächte Lord Wilford — und vor ihm stand sein Räuber, stand der Bruder seines Vaters mit finsteren und blutigen Gedanken.

Lord Wilford konnte nicht zweifeln! So hatte sein Bruder in der Jugend ausgesehen! Dies waren seine Züge, seine Augen, seine weichen seidenen Locken! Wenn die Mutter des Knaben kam, mußte sie ihn augenblicklich als ihren Sohn erkennen! Und sie nahete schon, konnte schon am folgenden Tage da sein — es war keine Zeit zu verlieren.

Lord Wilford raffte sich zusammen und rief den Knaben an. Seine Stimme klang rauh und heiser vor innerer Bewegung — aber trotzdem sprang Willi sogleich auf und fragte, was dem Herrn gefällig sei?

(30)

„Bist du Willi Schaffringer, der Führer nach dem Uri=Bach?" fragte der Lord.

„Ja, Herr, der bin ich!"

„Gut, so führe mich dahin — ich werde dich gut be= zahlen dafür."

„Aber, Herr, die Sonne neigt sich schon dem Unter= gange zu" — entgegnete Willi; „wir brauchen drei Stunden, um hin zu gelangen, und in sechs Stunden ist es Nacht! Wollen Sie nicht lieber bis morgen warten! Mein Vater wird sie gern in seiner Hütte be= herbergen."

„Nein, Knabe, ich habe Eile und kann nicht warten," erwiederte Lord Wilford. „Ich werde dir das doppelte Führerlohn geben — weigerst du dich aber, so nehme ich einen anderen Führer an."

„O nein, Herr, das brauchen Sie nicht," sagte Willi. „Es war in guter Absicht, daß ich Sie warnte. Mir ist's ganz gleich, ob ich bei Tage oder bei Nacht gehe, und Mondschein haben wir ja auch. Nun, wie Sie wollen — ich bin bereit."

„Fort denn, fort!" drängte Lord Wilford. „Die Mi= nuten sind kostbar, und ich will einstweilen vorangehen, während du deine Sachen holst."

„Ich gebrauche nichts, als einen Alpenstock, Herr, und werde auf der Stelle wieder bei Ihnen sein!" sprach der Knabe, und sprang der Hütte zu, während Lord Wilford den kaum zurückgelegten Weg von Neuem be= trat. Wenige Minuten später befand sich Willi wieder an seiner Seite und wanderte munter auf den rauhen Felsenpfaden entlang.

Willi liebte es, durch heiteres, freundliches Geplauder den Reisenden die Zeit zu verkürzen. Auch seinen jetzi= gen Begleiter redete er mehrmals an, machte ihn auf die Schönheiten des Weges aufmerksam, und schilderte ihm den prachtvollen Anblick des herrlichen Wassersturzes,

den er nun bald mit eigenen Augen sehen werde. Aber
Lord Wilford hatte keine Antwort für den freundlichen
Knaben, als ein mürrisches Ja und Nein, oder einen
finsteren Blick, der wild und düster auf seinen offenen,
schönen und arglosen Zügen ruhte. Willi, unheimlich
berührt von dem Schweigen und dem bösen, bösen Ausdrucke in den Gesichtszügen des Fremden, verstummte
endlich auch und schritt schweigend neben seinem Begleiter her.

Nach einem Marsche von anderthalb Stunden erreich-
ten sie den schmalen Felsenweg, über welchen man auf
allen Vieren hinweg kriechen mußte.

„Geben Sie hier ein wenig Acht, Herr, der Abgrund
ist tief!"

„Ja, tief genug für ein Grab, aus dem Niemand wie-
derkehrt," erwiederte Lord Wilford mit einem unheilvollen
Lächeln. „Nur voran, Bursche! Ich folge dir!"

„Aber vorsichtig, lieber Herr!" sagte Willi. „Es ist
die einzige gefährliche Stelle auf dem ganzen Wege, und
sind wir erst an der Brücke, dann ist Alles vorbei."

„Ja, ja, dann wird wohl Alles vorbei sein," erwiederte
der Fremde. „Nur vorwärts!"

Willi zögerte nicht. Leicht und gewandt glitt er über
den schmalen Steg und blieb neben der Brücke stehen,
um seinen Begleiter zu erwarten, der langsamer nach-
folgte. Auch dieser kam ohne Unfall herüber und betrachtete mit einem forschenden Blicke die schwache Brücke,
welche über den Abgrund hinweg führte. Eine wilde,
triumphirende Entschlossenheit funkelte aus seinen Augen, prägte sich in seinen verzerrten Zügen aus.

„Ueber diese Brücke müssen wir?" sagte er mit anscheinender Besorgniß.

„Ja, Herr, aber sie ist fest genug, und man kann keck-
lich darüber hin schreiten."

„Verfuch' es! Ich traue der Brücke nicht“ — sagte Lord Wilford mit verstecktem Hohne.

Willi hob schon den Fuß, um sich auf die Brücke zu begeben, als plötzlich ein fernes Geschrei ertönte, das mit jedem Augenblicke näher zu kommen schien. Willi hielt inne und horchte.

„Was mag das sein?“ fragte er.

„Was wird es sein?“ erwiederte der Fremde. „Kümmert's dich? Vorwärts, vorwärts! Wir haben keine Zeit zu verlieren!“

Wieder ertönte das Geschrei, gleich einem warnenden Rufe in der einsamen Wüste der rauhen Felsen. Noch einmal zögerte Willi — aber sein Begleiter drängte ihn mit heftigen Worten vorwärts, und Willi gehorchte endlich, indem er kühn die Brücke betrat und nach der jenseitigen Felsplatte hinüber schritt.

„Sehen Sie, Herr, die Brücke ist sicher,“ sagte er, indem er in der Mitte derselben stehen blieb und sich nach seinem Begleiter umwandte. „Herr Gott, aber was ist dies?“ fügte er mit entsetzter Stimme hinzu, als er das wild verzerrte und entstellte Antlitz Lord Wilfords bemerkte.

„Dein Tod ist's!“ donnerte Lord Wilford hohnlachend — und hob den Fuß — und mit einem einzigen Stoße schleuderte er die Brücke aus ihrer Lage, und krachend, polternd, hie und da gegen die Felsen schmetternd, stürzte sie in die unergründliche Tiefe des Abgrundes hinab. Noch ein einziger Schrei des unglücklichen Knaben — gellend und herzzerreißend — erschütterte die Lüfte — dann das letzte Krachen und Brechen aus der Tiefe herauf — und Alles war still.

Lord Wilford, der Mörder, wandte dem Abgrunde den Rücken und kroch über den schmalen Felsensteg zurück. Ohne Unfall erreichte er die Mitte des schwindelnden Pfades, obwohl seine Glieder zitterten und eine dunkle Wolke vor seinen Augen zu schweben schien. So eisenfest waren seine Nerven nicht, daß sie nicht von seiner grauenhaften That mächtig erschüttert worden wären. Das donnernde Gepolter der Brücke, der gellende Aufschrei des schändlich ermordeten Knaben klang noch in seinem Ohre nach — und jetzt — ein neuer wilder Schrei von jenseits — der Ausruf: „Mörder, nichtswürdiger, abscheulicher Mörder!" und, erschreckt aufschauend, sah Lord Wilford drei Gestalten drüben stehen, drei Gestalten, wie rächende Boten des jüngsten Gerichts: Lady Wilford, den Maler Augustin und Peter Schaffringer, den Pflegevater des armen, gemeuchelten Knaben!

Entsetzen packte den Mörder—Angst, Schrecken, Furcht vor Entdeckung seiner Schandthat raubten ihm fast die Besinnung — Flucht, Flucht vor den Rächern war sein einziger Gedanke — hastig fuhr er zurück—wollte umkehren auf dem schmalen Pfade — die zitternden Hände griffen fehl — die wankenden Kniee verloren ihren Halt — mit einem gräßlichen Aufschrei glitt er vom Felsen — hielt sich noch einen Augenblick mit beiden Händen krampfhaft am Rande fest — zeigte den entsetzten Zuschauern sein entsetztes, verzerrtes, todtbleiches Antlitz — dann gaben die Finger auf der glatten Kante nach — und hinab, hinab stürzte er in den Abgrund mit einem letzten furchtbaren Schrei der Verzweiflung, der grauenvoll das Echo der starren Felsenmauern weckte.

Lady Wilford fiel ohnmächtig in die Arme des Malers. Peter Schaffringer aber, während er bleichen Angesichts sich über den Felsrand beugte, um dem Verunglückten nachzusehen, der spurlos in der Tiefe verschwunden war, sprach mit feierlicher Stimme: „Herr Gott, im Himmel droben, das war dein Gericht!"—Plötzlich schrie er laut auf — aber nicht ein Schrei des Schreckens war es, sondern ein Jubelruf der Freude, der über seine Lip-

pen drang. „Willi! Mein Willi!" schrie er. „Barm=
herziger, gnadenreicher Gott, du hast ihn gerettet!"

„Ja, herzlieber Vater!" tönte es aus der Tiefe zurück.
„Ich bin gerettet, wie des guten Herrn Augustin Bilder=
mappe, die in den Zweigen des Gesträuchs hier hängen
blieb. Nur einen Augenblick noch und ich bin bei dir!"

„Willi gerettet!" jubelte Augustin. „Glückliche Mut=
ter, erwache! Dein Kind ist dir erhalten worden! Willi,
Willi, mein herziger Knabe, komm' herbei!"

Willi kam — lächelnd tauchte sein rosiges Antlitz aus
der Tiefe auf, und im nächsten Augenblicke stand er ne=
ben seinem Pflegevater, und reichte strahlend vor Freude
dem Maler, seinem alten Bekannten die Hand, während
er mit verwundertem Blicke die noch unmächtige Lady
betrachtete.

„Was ist denn das? Wie kommt Ihr hieher?"
frägte er.

„Nachher, nachher!" sagte Augustin mit glücklichem
Lächeln. „Jetzt erzähle nur, wie du dem Tode entgan=
gen bist!"

„Ganz einfach mit Gottes gnadenreichem Beistande,"
entgegnete Willi. „Ich stand auf der Brücke, sah das
drohende, böse Gesicht des Fremden, sah ihn mit dem
Fuße die Brücke in den Abgrund stoßen, und rettete mich
durch einen Gemsensprung auf die Felsplatte, wo früher
einmal Ihre Mappe liegen blieb. Ein paar Augenblicke
brauchte ich, um mich von meinem Schrecken zu erholen,
und da sah ich denn auch, wie der abscheuliche Mann in
die Tiefe stürzte. Gott weiß, warum er so schlimme Ab=
sichten gegen mich hegte! Ich habe ihm doch nichts zu
Leide gethan!"

„Genug, Willi, mein lieber Knabe, du wirst Alles
erfahren," sagte der Maler. „Aber jetzt tritt ein wenig
auf die Seite! Die Lady erholt sich und darf dich nicht
sogleich sehen! Ah, sie schlägt die Augen auf! Gott sei

Dank! Lady Wilford, Muth!" fügte er in englischer Sprache hinzu. „Es ist keine Gefahr mehr, und Alles steht gut!"

„O Gott — aber William, mein Kind!"

„Gerettet, Mylady! Gerettet durch Gottes Barmherzigkeit!"

„Wo ist er — wo? Ah!. ...." Einen herzerschütternden Ausruf der unbeschreiblichsten Seligkeit stieß Lady Wilford aus — und im nächsten Augenblicke umschlang sie Willi mit ihren Armen, und ihre bebenden Lippen drückten tausend süße Küsse auf seinen Mund. Schweigend, betend, tief ergriffen und beseligt standen der brave Peter Schaffringer und Augustin daneben, und mit Thränen in den Augen sahen sie das Entzücken dieses Wiederfindens, dessen himmlische Seligkeit nur geahnt, aber nicht beschrieben werden kann . . . .

———

Wie die Saat, so die Aernte! — Wie genau auch Lord Wilford Alles berechnet hatte, Eines hatte er doch in dieser selbstsüchtigen Rechnung vergessen: die mächtige, Alles überwältigende Liebe der Mutter zu ihrem Kinde. Kaum eine Stunde nach der Abfahrt des Lords im Dampfboote war Lady Wilford in Dover angekommen, um ebenfalls die Ueberfahrt nach dem Kontinente zu machen. Bei der Erkundigung nach den abgehenden Schiffen erfuhr sie zufällig, daß kurz vorher ein einzelner Reisender ganz allein ein Dampfboot gemiethet habe, um denselben Weg, wie sie, zu verfolgen. Eine böse Ahnung blitzte in ihrer Seele auf — sie fragte, erkundigte sich weiter, und bald konnte sie nicht mehr daran zweifeln, daß ihr Schwager der geheimnißvolle Reisende war, der so große Eile gezeigt hatte. „Er ist mir voraus geeilt, um mir mein Kind zum zweiten Mal zu entreißen!" Das war der Gedanke, der in ihr aufstieg. Ein Dampfschiff lag zur Abfahrt nach Frankreich bereit. Augenblicklich schiffte sie sich ein, und nahm ihren Weg, anstatt über Deutschland, über Calais. Augustin sorgte dafür, daß man überall schnell Pferde bekam—Gold, das er mit vollen Händen ausstreute, verlieh ihnen Flügel. Sie gelangten in die Schweiz, in das versteckte Alpenthal, in Peter Schaffringers Hütte. Wenige Worte erklärten Alles. Willi war mit einem Fremden vor kaum einer halben Stunde nach dem Uri=Bach gegangen. Die schrecklichen Ahnungen der Mutter kehrten mit verdoppelter Heftigkeit wieder. Wer anders konnte dieser Fremde sein, als Lord Wilford, ihr Schwager? „Fort um Gottes Willen!" flehte sie, „daß wir ihn einholen, ihn behüten, ihn retten." Auch Augustin drängte. Nicht Mühe, nicht Anstrengung, nicht die steilen Höhen, nicht die rauhen Pfade achtend, drang die zärtliche Mutter vorwärts, wie eine Löwin, der man ihr Junges geraubt hat. Ihre leichten Schuhe zerrissen, ihr seidenes Gewand wurde von Dornen zersetzt, ihre Füße schmerzten und bluteten! Sie achtete Alles nicht, sondern eilte nur schneller weiter. Ihr banger Ruf nach dem theuren Knaben drang hell in die Weite — Willi's Mörder hörte ihn wohl — er hätte noch umkehren können — aber sein Verhängniß trieb ihn weiter — er sollte ärnten, was er gesäet hatte. Das plötzliche Erscheinen der Lady führte den zerschmetternden Sturz in die Tiefe herbei. Das Loos, das er dem Knaben zugedacht, ereilte ihn selbst. Die Gerechtigkeit des Himmels ereilte ihn nach vollbrachter That, und mitten in seinen Sünden fuhr er dahin, um vor Gottes Throne seinen Urtheilsspruch zu vernehmen.

„Und ist er nicht mehr zu retten?" fragte die Lady.

„Nicht zu retten!" erwiederte Peter Schaffringer. „Nicht einmal seine Gebeine werden in geweihter Erde ruhen — sie sind eine Speise der Geier und Raben — denn noch nie hat ein menschlicher Fuß die Tiefe jenes

Abgrundes betreten. Wie er säete, so hat er geärntet. Gott sei seiner armen Seele gnädig!"

Und Willi? — Oh, wie glücklich war der Knabe, daß er eine Mutter, eine so treue, zärtliche, liebende Mutter gefunden hatte! Wie glücklich war er, daß er auch glücklich machen konnte, die glücklich machen, die ihn als armes, hülfloses Kind in ihre Hütte und an ihr Herz aufgenommen hatten. Zwar fehlte auch seinem Glücke ein herber Tropfen nicht: der Abschied von dem braven Peter Schaffringer und der treuen Pflegemutter und den Schwestern, die er Alle, Alle so herzinnig liebte. Aber dieser herbe Tropfen wurde versüßt durch die sichere Hoffnung, daß er die lieben Freunde in der lieben kleinen Hütte alljährlich wiedersehen und auf ganze Monate lang mit der Mutter besuchen würde. Das versprach er — und bis auf den heutigen Tag hat er es redlich gehalten.

Wie die Saat, so die Aernte!

Wenn du einmal hinkommst in die Schweiz, mein freundlicher Leser, und gelangst in das Thal, von wo aus der Weg aufwärts führt auf die Berge nach dem Uri-Bach hin, so wird dir ein stattliches Gehöft in das Auge fallen, ein großes, geräumiges Haus, wohnlich und fest aufgeführt, und mit prächtigem Schnitzwerk verziert; und daneben eine kleine trauliche Hütte mit spiegelblanken Fenstern — und auf den Wiesen ringsum, und auf den Berghalden weit und breit stattliche Rinder und Ziegen ohne Zahl — und wenn du fragst, wem das Alles zu eigen ist, so wirst du hören: „dem Peter Schaffringer und seiner Familie, den bravsten christlichsten Leuten weit und breit!" Und wenn du dann den Peter Schaffringer selber siehst vor dem schönen Hause sitzen mit der wackeren Hausfrau, und die blühenden Töchter um ihn her, mit dem freundlichen, liebreichen Gesicht, so magst du ihn von mir grüßen, und dich dabei des Wortes erinnern, das geschrieben steht: „Wie die Saat, so die Aernte!" Ja, ja, Vater Schaffringer hatte gute Frucht gesäet, und herrliche Frucht hat er geärntet: Ein fröhliches Gewissen, die treue Liebe der Menschen, und Gnade vor dem Herrn!—Alljährlich besucht ihn William, der junge Lord Wilford mit seiner Mutter, und oft sagt er, seine schönsten Tage seien die, die er in der kleinen lieben Hütte bei den Pflege=Eltern zubringe, wo er in seiner Jugend so viel Schönes, Liebes und Herrliches erfahren habe.

Wie die Saat, so die Aernte!

Augustin, der Maler, ist noch immer der treue Freund Willi's, und herrliche Bilder malt er, wie man sie kaum schöner sehen kann—die meisten für den Prinzen, der sie mit Gold aufwiegt und in den prächtigsten Zimmern seines Schlosses aufhängt. Hoch angesehen und werthgeschätzt ist er von Allen, die ihn kennen, und sein Glück ist fast nicht geringer, als das der Anderen, deren seltsame Abenteuer er zum Theil mit erlebt hat. Alle aber sind innig dankbar dem Herrn, und preisen seine Weisheit und Güte — denn vom Ihm ist ja Alles gekommen, was ihnen Gutes zu Theil geworden ist, und Seiner himmlischen Führung verdanken sie die ganzen reichen Schätze ihrer irdischen Glückseligkeit.

Wie die Saat, so die Aernte! Ach, möchten auch wir doch immer Gutes säen, damit wir uns dermaleinst ebenfalls der Aernte freuen können, der reichen und schweren Garben, — wär' es auch erst drüben im Jenseits inmitten der himmlischen Herrlichkeit. —

Nemesis.

Eine Erzählung

für

meine jungen Freunde.

Von

Franz Hoffmann.

Amerikanische Stereotyp-Ausgabe.

Philadelphia.

Verlag von J. Kohler, No 202 Nord 4te Straße.

1864.

Erstes Kapitel.

Führe uns nicht in Versuchung.

***

An einem düsteren Herbst=Nachmittage befanden sich zwei Männer in einem ziemlich geräumigen, mit anstän=bigen Möbeln versehenen Zimmer. Der Eine von ihnen lehnte sich bequem und nachlässig in die weichen Polster eines Armstuhles zurück, und heftete seine Augen mit Blicken voll Hohn und schlechtverhehlter Schadenfreude auf den Andern, welcher von sichtlicher Seelenqual ge=foltert, bald mit unruhiger Hast im Zimmer auf= und abschritt, bald, hier oder dort inne haltend, verzweif=lungsvoll die Hände rang, und mit unsäglicher Traurig=keit jetzt die Augen zu Boden senkte, dann wieder sie, Jammer im Blick, zum Himmel emporhob. Plötzlich blieb er dicht vor dem Manne im Lehnsessel stehen, und faßte die Hände desselben mit krampfhaftem Griffe.

„Du mußt mir helfen, Solms," sagte er mit ge=preßter Stimme. „Meine Lage ist verzweifelt; ein Abgrund gähnt zu meinen Füßen, der mich unfehlbar verschlingen wird, wenn du mir nicht die rettende Hand reichst. Oft hast du mir geschworen, wenn du mein Gast warest und an meiner Tafel schwelgtest, daß du unter allen Umständen treu und bis zur Aufopferung mein Freund bleiben würdest. Jetzt mahne ich dich an deine Schwüre! Beweise jetzt, daß du mein wahrer Freund bist, und schütze mich vor dem Verderben!"

„Aber, liebster Peters," erwiederte der Bank=Buch=halter Solms äußerst ruhig, und, allem Anscheine nach, nicht im Mindesten erregt durch die Verzweiflung seines Collegen, des Bank-Kassierers Peters; — in welcher Weise soll ich dir helfen? Seit einer Viertelstunde rennst du wie verrückt hier in meinem Zimmer herum, fichst mit den Armen, läßt allerlei unartikulirte Laute hören, gleich einem wilden Thiere in seinem Eisenkäfig, und verräthst mit keiner Sylbe, wo dich eigentlich der Schuh drückt. Sprich in klaren Worten zu mir, Mensch, und dann wollen wir sehen, was sich für dich thun läßt."

„Und bist du wirklich geneigt und bereit, mich meiner schrecklichen Lage zu entreißen?"

„Gewiß, — wenn es in meiner Macht steht," versetzte der Buchhalter, aber in so kaltem und nachlässigem Tone, daß der Kassierer eisig davon berührt zu werden schien. Der Angstschweiß stand in großen Perlen auf seiner Stirn, und sein Blick wurde stier und wild, beinahe irrsinnig. Dennoch faßte er sich wieder.

„Es hilft nichts, ich muß ihm Alles bekennen," murmelte er vor sich hin.

„Nun, so sprich endlich," drängte der Buchhalter in ärgerlichem Tone.

„Höre denn," sagte der Kassierer, indem er seinen Mund dicht an das Ohr des Buchhalters legte, in unheimlichem Flüstertone: — „ich bin ruinirt, und habe keinen Pfennig Geld mehr in meinem Hause."

„So? Das wundert mich eben nicht," erwiederte der Buchhalter, und ein häßliches Lächeln spielte um seine schlaffen, schmalen Lippen, während sein Auge für einen kurzen Moment schadenfroh aufleuchtete. „Bei deinem verschwenderischen Leben, bei deiner Affenliebe zu deinen Kindern, die du durchaus nicht als sparsamer Kassierer, sondern wie ein Fürst erzogen hast, konnte unmöglich dein Gehalt die unsinnigen Luxusausgaben decken."

„Ach, meine Kinder! Meine armen unglücklichen Kinder!" seufzte der Kassierer aus schwer bedrücktem

Herzens: „Mein ehrlicher Benjamin! Meine liebe süße Emma! Wie werdet Ihr den Schlag ertragen, den Eures eigenen Vaters unselige Schwäche auf Eure schuldlosen Häupter gelenkt hat! Solms, schon um der armen Kinder wegen mußt du mir helfen!"

„Ei ja, warum denn nicht!" versetzte der Buchhalter phlegmatisch. „Auf ein zwanzig, dreißig Thälerchen soll's mir bei einem alten Freunde nicht ankommen!"

Der Kassierer machte eine heftige Bewegung des Unwillens, und heiße Gluthröthe überflog seine bleichen, kummervollen Züge.

„Dreißig Thaler!" rief er aus, — „was soll eine solche Kleinigkeit nützen?"

„Aber du hast ja selber Vermögen," sprach Solms weiter. „Ich weiß doch, daß fünftausend Thaler von dir bei der Bank stehen!"

„Fort! Alles fort!" ächzte der Kassierer, und preßte die Hände zusammen, als ob das Blut unter den Nägeln hervorspringen müßte.

Solms lächelte in der früheren häßlichen Weise, als ob er schon lange vorher gewußt hätte, daß von den erwähnten fünftausend Thalern nicht ein rother Heller mehr vorhanden war.

„Schlimm!" sagte er. „Da wirst du dich einschränken müssen, wenn du auf deinen Gehalt allein angewiesen bist."

„Aber, Mensch," brauste der Kassierer auf, — „willst du mich denn gar nicht verstehen? Ich habe Schulden, und muß sie bezahlen, wenn ich nicht erwarten soll, aus dem Dienste gejagt zu werden?"

„Pah, so schnell geht das nicht! deine Gläubiger müssen Geduld haben und warten. Du bist nicht der einzige Mensch in der Welt, der in Schulden bis über die Ohren steckt. Schulden, ich geb' es zu, sind ein Unglück, aber noch lange kein Verbrechen. Schulden

(31)

halber verliert ein Kaffierer bei der königlichen Bank noch lange seinen Poften nicht!"

„Und doch schwör' ich dir, Solms, daß ich schimpflich aus der Bank entlaffen werde, wenn ich nicht bis morgen Mittag zweitausend Thaler herbeischaffe," sagte der unglückliche Kaffierer mit bebender Stimme. „Hilf mir, Solms!" rief er dann, von Todesangst ergriffen, aus, und stürzte vor dem Buchhalter nieder, um seine Kniee zu umfaffen. „Zweitausend Thaler, oder ich muß — in das Zuchthaus wandern!"

Abermals blißte eine wahrhaft teuflische Schadenfreude in des Buchhalters Augen auf, und ein triumphirendes Hohnlächeln verzerrte auf einen Moment seine Lippen. Dann neigte er sich zu dem verzweifelnden Manne nieder, und sagte leise:

„Zweitausend Thaler! Unglücklicher, haft du eine Veruntreuung begangen, weil du dich vor dem Zuchthause fürchteft?"

„Ich habe Schlimmeres gethan," verfeßte der Kaffierer dumpf, — „ich habe falsche Wechsel gemacht und in Umlauf gesetzt, um mich für den Augenblick aus dringenden Verlegenheiten zu retten. Morgen werden die Wechsel mit den nachgemachten Unterschriften präsentirt. Wenn ich sie nicht einlöse, ehe sie dem Bankdirektor zu Gesicht kommen, bin ich rettungslos lebenslänglicher Schmach verfallen!"

„Armer Freund! Armer geschlagener Freund!" sagte der Buchhalter mit gut geheucheltem Mitleiden. „Das ift freilich eine sehr traurige, ich möchte sagen, eine wirklich verzweifelte Lage, in der du dich befindest! Du selbst im Zuchthause, deine beiden armen Kinder am Bettelstabe und mit besudelt von der Schande ihres Vaters, — wahrlich, das ift hart, sehr hart! Du dauerst mich im Grunde meiner Seele!"

„Oh, Solms, wenn du wirklich Mitleid mit meinem

gräßlichen Unglücke haſt, ſo wirſt du mir auch helfen, wirſt du mich retten!" rief der unglückliche Kaſſierer halb zerknirſcht, halb hoffnungsfreudig aus. Aber der Buchhalter zuckte die Achſeln.

„Ich wiederhole, Peters, deine Lage jammert mich," ſagte er kalt, — „aber ich kann dich nicht retten!"

„Du mußt es! Ich weiß, du haſt für mehr als zweitauſend Thaler Werthpapiere da in deinem Schranke liegen. Vertraue ſie mir an, und ich gelobe dir, ſie redlich und in kürzeſter Friſt zurück zu erſtatten."

„Armer Freund, wie ſchmerzt es mich, daß ich deine Hoffnungen täuſchen muß," entgegnete der Buchhalter. „Jene Werthpapiere, ſie ſind nicht mehr vorhanden. Unglückliche Spekulationen haben ſie verſchlungen. Wie geſagt, ein dreißig, vierzig, ſelbſt fünfzig Thaler kann ich dir geben, — aber mehr ſteht nicht in meiner Macht."

„So bin ich verloren! Rettungslos verloren!" murmelte der Kaſſierer mit dumpfer Stimme vor ſich hin. „Wohl denn! Lieber den Tod, als die Schande! Lebe wohl, Solms!"

Er ſtand auf, wandte ſich um, und ſchritt der Thüre zu. Als er ſie öffnen wollte, hielt ihn ein Anruf des Buchhalters wieder zurück.

„Bleibe noch einen Augenblick, Peters, und ſetze dich hierher, mir gegenüber auf das Sopha. Vielleicht iſt dir noch zu helfen. Ueberlegen wir!"

Peters kehrte um, und ließ ſich mechaniſch auf das Sopha nieder, von wo er den Buchhalter mit irren Blicken anſtierte.

„Wie ſoll mir noch zu helfen ſein?" fragte er heiſer, als ob ihm innere Angſt die Kehle zuſchnürte.

„Durch Muth und Entſchloſſenheit!" verſetzte der Buchhalter. „Höre mich an! Das Meſſer ſitzt dir alſo wirklich vor der Gurgel? Du ſiehſt keine Ausſicht, auch nicht eine entfernteſte, auf Rettung mehr?"

„Keine!"

„Nun aber," fragte Solms leise, als ob er in jedem
Lüftchen einen Horcher fürchtete, — „bist du denn nicht
Kassierer der Königlichen Bank? Hast du denn nicht die
Schlüssel zu den Geldschränken und zu den Gewölben,
wo Gold und Silber in solchen Massen aufgehäuft liegen, daß man Kaiser und Pabst damit auskaufen könnte?
Fortgejagt wirst du nun doch einmal, — da wirst du doch
nicht ein solcher Thor sein, mit leeren Händen zu gehen,
und w o h i n zu gehen? Geradeswegs aus dem Bank-
gebäude in das Z u c h t h a u s!"

Peters wurde, indem er diese Worte des Versuchers
anhörte, sehr bleich, so bleich, wie die geweißte Decke der
Stube, und ein furchtbarer Kampf des Bösen mit dem
Guten entspann sich in seiner Seele. Bis jetzt hatte er
allgemein für einen unbescholtenen Mann gegolten, und
in allgemeiner Achtung gestanden. Nach Ablauf von
vierundzwanzig Stunden war dies vorüber, und Schmach
und Schande auf sein Haupt gehäuft, wenn er den Ein-
flüsterungen des Buchhalters Gehör gab. Seine E h r e
konnte er nicht mehr retten, wohl aber seine F r e i h e i t.
Er rang entsetzlich mit sich selbst.

„Denke an deine Kinder!" flüsterte ihm der Versucher
von Neuem zu. Sollen sie als Bettler vor den Thüren
zurückgewiesen werden, und auf einem Kehrichthaufen
oder in einem Straßenwinkel vor Hunger und Elend
umkommen?"

Peters rang die Hände; das Herz in der Brust schien
ihm zu zerspringen, so stöhnte und ächzte er. Aber noch
unterlag das gute Princip in seinem Innern nicht dem
Principe des Bösen.

„Es ist ja ein Leichtes für dich, diesen Abend, wenn
die Bank geschlossen ist, wieder in das Kassenzimmer zu
kommen," zischelte der Versucher weiter. „Jedermann
weiß ja, daß du häufig die Abende bis nach zehn Uhr

dort zubringſt, um deine Geſchäfte zu ordnen, und da
wird ein Mal mehr nicht auffallen. Entſchließe dich,
Mann, oder du biſt unrettbar dem Zuchthauſe, und
deine Kinder ſind dem grenzenloſeſten Elende verfallen."

„Meine Kinder! Meine armen Kinder!" ſtöhnte der
Kaſſierer. „Ja, ſie wenigſtens ſollen nicht in Schmach
und Schande untergehen! Die Erinnerung an ſie
würde mich tödten, wenn ich im Zuchthauſe ſäße. Ich
ſehe ein, es muß geſchehen, ich muß meiner Kinder
willen meine Seele der Hölle verſchreiben."

„Thorheit!" höhnte der Buchhalter. „Was iſt Hölle?
Was iſt Himmel? Wer weiß etwas Gewiſſes davon zu
erzählen? Jedenfalls ſteht feſt, daß ein Leben im Zucht=
hauſe der Himmel nicht iſt! Raffe dich auf, Menſch!
Dieſe Nacht noch müſſen wir die That vollbringen, und
die Flucht ergreifen, um uns und unſere Beute in
Sicherheit zu bringen."

„Ja, ja, es muß ſein," ſtammelte der Kaſſierer.
„Meine Kinder! Ich kann meine Kinder nicht dem
Verderben preisgeben. Wir fliehen, fliehen weit hinweg
über Land und Meer, bis wir ein Aſyl gefunden haben,
wo Niemand meine Schande kennt, Niemand mit Fin=
gern auf mich deuten kann. Aber," — ſetzte er erſchro=
ken hinzu und ſtarrte ſeinen Genoſſen mit unſicherem
Blicke an, — „ich vergeſſe ganz, — die Geldſchränke
haben zwei Schlöſſer, und ich habe nur einen Schlüſ=
ſel; der andere befindet ſich in Verwahrung des Bank=
direktors. Verloren! Unrettbar verloren! Ich kann
der Schmach und dem Zuchthauſe nicht mehr entrinnen!"

„Und was meinſt du zu dieſem Schlüſſel hier, he?"
fragte der Buchhalter mit triumphirendem Blicke, indem
er einen ſeltſam geformten Schlüſſel aus der Taſche zog,
und ihn dem Kaſſierer hinreichte.

„Bei Gott, es iſt der zweite Schlüſſel, der mir fehlt!"
rief dieſer aus, nachdem er das Inſtrument genau be=

trachtet hatte. „Wie war es möglich, daß er in deinen Besitz gelangen konnte?"

„Genug, der Schlüssel ist hier! Wie ich ihn bekommen habe, braucht dich weiter nicht zu kümmern. Uebrigens ist keinerlei Hexerei im Spiele. Ein Stückchen Wachs ist schmiegsam. Ich drückte gelegentlich, als der Bankdirektor einmal sein Pult verlassen und den Schlüssel mitzunehmen vergessen hatte, denselben in Wachs ab, und feilte später nach dem Abdrucke dieses Ding da zurecht."

„Also hast du schon seit längerer Zeit daran gedacht, die That zu begehen?" fragte der Kassirer betroffen.

„Gewiß habe ich daran gedacht von der Zeit an, wo du dein Leben der Verschwendung begannest, versetzte Solms mit hämischer Miene. „Als ich sah, daß du dein Geld mit vollen Händen wegwarfest, und daß du heimlich ganz unsinnige Spekulationen machtest, um die Mittel zu Saus und Braus herbeizuschaffen, da war mein Plan entworfen und reif. Glaubst du denn, ich hätte Lust und Neigung, hier ewig zu büffeln für lumpige achthundert Thaler Gehalt? Das sollte mir einfallen! Ich lauerte auf den Moment, wo du bankerott warest an Geld und Ehre, und — dieser Moment ist jetzt gekommen. Allein konnte ich den Streich nicht ausführen, in Verbindung mit dir dagegen ist die Ausführung nur eine Kleinigkeit, denn du hast den einen, ich habe den andern Schlüssel."

Der Kassirer athmete tief und schwer auf.

„Jetzt verstehe ich Alles, sagte er dumpf mit gepreßter Stimme. „Auf mein Elend spekulirtest du, darum bestärktest du mich in meinem Hange zur Verschwendung, darum hingest du dich an mich, wie eine Klette, und drängtest mich immer weiter und weiter auf den Weg des Verderbens, anstatt als ein wahrer Freund behütend, warnend und schützend an meiner Seite zu

stehen. Oh, ich durchschaue jetzt Alles, auch deine Falsch-
heit und Niederträchtigkeit."

„Nun, nun, ereifere dich nicht so sehr," sagte der
Buchhalter spöttisch. „Geschehene Dinge sind nicht zu
ändern, und du solltest mir eigentlich Dank wissen, daß
ich dazu geholfen habe, dich in's Malheur zu bringen.
Ich sollte meinen, daß es sich im freien Amerika mit
einem Vermögen von hunderttausend Thalern angenehmer leben lassen müsse, als hier in Deutschland mit
einem kümmerlichen Jahresgehalt, welchen man noch
obendrein durch eine unerträgliche Knechtschaft verdienen muß. Frisch auf, Peters! In Amerika blüht unser
Glück! Den goldenen Samen dazu nehmen wir von
hier mit." .

Der Kassierer schüttelte wehmüthig den Kopf.

„Auf Glück rechne ich nicht mehr," sagte er. „Ich
muß, meiner armen Kinder halber, ein Verbrechen begehen und die Flucht ergreifen, aber das Glück werde
ich nirgends finden, wie weit auch meine Füße mich
bringen mögen. Was mich erwartet, ist Kummer und
Reue; darüber täusche ich mich nicht. Aber meinen
Kindern bin ich jedes Opfer schuldig, selbst das Opfer
meines ganzen zukünftigen Lebens."

Der Buchhalter machte eine wegwerfende Geberde.

„Du bist ein Narr, und einem Solchen ist nicht zu
rathen, noch zu helfen," sprach er. „Aber jetzt zur
Sache. Um welche Stunde treffen wir uns im Bankge-
bäude?"

„Um elf Uhr Nachts wird die beste Zeit sein," versetzte Peters. „Ich werde heute Abend bis zehn Uhr
im Kassenlokale arbeiten, und ehe ich mich entferne,
Sorge tragen, die Riegel der eisernen Fensterladen
zurück zu schieben. Der Aufwärter pflegt sich kurz nach
zehn Uhr zur Ruhe zu begeben und wird uns also nicht
im Wege sein." . .

„Gut, um elf Uhr bei der Bank," erwiederte Solms. „Und wie wollen wir unsere Flucht sichern? Welche Richtung werden wir einschlagen, um am sichersten unseren Verfolgern zu entgehen?"

„Nach vollbrachter That muß jeder von uns für sich selber sorgen," entgegnete Peters finster. „Deine und meine Wege scheiden sich von nächster Nacht an. Ich hasse dich, denn du hast mit teuflischer Bosheit mich auf die Irrwege getrieben, die mich in einen Abgrund von Verbrechen und Schande gestürzt haben."

„Wie du willst," versetzte Solms. „Trennen wir uns also. Ohnehin hoffe ich meine Flucht leichter bewerkstelligen zu können, wenn ich sie allein antrete, als mit dir und deinen beiden Kindern. Nimm dich nur in Acht, daß diese nicht zu Verräthern an dir werden."

„Sie sind bereits entfernt und in Sicherheit, da ich sie auf keinen Fall hier lassen konnte, um Zeugen meiner Schmach und meines Verderbens zu sein. Sie befinden sich schon seit einiger Zeit bei ihrer Tante in einer Seestadt, die ich dir nicht nennen werde, da ich um jeden Preis von dir loskommen will."

„Oh, ich bin gar nicht neugierig, ihren Aufenthaltsort zu erfahren. Helfe sich Jeder von uns, so gut er kann."

„So sei es!" erwiederte Peters, und entfernte sich ohne weiteren Gruß und Abschied. Solms blickte ihm hohnlachend nach.

„Narr!" rief er aus und rieb sich schadenfroh die Hände. — „Narr, mit deinen Reuegefühlen und sentimentalen Gewissensbissen! Meinetwegen härme dich zu Tode! Ich für meinen Theil will klüger handeln und ein lustiges Leben führen, — nicht jenseit des Meeres, in dem öden, unwirthlichen Amerika, sondern im Mittelpunkte der reizendsten Zerstreuungen, in dem großen, herrlichen, prachtvollen Paris! Einmal dort, wer wird in dem reichen Chevalier Brissot den ehemaligen armseligen Bankbuchhalter Solms wieder erkennen! Es lebe Paris! Es lebe die Freiheit, der Reichthum, die Lust und der Taumel der Freude!"

Er griff nach einer Brieftasche, die auf dem Tische neben ihm lag, öffnete sie, und nahm ein Papier heraus, das er entfaltete und mit behaglicher Zufriedenheit überlas.

„Es war ein gescheiter Gedanke von mir," murmelte er dabei, „daß ich neulich dem betrunkenen jungen Franzosen diesen Paß aus der Tasche nahm. Er sichert meine Flucht, und bin ich nur erst über Frankreichs Gränze, so mögen die Verfolger lange suchen, ehe sie den Buchhalter Solms ausfindig machen!"

Sorgfältig faltete er dann den Paß wieder zusammen, und schloß ihn nebst der Brieftasche in einen Schrank ein. Hierauf ergriff er seinen Hut und entfernte sich aus seiner Wohnung, um sich zu seinen gewohnten Geschäften nach der Bank zu begeben.

„Zum letzten Male!" brummte er vor sich hin. „Morgen ist die Sklaverei vorüber, und ein neues Leben der Wonne und des Glückes beginnt."

Am folgenden Tage erschienen weder der Kassierer Peters, noch der Buchhalter Solms in dem Bank-Gebäude. Als der Bank-Direktor nach ihnen schickte, und der Bote mit dem Bescheid zurückkam, daß er die beiden Herren vergebens in ihrer Wohnung und an anderen Orten aufgesucht habe, schien eine Ahnung des Geschehenen im Kopfe des Direktors aufzudämmern. Er ordnete sofort eine Revision der Kasse an, und machte die unerfreuliche Entdeckung, daß eine Summe von über zweimalhunderttausend Thalern in Gold und Papieren fehlte. Dazu kam der falsche Wechsel, welchen der Kassierer ausgestellt und in Umlauf gesetzt hatte, und drückte vollends das Siegel auf den Verdacht, daß Peters und Solms die Kasse beraubt haben müßten.

Augenblicklich wurden Anstalten getroffen, der entflohenen Verbrecher wieder habhaft zu werden. Durch öffentliche Blätter, durch Polizei und Gensdarmen wurde auf sie gefahndet, aber sie waren und blieben spurlos verschwunden. Keine Nachforschung führte zum Ziele, und nach einigen Monaten schien der freche Diebstahl in das Meer der Vergessenheit versunken zu sein. Nur der Bank=Direktor murmelte noch zuweilen mit einer Verwünschung:

„Die Halunken! Ueber zweimalhunderttausend Thaler! Man könnte den Verstand darüber verlieren!"

———

Zweites Kapitel.

Im fernen Westen.

———

Am Ufer des Mississippi, in einer der fruchtbarsten Gegenden Amerika's lag das Haus und die weit ausgedehnte Besitzung des Mr. Wilson, der sich vor etwa fünfzehn Jahren hier niedergelassen hatte. Damals war viele Meilen weit im Umkreise noch keine Spur von Civilisation sichtbar gewesen, und vielleicht gerade deßhalb hatte sich Mr. Wilson, ein ernster, stiller, ruhiger, fast schwermüthiger Mann, in diese einsame Wildniß zurückgezogen. Sein Grundbesitz, wie er ihn von der Regierung der Vereinigten Staaten angekauft, hatte eine Ausdehnung von mehreren deutschen Quadratmei-

(31)

len, und war größer als manche große deutsche Graf-
schaft und manches kleine Fürstenthum. Nur der kleinste
Theil der Besitzung war im Laufe der Zeit durch Mr.
Wilson cultivirt worden, obgleich er eine Anzahl von
mehr als hundert Sklaven besaß, welche unter der Auf-
sicht seines etwa achtzehnjährigen Sohnes Benjamin die
Aecker bestellten und die Früchte des Bodens einerndte-
ten. Rings um das stattliche, nicht wie gewöhnlich von
Baumstämmen, sondern solid, beinahe prachtvoll aus
Stein aufgeführte Wohnhaus des reichen Grundeigen-
thümers herum erstreckten sich weithin bis an den Saum
des Urwaldes seine Tabak-, Mais- und Baumwollen-
Pflanzungen. Auf dem Mississippi schaukelten sich mehrere Schiffe, welche ebenfalls dem Pflanzer Wilson
gehörten und die Bestimmung hatten, den Ertrag der
jährlichen Erndten nach New-Orleans zu führen, wo sie
am leichtesten und vortheilhaftesten verwerthet werden
konnten.

Herr Wilson galt in der ganzen Gegend weit und
breit für einen höchst achtbaren und respektabeln Mann.
Seine Nachbarn,—denn im Laufe der Jahre hatten sich
deren mehr und mehr an den Grenzen seines Besitzthumes herum angesiedelt,—schätzten und liebten ihn,
und hatten allerdings jeden möglichen Grund dazu, indem Mr. Wilson Jeden von ihnen mit Herzlichkeit aufgenommen und ihnen in aller Weise Hülfe und Beistand
geleistet hatte. Er half, wo er konnte. Dem Einen gab
er Geld, dem Anderen Zuchtvieh, dem Dritten lieh er
seine Sklaven zur Lichtung und Klärung der Wälder
und zum Aufbau der Blockhäuser, den Vierten unterstützte er mit Sämereien und Lebensmitteln, und dies
Alles so vollkommen uneigennützig, daß alle Welt ihn
deßhalb anstaunte, bewunderte und hochschätzte. Der
Erkenntlichkeit seiner Nachbarn verdankte er es, daß er
durch einstimmige Wahl zum Friedensrichter der Gegend

erwähnt und daß ihm mannigfache Ehren bezeigt würden, wie sie sonst in Amerika nicht vorzukommen pflegen.
Er übte auf seine zahlreichen Nachbarn einen Einfluß
aus, der fast unwiderstehlich zu nennen war. Bei Mei-
nungsverschiedenheiten entschied allemal sein Ausspruch,
und keine der Parteien wagte dagegen zu murren und
noch viel weniger dagegen sich aufzulehnen. Sogar die
rohesten und wildesten Burschen in jener, zum Theil noch
heute ziemlich uncultivirten Wildniß wagten es nie, den
gehörigen Respekt gegen Mr. Wilson aus den Augen zu
setzen, und beugten ihr Haupt tiefer vor ihm, als sie es
vor irgend einem Fürsten in der alten Welt gethan haben würden.

Und doch buhlte Mr. Wilson keineswegs um alle diese
Ehrenbezeigungen; im Gegentheil, sie schienen ihm eher
unangenehm zu sein, als ihn zu erfreuen, und nicht
selten gerieth er in Verlegenheit, wenn er sie nicht ab-
lehnen oder ihnen aus dem Wege gehen konnte, was er
am liebsten immer gethan hätte.

Allgemein galt Herr Wilson nicht allein für einen
äußerst achtbaren, sondern auch für einen äußerst glücklichen Mann. Es mangelte ihm allerdings nichts, was
das Leben irgend angenehm machen und verschönern
kann. Er war reich an Geld und Gut, und besaß noch
außerdem zwei liebe Kinder, denen er und die ihm mit
unbeschreiblicher Zärtlichkeit zugethan waren.

Seinen Sohn Benjamin haben wir bereits erwähnt.
Er war ein herrlicher, in Kraft, Gewandtheit und Kör-
perschöne hervorragender Jüngling mit zugleich zartem
und stolzem Gemüth. Die Sklaven hatten an ihm einen
Aufseher, wie sie ihn sich nicht besser wünschen konnten.
Allerdings hielt er mit Strenge darauf, daß sie mit
Fleiß und gehöriger Achtsamkeit ihre Arbeit verrichteten,
aber er gönnte ihnen auch die nöthige Ruhe und Erholung, verschaffte ihnen manche Ergötzlichkeit an Sonn-

und Feiertagen, und bildete nie, daß sie von den ihm
untergebenen Unter-Aufsehern mit Härte oder gar mit
erbarmungsloser Grausamkeit behandelt wurden. Daher
kam es, daß er von den Schwarzen nicht nur respektirt,
sondern auch wahrhaft geliebt wurde. Jeder von ihnen
hätte mit Freuden sein Leben für ihn geopfert.

Wie Benjamin außerhalb des Hauses, so schaltete
seine nur ein Jahr ältere Schwester Emmy im Innern
desselben. Sie führte die Oberleitung des ganzen Haus-
haltes, und wurde von den Haus-Sklaven als immer
freundliches, immer wirthschaftliches, immer hülfsbereites
Hausmütterchen fast angebetet und auf den Händen getragen. Ihre Lieblichkeit und Anmuth, ihr gütiges Herz
und ihr sanftes Wesen nahm Jedermann, der in ihre
Nähe kam, für sie ein. Die Besitzer der umliegenden
Pflanzungen nannten sie unter sich nie anders als die
Blume des Mississippi, und wie eine Blume war
Emmy in der That, eine Blume, ebenso frisch, so lieblich
und anmuthig, wie die Königin aller Blumen, die jung-
fräuliche Rose.

Reichthum, Familien-Glück, Gesundheit, — braucht es
mehr zu vollkommener Zufriedenheit? —

Ach ja! Eines gehört dazu, ohne welches alles Uebrige
illusorisch wird: ein gutes Gewissen!

Nun freilich, der geehrte, der gefeierte, der allgemein
geachtete Mr. Wilson, er mußte doch ein gutes Gewissen
haben. Wer sonst konnte es haben, wenn nicht er, der
Mann, auf welchen jeder Nachbar stolz war; der Mann,
welcher seit vielen Jahren als der Erste dagestanden
hatte, als der Erste, der Vorderste, wenn es galt
irgend ein gemeinnütziges Unternehmen auszuführen,
oder irgend einen guten Zweck zu erreichen. Wer hatte
das Hospital gestiftet, in welchem die Kranken unentgelt-
lich verpflegt wurden? Wer das Asyl für arme, alte Leute
geschaffen, die nicht mehr im Stande waren, ihr tägliches

Brod zu verdienen? Wer die Schulen in der ganzen
Gegend gegründet? Wer besoldete die Lehrer? Wer
bekleidete und verköstigte die armen Schüler und Schüle-
rinnen? — Alles Mr. Wilson! Er war gewissermaßen
die Vorsehung aller Bedürftigen, welche seinen Beistand,
seine Hülfe ansprachen. Wenn irgend ein Mensch, so
mußte Mr. Wilson das Glück, das wahre, ächte Glück
gefunden haben, das so selten einem lebenden Wesen zu
Theil wird.

— — — Die Sonne ging eines Morgens strahlend
auf und bestreute die Welt mit Diamanten, welche an
jedem Grashalm, an jeder Blattspitze, in jedem Blüthen-
kelche funkelten und Farben sprühten. Reges Leben
wurde wach auf Mr. Wilson's Pflanzung. Die Neger
traten aus ihren Hütten und mitten auf die Tabaksfelder, welche heute abgeblattet werden mußten; die Aufseher folgten gemächlicher ihnen nach; der junge Benjamin überblickte von der Verandah des väterlichen Hauses
aus das ganze lebendige Treiben. Vorläufig brauchte er
sich nicht in das rege Getümmel zu mischen; seine Gegenwart genügte schon, um den Sklaven und Aufsehern
zu sagen, daß ihr Thun und Treiben von einem aufmerksamen Auge beobachtet und gehütet wurde.

Die Verandah, von schlanken, eisernen Säulen getragen, und von blühenden Schling-Gewächsen, wie eine
Laube, dicht umwuchert, zog sich in einer Breite von
zehn Ellen am Hause entlang, und gewährte nicht nur
Schutz vor Sonne und Regen, sondern auch die unbe-
schränkte Aussicht auf die urbar gemachten Felder und
den glänzenden Spiegel des Mississippi, welcher nach der
westlichen Seite hin die Grenze der weit ausgedehnten
Pflanzung bildete.

„Guten Morgen, Benjamin!" ertönte eine Stimme,
und ein ältlicher Herr mit ergrautem Haar und Bart
trat aus dem Hause.

„Mein Vater! Gott grüße Sie!"

Der alte Herr nahm den Gruß ziemlich kalt auf, schüttelte aber doch des Sohnes Hand, als dieser die seinige ergriff und an die Lippen führen wollte.

„Wo ist Emmy?" fragte er dann mit einem suchenden Blicke, — „ich meinte vorhin ihre Stimme gehört zu haben."

„Sie war auch noch eben hier, bester Vater, und ist nur zu der alten Neger-Mutter Pappi gegangen, um ihr Etwas zum Frühstück zu bringen," gab Benjamin in achtungsvollem Tone zur Antwort. „Du weißt, Vater, die alte, gute Frau ist krank, und Schwester Emmy hat ein mitleidiges Herz."

„Ja, dem Himmel sei Dank dafür, das hat sie," versetzte Mr. Wilson. „Gleichwohl möchte ich, daß sie hier wäre, denn mir schmeckt mein Kaffee nicht, wenn ich ihre freundlichen Augen und ihr liebliches Lächeln entbehren muß."

„Oh, sie wird bald kommen, Vater," sagte Benjamin. „Aber ich kann ja auch schnell nach der Hütte der alten Pappi hinüber laufen und Emmy rufen!"

„Nein, das ist nicht nöthig! Emmy ist schon da!" entgegnete eine glockenhelle Stimme von wunderbarem Wohllaut, und aus dem Hause eilte mit leichten Schritten ein junges, blühendes Mädchen und umarmte den Vater, welcher sie lächelnd, — aber ein melancholisches Lächeln war es doch, — und mit zärtlichem Ausdruck in den meistens umflorten Augen, an sein Herz drückte. „Guten Morgen, lieber, lieber Vater!" fügte sie hinzu. „Verzeihe mir, daß ich auf mich warten ließ, aber ich glaubte nicht, daß du so früh kommen würdest."

„Ich bin früher als sonst aufgestanden, weil ich eine unruhige, fast schlaflose Nacht gehabt habe," erwiederte Mr. Wilson mit einem Seufzer und fuhr mit der flachen Hand über die Stirn, als ob er den Stempel düsterer

Sorge, der ihr sichtbar aufgeprägt war, hinwegwischen wollte.

„Armer Vater! Armer, guter Vater," flüsterte Emmy, indem sie sich noch zärtlicher als vorher an ihn anschmiegte. „Wie beklage und bedaure ich dich! Du bist der beste Vater, der beste Mann auf der ganzen Welt und mußt trotzdem so viel von Schlaflosigkeit und bösen Träumen leiden. Ich kann das gar nicht begreifen."

„Ja, ich auch nicht, lieber Vater," sagte Benjamin, indem er die Hand des alten Herrn ergriff und mit warmer Herzlichkeit drückte. „Wenn irgend ein Mensch, solltest doch du eine erquickende Nachtruhe haben. Sagt doch das Sprichwort: „Ein gut Gewissen ist das beste Ruhekissen." Und du, der Helfer jedes Bedrängten, der Wohlthäter jedes Armen, du gerade bringst so viele Nächte schlaflos zu! Oh, ich weiß, es ist eine Pein, eine wahre Qual, den Schlaf oft zu entbehren, oder mit schrecklichen Träumen kämpfen zu müssen. Wenn auch nur selten, habe ich doch auch schon manchmal darunter gelitten. Du solltest den Arzt zu Rathe ziehen, Vater."

„Nein, nein, das ist nicht nöthig," fiel Mr. Wilson hastig ein. „Nein, keinen Arzt! Ich werde mir schon selbst helfen. Es bessert sich auch wohl allmählig, ohne Medicin. Nein, laßt es nur gut sein, Kinder. Benjamin, du wirst wohl einmal nach den Sklaven sehen wollen, oder hast du noch nicht gefrühstückt? In diesem Falle bleibe und leiste mir und Emmy noch ein Weilchen Gesellschaft. Geschwind, meine Liebe, den Kaffee!"

Emmy glitt leichten Schrittes in das Haus zurück, Benjamin aber setzte einen kostbaren, leichten Panama-Hut auf, der auf einem Tische in der Nähe gelegen hatte.

„Ich habe bereits gefrühstückt, lieber Vater," sagte er. „Schönsten Dank für deine Einladung, jetzt aber ruft mich die Pflicht!"

„Gehe denn, mein Sohn, und Gott sei mit dir," antwortete Mr. Wilson, und Benjamin ging nach herzlichem Abschiedsgruß davon.

Mr. Wilson war allein. Mit trauriger Miene blickte er seinem Sohne nach, und setzte sich dann auf einen bequemen Armstuhl in der Nähe des Frühstück-Tisches nieder.

„Wackerer Knabe!" murmelte er leise vor sich hin; „— gutes, herziges Mädchen! Wie besorgt Beide um mich sind! Ich soll den Arzt zu Rathe ziehen! Ach, welcher Arzt in der Welt kann das schreckliche Gebrechen heilen, das an meinem Leben zehrt, mich vor der Zeit zum silberhaarigen Greise gemacht hat, und mir jede Freude im Leben, selbst die Freude über meine braven Kinder vergiftet? Wenn sie wüßten! Barmherziger Gott, würden sie Mitleid mit mir fühlen? Nimmer! Nimmer! Eher Ver... Doch still, Emmy kommt. Hinweg mit den Falten von der Stirn! So lange wie möglich will ich, muß ich meinen Theuersten verbergen, welch ein Wurm in meinem Herzen nagt!"

Im nächsten Augenblicke erschien Emmy wieder in Begleitung einer Sklavin, welche das Frühstück auf dem Tische arrangirte. Während Mr. Wilson eine Tasse Kaffee trank und eine Cigarre dazu rauchte, stattete ihm Emmy Bericht ab über die Vorkommenheiten und Begebnisse des vergangenen Tages, und Mr. Wilson traf danach seine Anordnungen für den vorliegenden Tag. Er war fast damit zu Ende, und schien dabei ganz seine bisherige trübe und gedrückte Stimmung vergessen zu haben, weil es sich zwischen ihm und Emmy meistens um zu spendende Wohlthaten an arme Nachbarn oder alte und gebrechliche Neger handelte; — da erregte das laute und wüthende Gebell einiger großen Haushunde, welche da und dort auf dem weiten freien Platze vor der Veranda lagen, seine Aufmerksamkeit. Die Hunde sprang-

gen auf, und stürmten unter grimmigem Geheul auf
einen Fremden zu, welcher eiligen Laufes aus dem Walde
heraus kam und sich rasch dem Wohnhause Mr. Wilson's
näherte. Dieser rief sofort die Hunde zurück, und blickte
gespannt dem Ankömmlinge entgegen.

„Besonderes Vertrauen erweckend sieht der Mensch
nicht aus," bemerkte er dann, zu seiner Tochter gewendet.
„Seine Kleidung ist zerlumpt und zerrissen, einen Hut
und Schuhe oder Stiefeln trägt er gar nicht."

„Mir schaudert vor ihm," sagte Emmy hastig. „Er
hat das Ansehen eines Mannes, der irgend ein Verbrechen begangen hat, und auf der Flucht ist, um seinen
Verfolgern zu entrinnen."

Der Mensch kam näher und näher, indem er zuweilen
scheue ängstliche Blicke hinter sich und um sich her warf.
Sein ergrautes Haar hing in wirren Strängen um
seinen Kopf; seine Züge waren verzerrt und augenscheinlich von innerer Angst entstellt; seine Lippen bebten und seine Zähne schlugen klappernd auf einander,
als ob er Fieberfrost hätte, während doch der Schweiß
in großen Tropfen auf seiner niedrigen, tückischen Stirn
perlte.

„Geh' in das Haus, liebe Emmy," sagte Mr. Wilson
zu seiner Tochter, als der Fremde an der Veranda
erschien, und zögernd, unschlüssig, wilde, bange Blicke
um sich schleudernd, vor derselben stehen blieb. „Geh'
hinein, mein Kind! Dies ist kein Anblick und keine
Gesellschaft für dich."

„Aber, Vater, wenn der schreckliche Mensch ein Räuber,
oder gar ein Mörder wäre?" erwiederte Emmy scheu
und zagend.

„Fürchte nichts um mich," beruhigte sie der Vater
lächelnd. „Hier die treuen Hausfreunde genügen zu
meinem Schutze, und außerdem sind ja unsere Leute
nicht fern. Geh', mein Kind, und sei unbesorgt."

Ein flüchtiger Blick auf die drei großen Doggen, welche neben ihrem Vater standen, und den Fremdling nicht eben mit den freundlichsten Augen anstarrten, schien Emmy vollständig zu beruhigen. Die treuen Thiere waren von ungewöhnlicher Größe und Stärke. Jeder von ihnen hätte ohne sonderliche Anstrengung den stärksten Mann niedergerissen und am Boden festgehalten. Emmy ging also in das Haus, und erst, als ihre schlanke Gestalt verschwunden war, wagte es der Fremde näher zu kommen. Er trat in die Verandah, und warf sich in flehender Stellung dem Besitzer derselben zu Füßen.

„Erbarmen!" rief er mit heiserer Stimme aus keuchender Brust. „Retten Sie mich, Herr! Die Verfolger sind mir auf der Ferse! Verbergen Sie mich, oder ich bin verloren!"

„Was für ein Verbrechen haben Sie begangen?" entgegnete Mr. Wilson in etwas strengem Tone. „Da Sie auf der Flucht sind und ihre Verfolger fürchten, so müssen Sie ein Verbrechen begangen haben!"

Der Fremde fuhr bei dem Klange von Mr. Wilson's Stimme zusammen, und hob die zur Erde gesenkten Augen zu ihm auf. Ein Strahl unsäglicher Freude brach aus ihnen hervor. Er sprang in die Höhe, stieß ein heiseres Gelächter aus, und reichte Mr. Wilson grinsend seine rechte Hand hin.

„Das nenne ich ein glückliches Zusammentreffen und Wiederfinden," sagte er, während der Pflanzer mit einer Geberde des Abscheues die dargebotene, schmutzige Hand zurückwies, — „ein herrliches Wiederfinden, und zu keiner gelegeneren Zeit hätte es kommen können. Alter Freund, ich bin überaus glücklich, dich wiederzusehen!"

„Wer sind Sie, Mensch?" fragte Mr. Wilson, empört und entrüstet über die freche Annäherung und Vertraulichkeit des wüsten Gesellen.

Dieser lachte hämisch und spöttisch vor sich hin.

„Glaub' es, glaub' es, daß du mich nicht so auf den ersten Blick wiedererkennst," sagte er. „Unglück und mannichfache Leiden haben meinem ehemaligen blühenden Aussehen einigen Eintrag gethan. Trotzdem, — sieh' mich an, — besinne dich nur — wie, du erkennst mich immer noch nicht? — Ei, Wilhelm Peters, vormals Kassierer der Königlichen Bank, erinnerst du dich deines besten Freundes, des ehemaligen Buchhalters Solms, nicht mehr?"

Mit einem Wehelaute fuhr Mr. Wilson von seinem Stuhle in die Höhe und starrte schneebleich den unverschämten Fremdling an. Seine ganze Gestalt zitterte und bebte, und Schrecken, Furcht und Entsetzen prägten sich in seinen starren Augen aus, als er unwillkührlich die Worte vor sich hin murmelte:

„Er ist es! Es ist der Genosse meines Verbrechens!"

Halb ohnmächtig, wie innerlich vernichtet und zerbrochen, sank er hierauf in seinen Stuhl zurück.

„Ja, ich bin es, bin es, Freundchen," nahm der Andere wieder das Wort. „Wirst mich hoffentlich willkommen heißen, und dich eben so sehr über unser Wiederfinden freuen, als dein alter glücklicher Kamerad. Na, — keinen Gruß, keine Umarmung? Wie soll ich es verstehen?"

Mr. Wilson hatte mittlerweile einige Fassung wiedererlangt.

„Entferne dich, Elender," herrschte er seinem Versucher zu und streckte gebieterisch die Hand aus, — „geh', und wage es nie wieder, die Schwelle meines Hauses, oder nur die Gränzen meines Besitzthumes zu übertreten. Zwischen uns kann keine Gemeinschaft mehr sein. Entferne dich, sage ich, oder ich lasse dich durch meine Sklaven hinweg bringen!"

Solms, der einstige Bank-Buchhalter, schlug eine höhnische Lache auf.

„Entfernen soll ich mich?" sagte er; — „wohl, damit ich deinen lieben Nachbarn und Freunden erzählen kann, wie man aus einem schlecht besoldeten Kaſſierer in Europa ein reicher Gutsbeſitzer in Amerika werden kann? Nun, mir iſt's recht! Sollſt deinen Willen haben, Peters! Adieu!"

Wiederum bedeckte Leichenbläſſe das Geſicht Mr. Wilſon's, als Solms mit höhniſch verzogenen Lippen die ſchreckliche Drohung ausſtieß, den Schleier lüften zu wollen, unter welchem der reiche und doch ſo arme Pflanzer ſein Verbrechen und die daraus erwachſende Schande bisher ſo ſorgſam verborgen hatte.

„Bleibe, bleibe noch einen Augenblick," ſtieß er müh= ſam hervor. „Wir werden, wir müſſen uns verſtän= digen, um jeden Preis!"

„Ach, das klingt aus einer anderen Tonart, — ſo hör' ich es gern," verſetzte der ehemalige Buchhalter hämiſch und triumphirend. „Jetzt erſt erkenne ich richtg meinen alten Freund wieder. Deine Hand her, braver Junge! So! Jetzt ſind wir wieder die Alten!"

Widerſtrebend reichte Mr. Wilſon, der angeſehene, hochgeachtete, reſpektable Bürger ſeine Hand dem frechen Strolche, der ſie mit unverſchämter Cordialität ſchüttelte.

„Und nun ſchnell! Sage, was ich für dich thun kann," ſprach der Pflanzer. „Verlange die Hälfte mei= nes Vermögens; ich will ſie dir geben, — verlaß aber dann für immer dieſes Haus, dieſe Gegend, ganz Ame= rika!"

„Daß ich ein Narr wäre, mich ſo ſchnell wieder von einem alten, zärtlich geliebten, und immer ſchmerzlich vermißten Freunde zu trennen!" erwiederte Solms mit höhniſcher Ironie. „Nein, Freundchen! Recht lange will ich deine Geſellſchaft genießen, deine Gaſtfreund=

schaft recht gründlich auskosten, und mit möglichster Mäßigung deinen Geldbeutel plündern. Das mußt du schon einem alten Freunde gestatten und zu gut halten. Vor allen Dingen aber muß ich darauf dringen, daß du mich in ein sicheres Versteck bringst; denn ich sehe da eben einige Leute aus dem Walde treten, deren nähere Bekanntschaft zu machen ganz und gar nicht in meinem Interesse liegt. Also, verbirg mich, Peters, oder — ich erzähle den Leuten da, wie man in den Besitz von hunderttausend Thalern gelangen kann. Entscheide dich schnell, die Leute kommen näher und die Zeit drängt!"

Mr. Wilson's Widerstandskraft war vollständig gebrochen; die Aussicht, daß sein vor Jahren begangenes Verbrechen enthüllt werden könnte, erfüllte ihn mit unsagbarem Schrecken; — sein guter Ruf auf immer vernichtet, er und seine Kinder der Verachtung der Nachbarn preisgegeben, — das war mehr als der unglückliche Mann ertragen konnte, der ohnedies schon von Reue und Gewissensbissen gebeugt und gefoltert worden war.

„Nemesis! Nemesis!" murmelte er vor sich hin. „Folge mir," sagte er dann lauter zu seinem früheren Bekannten, und ging ihm rasch voran in sein Haus.

Solms folgte natürlich, indem er innerlich frohlockte und sein Glück pries, das ihn aus den Stürmen des Lebens in einen sicheren Hafen gerettet hatte. Nach einigen Minuten erschien Mr. Wilson wieder in der Verandah, und setzte sich, als ob nichts geschehen wäre, in seinen Schaukelstuhl am Frühstückstisch. Gleich darauf kamen einige Männer, die ihn ehrerbietig begrüßten.

„Seiet mir willkommen, Nachbarn!" redete Mr. Wilson sie mit etwas unsicherer Stimme an. „Ich freue mich Eures Besuches, und bin nur verwundert, Euch schon so früh zu sehen."

„Ja, das hat seine eigene Bewandtniß," erwiederte Einer von den Leuten. „Wir verfolgen einen Verbre-

cher, der gestern Nacht in das Wohnhaus des Farmers
Wolf eingebrochen ist und ihn zu berauben versucht hat.
Zum Glück wurde er von Wolf in seinem Vorhaben
gestört. Der freche Dieb feuerte eine Pistole auf ihn
ab und ergriff dann eiligst die Flucht. Wolf's Frau
schrie uns wach, und wir setzten dem Flüchtlinge nach,
leider, ohne bis jetzt ihn erwischt zu haben. Einige
Spuren deuten darauf hin, daß er seinen Weg hierher
genommen und sich vielleicht in der Nähe Eurer Pflanzung versteckt hat. Ist euch nicht ein zerlumpter Strolch
zufällig vor die Augen gekommen, Mr. Wilson?"

„Nein!" versetzte dieser mit anscheinender Gleichgül-
tigkeit und Ruhe. „Habt Ihr den Kerl gesehen, und
werdet Ihr ihn wieder erkennen, wenn Ihr ihn erwischen solltet?"

„Leider nein," versetzte der Farmer. „Der arme Wolf
selber wäre das nicht im Stande. Er selber sah den
Kerl nur bei dem Pulverblitze der von demselben abge-
feuerten Pistole, und schilderte ihn als einen Menschen
in zerlumpten Kleidern und mit einer wahren Galgen-
Physiognomie."

„Der arme Wolf, sagt Ihr?" fragte Mr. Wilson,
der jetzt leichter aufathmete, da er nun überzeugt sein
konnte, daß man seinen ehemaligen Spießgesellen nicht
leicht wieder erkennen werde, — „ich will doch hoffen, daß
dem ehrlichen, braven Wolf nichts Böses passirt ist?"

„Weiter nichts, als daß die Kugel des Schurken in
seine Brust eingedrungen ist und ihm eine schwere Wunde
beigebracht hat," versetzte der Farmer achselzuckend.

„Aber die Verletzung ist doch hoffentlich nicht tödtlich?"
rief Wilson ganz entsetzt aus.

„Gott sei Dank, nein, so schlimm ist es nicht," gab der
Pflanzer zur Antwort. „Aber ein paar Wochen werden
wohl vergehen, ehe die Wunde wieder zuheilt. Doch wir
dürfen uns nicht länger aufhalten, Mr. Wilson. Der

Halunke kann nicht sehr weit von hier sein, denn wir waren ihm ziemlich auf den Ferfen. Vorwärts, Nachbarn, wir müffen den Kerl auffpüren. Lebt wohl, Herr!"

„Aber wollt Ihr nicht wenigftens erft noch eine Erfrifchung, einen Imbiß zu Euch nehmen, Nachbarn?" fagte Mr. Wilfon. „Ich bitte, beeilt Euch nicht allzu fehr."

„Dank' Euch, Mr. Wilfon," verfetzte der Farmer. „Ein anderes Mal werden wir von Eurer wohlbekannten Gaftfreundfchaft Gebrauch machen; für jetzt aber gilt es, unfere Pflicht zu erfüllen."

Sie fchieden, und Mr. Wilfon gab ihnen das Geleit, indem er Jedem die Hand fchüttelte und zu einem baldigen, ruhigeren und längeren Befuche aufforderte. Gedankenvoll fchaute er dann den forteilenden Männern nach.

„Gott fchütze mich und fei mir gnädig," flüfterte er aus bangem Herzen vor fich hin. „Das Unglück ift mit jenem Menfchen unter mein Dach eingekehrt, und ich fürchte, ich fürchte, er wird fo bald nicht wieder von meinem Herde weichen. Ach, wie wahr ift, was gefchrieben fteht: „Und nähmft du die Flügel der Morgenröthe und flöheft an's äußerfte Meer, fo würde dennoch meine Rechte dich finden und meine Linke dich halten." Die fchlechte That ift begangen, und die Nemefis fchwingt ihre Geißel über mir. Gott ftehe uns Allen bei!"

———

Drittes Kapitel.

Der Dränger.

Mehrere Wochen und Monate waren seit den zuletzt
geschilderten Auftritte vergangen, und noch immer befand
sich Solms im Hause des Mr. Wilson, keineswegs als
allgemein geachteter, sondern als allgemein gefürchteter
Gast. Er übte eine auffallende, eine fast dämonische
Gewalt über Mr. Wilson aus, und schaltete und waltete
in dessen Hause, als ob er der alleinige Herr darin wäre,
und Jeder, selbst die Kinder des reichen Pflanzers, nach
seiner Pfeife tanzen und seiner Willkür sich fügen müßten, ganz unbedingt und ohne alle Widerrede.

Mr. Wilson hatte Solms, den Genossen des in
Deutschland verübten Verbrechens, für einen nahen
Verwandten aus der Heimath ausgegeben und ihn als
solchen auch seinen Kindern vorgestellt. Seit jener Zeit
war aber der unglückliche Mann noch weit unglücklicher
geworden, als er sich jemals gefühlt hatte, und wagte
kaum noch seine Augen vom Boden zu erheben. Wie ein
Schatten schwand er dahin. Seine Gestalt schrumpfte
zusammen; nur gebückt schlich er daher, und kein Lächeln,
nicht einmal das alte melancholische mehr, erheiterte zuweilen den düstern Ausdruck seiner gerunzelten Stirn,
seiner eingefallenen, vergrämten und verkümmerten Züge.
War er in früheren Zeiten ein ernster, stiller, melancho-
lischer Mann gewesen, — jetzt war er ein finsterer, fast
verzweifelnder Hypochonder geworden.

Solms dagegen lebte flott und lustig in die Welt

hinein, und ſtreuete, wohin er kam, das Geld mit vollen
Händen aus. Den Tag über trieb er ſich in verrufenen
Schenken und Kneipen der Umgegend herum, verbrachte
die Stunden mit liederlichen Geſellen in Spiel und
Trunk, und kehrte gewöhnlich erſt in ſpäter Nacht in das
Haus ſeines Gaſtfreundes zurück. Da ihn Mr. Wilſon
reichlich mit anſtändigen Kleidern verſehen hatte, ſo er=
kannte Niemand in ihm den biebiſchen Strolch, der in
die Wohnung des Farmers Wolf eingebrochen war.
Trotzdem machte er ſich bald in der ganzen Gegend,
wenigſtens bei allen rechtſchaffenen und ehrlichen Leuten
verhaßt; von jedem Ehrenmanne wurde er gemieden und
verachtet, und nur eben das ſchlechteſte Geſindel gab ſich
mit ihm ab, weil er es traktirte, in Eſſen und Trinken
freihielt und im Würfel= oder Kartenſpiel manche runde
Summe an die Halunken verlor. Achtung gewann er
freilich dadurch bei dieſen Strolchen auch nicht, aber ſie
leiſteten ihm doch wenigſtens Geſellſchaft und halfen ihm
Zeit und Geld todtſchlagen.

Der abſcheuliche, verſchwenderiſche ſowohl wie ſitten=
loſe Lebenswandel des elenden Solms erweckte nach und
nach die allgemeine Entrüſtung der Pflanzer, und weit
und breit in der Gegend ſprach man mit dem größeſten
Unwillen darüber. Wenn der liederliche Patron, der
allen jungen Leuten mit ſchamloſer Frechheit ein ſo
ſchlechtes Beiſpiel gab und manchen von ihnen zu ſeinem
ſittenloſen Leben verführte, nicht unter dem Schutze des
allgemein geachteten und verehrten Mr. Wilſon geſtan=
den hätte, ſo würde man ſchon längſt kurzen Prozeß mit
ihm gemacht, ihn getheert und gefedert, und ihn mit
Peitſchen und Steigbügelriemen in's Weite gejagt ha=
ben; aber der ſchuftige Solms pochte und trotzte auf die
Gaſtfreundſchaft des würdigen Mr. Wilſon, und aus
Reſpekt vor dieſem ließ man ihn gewähren und hütete
ſich nur, mit dem elenden Strolche in Berührung zu

gerathen. Jeder ehrliche Mensch vermied ihn und wen=
dete ihm mit Verachtung und Abscheu den Rücken zu.

Mr. Wilson sah das Treiben des wüsten Gesellen mit
tiefstem Schmerze und bitterstem Kummer, und beschwor
ihn unzählige Male, einen besseren Wandel zu führen
und nicht blind und toll dem Urtheile der guten Gesell=
schaft Trotz zu bieten. Aber Solms verlachte alle Bitten
und Warnungen, und lebte nach wie vor in Saus und
Braus. Er vergeudete dabei manche Geldsummen, die
er natürlich sammt und sonders von seinem unglückli=
chen Gastfreunde erpreßte, da kein anderer Mensch dem
elenden Kerl auch nur einen Pfennig gegeben hätte.
Seufzend, und sein unseliges Loos innerlich beklagend,
gab Mr. Wilson die trotzig und frech geforderten Sum=
men her und wagte nur selten eine Weigerung, eine
schüchterne Einrede, eine sanfte Warnung, die übrigens
jedesmal von Solms mit höhnischem Lachen zurückge=
wiesen und von ihm nicht weiter geachtet wurde.

„Bezahle, bezahle, mein Alter,“ sagte er wohl einmal
kurz, — „du weißt ja, daß du eigentlich mir deinen
ganzen Reichthum verdankst, und darum ist es nicht mehr
als billig, daß du ihn mit mir theilst.“

„Ich will ihn mit dir theilen,“ entgegnete da einmal
Mr. Wilson. „Nimm die Hälfte meines Vermögens,
aber geh’ dann fort, weit fort von hier, und kehre nie
wieder hierher zurück!“

„Daß ich ein Narr wäre,“ warf hierauf Solms spöt=
tisch hin. „Hier gefällt es mir! Ich bleibe!“

Wilson mußte ihn dulden, mußte sich dies, und noch
Schwereres von dem Schurken gefallen lassen. Seine
Hausgenossen wunderten sich nicht wenig darüber, wenn
auch Niemand es wagte, seinem Erstaunen und Unwillen
Worte zu verleihen. Auch die Nachbarn schüttelten die
Köpfe darüber, daß der hochachtbare Mr. Wilson einen
solchen Gast unter seinem Dache duldete, und es konnte

nicht ausbleiben, daß Allerlei gemuthmaßt und gemun= kelt wurde, was nicht dazu beitragen konnte, den guten Ruf Mr. Wilsons zu befestigen. Dieser aber, völlig von Solms eingeschüchtert, ließ widerstandslos die Dinge gehen, wie sie wollten, und, Dank der Liederlich= keit des ehemaligen Buchhalters, gingen sie endlich so schlecht, wie möglich. In Jahr und Tag war der reiche Mr. Wilson zu einem armen Manne geworden; seine Besitzungen waren mit Schulden überlastet, so daß Nie= mand ihm mehr einen Dollar darauf borgen wollte; seine Sklaven waren zum größten Theile verkauft, — und nebenbei war Mr. Wilson tief in der Achtung seiner Nachbarn gesunken, die ihn sonst so hoch verehrt und werth gehalten hatten.

Mit Schmerz und tiefster Trauer sahen die Kinder Mr. Wilsons den Verfall des Hauses, und die Schwäche ihres unglücklichen Vaters. Benjamin faßte sich manch= mal ein Herz und forderte den Vater auf, doch dem un= seligen und unheimlichen Gaste die Wege zu weisen; aber Mr. Wilson wies jede solche Mahnung entschieden zurück.

„Du kennst die Verhältnisse nicht, mein Sohn," sagte er. „Solms ist einer meiner ältesten Freunde, und ich bin ihm großen Dank schuldig. Deßhalb kann ich ihn nicht von meiner Schwelle jagen."

Und so blieb Alles beim Alten, bis der Tag kam, wo Mr. Wilson die frechen Forderungen des elenden Solms nicht mehr befriedigen konnte.

„Sieh' her," sagte er, als dieser wieder eine ansehn= liche Summe von ihm verlangte, und schloß seinen Geld= schrank auf, — „nimm, was du findest, und überzeuge dich, daß du mich zu einem Bettler gemacht hast."

Solms fand den Geldschrank leer, und staunte, tobte und wüthete, wie ein Besessener.

„Du hast das Geld auf die Seite geschafft! Du willst

mich betrügen!" brüllte er. „Aber ich durchschaue deine Kniffe, und werde sie zu vereiteln wissen. Wohin hast du das Geld versteckt? Gesteh' es, oder ich mache deine Schande aller Welt offenbar!"

Mr. Wilson schüttelte traurig den Kopf.

„Ich besitze nichts mehr, als mein Grundstück, und auch dies ist schwer verschuldet," erwiederte er. Wenn ich die Zinsen dieser Schulden bezahlt habe, wird mir und meinen Kindern wenig mehr übrig bleiben, als was zur nothdürftigen Fristung unseres Lebens gehört. Wir werden fleißig arbeiten müssen, um nur unser tägliches Brod zu verdienen."

Solms biß die Zähne zusammen, und starrte düster vor sich nieder. Er sah und erkannte sehr wohl, daß Mr. Wilson die Wahrheit sprach, und daß es mit seinem bisherigen flotten Wohlleben vorüber war. Gleichwohl dachte er nicht daran, die Farm zu verlassen. Sie gegewährte ihm immer noch wenigstens Obdach und Nahrung. Wenn er fort ging, mußte er sich als Strolch und Bettler in der Welt umhertreiben. So blieb er denn lieber, — zum äußersten Mißvergnügen Mr. Wilson's und seiner Kinder.

Unbehagliche, finstere Tage waren es, die fortan unter Mr. Wilson's Dache verlebt wurden. Mr. Wilson selber schlich betrübter und gebeugter, als je, umher; Benjamin und Emmy trauerten mit ihm und über ihn; Solms behandelte Jeden, der ihm in den Weg trat, mit brutaler Grobheit und Unverschämtheit. Benjamin, der wackere junge Mann, hätte schon längst das väterliche Haus verlassen, um anderwärts sein tägliches Brod durch redliche Arbeit zu verdienen; aber die Rücksicht auf seinen unglücklichen Vater hielt ihn immer wieder zurück. Er war der Einzige, vor welchem der freche Solms einigen Respekt hatte. In seiner Gegenwart wagte es der Schurke nicht, Mr. Wilson brutal zu

behandeln, und hatte es auch nur ein einziges Mal ver=
sucht. Da war ihm aber Benjamin mit so drohender
Entschlossenheit entgegen getreten, daß er augenblicklich
das Feld geräumt hatte.

„Noch einmal solche Respectswidrigkeit gegen meinen
Vater," — hatte der junge Mensch dem frechen Schurken
zugerufen, — „und ich vergesse, daß Sie der Gast dieses
Hauses sind, das durch ihre Anwesenheit beschimpft wird.
Wäre mein Vater nicht, ich hätte Sie schon längst mit
der Peitsche über unsere Schwelle getrieben. Also Respekt
vor i h m, oder ich mache weniger Umstände mit Ihnen,
als ich mit einem tollen Hunde machen würde!"

Solms ward durch diese Worte und die flammenden
Blicke des jungen Mannes vollständig eingeschüchtert;
er stammelte eine Entschuldigung, und hütete sich künftig,
in Gegenwart des wackeren Benjamin seine gewöhnliche
Unverschämtheit zu zeigen. Auch ging er ihm so viel
als möglich aus dem Wege.

Gleichwohl gab es kein Glück mehr unter Mr. Wilson's Dache. Düster und traurig flossen die Tage dahin; man vernahm kein heiteres Gespräch mehr, man
sah kein freundliches Gesicht mehr, sondern nur finster
gerunzelte Stirnen, und scheue, verlegene Blicke. Selbst
das heitere Lachen und Plaudern der sonst immer so
munter und fröhlich gewesenen Emmy war verstummt;
Sorge und Gram umwölkten auch ihre reine Stirn, und
mit tiefster Wehmuth ruhte oft ihr Auge auf ihrem gebeugten, mehr und mehr verfallenden Vater. Die
N e m e s i s schwang ihre Geißel über dem unglücklichen
Hause.

Viertes Kapitel.

Ein Besuch.

———

Selten nur noch geschah es, daß die Nachbarn bei Mr. Wilson vorsprachen, um irgend einen guten Rath von ihm einzuholen, ihn um eine Gefälligkeit anzusprechen, oder in harmloser Gemüthlichkeit ein Stündchen mit ihm zu verplaudern. Wie sie früher das gastfreundliche Haus geflissentlich gesucht, so vermieden sie es jetzt eben so geflissentlich.

Eines Tages aber, nachdem man Wochen lang kein fremdes Gesicht im Familienkreise Mr. Wilson's gesehen, ritt ein stattlicher Mann von mittleren Jahren vor die Hausthür, sprang von seinem starken braunen Pferde, warf die Zügel einem herbeieilenden Negerknaben zu, und fragte nach Mr. Wilson.

„Hoffentlich ist mein alter Freund daheim und wohlauf?" fragte er wohlgelaunt.

„Ja, Massa zu Haus," gab der Knabe zur Antwort, aber in einem so traurigen Tone, daß der Fremde aufhorchte und stutzte.

„He, Mr. Wilson wird doch nicht etwa krank sein?" fragte er hastig.

„Nicht krank, nicht gesund, Massa Hamilton," erwiederte der Bursche wie vorhin. „Sehen selber, Massa! Nicht mehr, wie früher, hier sein! Sehr viel schlimm! Sehen selber."

„Gut, das will ich thun," sagte Mr. Hamilton. „Aber höre, Bursch, trage meinen Mantelsack auf mein Zimmer, und führe dann das Pferd langsam umher, bis es sich gehörig abgekühlt hat. Verstehst du?"

(31)

„Ja, Maſſa, ich gut verſtehen, — Mantelſack auf
Zimmer tragen, und Braunen umher führen" — erwie=
derte der Burſche, indem er flink an's Werk ging, den
Mantelſack losſchnallte, die Zügel des Pferdes über einen
dazu beſtimmten Haken hing, und dann zugleich mit
Mr. Hamilton in das Haus trat. „Mantelſack viel
ſchwer," ſagte er ſtöhnend.

„Darum eben ſollſt du ihn auf das Zimmer bringen,"
verſetzte Mr. Hamilton lächelnd. „Aber wo finde ich
Mr. Wilſon?"

„In altes Zimmer, wie ſonſt, Maſſa," antwortete der
Burſch und ſprang die Treppe hinauf in das obere
Stockwerk des Hauſes, wo die Gaſtzimmer lagen. Mr.
Hamilton aber, der genau Beſcheid im Hauſe zu wiſſen
ſchien, öffnete im unteren Stockwerk eine Thür, und
trat in ein geräumiges, mit ſchlichten Möbeln verſehenes
Gemach.

In einem Fenſterbogen deſſelben ſaß, trübſinnig vor
ſich niederſtarrend, die abgehagerte Geſtalt eines Greiſes.
Die Hände lagen in einander gefaltet auf ſeinem
Schooße; das ergraute Haar hing wirr um ſeine Schläfe;
eine unſägliche Trauer und Lebensmüdigkeit prägte ſich
in der gebeugten Haltung des Mannes aus. Mr.
Hamilton betrachtete ihn einige Augenblicke mit leiſem
Kopfſchütteln, mit Erſtaunen und Mitleiden.

„Wilſon!" ſagte er endlich mit einer tiefen und kräf=
tigen Stimme, die ganz ſeinem Aeußeren entſprach, das
von ungewöhnlicher Lebensfülle zeugte, — „Wilſon, biſt
du es wirklich, mein alter Freund?"

Beim erſten Tone der wohlbekannten Stimme hatte
ſich Mr. Wilſon aufgerichtet, und ein Strahl herzlicher
Freude erhellte vorübergehend ſein finſteres Antlitz. Er
ſprang auf und eilte auf den Eingetretenen zu, dem er
beide Hände entgegen ſtreckte.

„Hamilton, mein lieber Hamilton!" rief er aus, und

zog den lang entbehrten Freund in seine Umarmung.
„Gesegnet sei dein Kommen! Es erquickt meine Seele,
wie den dürstenden Hirsch die krystallklare Quelle. Sei
mir tausend, tausend Mal von Grund meiner Seele
willkommen!"

„Danke, danke, lieber Wilson, für den freundlichen
Empfang," erwiederte Mr. Hamilton herzlich. „Habe
ihn gerade so erwartet, und deßhalb einen Umweg von
zwanzig Meilen nicht gescheut. Ich komme aus dem
Süden, wo ich meine Baumwollen = und Tabaks=Ernte
verkauft habe, und mußte noch einen Abstecher zu einem
alten Bekannten, der mir gern eine alte Schuld von
ein paar tausend Dollars abtragen wollte, und mich
einlud, sie persönlich einzukassiren. Einmal so nahe bei
deiner Farm, wollte ich nicht vorüber reiten, sondern
deine Gastfreundschaft auf ein paar Tage in Anspruch
nehmen. Aber, ich bin erschrocken, wie du aussiehst!
Bist du krank gewesen, Mensch? Ich hätte dich kaum
wiedererkannt, und doch war ich erst vor zwei Jahren
hier."

„Ach ja, ich bin krank gewesen," versetzte Mr. Wilson,
und fiel in seine alte Schwermuth zurück, — „sehr krank,
geistig und körperlich, habe auch bedeutende Verluste
gehabt; aber — nun, es wird ja wohl wieder einmal
besser werden!"

„Bedaure sehr, wahrhaftig sehr, mein alter Freund,"
erwiederte Mr. Hamilton. „Doch, wenn du Verluste
hattest, warum dachtest du nicht an deinen alten Freund
in Kentucky? Ein Wort von dir, und meine Kasse hätte
dir offen gestanden. Du weißt das ja!"

„Ja, ja, ich weiß es," versetzte Mr. Wilson gerührt.
„Aber so weit ist es noch nicht, daß ich meine Zuflucht
zu meinem besten Freunde hätte nehmen müssen. Nein,
nein, ich erhole mich schon wieder."

„Zwischen uns Beiden keine leeren Redensarten,"

(31)

sagte Mr. Hamilton in seiner treuherzigen, offenen Weise. „Ich führe da in meinem Mantelsack einige dreißigtausend Dollars in Gold und Papieren mit, — wenn sie dir etwas nützen können, so greife zu, und nimm meinetwegen das Ganze. Ich für mein Theil gebrauche den Plunder für's Erste nicht."

„Treuer, edler, hochherziger Freund!" rief Mr. Wilson aus, und eine Thräne der Rührung funkelte in seinem Auge. „Du bist der Alte geblieben, der du immer warst: immer freigebig, immer aufopfernd für deine Freunde! Aber ich danke dir für deine Güte, denn ich bedarf ihrer nicht. Und nun noch Eines: ich bitte dich, rede nicht von dem Gelde, das du mit dir führst! Sprich zu keinem Menschen davon! Ich beschwöre dich darum. Bei mir ist nicht mehr Alles wie es gewesen ist. Darum still! Kein Wort von deinem Reichthum, außer zu mir!"

„Was, um des Himmels willen, sind dies für räthselhafte Worte und Andeutungen?" sagte Mr. Hamilton. „Hast du Mißtrauen gegen irgend Jemanden in deinem Hause?"

„Leider, ja, dies ist der Fall!" versetzte Wilson, schwer aufseufzend aus seiner Brust.

„Großer Gott!" rief Hamilton aus, — „doch nicht etwa dein Sohn ist es, der..."

„Nein, nein, Gott verhüte, daß ich je Ursache habe, meinen wackeren Knaben zu verdächtigen! Nein, nein; er ist brav bis in den Kern des Herzens hinein. Aber ein Anderer... nun, reden wir nicht mehr davon, es ist einmal nicht zu ändern."

„Das ist freilich schlimm, vorausgesetzt, daß es sich wirklich so verhält," erwiederte Mr. Hamilton voller Theilnahme. „Wir werden ja sehen, werden sehen. Ein paar Tage bleibe ich jedenfalls hier, wenn du mir nicht selber die Wege weisest. Und nun erzähle, — wie

befindet sich meine Prairie-Blume, die liebliche Emmy,
und Benjamin, der bravste Bursch in den Colonien?"

Mr. Wilson gab bereitwillig Auskunft, und die Freunde
vertieften sich in ein vertrauliches Gespräch, das erst
nach geraumer Zeit durch den Eintritt des früheren
Buchhalters Solms unterbrochen wurde. Als Mr. Ha=
milton ihn ansah, stutzten Beide, und Solms zeigte eine
augenscheinliche Verwirrung. Ohne ein Wort zu reden,
drehte er sich kurz auf dem Stiefel=Absatze herum, und
verließ das Zimmer wieder.

„Jetzt durchschaue ich Alles," sagte Mr. Hamilton.
„Dieser Mensch ist der gewissenloseste und durchtriebenste
Schurke, der mir noch je auf dem Lebenswege begeg=
net ist."

„Du kennst ihn also?" fragte Mr. Wilson bestürzt.

„Ich kenne ihn seit länger als fünf Jahren, wo ich,
wie du dich erinnern wirst, einen Winter in Paris zu=
brachte," erwiederte Mr. Hamilton. „Dort trieb sich
dieser sogenannte Chevalier Brissot in den erbärmlichsten
Spielhöhlen und den gemeinsten Spelunken umher, die
ich aus Neugierde einmal in Gesellschaft einiger Freunde
besuchte, um das große Paris auch nach dieser Richtung
hin kennen zu lernen. Jener Schuft, als er uns gewahr
wurde, trat mit unverschämter Miene auf uns zu, und
redete einen meiner Gefährten, den Baron Vitry, in
frech vertraulicher Weise an. Dieser schleuderte einen
verächtlichen Blick auf ihn, kehrte ihm den Rücken zu
und gab uns einen Wink, das Lokal zu verlassen, in
welchem ich mich ohnehin nicht behaglich fühlen konnte.
Im Freien angelangt, erzählte uns Vitry von dem Leben
und Treiben jenes Schuftes. Er war, um es kurz zu
wiederholen, bereits vor Jahren in Paris angekommen
und hatte sich, da er reich mit Geld versehen zu sein
schien, unter dem Namen eines Chevalier Brissot in die
bessere Gesellschaft einzuschmuggeln gewußt. Junge

Leute pflegen in Paris nicht besonders wählerisch in ihrem Umgange zu sein. Jener Brissot trank und spielte mit ihnen, brachte viel Geld durch und wurde deßhalb, da man nichts Nachtheiliges über ihn wußte, von den jungen, lebenslustigen Leuten geduldet, bis man ihn eines schönen Tages, oder vielmehr Nachts, darüber ertappte, daß er mit falschen Würfeln spielte. Der Halunke hatte immer viel Glück im Würfelspiel gehabt, ein Umstand, der jetzt vollständig aufgeklärt war. Vitry, der die falschen Würfel entdeckt hatte, ließ sich jedoch, seinen Freunden gegenüber, nichts davon merken. Aber er beobachtete fortan den sogenannten Chevalier Brissot auf das Allergenaueste, und gelangte dadurch zu noch weiteren Enthüllungen. Er überzeugte sich, daß der Schuft auch beim Kartenspiel betrog und, noch nicht genug, auch die jungen Leute in der Gesellschaft bestahl, indem er ihnen, wenn sie ganz auf das Spiel erpicht waren, mit gewandter Hand die Taschen ausleerte. Nun winkte Vitry einen Freund zu sich, flüsterte ihm leise die Kunde von den gemachten Entdeckungen zu und machte ihn darauf aufmerksam, wie gewandt und sicher der Herr Chevalier Brissot die Volte zu schlagen und seinen nächsten Nachbarn Hände voll Geld und Banknoten zu entwenden verstand. Eben da dies Letztere geschah und Brissot noch seine diebischen Finger in der Rocktasche seines Nachbars hatte, sprang der Graf Lamarq, Vitry's Freund, auf den Halunken zu, packte mit Riesenkraft den Arm desselben und hob ihn sammt dem Rockflügel des beraubt werden sollenden jungen Mannes in die Höhe.

„Sehet,“ rief er seinen Freunden zu, „dieser Mensch ist ein Betrüger und Dieb! Er spielt nicht nur mit falschen Würfeln und Karten, sondern raubt und plündert auf noch direkterem Wege!“

Die Sache machte natürlich ungeheures Aufsehen. Alle Spieler sprangen von ihren Sitzen auf und um-

ringten Briffot, der, tobtenbleich und zitternd, kaum im
Stande war, eine Entschuldigung zu ftammeln.

„Bertheidige dich nicht, Schurke!" herrschte der Graf
ihm zu. „Baron Bitry hat dich schon lange genau
beobachtet, und auch ich habe mit meinen eigenen Augen
gesehen, wie du gestohlen haft. Bitry, bezeuge, daß ich
die Wahrheit rede!"

Bitry bestätigte nicht nur Alles, was der Graf ausge=
sagt hatte, sondern er häufte noch mehr und schlagendere
Beweise gegen den diebischen Betrüger.

„Unterfucht die Karten, mit denen er spielt," sagte
er, — „Ihr werdet fie fammt und fonders mit Nadel=
stichen bezeichnet finden. Leert ihm die Taschen aus, und
die falschen Würfel werden zum Vorschein kommen!"

„Briffot schrie, tobte, wüthete, betheuerte feine Un=
schuld, weinte fogar, aber es half ihm nichts. Die Karten
wurden unterfucht und jede davon marquirt gefunden;
man durchfuchte feine Taschen, und brachte nicht nur die
falschen Würfel, sondern auch noch eine koftbare goldene,
mit Diamanten befetzte Dose zum Vorschein, die vor
einigen Tagen spurlos aus der Tafche eines reichen alten
Herrn verschwunden war. Ein Schrei allgemeiner Ent=
rüftung hallte durch den Saal, wo diese Scene sich
zutrug. Briffot wurde geohrfeigt, mußte feine Diebes=
beute herausgeben, und wurde schließlich, da die vorneh=
men jungen Herren nicht mit der Polizei in Berührung
kommen wollten, aus dem Lokale hinaus und die Treppe
hinunter auf die Straße geworfen. In guter Gesell=
schaft durfte er sich natürlich von Stund' an nicht mehr
sehen lassen. So schloß er sich denn den zahlreichen
gewöhnlichen Glücksrittern in Paris an und suchte sie
auszuplündern, wie er die vornehmen jungen Leute aus=
geplündert hatte. Aber jene Schurken waren feiner und
schlauer, als er. Er wurde geplündert, anftatt zu plün=
dern, feine Reichthümer verschwanden erschreckend schnell
(31)

in alle Winde, und Brissot sank immer tiefer auf der Stufenleiter der Gesellschaft, bis er endlich bei der verworfensten Hefe anlangte, wo ich ihn zufällig kennen gelernt hatte. Später hörte ich einmal, er sei wegen Diebstahl verhaftet worden und es hätte sich bei der Untersuchung herausgestellt, daß er keineswegs ein wirklicher Chevalier Brissot, sondern ein elender deutscher Abenteurer sei, der einer königlichen Bank eine namhafte Summe Geldes gestohlen und eine Zuflucht in Paris gesucht und gefunden habe. Er wurde zur Deportation nach Cayenne verurtheilt, muß sich aber auf irgend eine Weise der Gefangenschaft entzogen haben, da ich ihn, kaum ein Jahr später, wiederum antraf, und zwar hier in Amerika, in unserer guten Stadt New-York. Bei einem Volksauflaufe brachte man nämlich inmitten des schreienden Haufens einen Menschen in Fesseln geschlagen. Auf den ersten Blick erkannte ich ihn. Es war der falsche Chevalier Brissot. Man hatte ihn bei Anfertigung von falschen Banknoten erwischt und war eben im Begriff, ihn in das Gefängniß abzuführen. Jetzt finde ich ihn hier wieder, und ich frage dich, Wilson: Was hast du mit einem solchen Menschen zu schaffen?"

Mr. Wilson hatte die Erzählung seines Freundes mit heimlichem Entsetzen angehört. Daß Hamilton seinen saubern Gast kannte, war ihm schon unangenehm genug; aber noch schrecklicher war es ihm, daß der alte treue Freund auch so ziemlich die ganze schmutzige Laufbahn des Verbrechers enthüllen konnte.

„Von alle dem habe ich nichts gewußt," stammelte Mr. Wilson endlich mit mühsam wieder errungener Fassung. „Der Mensch hat mir einst in Deutschland wesentliche Dienste geleistet, — ich konnte ihn nicht von meiner Schwelle jagen, als er, im tiefsten Elende, mich um Hülfe ansprach. Jetzt freilich, wo ich weiß, weß

Geiſtes Kind er iſt, werde ich ihn fortſchicken, ſobald als möglich."

„Daſſelbe würde auch ich dir rathen, mein Freund," ſagte Mr. Hamilton. „Es muß ein unbehagliches Ge= fühl ſein, mit einem ſchlechten Menſchen, einem notori= ſchen, mehrmals beſtraften Verbrecher unter ein und demſelben Dache zu ſchlafen."

„Ja, gewiß, du haſt vollkommen Recht," verſetzte Mr. Wilſon. „Verlaſſe dich darauf, ich werde mich des Men= ſchen entledigen. Aber jetzt begleite mich zu meinen Kindern, welche im Speiſeſaale ſchon auf mich warten werden. Benjamin und Emmy werden ſich ſehr freuen, ihren alten Freund und Gönner begrüßen zu können."

Mr. Hamilton, der die Kinder ſeines Freundes herz= lich liebte, befolgte bereitwillig deſſen Aufforderung und folgte ihm nach dem Speiſeſaale. Benjamin und Emmy, die bereits anweſend waren, begrüßten den werthen Gaſt mit lautem Frohlocken.

„Herr Hamilton!" rief Benjamin freudig aus; „ich danke Gott, daß er Sie zu uns geführt hat. Oh, nun kann noch Alles wieder gut werden!"

Mr. Wilſon warf einen ſcheuen Blick im Saale um= her und athmete erleichtert auf, als er Solms nicht bemerkte. Auch ſpäter kam derſelbe nicht. Er mochte Furcht und Scheu vor Mr. Hamilton verſpüren, der ein Ehrenmann vom Scheitel bis zur Sohle war. Spitz= buben meiden gewöhnlich das Zuſammenſein mit ehrlichen Leuten, und befinden ſich nur wohl unter Ihresgleichen.

Der Abend verfloß raſch in vertraulichem Geſpräch, und heiterern Gemüthes, als ſeit langer Zeit. Es begaben ſich ſchließlich, nachdem Mr. Hamilton ſich zuerſt zurück= gezogen hatte, die übrigen Hausbewohner zu Bette. Alle ſchlummerten ſanft ein; nur Zwei fanden keine Ruhe: es waren die Beiden, Mr. Wilſon und Solms. Böſes Gewiſſen ſcheuchte den Schlaf von ihrem Lager.

Fünftes Kapitel.

Der Versucher.

—

Es mochte in der zwölften Stunde derselben Nacht
sein, da huschte eine Gestalt mit leichten, flüchtigen
Schritten über den Corridor, welcher zu Mr. Wilson's
Schlafzimmer führte, und pochte leise an die Thür desselben.

„Wer ist da?" fragte der Pflanzer von innen.

„Gut, daß du noch wach bist," lautete die Antwort,
die mit gedämpfter Stimme gegeben wurde. „Mach'
auf! Ich bin es, dein alter Freund Solms! Ich habe
dir eine wichtige Mittheilung zu machen."

„Verschieb' es auf morgen," antwortete Mr. Wilson
unwirsch. „Ich bin müde."

„Unsinn, Unsinn!" rief Solms zurück. „Oeffne auf
der Stelle, oder ich mach' einen Spektakel, daß man's
im ganzen Hause hören soll! Aufgemacht! Sogleich!"

Wilson ließ sich, wie gewöhnlich, von dem Bösewichte
einschüchtern. Er stand auf, warf einen leichten Anzug
über und schloß die Thür auf. Solms drängte sich
hastig in das Zimmer und verriegelte sogleich die Thür
wieder. Dann warf er sich in einen Armsessel, und
winkte Mr. Wilson, auf einem anderen, im Fensterbogen
ihm gegenüber, Platz zu nehmen. Mr. Wilson gehorchte.
Stumm saßen die beiden eine Zeitlang da, während der
helle Vollmondschein durch das Fenster drang, und jede
andere Beleuchtung überflüssig machte. Mr. Wilson sah
bleich und abgespannt aus, wie gewöhnlich; Solms

(31)

war sehr aufgeregt, seine Augen funkelten wild, und er athmete schwer.

Das lange Schweigen schien endlich Mr. Wilson peinlich zu werden. Er nahm das Wort und fragte:

„Warum überfällst du mich mitten in der Nacht, Solms?"

Dieser schien die Frage zu überhören, wenigstens beantwortete er sie nicht, und fragte seinerseits heftig:

„Wer ist der Mann, der heute zum Besuch gekommen ist, und den ich in deinem Zimmer traf?"

„Ein Freund von mir, Mr. Hamilton aus Kentucky," erwiederte Mr. Wilson.

„Er hat dir von mir erzählt?" fragte Solms hastig weiter.

„So ist's," versetzte Wilson. „Er kennt so ziemlich deine Vergangenheit, und hat eine Mittheilung über deinen Lebenswandel in Paris und New-York gemacht."

Solms murmelte eine Verwünschung zwischen den Zähnen.

„Also hat er mich wirklich erkannt," sagte er hierauf, „Dann bin ich nicht sicher mehr hier. Er wird Sherif und Constabler gegen mich aufhetzen."

„Ich glaube wohl, daß du Ursache hast, diese Leute zu fürchten," warf Mr. Wilson etwas ironisch hin.

Solms blickte ihn mit einem boshaften Blicke durchbohrend an.

„Wohl noch manch' Anderer hat sie zu fürchten," entgegnete er scharf. „Aber jetzt keine Redensarten! Weißt du, daß Hamilton ein sehr reicher Mann ist?"

„Ich weiß es."

„Er wird nicht mit leerem Beutel reisen, wie?"

„Das kümmert mich nicht, und ich habe ihn nicht danach gefragt."

„Nun," sagte Solms höhnisch, „mich kümmert's desto mehr, seit ich heute Abend Tommy, den Negerknaben,

in der Küche erzählen hörte, daß er den Mantelsack des
Mr. Hamilton in dessen Zimmer getragen habe, und
daß dieser Mantelsack ungemein schwer gewesen sei. Mit
Baumwolle wird ihn Hamilton wohl nicht ausgestopft
haben. He?"

Mr. Wilson erschrak.

„Ich errathe deine Gedanken, Solms," sagte er heftig. Du sinnst, wie schon oft, auf einen neuen Raub.
Aber vergiß nicht, daß Hamilton mein bester Freund
ist und unter meinem Dache als hochgeschätzter Gast
verweilt. Nimmermehr werde ich es dulden, daß du
deine Diebeshand nach seinem Gute ausstreckst. Nimmer! Mag daraus werden, was da wolle!"

Solms lächelte höhnisch.

„Dein Eifer beweist mir, daß ich richtig gerathen habe,
als ich eine bedeutende Summe Geldes in Hamilton's
Mantelsack vermuthete," entgegnete er. „Dieses Geld
muß mein werden, und damit es mein werde, und
damit meine Sicherheit nicht länger gefährdet ist, muß
dieser Hamilton sterben. Er darf nicht lebend dieses
Haus wieder verlassen!"

Leichenblässe bedeckte bei diesen Worten Mr. Wilson's
gramdurchfurchtes Antlitz, und entsetzt beide Arme vor
sich ausstreckend, als wollte er etwas Fürchterliches von
sich abwehren, sprang er von seinem Sitze auf.

„Nimmer! Nimmermehr!" rief er keuchend aus. —
„Jedes Haar auf seinem Haupte ist mir heilig, und du
müßtest erst mich ermorden, ehe ich dir gestattete, Hand
an meinen verehrten Gastfreund zu legen."

„Pah! Pah!" versetzte Solms. „Denke nur daran,
daß ich nicht nur deine und deiner Kinder Ehre, sondern auch dein und ihr Leben in meiner Gewalt habe.
Oder glaubst du vielleicht, Benjamin würde die Schande
seines Vaters überleben wollen? können? Ich denke
anders von ihm, denn er ist durch und durch ein ehren-

werther Bursche. Also besinne dich, — entweder der fremde Mann da, oder du und deine unschuldigen Kinder!"

Mr. Wilson rang in Verzweiflung sich fast den Bart von den Händen, warf sich sogar dem Peiniger zu Füßen und flehte seine Barmherzigkeit an. Solms wies ihn höhnisch zurück.

„Wohlan denn," sagte Mr. Wilson, indem er sich wieder aufrichtete und würdevoll vor dem Schurken Solms stehen blieb, — „wohlan denn, so mag geschehen, was ich mir schon längst im Geiste überlegt habe. Ich verlasse mit meinen Kindern diese Pflanzung und ziehe mich in die äußerste Wildniß zurück. Schalte und walte dann du hier nach deinem Gefallen. Ich will lieber in Armuth und Elend verkommen, als mich von dir zu einem so schändlichen Verbrechen verleiten lassen."

„Gehe hin, Thor!" entgegnete Solms trotzig. „Mir und meiner Rache würdest du doch nicht entgehen. Ich würde mich an deine Sohlen heften, und überall, überall den Leuten in's Ohr schreien, wer eines schönen Tages eine königliche Bank bestohlen hat. Die Leute werden es hören, und deine Kinder werden es hören, und die Folgen davon magst du dir selber ausmalen. Geh', du Narr, wenn du jetzt noch den Muth dazu hast. Sei aber versichert, daß ich dich und deine Kinder in's tiefste Elend bringe und unsäglich unglücklich mache, wenn du dich unterstehst, meinen Befehlen Widerstand entgegen zu setzen! Morgen Nacht um diese Stunde stirbt Hamilton. Wir theilen sein Geld, und nachher magst du thun, was dir gut dünkt. Ich für meine Person werde dich dann nicht länger belästigen, sondern weiter nach Westen gehen. Keinen Widerspruch mehr! Morgen um diese Stunde wirst du dich bereit halten, mich in Hamilton's Zimmer zu führen, oder — Wehe über dich und deine Kinder!"

Ohne noch ein Wort hinzu zu fügen oder eine Erwiderung abzuwarten, verließ der Schurke hierauf Mr. Wilson, und kehrte leise und verstohlen, wie er gekommen war, in sein Schlafgemach zurück, seinen ehemaligen Collegen in einem Seelenzustande zurücklassend, den keine Feder zu beschreiben im Stande ist.

Mr. Wilson fühlte sich in der That vollkommen niedergeschmettert, jede Kraft seiner Seele war gelähmt, sein betäubtes Gehirn keines klaren Gedankens mächtig. Den Kopf mit beiden Händen haltend, leise wimmernd, von Zeit zu Zeit tiefe Seufzer ausstoßend, ging er schwankenden Schrittes ruhelos in seinem Zimmer hin und her. Große Thränen rollten über seine Wangen, er zitterte am ganzen Leibe und stöhnte kläglich. Wer ihn so gesehen hätte, würde ihn zweifellos für wahnsinnig gehalten haben, und aller Wahrscheinlichkeit war Mr. Wilson Stunden lang in dieser furchtbaren Nacht dem Wahnsinne so nahe, daß nur wenig, sehr wenig fehlte, um ihn in den Abgrund ewiger Geistesnacht zu stürzen.

Allmählig kehrte jedoch die ihm fast schon für immer abhanden gekommene Vernunft wieder zurück; das wilde regellose Pochen seines gequälten Herzens beruhigte sich nach und nach ein wenig, das stürmische Hämmern seiner Schläfe, das ihm den Schädel zu sprengen und die Fasern seines Gehirns in Brei zu verwandeln drohte, ließ nach, und er vermochte wieder klar zu sehen und einen klaren Gedanken zu fassen. Aber leider fand er nirgends einen Trost, einen Halt, eine Aussicht auf Rettung in seinen Gedanken. Solms hatte ihm eine zu gräßliche Alternative gestellt, die, entweder einen theuren Gastfreund zu ermorden und auszurauben, oder Mr. Wilson selbst mit seinen Kindern in gänzliches Verderben zu stürzen. Welche Wahl für den unglücklichen Freund, für den noch unglücklicheren Vater! Was sollte er wählen?

(31)

„Keines von Beiden!" schrie eine Stimme laut auf aus seinem Gewissen.

Aber wenn er keine Wahl traf, was dann? Durfte er daran zweifeln, daß Solms seine furchtbaren Drohungen verwirklichen würde, wenn Mr. Wilson seinen Anschlag auf Mr. Hamilton's Leben und Vermögen vereitelte? Nein! Wilson kannte den Schurken zu genau, um ihm nicht das Allerschlimmste und Schlechteste zuzutrauen.

Und was dann, wenn sein früher in Europa begangenes Verbrechen bekannt, auch seinen Kindern bekannt wurde? Mr. Wilson wußte, daß weder Benjamin noch Emmy einen solchen Schlag überleben würden; Verzweiflung und Gram mußten sie dem Tode in die Arme stürzen. Armuth, gänzliche Besitz- und Hülflosigkeit hätten sie mit starkem Herzen wohl ertragen und muthig dagegen angekämpft und gerungen, — aber auch Schande und Ehrlosigkeit? Die Schande und Ehrlosigkeit eines theuren, über Alles geliebten Vaters, der bis dahin in so reinem und edlem Lichte vor ihnen gestanden, zu dem sie stets mit vertrauender, kindlicher Ehrfurcht empor geblickt hatten? Mit grenzenlosem Schmerze mußte Mr. Wilson sich gestehen, daß sie, wie vom Blitze getroffen, von solcher Kunde würden darnieder geschmettert werden, um sich nie wieder zum Leben aufzurichten.

Wilde, furchtbare Vorsätze wechselten schnell im Geiste des tief gebeugten Mannes. Bald wollte er heimlich die Flucht ergreifen, bald seinem elenden Leben in frevelhafter Weise durch Selbstmord ein Ende machen, bald dachte er daran, über den Schurken Solms herzufallen und ihn seiner wohl verdienten Rache zu opfern. An diesem letzten Gedanken hielt Mr. Wilson am längsten fest, über ihn brütete er am tiefsten nach. Was hatte er noch zu fürchten, wenn jener Schurke für immer aus dem Wege geräumt war? Und was war an dem Leben eines

Verworfenen, eines Elenden gelegen, der schon tausend=
faches Unrecht und Unheil angestiftet, und schon öfter
als einmal den Tod von der Hand der Gerechtigkeit ver=
dient hatte, — eines Schurken, der eben jetzt wieder den
blutigen Plan verfolgte, mit kaltblütiger Ueberlegung
einen Mann zu ermorden, den Mr. Wilson seit Jahren
als einen Ehrenmann, als einen wahren Freund und
braven Familienvater kannte. Konnte es nicht für eine
wahre Wohlthat für die ganze Welt gelten, wenn solch
ein mörderischer Schurke aus dem Wege geräumt wurde?
Mr. Wilson sah nach seinen Pistolen, die geladen über
seinem Bette hingen, und streckte mit einer schnellen,
hastigen Bewegung die rechte Hand danach aus.

„Ich thue es!" murmelte er leise vor sich hin. „Noch
in dieser Stunde! Und Gott mag mir vergeben, wenn
ich dadurch eine Sünde begehe!"

Der Griff an das kalte Eisen des Pistolenlaufes schien
ihn aber wieder zur Besinnung zu bringen; schaudernd
ließ er die ausgestreckte Hand wieder sinken.

„Nein, nein, nein, kein Mord!" sagte er leise in
traurigem Tone. „Wozu noch ein Verbrechen auf meine
Seele laden, ein schwereres, viel schwereres noch, als ich
früher begangen! Nein, ich will nicht morden unter
meinem Dache, aber nimmermehr werde ich dulden, daß
von einem Andern ein Mord begangen wird, noch dazu
ein Mord an dem edeln, vertrauenden Freunde. Mag
dann über mich kommen und mit mir geschehen, was
Gottes Wille ist. Noch nicht genug habe ich bereuet und
gebüßt für die begangene Sünde, — möge denn der
Becher der Buße gefüllt werden bis zum Rande, — ich
will den bittern Kelch austrinken bis auf den Grund!"

Dieser letzte Entschluß, alles Weitere Gott anheim zu
stellen, wirkte wunderbar beruhigend auf Mr. Wilson
ein. Zwar ging er noch lange, bis der Morgen däm=
merte, in seinem Zimmer auf und ab, jedoch die schweren
(31)

Falten der Sorge verfinsterten nicht mehr seine Stirn, und er hielt sich aufrecht, als ob eine furchtbare Last von seinen Schultern genommen wäre. Mit Sonnen-Aufgang legte er sich, von Ermüdung überwältigt, wieder auf sein Bett nieder und verfiel fast augenblicklich in einen tiefen, ruhigen Schlaf. War er doch versöhnt mit Gott, und somit auch versöhnt mit seinem Gewissen.

Sechstes Kapitel.

Nemesis.

Als Mr. Wilson wieder erwachte, fühlte er sich, wie seit langer Zeit nicht, erfrischt und gestärkt, und eine heitere Ruhe strahlte aus seinen sonst immer trübe verschleierten Augen. Er kleidete sich an, zog eine Klingel, und fragte einen unmittelbar darauf eintretenden Neger nach Mr. Solms.

„Ausreiten, Massa," antwortete der Schwarze, — „hier Papier da lassen für Massa Wilson."

Der Pflanzer nahm das Billet, entfaltete es und las folgende wenige Worte: „Diese Nacht um zwölf Uhr. Gehorche oder — zittere!"

Ein verachtungsvolles Lächeln spielte um Mr. Wilson's Lippen. Er steckte das Papier in seine Tasche und fragte den Neger, ob Mr. Hamilton bereits aufgestanden sei.

„Ja, Massa," lautete die Antwort. „Massa Hamilton

(31)

einen Spaziergang machen durch die Tabaksfelder, aber schon seit einer Stunde wieder zu Hause."

„Gut," sagte Mr. Wilson, „suche ihn auf und bestelle an ihn, daß ich ihn ein Stündchen allein auf seinem Zimmer sprechen möchte. Ich würde sogleich kommen."

Der Neger eilte hinweg, um den empfangenen Auftrag auszurichten, und kehrte schon nach wenigen Minuten mit dem Bescheid zurück, daß Mr. Hamilton mit Vergnügen seinen Freund erwarte.

Mr. Wilson begab sich sofort zu ihm. Hamilton kam ihm einige Schritte entgegen und reichte ihm die Hand, welche von Mr. Wilson herzlich gedrückt wurde.

„Was bringst du mir Neues, Freund?" — fragte Hamilton, als Beide auf dem Sopha Platz genommen hatten.

„Neues und Altes bringe ich dir," versetzte Wilson. „Ich fühle mich gedrungen, ein offenes Geständniß meiner Vergangenheit und Gegenwart vor dir abzulegen, und erwarte dann von dir Rath und Trost. Willst du mich anhören?"

„Du siehst mich bereit dazu," erwiederte Hamilton, „und ein Freund ist es, der dir zuhört."

„Das weiß ich, und darum schütte ich die Last meines Kummers in deinen Schooß aus," sagte Wilson mit einem Blicke voller Dankbarkeit. „So vernimm denn ein Geheimniß, das die letzten siebenzehn Jahre meines Lebens vergiftet hat, und verdamme mich nicht, ehe du mich nicht zu Ende gehört hast."

Nun begann Mr. Wilson zu erzählen von seinen früheren Verhältnissen in Deutschland, von seiner damaligen Bekanntschaft mit Solms, von den furchtbaren Verlegenheiten, in die er sich gestürzt hatte, von den teuflischen Rathschlägen, die Solms ihm ertheilt, und von dem Diebstahle, den er in Gemeinschaft mit dem Verführer begangen. Seine Stimme klang anfänglich

(31)

wankend und gepreßt, aber sie wurde nachgerade fester, und zitterte nur erst wieder, als er das von ihm begangene Verbrechen dem Freunde enthüllen mußte. Als es geschehen war, holte er tief Athem, und blickte voller Angst den Freund an, der übrigens mit unbewegter Miene dasaß, gerade, als ob ihm Wilson eine Geschichte von ganz wildfremden Personen erzählte.

„Weiter," sagte er kurz, als Mr. Wilson inne hielt. „Was thatest du mit dem unrecht erworbenen Gute?"

„Solms und ich trennten uns," fuhr Wilson fort, — „er ging nach Paris, ich nach Hamburg, wohin ich meine Kinder vorausgeschickt hatte. Oh, sie wenigstens sind völlig schuldlos, und haben nicht die entfernteste Ahnung davon, daß ihr beklagenswerther Vater ein gemeiner Dieb, ein vom Gesetze gebrandmarkter Verbrecher ist. Unentdeckt verließ ich Hamburg mit meinen Kindern, und gelangte nach New-York, wo ich meinen jetzigen Namen Wilson annahm. Von New-York ging ich weiter und weiter dem Innern des Landes zu. Mein Gewissen trieb mich aus den bewohnten Landstrichen, wo ich jeden Augenblick erkannt zu werden fürchten mußte, tiefer und tiefer in die Wildnisse des Westens, bis ich eines Tages deine Farm erreichte, und wohlwollend und gastfreundlich von dir aufgenommen wurde. Das Uebrige brauche ich nur mit wenigen Worten in dein Gedächtniß zurück zu rufen. Du behieltest mich bei dir, du lehrtest mich das Leben der Ansiedelungen kennen, du machtest mich auf diese prächtige Farm aufmerksam und vermitteltest für mich den Ankauf derselben. Du halfest mir bei meiner Einrichtung, du kauftest mir Neger, Hausthiere und die nöthigen Geräthschaften, du leitetest die schwierigsten Arbeiten, kurz, du standest mir als der beste, treueste Freund zur Seite, und unter deiner Leitung gedieh Alles so vortrefflich, daß ich nach wenigen Jahren mit Recht zu den reichsten Pflanzern in der Ge-

genb gezählt wurde. Nie kann ich dir genug für deinen treuen Beistand danken, ohne welchen ich vielleicht lange Jahre mühsam hätte kämpfen müssen, um an das Ziel zu gelangen, das ich durch deine Mithülfe so leicht, fast spielend erhalten habe."

Mr. Hamilton machte eine abwehrende Handbewegung, als Wilson bei den letzten Worten inne hielt und einen tiefen, innigen Blick auf den Freund heftete.

„Weiter, weiter," sagte er. „Ich that meine Schuldigkeit, wie ich später dich die deinige thun sah, wenn es galt, achtbare Einwanderungen zu unterstützen. Weiter also."

„Nun denn," begann Mr. Wilson von Neuem, „der Ankauf dieser meiner Farm, die Einrichtung, die Verbesserungen, die Anschaffungen hatten, Dank deiner Beihülfe, noch nicht die volle Hälfte des Kapitals verschlungen, das ich aus Europa mit nach Amerika gebracht hatte. Die übrige Hälfte nahm ich und schickte sie an die Königliche Bank zurück, die ich darum bestohlen hatte, — natürlich, ohne daß ich mich als Absender nannte..."

„Ah, das hast du gethan?" unterbrach Mr. Hamilton die Erzählung. „Das freut mich mehr, als ich mit Worten ausdrücken kann!"

„Sieh' hier den Beweis," fuhr Mr. Wilson fort, indem er ein Blatt Papier aus einem Portefeuille nahm und es seinem Freunde überreichte. „Es ist die Quittung über sechszigtausend Thaler, von einem New-Yorker Handlungshause an die Königliche Bank in B. ausgezahlt, auf Rechnung eines Mannes, der unbekannt zu bleiben wünscht."

„Gut! Sehr gut!" murmelte Mr. Hamilton mit hellerem Blicke und aufgeheiterter Stirn. „Weiter, lieber Wilson."

Wilson fuhr fort:

„Daß ich mich keinen Augenblick glücklich fühlte, obgleich ich mich in behaglichen Umständen befand und

keine Nahrungssorge mich drückte, wirst du mir glauben.
Das von mir begangene Verbrechen vergiftete jeden
Genuß, jede Freude, die mir hätte zu Theil werden kön=
nen, selbst die Freude an meinen Kindern, die sich so
herrlich entwickelten und die ich so innig liebte und liebe.
Gleichwohl war mein Zustand damals noch erträglich zu
nennen, im Vergleiche mit dem jetzigen. Die wahre
Höllenqual fing erst an, als ein unglückliches Verhäng=
niß jenen Solms in mein Haus führte. Er war das
Werkzeug der rächenden Nemesis, die mich bis in die
Wildnisse Amerika's verfolgte. Seine Gegenwart ver=
nichtete auch die letzten kleinen Glücksreste, die noch in
einem Winkel meines Herzens vegetirten und blüheten.
In ewiger, unsäglicher Angst schwebend, von dem Ge=
nossen meiner schlechten That verrathen zu werden, ver=
lor ich allen Muth, alle Willens-Festigkeit, und wurde
wie weiches Wachs in den Händen dieses Bösewichts.
Der Schurke verschwendete mein Geld, verschleuderte den
Ertrag meiner Erndten, und tiranisirte nicht nur mich,
sondern auch mein Hausgesinde, meine Sklaven, selbst
meine Kinder. Oh, großer Gott, was habe ich leiden
und dulden müssen unter der eisernen Faust dieses Elen=
den, der mich durch ein unseliges Geheimniß völlig in
seiner Gewalt hatte, wie ein Gefangenwärter seinen
Gefangenen. Hamilton, du mußt nicht glauben, daß
ich durch die Rückerstattung der größeren Hälfte meines
Raubes mein Verbrechen gesühnt wähnte. Nein, nein!
Ich arbeitete rastlos, ich sparte jeden Dollar, den ich
irgend erübrigen konnte, um nach und nach meine Schuld
vollends abtragen zu können. Sieh' hier noch andere
Quittungen, als jene erste. Ueberzeuge dich, daß ich
Jahr für Jahr einen Theil meiner Schuld abtrug, daß
ich die Gelder, über deren Verbrauch du mich manchmal
fragtest, ohne mir eine Erklärung abgewinnen zu können,
sammt und sonders nach Deutschland sendete! Kaum

noch zehntausend von hunderttausend Thalern hätte ich
zu bezahlen, um völltge Deckung geleistet zu haben, —
nur zwei Jahre noch brauchte ich meine Ersparnisse zurückzulegen und nach Europa zu schicken, um der drückenden Schuld meines Lebens ledig zu werden,—da schleu-
dert mir die ewige Vergeltung diesen Solms in den
Weg, und — durch seine maßlose Verschwendung ver-
hinderte er mich nicht nur, die letzte Spur meines Verbrechens auszulöschen, sondern er hat mich auch zu einem
armen Manne gemacht und nebenbei meinen guten Ruf,
oder doch wenigstens den größeren Theil davon, bei
meinen Nachbarn vernichtet."

Hier schwieg Mr. Wilson tief erschüttert und rang in
stummer Verzweiflung die Hände. Mr. Hamilton, ebenfalls bis in das Herz hinein bewegt, stand von seinem
Stuhle auf, ging einigemal mit schweren Schritten im
Gemache auf und ab, und legte endlich sanft seine Hand
auf Wilson's Schulter.

„Mein Freund, mein theurer Freund," sagte er mit
Innigkeit, „ich beklage auf das Tiefste die schreckliche
Lage, in der du dich befunden, in der du dich noch befindest. Aber du hast, von falschem Ehrgefühl getäuscht
und verblendet, unzweckmäßig, fast möchte ich sagen, unvernünftig gehandelt. Du hättest, als jener Schurke
dich zu drängen versucht, zu mir kommen, mir deine Verhältnisse klar und rückhaltlos auseinander setzen müssen.
Dann wäre dem schlimmen Thun jenes Menschen sofort
ein Ende gemacht worden."

„Ich habe daran gedacht, oft daran gedacht, dich einen
Blick in meine Hölle thun zu lassen," versetzte Mr. Wilson traurig. „Aber durfte ich es denn? Konnte ich
es, ohne meine Vergangenheit zu enthüllen, die mir auf
immer deine Achtung entrissen hätte?"

„Mit dieser Voraussetzung bist du im Irrthum,"
erwiederte Hamilton herzlich. „Durch Rückerstattung

der Summen, die du, gedrängt von Verlegenheiten und Nöthen, rechtswidrig dir aneignetest, hast du dir auch die Achtung aller rechtschaffenen Menschen wieder gewonnen. Kein Zweifel, du hast schwer gefehlt, aber deine Buße war auch eine schwere, und deine aufrichtige Reue ist erwiesen durch die Quittungen dort. Oh, warum hast du nicht früher gesprochen? Und warum sprichst du denn jetzt, wo sich deine Verhältnisse doch eigentlich in Nichts verändert haben, und wo du namentlich Solms gegenüber genau so stehst, als bisher?"

„Nicht genau so mehr," erwiederte Mr. Wilson, während ein Schauder des Abscheus seinen Körper durchrieselte, so daß er am ganzen Leibe zitterte. „Höre weiter! Solms drang gestern Nacht mit Gewalt in mein Zimmer ein, und wollte mich, da er große Geldsummen in deinem Mantelsack vermuthet oder ausspionirt hat, durch die gräßlichsten Drohungen zwingen, dich nächste Nacht ermorden zu helfen. Stehe ich nun noch so, wie früher, zu diesem Menschen?"

„Ermorden? Mich? Unter deinem eigenen Dache? Entsetzlich!" rief Mr. Hamilton aus. „Und du, Wilson? Was antwortetest, was sagtest, was thatest du?"

„Solms verließ mich, ehe ich ihm meine Entschließung mittheilen konnte, unter erneuerten, gräulichen Drohungen," versetzte Mr. Wilson. „Vor kaum einer Stunde schickte er mir dieses Billet. Lies es. Was mich betrifft, oder vielmehr meinen Entschluß, so faßte ich nach schweren Kämpfen den, dir Alles zu enthüllen und mich von deinem Rath leiten zu lassen."

„Daran hast du wohl gethan," versetzte Mr. Hamilton zufrieden. „Der Schurke zweifelt also nicht daran, daß du ihm zum Morde Beistand leisten wirst?"

„Er rechnet darauf, daß seine Drohungen mich zu jedem Schritte treiben werden, den er mir vorschreibt," erwiederte Mr. Wilson.

„Wohlan denn," sagte Mr. Hamilton, „so hoffe ich, daß wir ihn in seiner eigenen Schlinge fangen und für alle Zukunft unschädlich machen werden. Willst du die Leitung der ganzen Angelegenheit also mir überlassen?"

„Gewiß, mit Freuden!"

„Dann müssen wir vor allen Dingen Sorge tragen, deine Kinder von hier zu entfernen," nahm Mr. Hamilton wieder das Wort. „Wir schicken sie mit allen dir noch gebliebenen Sklaven auf meine Farm, und zwar ohne allen Verzug. Binnen einer Stunde müssen sie fort sein."

„Aber unter welchem Vorwande soll ich sie fortschicken?" fragte Mr. Wilson bestürzt.

„Unter dem ganz einfachen, daß ich dir deine Pflanzung abgekauft habe," gab Mr. Hamilton kaltblütig zur Antwort. „Dein Sohn wird an dieser Thatsache ganz und gar nicht zweifeln, und deinen Befehlen um so williger gehorchen, wenn du ihm die Mittheilung machst, daß du und ich ihm nach wenigen Tagen auf meine Farm folgen werden. Du verstehst mich, Wilson? Deine Kinder müssen entfernt werden, damit jener Schurke ihnen keine Enthüllungen machen kann."

„Ich verstehe, ja," versetzte Mr. Wilson mit warmer Dankbarkeit. „Aber die Neger? Wenn wir auch sie fortschicken, wer soll uns Beistand leisten, wenn es gilt, den Bösewicht zu fangen und zu entlarven?"

„Dafür laß mich sorgen," entgegnete Mr. Hamilton. „Mein Freund Ellis, der ja kaum zwei Meilen von hier wohnt, wird mir gern ein paar handfeste Leute herüber schicken. Die Entfernung deiner eigenen Neger ist aus doppeltem Grunde nothwendig, einmal um Solms sicher zu machen, der sich leicht einreden lassen wird, daß du die Bursche nur fortgeschickt hast, um jeden Zeugen bei meiner beabsichtigten Ermordung zu beseitigen; und dann, — auch sie brauchen die Anklage nicht zu hören,

(31)

welche Solms jedenfalls gegen dich sch.eudern wird, wenn er seinen schändlichen Plan vereitelt sieht."

„Ja, ja, ich begreife," sagte Mr. Wilson. „Du bist sehr vorsichtig, Freund! Und was nun noch?"

„Nun, vor der Hand, nichts weiter mehr, als daß ich einen Spazierritt mache," erwiederte Mr. Hamilton. „Wenn ich zurückkehre, hoffe ich, daß deine Kinder und Sklaven auf dem Wege nach meiner Farm sind. Im Uebrigen verhalte dich ruhig in deinem Zimmer. Wenn Solms dich aufsuchen sollte, was übrigens vor Einbruch der Nacht schwerlich geschehen wird, so bleibst du dabei, daß du deine Farm an mich verkauft, und deine Kinder fortgeschickt hast, weil du dich tiefer im Westen ansiedeln willst. Und nun, Adieu! Endlich, so hoffe ich, wirst du der Last entledigt werden, die so lange dein Herz gepreßt und dich zu Boden gedrückt hat!"

Die Freunde drückten sich die Hände. Mr. Hamilton ging sodann, sein Pferd zu besteigen, und Mr. Wilson begab sich zu seinen Kindern. Eine Stunde später befanden sich diese und die Neger Mr. Wilson's auf dem Wege nach der Farm des Mr. Hamilton. Niemand von Allen setzte nur den geringsten Zweifel in die Wahrhaftigkeit des Vorwandes, unter welchem Mr. Wilson sie fortgeschickt hatte. Benjamin und Emmy waren sogar höchst erfreut darüber, eine Gegend und eine Heimath verlassen zu können, in der sie sich schon lange nicht mehr wohl und heimisch gefühlt hatten.

Mr. Wilson verweilte den Tag über in seinem Zimmer, und hing abwechselnd bald schwermüthigen, bald heiteren Gedanken nach.

Siebentes Kapitel.

Die Ermordung.

———

Stunde um Stunde verrann. Eine tiefe Stille, eine wahre Todtenstille herrschte auf der Farm und in dem Hause Mr. Wilson's. Kein menschliches Wesen ließ sich daselbst blicken. Die Tabaks- und Baumwollen-Felder lagen öde da im Glanze des heiße Strahlen vom Himmel hernieder sendenden Tagesgestirns.

Erst als die Sonne dem Untergange nahe war, erschallten Hufschläge vor dem Hause Mr. Wilson's. Dieser blickte aus dem Fenster und sah, daß Mr. Hamilton in Begleitung zweier baumstarken Neger zurückgekehrt war. Wenige Augenblicke später trat er zu Mr. Wilson in das Zimmer.

„Guten Abend, Freund!" sagte er herzlich. „Alles steht gut. Ellis hat mir zwei Sklaven anvertraut, die weder englisch noch deutsch verstehen, sondern nur ihre Muttersprache und ein bischen französisch plappern. Da mag denn Solms in Gottes Namen seine Anklagen gegen dich vorbringen; er könnte sie eben so gut den Bäumen des Waldes erzählen. Hat er sich während des Tages bei dir blicken lassen?"

„Nein, du guter und treuer Freund," versetzte Mr. Wilson. „Vielleicht, ach, dürfte ich es hoffen! hat er seinen finsteren Plan aufgegeben."

„Das glaube ich nicht, und ich wünsche es sogar auch nicht einmal," versetzte Mr. Hamilton. „Der Schurke ist längst schon reif für den Galgen, und muß endlich, zu Nutz und Frommen besserer Leute, als er, seine wohlbevölkerte Straße erhalten. Ich zweifle nicht, daß er pünktlich um die Stunde der Mitternacht an deine Thür anklopfen wird. Und dann mache, was dir beliebt. Fürchte in keiner Beziehung etwas für meine Sicherheit. Ich habe meine Maßregeln so vorsichtig genommen, daß mir Solms, und wäre er der kühnste und schlaueste Bösewicht, nun und nimmermehr beikommen kann!"

Nach diesen Worten schüttelte er dem Freunde die Hand, und wollte sich entfernen. Mr. Wilson aber hielt ihn fest.

"Aber was soll ich, was kann ich thun?" fragte er in Todesängsten. "Natürlich werde ich entschieden meinen Beistand bei dem Morde verweigern. Doch ist dies auch genug? Soll ich dem elenden Buben nicht entschieden in den Weg treten, nicht ihn im Nothfalle selbst über den Haufen schießen?"

"Nein, nein, auf keinen Fall," versetzte Mr. Hamilton nachdrücklich. "Der Mensch soll das Verbrechen begehen, und soll im Augenblicke der That ergriffen und verhaftet werden. Nur so ist es möglich, ihn in die Arme des strafenden Gesetzes zu schleudern. Fürchte meinetwegen nichts; ich bin unter allen Umständen in vollkommener Sicherheit. Laß' den Buben seinen Gang gehen, und verhalte dich für deine Person ganz passiv. Und nun, vorläufig gute Nacht! Ohne Sorge, alter Freund! Du sollst noch Tage der Zufriedenheit und des Glückes erleben! Ich stehe dir dafür."

Noch einen warmen Händedruck, und Mr. Hamilton ging. Von Zweifel und Bangen erfüllt, warf sich Mr. Wilson in einen Lehnstuhl, und blieb dort Stunden lang fast unbeweglich sitzen. Die Nacht rückte vor, es schlug zehn, es schlug elf, es schlug zwölf auf der Wanduhr in Mr. Wilson's Stube. Dieser athmete erleichtert auf. Mitternacht war vorüber, — jetzt durfte er hoffen, daß Solms nicht mehr kommen würde.

Vergebliche Hoffnung! Traurige Täuschung! Noch tönte das Summen der Wanduhr in leisen Schwingungen nach, da öffnete sich die Stubenthür, und leisen Schrittes trat Solms ein. Seltsam düster und verwildert sah er aus. Seine Augen funkelten in unheimlichem Glanze, und Todtenblässe bedeckte sein Gesicht. In der Faust hielt er ein schweres Beil; ein großes Bowie-Messer steckte an seinem Gürtel.

„Bist du krank?" fragte er mit vor innerer Erregung heiserer Stimme, und schleuderte einen drohenden Blick auf Mr. Wilson.

„Ich bin weder dazu vorbereitet, einen Mord an meinem besten Freunde zu begehen, noch werde ich zugeben, daß du es thust," versetzte der Pflanzer mit Festigkeit. „Bedenke, Solms, — unschuldig vergossenes Blut schreit zum Himmel, und keine Buße kann das Verbrechen des Mordes sühnen. Ich beschwöre dich, — laß' ab von deinem entsetzlichen Vorhaben."

„Albernes Geschwätz!" entgegnete Solms verächtlich. „Ist Hamilton in seiner Stube?"

„Dort ist er!"

„Und deine Kinder? Wo sind sie? Schlafen sie schon?"

„Sie sind nicht hier; ich habe sie mit den Sklaven nach Hamilton's Farm geschickt."

„Ah, darum war Alles so still in und außer dem Hause, als ich mich sachte herein schlich! „Ein guter Gedanke, die Zeugen aus dem Wege zu schaffen! In der That sehr gut."

„Ich schickte sie nicht deßhalb fort."

„Und aus welchem Grunde sonst?"

„Weil Hamilton mir meine Pflanzung abgekauft hat, und ich mich tiefer im Westen wieder ansiedeln will."

„Dir die Farm abgekauft? Auch schon sie bezahlt?"

„Nein, die Zahlung wird später erfolgen."

„Ah, gut! So hat Hamilton also sein Geld noch," murmelte Solms in sich hinein. „Ich werde es ihm abnehmen, und nie wird er in den Besitz dieser Farm gelangen. — An's Werk!" fügte er dann laut hinzu. „Nimm eine Art! Wir müssen ein Ende machen!"

„Nimmermehr!" versetzte Mr. Wilson mit einer Geberde des Abscheues. „Nimmermehr will ich meine Hände um elenden Geldes willen mit Blut beflecken!"

„Weigere dich nicht, oder morgen schreie ich in der ganzen Gegend aus, was für ein Spitzbube der ehrenwerthe, tugendhafte Mr. Wilson ist!"

„Thu' es," erwiederte dieser. „Ich verlasse diese Gegend auf immer!"

„Aber ich werde dir auf den Fersen folgen und überall dieselbe Geschichte erzählen," sagte Solms drohend.

„Auch das magst du thun," entgegnete Mr. Wilson gelassen und gefaßt. „Du wirst dann nicht nur meine, sondern auch deine eigene Schande verkünden."

„Was liegt mir daran?" rief Solms hohnlachend. „Meine Person hat mit gutem Rufe und Ehre schon lange nichts mehr zu schaffen! Ich spotte der Thoren, die sich vor solchen Gespenstern fürchten. Aber du bist ein solcher Thor, und deßhalb wirst du meinem Befehle gehorchen: Vorwärts! die Zeit drängt!"

„Ich bleibe, und lasse auch dich nicht von der Stelle," erwiederte Mr. Wilson, indem er sich entschlossen vor die Stubenthür stellte. „Du wirst dich nicht aus diesem Zimmer entfernen, bevor nicht die Nacht vorüber ist!"

„Wahnsinniger Thor!" zischte Solms und sprang auf Mr. Wilson zu. „Aus dem Wege mit dir, oder ich schlage dich nieder wie einen Hund!"

Mr. Wilson hielt Stand. Da packte ihn Solms bei der Brust und schleuderte ihn mit solcher Gewalt zur

(31)

Seite, daß der alte, schwache Mann niederstürzte und sich im Fallen am Kopfe verwundete. Ohnmächtig lag er auf den Dielen ausgestreckt.

„Desto besser!" murmelte Solms in sich hinein, — „der tugendhafte Spitzbube wäre im Stande gewesen, seinem Freunde Beistand zu leisten, anstatt ihn nieder zu schlagen. Bleibe du liegen! Wenn du zur Besinnung zurückkehrst, wird die That gethan und ich werde mit der guten Beute längst über alle Berge sein. Jetzt zu ihm! Ein Schlag mit der Axt, ein Stich mit dem Messer, und es ist geschehen. Wie gut, daß der Narr seine Kinder und Neger fortgeschickt hat! Nun mag Hamilton wachen oder schlafen, ich werde bald mit ihm fertig werden!"

Er packte den Stiel seines Beiles fester, lockerte das Messer in der Scheide, und verließ dann mit schleichen= den Schritten, aber entschlossener Miene Wilson's Stube, die er hinter sich abschloß.

„Besser so!" flüsterte er vor sich hin. „Jetzt kann ich auf keine Weise gestört werden."

Wie ein Schatten, unhörbar, glitt er durch das Haus, stieg hinauf in das obere Stockwerk und stand im näch= sten Augenblicke vor Mr. Hamilton's Zimmer. Hier blieb er stehen, legte vorsichtig sein Ohr an die Thür und horchte gespannt.

„Er schläft!" murmelte er nach einem Weilchen. „Seine Athemzüge sind tief und regelmäßig. Ich werde leichtes Spiel mit ihm haben."

Mit fester Hand drückte er auf die Thürklinke. Sie war nicht verschlossen, auch von innen kein Riegel vor= gelegt.

„Dacht' es mir wohl," sagte er wie vorhin mit fast unhörbarem Flüstern. „Diese sogenannten ehrlichen Leute sind nicht mißtrauisch, und der da nun vollends glaubt unter dem Dache eines Freundes ganz sicher zu

(31)

fein. Nun, er foll in feiner Sicherheit meinetwegen zum
Himmel oder zur Hölle fahren."

Er öffnete die Thür ein wenig und ftreckte noch einmal
laufchend den Kopf vor. Alles ruhig! Eine Nachtlampe
ftand auf dem Tifche in der Mitte des ziemlich großen
Gemaches und erhellte es ein wenig mit feinem bleichen,
fchwachen Schimmer. Auf dem Bette, in leichte Tücher
eingehüllt, lag ein Mann, — anfcheinend in tiefem, feften
Schlafe. Er athmete fchwer und hörbar. Kein anderes
Geräufch unterbrach die lautlofe Stille im Zimmer.

Solms zögerte nicht länger. Er öffnete die Thür fo
weit, daß er mit Leichtigkeit hindurch fchlüpfen konnte,
und fchloß fie dann wieder, als er fich im Zimmer be=
fand. Hierauf umklammerte er den Griff feiner Art mit
krampfhafter Gewalt, und fchlich fich auf den Zehen nach
dem Bette Mr. Hamilton's. Hier holte er weit aus, —
einen Augenblick fchwebte das blißende Beil hoch in der
Luft und — dann fchmetterte es mit furchtbarer Wucht
auf den Kopf der im Bette liegenden Geftalt nieder.
Schädelknochen krachten und fplitterten, aber kein Tropfen
Blut färbte die weiße Hülle des Kopfkiffens. Ehe fich
Solms von feinem Erftaunen darüber erholen und zu
einem zweiten Arthiebe ausholen konnte, ftürzten die
Geftalten zweier riefigen Schwarzen aus den dunkelften
Winkeln des Zimmers auf ihn los, packten ihn mit ihren
ftarken Fäuften, entriffen ihm die tödtliche Hiebwaffe,
warfen ihn zu Boden und knebelten ihm Hände und
Füße mit Stricken. Während diefes gefchah, erhob fich
von der anderen Seite des Bettes, hinter welchem er
verborgen gekauert hatte, Mr. Hamilton und trat mit
kaltem, fpöttifchen Lächeln vor Solms hin.

„Der Beilhieb war vortrefflich geführt, mein Herr
Mörder und Todtfchläger," fagte er. „Wenn er meinen
Kopf getroffen hätte, wie er den leeren Schädel eines

armen, längst gestorbenen Indianers getroffen, so würde
ich jetzt schwerlich mehr unter den Lebendigen wandeln."

"Verrath!" heulte Solms voller Wuth und Verzweiflung. „Wilson, der Schurke, hat mich in diese Falle
gelockt!"

„Behüte Gott, mein Lieber," versetzte Mr. Hamilton;
„Sie sind vollständig im Irrthum. Sie selbst haben die
Falle ersonnen und aufgestellt, und Sie waren es, der
meinen Freund Wilson verlocken wollte, in Ihrer Gesellschaft den Kopf hinein zu stecken. Mein Freund war
klug genug, nicht in die Falle zu gehen!"

„Aber mich ließ er hinein gehen, ohne mich zu warnen!" entgegnete Solms giftig. „Der falsche Hund! Er
soll es mir büßen! Ich will seinen guten Namen öffent-
lich an den Pranger schlagen und die Verachtung der
ganzen Welt auf ihn herab ziehen!"

„Ei, ei, das wollten Sie wirklich thun?" sagte Mr.
Hamilton spöttisch. „Wenn man Ihren Worten nur
Glauben schenkt! Fast bezweifle ich dies, denn Ihr
Leumund ist nicht der beste in dieser Gegend."

„Thut nichts!" versetzte Solms grimmig. „Ich kann
beweisen, daß Wilson, alias Peters, ehemals Buchhalter
bei der königlichen Bank, diese selbe Bank um mehr als
hunderttausend Thaler bestohlen hat. Hört Ihr wohl,
Ihr beiden schwarzen Halunken, um mehr als hunderttausend Thaler!"

Mr. Hamilton lachte mit einer Geberde der Verachtung.

„Warum lachen Sie, Herr?" fuhr Solms ihn an.
„Glauben Sie mir etwa nicht?"

„O, wohl, ich glaube Ihnen," erwiederte Mr. Hamilton in spöttischem Tone, — „hat mir Mr. Wilson doch
selber die ganze schmutzige Geschichte erzählt. Aber lachen
muß ich, weil Sie zu diesen gutmüthigen Schwarzen

reben. Die armen Bursche verstehen Sie nicht, denn sie sprechen nur die Sprache ihrer afrikanischen Heimath!"

Solms stieß eine wilde Verwünschung aus.

„So bin ich denn vollständig überlistet," preßte er wuthschäumend hervor. „Aber dennoch, dennoch soll er mir's büßen!"

„Wer soll büßen?"

„Der Verräther Wilson!" sagte zähneknirschend Solms.

„Oh, der hat schon längst gebüßt," entgegnete Mr. Hamilton äußerst kaltblütig. „Sehen Sie hier, lieber Herr, diese Papiere! Wissen Sie, was dieselben zu bedeuten haben?"

„Wie soll ich dies wissen?"

„Sie werden es, wenn ich Ihnen sage, daß es die Quittungen über mehr als hunderttausend Thaler sind, welche mein Freund Mr. Wilson nach und nach an die königliche Bank zurückbezahlt hat. Ihre Enthüllungen würden also auf alle Fälle zu spät kommen, denn Mr. Wilson ist nach Rückerstattung der von der Bank entlehnten Summen nach unserem amerikanischen Gesetze nicht mehr strafbar. Uebrigens werden Sie diese Enthüllungen, mit denen Sie so lange schon meinen Freund bedrohet und eingeschüchtert haben, nimmermehr und nirgends in der Welt machen!"

„O ja, ich werde es!" schäumte Solms. „Kann ich den Verräther auch nicht der Strafe des Gesetzes überliefern, so kann ich doch seinen Namen mit Schmach bedecken, und kein Ehrenmann wird nachher noch länger Umgang mit einem gemeinen Verbrecher pflegen, einem elenden Spitzbuben, der die Hand nach fremden Geldern ausgestreckt hat."

„Still, still, Mensch! Keine Drohungen weiter!" unterbrach ihn Mr. Hamilton mit gerunzelter Stirn und verächtlich zuckender Lippe. „Sie selbst sind ja der Mit-

schuldige meines Freundes, ja, der eigentliche Urheber
des Verbrechens, und was haben Sie denn gethan, Ihre
Schuld durch Reue und Rückerstattung der entwendeten
Summe zu sühnen. Pfui, schämen Sie sich, Mensch,
einen Mann zu bedrohen und zu verfolgen, der durch
seine ganze Handlungsweise bewiesen hat, daß er trotz
eines leider begangenen Fehltritts immer noch den Namen eines ehrlichen Mannes verdient, während Sie, da
Sie ihn schmähen, nichts sind als ein gemeiner Dieb
und ein noch viel gemeinerer Mörder. Haben Sie denn
das ganz vergessen, Mensch? Wissen Sie denn nicht,
daß Ihr Leben in meine Hände gegeben ist, und daß Sie
an den ersten besten Baum aufgeknüpft werden, wenn ich
Sie in die Gewalt der Gerechtigkeit abliefere? Haben
Sie denn ganz vergessen, wer in das Haus des Farmers
Wolf einbrach, und den Mann beinahe durch einen
Pistolenschuß tödtete? Dies Verbrechen allein bricht
Ihnen den Hals, und, so wahr ein Gott im Himmel
lebt, ich liefere Sie in das Grafschafts-Gefängniß ab,
wenn Sie sich nur einen Augenblick weigern, auf die
Bedingungen einzugehen, welche ich Ihnen vorschrei-
ben werde."

„Und welche Bedingungen sind dies?" fragte Solms
eingeschüchtert, da er recht wohl erkannte, daß sein Schicksal vollständig von den Entschließungen Mr. Hamilton's
abhing. „Was soll ich thun, um Sie zufrieden zu stellen?"

„Sie werden unweigerlich die Worte niederschreiben,
die ich Ihnen zu diktiren gedenke, und dann werden Sie
noch in dieser Nacht auf immer diese Gegend verlassen,
um nie wieder zurückzukehren."

„Und wenn ich mich weigere, auf solche Bedingungen
einzugehen?" antwortete Solms mit einem Anfluge des
ihm sonst gewöhnlichen Trotzes.

„So sind Sie dem Richter, und in Folge dessen, als
Mörder, dem Galgen verfallen," versetzte Mr. Hamilton

mit ruhiger Entschlossenheit. „Die Wahl steht bei Ihnen, und ich meine, sie könnte Ihnen nicht schwer werden."

Solms krümmte sich unter der Seelenqual, die ihn bei dem Gedanken folterte, daß er nicht nur gezwungen war, seinen Raub, sondern noch seine bösen Absichten gegen Wilson aufzugeben. Auch ihn hatte endlich die Nemesis ereilt, und er mußte sein tückisches Haupt unter ihren Schlangenzähnen beugen.

„Ich gehorche!" sagte er nach einer kurzen Pause des Nachsinnens mit verbissener Wuth. „Diktiren Sie, ich werde schreiben und unterschreiben, was Sie wollen."

Auf einen Wink des Mr. Hamilton lösten die Schwarzen die Bande, welche Solms Hände fesselten, und trugen ihn an einen Tisch, auf welchem die nöthigen Schreibmaterialien lagen.

„Schreiben Sie also," sagte Mr. Hamilton. „Ich, der eigenhändig Unterzeichnete — bekenne hiemit — daß ich derjenige Mensch bin, — welcher in des Mr. Wolf Blockhaus nächtlicher Weile einbrach, — und, da ich gestört wurde, — Mr. Wolf durch einen Pistolenschuß verwundete. — Ich bekenne ferner, — daß ich in der Nacht vom 13. zum 14. Mai in das Schlafzimmer des Mr. Hamilton, des Gastes des achtbaren Mr. Wilson, mit der Absicht eindrang, besagten Mr. Hamilton mit einer Art zu erschlagen, und mich alsdann in den Besitz seines Geldes zu setzen. Ich führte diese Absicht so weit aus, daß ich einer künstlich hergerichteten Puppe im Bette durch einen Arthieb den Schädel zerschmetterte, worauf ich bei der That ergriffen wurde. Um sofortiger Ablieferung an das Gericht zu entgehen, stelle ich diesen vorliegenden Schein aus, und unterzeichne denselben eigenhändig. Richard Solms."

Der armselige Verbrecher knirschte mit den Zähnen vor Wuth, als er dies schmachvolle Bekenntniß nieder-

(31)

schrieb, und es alsdann dem Mr. Hamilton überreichte, der es sorgfältig durchlas, und eben so sorgfältig in seine Brieftasche legte.

"Well," sagte er, „für's Erste wären wir nun mit einander fertig. Sie können sich entfernen, Mr. Solms, und je weiter Sie von hier fortgehen, desto besser wird es für Sie sein. Bindet ihn los," wandte er sich dann an die beiden Sklaven, deren Sprache er redete, — bindet ihn los, und führt ihn aus der Pflanzung bis an den Saum des Waldes. Dort mögt ihr ihn sich selber überlassen, und wieder hierher zurückkehren."

Die Neger gehorchten. Solms, kaum von den Fesseln befreit, stürzte mit wildem Wuthgeschrei aus der Thür, und sprang mit weiten Sätzen davon.

„Laßt ihn laufen," sagte Mr. Hamilton lächelnd zu den Sklaven. „Ich sehe schon, der Halunke findet seinen Weg allein. Gott sei Dank, dieses Gewürm wären wir denn endlich los, und hätten es für immer unschädlich gemacht. Der gerechte Richter aller Lebendigen und Todten wird ihn schon zu finden wissen, wenn seine Stunde gekommen ist. Und nun zu Wilson! Der unglückliche Mann muß erfahren, daß er den Schurken und Blutsauger nicht länger zu fürchten braucht."

Er schickte die beiden Schwarzen zu Bett, und eilte in das Zimmer seines Freundes hinüber, der ihn mit freudigem Aufschrei empfing, und in die Arme schloß.

„Dem Höchsten Dank und Preis, ich sehe dich unverletzt wieder!" rief er aus. „Schreckliche Seelenqualen habe ich ausgestanden, seit mich Solms verlassen hat. Der Schurke war von seinem schändlichen Vorhaben nicht abzubringen!"

„Und hat seine Strafe dafür empfangen," fügte Mr. Hamilton lächelnd hinzu. „Hier lies das eigenhändig von ihm niedergeschriebene Bekenntniß seiner Sünden,

das ihn sofort an den Galgen bringt, wenn er sich je
wieder in dieser Gegend sehen läßt."

Tief aus der Brust athmete Mr. Wilson auf, als er
die Schrift gelesen, welche Solms nothgedrungen aufge=
setzt hatte, und ein lange nicht gefühltes Glück nahm
von seinem Herzen Besitz.

„Dank! Dank!" stammelte er, indem er seinem Freunde
die Hand drückte, — „du hast meine Seele von ihrer
schwersten Last befreit! Wie kann ich dir je diesen
Freundschaftsdienst vergelten?"

„Nichts von Vergeltung und solchem Schnack," erwie=
derte Hamilton. „Freue dich, daß du den Alp los bist,
der dir so lange die Brust zusammen preßte, und ich bin
reichlich für mein kleines, glücklich bestandenes Abenteuer
belohnt. Und nun, — gute Nacht! Ich denke, ein paar
Stunden süßen Schlafes werden uns erquicken und
wohlthun. Morgen ein Weiteres! Noch sind wir nicht
ganz im Reinen, wenn auch allerdings das Schwierigste
hinter uns liegt."

Sie gingen Beide zur Ruhe, und wohl mußten sie
einen süßen Schlaf gefunden haben, denn Beide trafen
am andern Morgen mit hellem Auge und heiterem Ant=
litze in der Verandah wieder zusammen, wo Mr. Wilson
gewöhnlich sein Frühstück einzunehmen pflegte.

Achtes Kapitel.

Versöhnung.

———

Lange saßen die beiden alten Freunde unter zugleich
vertraulichem wie tief ernstem Gespräch unter der schat=
tigen Veranda bei einander. Obgleich Mr. Hamilton
keineswegs daran zweifelte, daß er den Schurken Solms
gründlich eingeschüchtert und für immer verscheucht
hatte, sprach er doch seine Meinung aus, daß es für
Mr. Wilson und seine Kinder besser sein würde, wenn
auch sie für immer die bisher bewohnte Gegend ver=
ließen, und weiter im Westen eine neue Ansiedlung be=
gründeten.

Mr. Wilson stimmte dieser Ansicht ohne Rückhalt bei.
Er fühlte wohl, daß es ihm nie gelingen würde, das
verlorene Vertrauen seiner Nachbarn wieder in der alten
Weise zu gewinnen und zu befestigen, und er ging um
so lieber in die Vorschläge seines erprobten Freundes ein,
als dieser ihm die großmüthigsten Anerbietungen machte.
Mr. Hamilton erklärte, sofort das ganze bisherige Be=
sitzthum Wilson's für eine ansehnliche Summe über=
nehmen zu wollen, — eine Summe, welche nicht nur
vollständig alle auf dem Besitzthum haftenden Verbind=
lichkeiten Wilson's deckte, sondern diesem auch noch einen
Ueberschuß gewährte, welcher einen bedeutenden Län=
dereien=Ankauf, sowie die Anschaffung von ein paar
Dutzend Schwarzen ermöglichte.

Schon in den nächsten Tagen brachen die alten
Freunde, nachdem der Käufer der Farm dieselbe in die

Obhut eines tüchtigen Mannes gegeben hatte, nach dem Wohnsitze Mr. Hamilton's auf, und trafen hier Mr. Wilson's Kinder, welche mit nicht geringer Freude vernahmen, daß Solms für immer beseitigt sei, und daß er es nie wagen würde, sich wieder in ihrer Nähe blicken zu lassen. Benjamin besonders war hoch entzückt darüber, und freute sich darauf, bald wieder einen Wirkungskreis zu bekommen, wo seinem Thätigkeitstrieb Raum und Gelegenheit zur Entfaltung gegeben war.

Seit jener Zeit und ihren Ereignissen sind zwei Jahre verstrichen. Mr. Wilson hat sie in Frieden und Ruhe verlebt; aber doch waren die früheren tiefen Gemüths= bewegungen nicht gesänftigt worden, ohne sehr merkbare Spuren hinterlassen zu haben. Er kränkelte, seit er seine alte Farm verlassen hatte; seine Körperkräfte nahmen von Tag zu Tag mehr ab, und es kam zuletzt die Stunde, wo er sich selber sagen mußte, daß er sich auf den Abschied vom irdischen Dasein vorbereiten müsse.

Die Sonne stand noch am Himmel, neigte sich aber stark dem Untergange zu. An einem geöffneten Fenster seines Hauses saß Mr. Wilson's verfallene Gestalt, und schaute mit mattem sterbendem Blick in die von goldenen Lichtern überstrahlte Gegend hinaus. Vor ihm knieeten seine Kinder, und benetzten seine abgemagerten Hände mit ihren Thränen. Zur Seite stand Mr. Hamilton, und hatte seine Linke leicht auf die Achsel des alten Freundes gelegt.

„Könnt Ihr mir verzeihen, meine Kinder?" fragte der sterbende Mann mit schwacher Stimme," — könnt Ihr mir vergeben, was ich vor vielen Jahren schwer gesündigt habe?"

„Vater, armer, lieber Vater," versetzte Benjamin mit vor Rührung bebender Stimme, — „ja, du hast schwer gefehlt, aber deine Kinder haben nicht das Recht, dir einen Vorwurf daraus zu machen. Uns bist du immer ein liebevoller, sorgsamer und zärtlicher Vater gewesen, und dafür möge Gott dich segnen im Jenseits, wo wir uns einst wiedersehen werden. Und hast du denn nicht gebüßt, was du gesündigt hast? Oh, Vater, hier im innersten Herzen fühle ich, daß Gott dir verziehen hat, und daß du getrost eingehen kannst zum Herrn!"

„Benjamin spricht Wahrheit," fügte Mr. Hamilton hinzu. „Es steht geschrieben: Größere Freude ist im Himmel über den Sünder, der Buße thut, als über den Gerechten, der selbstgefällig ist."

„Aber ich habe noch nicht völlig meine Schuld abgetragen, Ihr wißt es ja," erwiederte Mr. Wilson mit leisem Stöhnen. „Noch zweitausend Thaler fehlen an der Rückerstattung! Der Gedanke daran macht mir schweren Kummer."

„Solcher Kummer soll dich nicht drücken, nicht deine letzten Lebensstunden erschweren und verbittern," sagte Benjamin. „Hier in deine Hände gelobe ich feierlich, daß ich nicht ruhen und rasten will, bis ich die letzte Spur deines Vergehens ausgelöscht und vertilgt habe!"

„Auch ich, auch ich," stammelte die weinende Emmy und küßte die Hände des Vaters. „Oh, ich will sparsam sein, um das Andenken meines theuren Vaters von jedem, auch dem kleinsten Flecken zu reinigen. Das gelobe ich, Vater! Liebster, bester Vater!"

„Wohl, so kann ich in Frieden und mit dankerfülltem Herzen von hinnen gehen," sprach Mr. Wilson, und sein Auge flammte noch einmal hell und leuchtend in einem Blick voll unendlicher Liebe auf. „Gott segne Euch Alle mit seinem reichsten Segen. Lebt wohl, lebt wohl! Ich danke Euch für alle Eure Liebe und ...."

Die Worte verstummten auf seinen Lippen. Ein Seufzer Hamilton's, das laute Schluchzen Benjamin's und Emmy's thaten kund, daß die Seele ihres Vaters und Freundes eingegangen war in den Schooß des

Herrn, — eingegangen, versöhnt mit der Welt, versöhnt
mit seinem Gewissen, versöhnt mit Gott.

„Er hat schwer gefehlt, aber noch schwerer gebüßt!"
sagte Mr. Hamilton leise. „Ihm ist vergeben, und eine
Stätte ihm bereitet im Himmel. Leicht sei seiner irdischen Hülle die Erde!" — — —

Wieder waren einige Jahre vergangen, da kam eines
Tages ein Bote von Mr. Hamilton auf Benjamin Wilson's Farm, und überbrachte zwei Zeitungsblätter, ein
amerikanisches und ein deutsches, zur Durchsicht für die
Kinder seines verstorbenen Freundes. In jedem Blatte
war eine Stelle mit Rothstift dick angestrichen. Die im
amerikanischen Blatte lautete, als Benjamin sie seiner
Schwester vorlas, wie folgt:

„Im Staate Missouri wurde heute ein Verbrecher
gehängt, der sich verschiedener Mord- und Raubanfälle
schuldig gemacht und auf frischer That ergriffen worden
ist. Der Mann war ein Deutscher, Namens Solms.
Ein arger Bösewicht, hat er seinen wohlverdienten Lohn
gefunden."

„Nemesis!" hatte Mr. Hamilton neben diese
Zeitungs-Notiz geschrieben.

In dem deutschen Blatte fanden Mr. Wilson's Kinder
folgende ebenfalls roth angestrichene Stelle:

„Eine seltsame, fast unglaubliche That geht uns von
der königlichen Bank zu B... zu. Vor einer Reihe von
Jahren wurde der erwähnten Bank eine namhafte
Summe Geldes von zwei Beamten derselben entwendet.
Beide Verbrecher ergriffen die Flucht und blieben spurlos
verschwunden. Einer von ihnen, der ehemalige Bank-
Kassierer Peters, ließ jedoch von Jahr zu Jahr auf
indirektem Wege der Bank Nachricht über sich zukommen,
und erstattete nach und nach den Betrag des von ihm
begangenen Diebstahls zurück. Vor einigen Jahren
starb er in Amerika. Trotzdem hörten die Geldsendungen

an die Bank nicht auf. Die hinterbliebenen Kinder meldeten den Tod ihres Vaters zugleich mit dem Bemerken, daß sie die Verpflichtungen des Verstorbenen übernommen hätten und sie pünktlich erfüllen würden. Dies ist in der That geschehen. Vor Kurzem traf die letzte Geldsendung aus Amerika ein, und wurde dadurch der ganze Schaden, den die Bank erlitten hatte, mit Zins und Zinses Zinsen bis auf den letzten Heller ersetzt. Gewiß ein seltenes Beispiel aufrichtiger Reue und Gewissenhaftigkeit. Ehre den Kindern eines solchen Vaters, der zwar gefehlt hatte, aber redlich seinen Fehler wieder gut gemacht hatte! —".

Neben diese Zeilen hatte Mr. Hamilton geschrieben: „Vergebung! Versöhnung!"

Benjamin und Emmy aber sanken einander in die Arme, und Thränen süßer Rührung und Zufriedenheit entströmten ihren Augen. — —

Der Pachthof.

Eine Erzählung

für

meine jungen Freunde.

Von

Franz Hoffmann.

Amerikanische Stereotyp-Ausgabe.

Philadelphia.

Verlag von J. Kohler, No 202 Nord 4te Straße.

1864.

Erstes Kapitel.

Der Pachthof.

Nicht weit von der schottischen Grenze entfernt, aber noch auf englischem Grund und Boden, lagen die Besitzungen des reichen Baronet Westmore. Ungefähr in der Mitte derselben erhob sich sein Schloß, rings von einem herrlichen Parke umgeben, bei welchem Kunst und Natur gewetteifert hatten, um ein vollkommen schönes Ganzes hervorzubringen. Das Schloß selbst schien früher eine Abtei gewesen zu sein, wenigstens deutete die Bauart seines ältesten Theiles mit seinen hohen Spitzbogen-Fenstern, seinen Säulen, Pfeilern und Thürmchen darauf hin. Es war aber, seitdem man die Abtei in den Wohnsitz eines englischen Edelmannes umgewandelt hatte, manche Veränderung mit dem alterthümlichen Gebäude vorgenommen worden. Die inneren Räume waren in Hallen, Säle und Zimmer verwandelt, mancher neue Anbau war zu verschiedenen Zeiten entstanden, und was das Gebäude dadurch an Einheit und düsterer Majestät verloren hatte, war ihm durch vermehrte Bequemlichkeit, größere Ausdehnung und heitere Zierlichkeit reichlich ersetzt worden.

Der schöne Park dehnte sich ein bis zwei englische Meilen weit rings um das Schloß aus. Prachtvolle Eichen und Buchen, in schattige Alleen gereihet, oder in schönen Gruppen auf grünen Rasenflächen zerstreut, wechselten ab mit niedrigerem Laubholze, mit Boskets, mit Gewächshäusern aller Art, mit großen Wiesengrün-

ben, auf denen Hirsche, Rehe und fremdartig aussehende
Stiere und Kühe weideten, welche der Baronet aus ihrer
fernen Heimath, aus Indien und Amerika, hatte kommen
lassen, damit sie seinem Parke eine belebende Zierde sein
möchten. Ein großes Vogelhaus von künstlich geflochte-
nen Drahtgittern befand sich im Parke, belebt von
Vögeln mancherlei Art, welche lustig zwitschernd und
singend darin umher flogen und ihr prachtvolles, von
den glänzendsten und brennendsten Farben schimmerndes
Gefieder im Strahl der Sonne entfalteten. Die Weiher
und Teiche, welche hier und dort zerstreut umher lagen,
von den grünen Wiesen und Bäumen eingerahmt; wie
riesenhafte Diamanten von glänzenden Smaragden,
wimmelten von Fischen, die munter durch das kristall-
helle Wasser hin und wieder schossen, von großen türki-
schen und indischen Enten und von Schwänen, welche
zierlich und majestätisch schwimmende Furchen auf der
spiegelklaren Wasserfläche zogen. Die Weiher wurden
fortwährend von einem Flüßchen mit frischem Wasser
gespeist; das in der Nähe des Parkes durch die Besitzungen des Barons Westmore floß. Schleusen und Dämme
schützten den Park vor dem Uebermaß der Wohlthaten,
die der Fluß demselben zuströmen ließ, und die größte
Sorgfalt war darauf verwendet worden, diesen Schutz
so stark und sicher wie möglich zu machen. Denn der
kleine Fluß gehörte zu jenen Gewässern, welche, sittsam,
unschuldig und lieblich im Sommer, im Herbste bei strömenden Regengüssen, oder im Frühlinge bei rasch eintretendem Thauwetter wild und bösartig zu werden
pflegen, zu einem mächtigen Strome anschwellen und so
reißend und ungestüm einher stürmen, daß man das
sanfte Kind vom Sommer her nicht mehr in ihnen zu
erkennen vermag. Aber man hatte seine Wildheit und
seinen Ungestüm, wenigstens so weit er den Park bedrohte, unschädlich zu machen gewußt. An den starken

Dämmen brach sich seine Gewalt, und er gab daher keine
Veranlassung mehr zu Besorgnissen, während er den
Bewohnern der Weiher und Teiche, den fetten Karpfen,
Hechten und Forellen, durch seine immer frischen Wellen
die besten Dienste leistete.

Außerhalb des Parkes, durch ein starkes Gatter von
demselben geschieden, lagen auf der tieferen Ebene zer=
streut die Pachthöfe des Baronet Westmore. Hier be=
gegnete dem Auge nicht so viel Schönheit, Anmuth und
Lieblichkeit, aber überall erblickte es Zeichen nützlicher
Betriebsamkeit und regsamen Eifers. Der ganze Land=
strich war mit der größten Sorgfalt angebaut. Wallende
Kornfelder, grüne Wiesen, Gärten mit Obstbäumen,
weite Strecken mit köstlichem Gemüse bepflanzt, erfreuten
den Blick. Die Pachthäuser selbst, hie und da aus den
grünen Wipfeln der Fruchtbäume hervorragend, zeichne=
ten sich durch Reinlichkeit und Ordnung aus, und man
sah hinter den glänzenden Fenstern derselben selten
andere als heitere und wohlgemuthe Gesichter voll Frische
und Gesundheit. Von Armseligkeit und Dürftigkeit
nirgends eine Spur. Es gehörte nicht viel Scharfsinn
dazu, um zu errathen, daß die Pächter an ihrem Pacht=
herrn, dem Baronet Westmore, einen guten und edel=
herzigen Patron hatten, der Jedem den Ertrag seines
Fleißes gönnte, ohne ihn durch Bedrückungen und Er=
pressungen mancherlei Art zu verkümmern.

Und so verhielt es sich auch in der That. Baronet
Westmore war ein reicher englischer Squire oder Guts=
besitzer von dem ächten Schrot und Korn, der die an=
sehnlichen Einkünfte seiner Güter nicht in nutzloser
Verschwendung im Auslande vergeudete, sondern es
vorzog, auf seinen Besitzungen zu leben, und die Quelle
seines Reichthums wieder dahin zurückfließen zu lassen,
woher sie gekommen war, nämlich zu den Hütten und
Häusern seiner Pächter und Unterthanen. Dabei befan=

ben sich beide Theile wohl und waren äußerst zufrieden mit einander. Der Baronet brauchte seine Pächter nicht durch übermäßigen Pachtzins zu drücken, und diese dagegen bezahlten gern und pünktlich, was sie an Pacht für ihre Grundstücke zu entrichten hatten. Den Ueberschuß vom Ertrage ihrer Felder konnten sie diesen wieder zuwenden, und die natürliche Folge davon war, daß man nirgends in ganz England blühendere Fluren und Felder erblickte, als auf den Gütern des Baronet Westmore.

Ein Pachthaus, eins der nächstgelegenen am Parke des Baronet, zeichnete sich jedoch vor allen übrigen vortheilhaft aus durch seine Größe, durch das Solide seiner Bauart, durch die Sauberkeit seiner Umgebungen und durch die Behäbigkeit, die so zu sagen aus allen Fenstern und Thüren herauslugte. Hier wohnte der Pächter Halford mit Weib und Kindern, einem hübschen, klugen und geschickten Knaben, Namens Richard, und zwei Töchtern, welche Bessy und Mary hießen. Richard war noch nicht ganz sechszehn Jahre alt, zur Zeit, wo unsere Geschichte beginnt — seine Schwestern waren jünger, Mary erst fünf und Bessy acht Jahre alt.

Einen frischeren, prächtigeren Knaben, als Richard, sah man selten. Mr. Hume, der Pfarrer, hatte in früherer Zeit gegen seinen Vater öfter das Bedauern ausgesprochen, wie schade es sei, daß Richard ebenfalls ein Landwirth werden solle, und hätte lieber gewünscht, daß er sich irgend einem anderen Stande widmete, wo er durch seine Talente der Welt größeren Nutzen bringen könnte. Aber, so hoch Halford den Pastor achtete, so gern er sonst auf seine Vorstellungen und Vorschläge hörte, in diesem Punkte war und blieb er jederzeit unzugänglich.

„Der Junge ist zum Landwirth bestimmt, und will, soll und muß es werden mit Gottes Hülfe," pflegte er dem Herrn Pfarrer zu antworten. „Was haben Sie gegen diesen Stand einzuwenden, lieber Herr Pastor? Ein Landwirth ist am Ende ein eben so nützlicher Mensch für die Welt, als ein Advokat, oder ein Doktor, oder ein Offizier, ein Staatsbeamter, oder sonst etwas. Allen Respekt vor den gelehrten und weisen Herren — aber am Ende ist doch die Landwirthschaft die Grundlage alles Anderen, und ohne Landwirthe könnte die Welt so wenig bestehen, als ohne Luft zum Athmen und Licht zum Sehen. Die Landwirthschaft dürfen Sie mir nicht schmähen und tadeln, mein theurer Mr. Hume!"

„Aber es fällt mir auch nicht entfernt ein, etwas so Thörichtes zu thun," erwiederte dann der Pfarrer, indem er vielleicht zum hundertsten Male diesen Vorwurf zurückwies. „Ein tüchtiger Landwirth ist in meinen Augen und in den Augen eines jeden vernünftigen Menschen eben so viel werth, als ein Beamter oder Gelehrter, welche hohe Stellung dieser auch einnehmen möge. Doch darum handelt es sich auch gar nicht. Die Frage ist die, wo und in welcher Stellung Richard mehr nützen kann? Gott hat ihm Anlagen und Fähigkeiten gegeben, die bei seinen übrigen Eigenschaften, seinem Muthe, seiner kräftigen Gesundheit, seiner Ausdauer und Beharrlichkeit in allen Dingen zu den schönsten Erwartungen berechtigen. Welche Laufbahn er auch einschlagen möge, er wird gewiß ein ehrenvolles Ziel erreichen, und in einer hohen und ausgezeichneten Stellung mehr Nützliches und Segensreiches für seine Nebenmenschen bewirken können, als wenn sein ganzer Wirkungskreis sich auf diese kleine Scholle Landes beschränkt. Gott hat Jeglichem sein Pfund gegeben, auf daß er davon Gebrauch machen solle zu seinem und Anderer Besten — nicht aber, daß er's solle müßig liegen lassen und nutzlos vergraben. Erinnert Euch doch des schönen Gleichnisses von dem Herrn und seinen drei Knechten. Dem Einen gab er fünf Centner, dem Zweiten zwei, dem Dritten einen.

Centner und zog von dannen. Da er wiederkehrte und die Knechte kommen ließ, um Rechenschaft von ihnen zu fordern, so brachten die beiden Ersten ihm, der Eine fünf, der Andere zwei Centner, die sie mit dem anvertrauten Gute gewonnen hatten, und der Herr lobte sie. Den Dritten aber, der sein Gut in die Erde gegraben hatte, ohne es zu benutzen, tadelte er sehr, und wies ihn von sich. So ist es mit Eurem Richard. Der Herr hat ihm fünf Centner gegeben, und Ihr wollt, daß er nur einen Centner benutze, die übrigen vier aber in die Erde vergrabe und nutzlos verrosten lasse. Denn der fünfte Theil von dem Verstande Eures Richard würde hinreichen, ihn zu einem guten Landwirthe zu machen, während er doch viel Wirksameres und Größeres thun könnte, wenn Ihr ihn nicht zwingen wolltet, Ackerfurchen zu ziehen, und Waizen oder Hafer auf die Felder zu säen."

„Alles gut und schön, Herr Pastor," antwortete dann Halford — „aber Ihr vergeßt, daß Richard mein einziger Sohn ist, und dermaleinst meine Stelle auf dem Pachthof einnehmen muß. Seht, Herr, seit beinahe dreihundert Jahren haben die Halfords auf dieser Pachtung gesessen, und haben diese Felder bewirthschaftet, haben gesäet und geerntet, und sind glücklich und zufrieden gewesen. Darf ich nun zugeben, daß dieser Grund und Boden dermaleinst in andere Hände übergehen soll? Dieser Grund und Boden, an dem meine Seele hängt, als ob er mein freies Eigenthum wäre; den ich liebe, wie ein Stück von mir selber? Nein, Herr! Hier bin ich, hier sind meine Vorfahren glücklich gewesen, und der Richard soll mir's auch hier werden, wenn ich's durchsetzen kann!"

„Aber, werdet Ihr's immer durchsetzen können, Halford?" fragte der Pastor. „Bedenkt wohl, die Söhne sind nicht immer, wie die Väter, und —".

„Pah! Ich möcht's dem Richard nicht rathen, sich meinem Willen zu widersetzen," fuhr Halford auf, als Mr. Hume bedenklich inne hielt. „Ich kann Euch versichern, daß dergleichen dem Burschen auch nicht einfällt! Mein Dick ist ein guter Junge, der wohl weiß, daß er seinen Eltern Achtung und Gehorsam schuldig ist!"

„Gewiß, mein Freund, gewiß," antwortete Mr. Hume besänftigend. „So ist es auch nicht gemeint. Ich sprach nicht von Eurem Richard, sondern von Master Alfred, dem Sohne des Baronets. Ihr wißt wohl, der junge Herr hat leider nicht alle guten Eigenschaften von seinem trefflichen Vater geerbt, und ich fürchte, ich fürchte, wir werden böse Dinge erleben, wenn Gott einmal über das Leben des würdigen Baronet verfügt. Wer steht Euch dafür, Halford, daß Ihr dann noch so fest und sicher auf Eurer Pachtung sitzt, wie heutzutage?"

Der Pächter stutzte ein wenig, denn augenscheinlich hatte er an diese Möglichkeit noch niemals in seinem Leben gedacht. Ein kurzes Nachdenken gab ihm jedoch seine alte Zuversicht wieder.

„Und wenn auch das Schlimmste zum Schlimmen käme," sagte er, — „so lange ich meine Pacht pünktlich bezahle, wie das von mir und meinen Vorfahren immer und allezeit geschehen ist, so lange wird man mich wohl auch ruhig in Haus und Hof sitzen lassen."

„Aber wenn es einmal in späterer Zeit dem jungen Herrn einfallen sollte, die Pacht zu erhöhen, und immer mehr zu erhöhen, bis sie kaum noch zu erschwingen ist — wie dann?" fragte der Pastor.

„Das wird nicht geschehen! Wird nicht!" entgegnete Halford. „Ei, so bedenkt doch, Mr. Hume, daß es des Gutsherrn Vortheil eben so wohl ist, gute Pächter, wie der Vortheil dieser, einen guten Pachtherrn zu haben. Nein, nein, Herr, gebt Euch keine Mühe weiter! Der Richard wird ein Landwirth, wie ich, und soll mit Gottes

Hülfe dereinst dieselbe Scholle Landes bebauen, auf der ich und meine Vorfahren seit Jahrhunderten schon so manche Furche gezogen, so manches Korn ausgesäet, so manche schwere Garbe geerntet haben. Nichts mehr davon, Herr, wenn ich bitten darf — mein Entschluß war gefaßt, als mir der liebe Gott den Jungen schenkte, und nichts hat ihn seitdem verändern können. Richard wird ein Landwirth wie ich, und da es auch sein eigener Wunsch ist, soll Niemand mich von diesem Vorsatze abbringen."

In der That war jedes Wort verloren gewesen, in diesem Punkte den Starrsinn des sonst braven und wackeren Pächters zu beugen. Troz aller Vorstellungen blieb er bei seinem Vorsatze. Doch erreichte Mr. Hume wenigstens den einen Vortheil, daß Richard, anstatt wie die übrigen Pächterkinder auf dem Lande aufzuwachsen, in eine treffliche Erziehungs-Anstalt geschickt wurde, von wo er nur zur Zeit der Ferien nach Hause zurückkehrte. Er brachte immer die besten Zeugnisse mit, und sein ganzes Wesen und Benehmen entwickelte sich in einer Weise, die den braven Pastor immer mehr bedauern ließ, daß so viel Fähigkeiten und Kenntnisse bei einer gewöhnlichen Ackerwirthschaft zu Grunde gehen sollten. Indeß, da war nun einmal nichts zu ändern; in diesem Punkte zeigte sich Pächter Halford von einer Festigkeit, die durchaus nichts zu erschüttern vermochte.

Daß Halford seinen Richard von Hause fort in eine Erziehungs-Anstalt schickte, hatte noch einen ganz besonderen Grund, von dem er nicht gern redete. Sein Pachthof lag ziemlich dicht am Parke des Baronet Westmore, und dies war die nächste Veranlassung, daß Richard in der früheren Jugend häufig in das Schloß gerufen wurde, um dem jungen Master Alfred, der mit ihm in fast ganz gleichem Alter stand, zum Spielgenossen zu dienen. Anfänglich that Richard dies gern und bereit-

willig, aber nicht lange, so weigerte er sich, den Einla-
dungen zu folgen, und erklärte, daß es nicht möglich sei,
sich mit Alfred zu vertragen, der durchaus keinen Frieden
halten wolle. Trotzdem mußte er nach dem Schloße
gehen und wurde ermahnt, sich artig, zuvorkommend und
gefällig gegen seinen Gespielen zu bezeigen — eine Ermahnung, die Richard den besten Willen hatte, zu be-
folgen. Eine Zeit lang widerstand seine Sanftmuth
allen Neckereien Alfreds, der ein wahrer Plagegeist für
ihn war. Eines Tages aber, wo es der junge Herr denn
doch gar zu arg trieb und sich nicht mit bloßen Neckereien
begnügte, sondern seinen Gespielen in leichtsinnigem,
wenn nicht gar boshaftem Muthwillen mißhandelte,
nahm ihn Richard am Kragen, und gab ihm eine so
derbe Lektion, daß Master Alfred von Stund an kein
Verlangen mehr nach Richards Gesellschaft bezeigte.
Richard konnte also zu Hause bleiben, was ihm ganz
recht und angenehm war, wogegen sein Vater nicht wenig Sorge darüber empfand. Dieser fürchtete, daß
Richard dereinst üble Folgen von der Feindschaft mit
Alfred werde erdulden müssen, und, da diese Feindschaft
fortdauern zu wollen schien, so gab er endlich Richard
aus dem Hause, in der Hoffnung, daß Zeit und Abwesenheit die gegenseitige Abneigung der Knaben mildern,
wenn nicht ganz und gar verwischen würden.

Jahre vergingen, und die beiden kleinen Gegner sahen
einander nicht wieder. Während der Ferien machte
Master Alfred in Begleitung seines Hofmeisters gewöhnlich eine Reise, und, wenn dieß zufällig einmal nicht
geschah, so hütete sich Richard schon von selbst, dem
Schloße allzu nahe zu kommen, und vermied überhaupt
jede Begegnung mit Alfred, von der er sich, obgleich er
ihn keineswegs weder haßte noch fürchtete, doch nicht
viel Gutes versprach. Dies Verhältniß störte übrigens
das gute Vernehmen, in welchem Halford mit seinem

Pächtherrn stand, nicht im mindesten. Baronet Westmore war ein ruhiger, vernünftiger und verständiger
Mann, welcher seinen Sohn richtig zu beurtheilen wußte,
und ganz deutlich sah, daß dieser, nicht aber Richard an
den unaufhörlichen Zänkereien schuld war. Also ließ er
Richards Vater ganz ruhig gewähren, und nahm es nicht
im mindesten übel, daß derselbe seinen Sohn vom Schlosse
fern hielt und ihn endlich ganz und gar aus dem Hause
fortschickte.

„Ihr habt Recht, Halford," erwiederte er, als der
Pächter ihm Mittheilung davon machte. „Die Knaben
vertragen sich einmal nicht, und das könnte später einmal üble Nachwirkungen haben. Besser, sie bleiben aus
einander; dann vergessen sie die Häckeleien aus ihrer
Kindheit, und sind in späterer Zeit hoffentlich verständig
genug geworden, keine neuen anzufangen. A propos,
Halford, Ihr sagtet mir neulich, daß Ihr das Stückchen
Frost, was da unten sich so lang und schmal in Euren
Acker eindrängt, mit zur Pachtung haben möchtet. Ihr
könnt die Bäume niederschlagen lassen, ich habe bereits
den nöthigen Befehl gegeben. Gott befohlen, Mann!
Wir Beide wollen gute Freunde bleiben, wenn auch un-
sre Jungen sich ein wenig in den Haaren liegen. Keinen
Dank, Halford — wir verstehen einander schon."

Mit diesen Worten entfernte sich der würdige Squire,
und ließ seinen Pächter sehr beruhigt zurück.

„Gottes Segen auf sein Haupt!" murmelte er. „Einen
braveren Herrn gibt es nicht, so weit der Himmel blau
ist! Und Master Alfred? Nun die Jahre werden das
Ihrige thun! Er ist ein wenig wild und herrschsüchtig —
aber der Apfel fällt nicht weit vom Stamme, sagt das
Sprichwort, und so darf man wohl hoffen, daß der junge
Herr in späteren Jahren dem Vater ähnlicher werden
wird, als er jetzt ist."

Zweites Kapitel.

Das Erntefest.

—

Kein Jahr ging vorüber, daß nicht im Spätsommer wenn mit Gottes Hülfe die Ernte glücklich eingebracht worden war, auf den Besitzungen des Baronet Westmore ein fröhliches Fest gefeiert wurde. Sämmtliche Pächter des Baronet versammelten sich zu diesem Ende an dem bestimmten Tage auf einer großen, mit alten Eichen eingefaßten Wiese, die dicht an den Park stieß, und von uralten Zeiten her zu diesem Zwecke gedient hatte. Alle kamen sie von nah und fern mit Weib und Kind, und ein lustiges Fest war es immer, was dort gefeiert wurde, und Keiner hätte dabei fehlen mögen. Auf der Wiese waren Tafeln aufgeschlagen, mit weißen Tüchern bedeckt; sein Essen brachte ein Jeder mit, aber den erfrischenden Trunk dazu lieferte der Baronet aus seinem Keller, indem er Jahr für Jahr ein großes Stückfaß, mit dem köstlichsten Porter gefüllt und mit grünen Zweigen heiter umkränzt, auf die Wiese fahren ließ. Da mochte Jeder trinken, so viel er Lust hatte. Um die Lust und Freude zu erhöhen, schickte der Baronet auch eine Schaar Musikanten, die fröhlich aufspielen mußten, bis die goldene Mondscheibe am nächtlichen Himmel glänzte, und zu den Klängen der Musik tanzten die jungen Mädchen einen munteren Reigen, während die Knaben in frohen Spielen mit einander wetteiferten, bei denen sie ihre Kraft, Gewandtheit und Geschicklichkeit zeigen konnten. Eine Kletterstange, von deren äußerstem Gipfel an einem
(32)

großen Kranze bunte Bänder flatterten, war aufgerichtet, und jedem Glücklichen, dem es gelang, die glatte Stange zu erklimmen, wurde ein Band zu Theil, das er als Siegeszeichen stolz an dem Hute tragen durfte. Nicht weit von der Stange waren zwei Scheiben aufgestellt. Nach der Einen sollte mit Armbrust und Bolzen, nach der Andern mit Pfeil und Bogen geschossen werden, und auch für die geschicktesten Schützen waren Preise bereit gelegt, die der Baronet zur Erhöhung der Freude und um zu regem Wetteifer anzuspornen, von dem Schlosse geschickt hatte. Mit lüsternem Blicke betrachteten die Knaben die verschiedenen Gegenstände, und ihre funkelnden Augen sprachen deutlich genug aus, daß Jeder entschlossen war, das Seinige zu thun, um wenigstens Einen Preis aus dem Wettschießen davon zu tragen.

Der Tag des Festes war bereits heiter und golden angebrochen, und es sollte dieses Mal mit besonderem Glanze gefeiert werden. Die Frau Pächterin Halford putzte ihre Töchterchen Bessy und Mary mit weißen Kleidern und rosenrothen Bändern zierlich heraus, und Halford stand in der Hausthür und schaute nach der Wiese hinüber, wo bereits alle Vorkehrungen getroffen waren.

„Ein hübscher Anblick, Mutter!" rief er in die Stube hinein. „An der Kletterstange flattern die Bänder, wie Fähnlein — das Porterfaß steht wie ein Riese daneben — die Tische sind gedeckt — die Scheiben aufgerichtet — eine wahre Pracht ist es! Schade nur, daß..."

„Nun, was denn?" fragte die Frau zurück. „Was ist denn Schade, lieber Mann?"

„Pah! Ich dachte eben an unseren Richard," entgegnete Halford. „Seit fünf Jahren ist er nicht bei dem Feste gewesen, und es würde mich doch freuen, wenn er ihm einmal beiwohnen könnte. Der Junge würde uns keine Schande machen, Mutter! Er klettert, wie ein Eichhörnchen, und mit meinen eigenen Augen habe ich

geſehen, wie er in den letzten Ferien auf fünfzig Schritt
mit ſeiner Armbruſt den Marder vom Dache ſchoß, der
uns in der Nacht vorher ein Dutzend Tauben im Tau-
benſchlage erwürgt hatte. Wäre der Junge da, ſo möcht'
ich drauf wetten, daß er ſich den erſten beſten Preis vom
Tiſche herunter langen dürfte. Und herrliche Preiſe ſind
es, Frau! Der Baronet iſt dieſes Jahr ſehr freigebig
geweſen — ein ſilberner Becher iſt der Preis des beſten
Bogenſchützen, und eine koſtbare Armbruſt, mit Silber
und Perlmutter ausgelegt und ſchön geſchnitzt, der Preis
für den beſten Schuß mit dem Bolzen. Schade, daß der
Dick nicht hier iſt! Der ließe ſich weder Becher noch
Armbruſt entgehen, wie ich ihn kenne."

„Siehſt du, Vater, da haſt du gerade meine Gedanken
ausgeſprochen," ſagte eine friſche Stimme, während zugleich ein ſchlanker, hübſcher Burſch mit wunderſamer
Gewandtheit über die dichte Hecke ſprang, welche den
Vorplatz des Hauſes von der öffentlichen Landſtraße
trennte.

„Dick! Mein Junge! Biſt du's denn wirklich?" rief
Pächter Halford aus und ſtreckte dem muntern Eindring-
linge beide Arme entgegen. „Aber das nenne ich mir
eine Ueberraſchung! Mutter, Mutter, unſer Dick iſt da!"

Es bedurfte dieſes Rufes nicht. Die Mutter hatte mit
ſeinem Ohr bereits die Stimme ihres Richard vernommen und kam ſtrahlend vor Freude herbei, um den zärtlich geliebten Sohn an das Mutterherz zu drücken.
„Richard, mein Knabe!" rief ſie aus — „herzlich willkommen! Aber was führt dich ſo früh zu uns? Deine
Ferien beginnen doch erſt in vierzen Tagen?"

„Ja, Mütterchen, ſollten beginnen!" erwiederte
Richard. „Aber da wurde unſer Direktor krank und dann
zwei andere Lehrer, und weil nun der Unterricht doch
nur mangelhaft geweſen wäre, ſo ſchickte man uns vierzehn Tage früher nach Hauſe, mit der Bemerkung, daß

wir auch vierzehn Tage früher wieder eintreffen müßten. Ich nun, da ich doch wüßte, welches Fest hier bevorsteht, nahm sogleich einen Platz auf der Postkutsche, die eine Meile weiter unten vorbei fährt, ließ mich die halbe Nacht tüchtig zusammenrütteln, legte die kleine Strecke Wegs bis hieher zu Fuß zurück, und da bin ich nun, ganz glücklich darüber, daß ich nicht zu spät zum Feste komme. Ah, ich habe mir große Dinge vorgenommen, Vater! Becher und Armbrust müssen mein werden, sollst sehen!"

„Kein Uebermuth, Junge!" warnte Pächter Halford lächelnd mit drohend erhobenem Finger. „Wir haben hier auch gute Schützen, die sich hübsch vervollkommnet haben seit du von uns fort bist, Dick! Da ist der John Seymour, der schießt dir mit dem Pfeile auf zwanzig Schritt einen Sperling nieder; und Bob Williams, Sam Fielding und John Harborne sind keine schlechten Armbrustschützen! Du wirst dich sehr zusammennehmen müssen, wenn du ihnen den Rang ablaufen willst."

„Ich fürchte mich nicht, nicht vor Einem von ihnen," erwiederte Richard zuversichtlich. „Du sollst sehen, Vater, daß ich nicht faul und nachlässig gewesen bin! Aber sieh' da, Bessy! Und meine kleine Mary! Und schon so schön geputzt, ihr herzigen, kleinen Mädchen! Ein wahrer Staat! Ei, da muß ich wohl auch sorgen, daß ich ein wenig schmuck bei dem Feste erscheine!"

„Ja, ja, allzu viel Zeit hast du nicht übrig, Dick," sagte die Mutter. „Geschwind komm, damit ich dich ordentlich herausputzen kann! Wie du aussiehst! Bestäubt von unten bis oben!"

„Ja, liebe Mutter, es ist arg," entgegnete Richard; „aber siehst du, die Nacht im Postwagen und dann die staubige Landstraße, — es ist im Grunde kein Wunder, daß Einem da ein paar Stäubchen anfliegen. Doch noch

(32)

etwas, Vater! Ist Master Alfred hier, und wird er am Feste Theil nehmen?"

"Und warum fragst du das, Richard?" antwortete der Vater.

"Ei nun, weil ich dann lieber nicht an dem Wettschießen Theil nehmen würde," erwiederte Richard. "Du weißt ja, Vater, er und ich waren nie recht gute Freunde zusammen! Wenn er nun mitschösse und ich gewänne ihm den Preis ab, so möcht' es böses Blut geben und wohl gar das Fest gestört werden. Dergleichen würd' ich lieber vermeiden, Vater!"

"Das ist verständig gesprochen, mein Junge," antwortete der Vater. "Aber beruhige dich! So viel ich weiß, ist Master Alfred nicht hier, wenigstens war er's gestern Abend nicht, und Baronet Westmore, mit dem ich sprach, hat mir auch keine Andeutung gegeben, daß der junge Herr erwartet würde. Aber wenn auch! Die kindischen Neckereien von früher her sollten ja längst und w e r d e n auch wohl vergessen sein."

"Ich trage sie ihm nicht nach, Vater, wirklich nicht," sagte Richard — "aber v e r g e s s e n, siehst du, vergessen hab' ich sie doch auch nicht, und ich fürchte sehr, bei Master Alfred wird das Gleiche der Fall sein. Er mochte mich nie leiden, obgleich ich nicht weiß, warum? Wenn er hier wäre, würde ich gewiß lieber nicht das Fest besuchen, oder doch wenigstens nicht mit den Anderen nach der Scheibe schießen."

"Thorheit, Thorheit, Richard!" sagte der Vater. "Master Alfred, der dich seit Jahren nicht gesehen hat, wird schwerlich noch an dich denken. Uebrigens ist auf keine Weise etwas zu fürchten, da er ja gar nicht hier ist. "Geh', mein Junge — putze dich, ruhe dich aus, stärke dich mit Speise und Trank, und schaffe dir heitere Laune an, damit du mir beim Feste nicht murrköpfig bist. Munter, munter! Ich hoffe, deine alten Freunde

(32)

und Kameraden werden sich freuen, wenn sie dich so unverhofft mitten unter sich sehen."

Richard befolgte die empfangenen Weisungen und entfernte sich mit der Mutter. Noch vor Ablauf einer Stunde kehrte er aber schon wieder zum Vater zurück, der ihn mit wohlgefälligem Blicke betrachtete. Richard war wirklich ein hübscher, blühender Bursch mit frischen, rothen Wangen und offenen, blauen Augen, aus denen die reinste Gutmüthigkeit strahlte. Das knappe Jäckchen mit dem schneeweißen, umgelegten Hemdkragen und das leichte Hütchen, keck auf die blonden Locken gedrückt, stand ihm recht gut, und das heitere Lächeln, das seine rothen Lippen umspielte, war ganz geeignet, Wohlwollen und Freundlichkeit gegen ihn einzuflößen.

„Da bin ich, lieber Vater," sagte er — „und ganz bereit, dich zu begleiten, wenn du nach der Festwiese gehen willst."

„Gewiß will ich das, Dick, und es ist auch Zeit," erwiederte der Vater. „Unsere Nachbarn haben sich bereits versammelt, und da kommen auch die Musikanten heran geschritten. Ist deine Armbrust gut im Stande, Dick?"

„Vollkommen, Vater, und eine frische Bogensehne hab' ich auch schon aufgezogen — da sieh' selbst erwiderte Richard."

Der Vater nahm die Armbrust, prüfte Sehne, Bogen und Schnapper mit kundigem Auge, und gab sie zufrieden in die Hände Richards zurück.

„Alles gut, mein Sohn," sagte er. „Die Armbrust ist vortrefflich, und es wird also nur an dir liegen, wenn du keinen Preis gewinnen solltest. Komm, liebe Frau! Kommt, Kinder! Wir wollen uns zu den Nachbarn verfügen, und Gott gebe, daß wir ein recht heiteres Fest feiern!"

Sie gingen. Auf der Wiese angelangt, wurde Richard mit lautem Freudenrufe von seinen früheren Spiel-

Kameraden empfangen, die Alle herzu kamen und sich um
ihn drängten, um ihm mit herzlicher Freundschaft die
Hände zu schütteln. Sie hatten Alle Richard herzlich
lieb, denn er war ihnen immer ein guter Kamerad
gewesen.

„Guten Tag, Bob! Grüß' dich Gott, John — und
dich, Willy, und dich, Sam, und Euch Alle, wackere
Jungen!" sagte Richard, indem er die Freundschafts-
Bezeigungen seiner Spielgefährten treuherzig erwiederte.
„Bin gekommen, am Feste Theil zu nehmen, und wünsche,
auch einen Schuß mit der Armbrust zu thun, falls Ihr
nichts dawider habt."

„Ganz und gar nichts, Dick, obwohl ich nun schon
weiß, daß du mir die schöne Armbrust da vor der Nase
wegschließen wirst," sagte John Seymour, ein freundlicher Bursche mit rothen Backen, wie ein Stettiner Apfel.
„Blitz, Dick, ich hatte mich schon darauf gefreut, den
ersten Preis zu gewinnen, aber nun seh' ich schon, das
ist vergeblich gewesen. Du warest allezeit und von jeher
der beste Schütze von uns."

„Wer weiß, John," erwiederte Richard. „Mein Vater
hat mir schon gesagt, daß ich mit Euch zu schaffen haben
würde, wenn ich einen Preis erlangen wolle, und namentlich mit dir, John!"

„Nun, wir wollen Alle unser Bestes thun, und ganz
leicht wird dir's nicht werden, Dick, uns Alle unter zu
kriegen," antwortete John Seymour in heiterer Laune.
„Ja, ja, Dick, zu schaffen machen wir dir gewiß! Aber
am Ende — ich weiß es schon — bleibst du doch Sieger.
Na, nur zu, Dick! Freies Feld und ehrliches Spiel,
mein Junge! Du gehörst zu uns und mußt dein Recht
haben, so gut wie wir! Herzlich willkommen bist du uns
Allen! Ein Hurrah, ihr Jungen, für unsern alten
Kameraden!"

Ein lautes und fröhliches Hurrah war es, was aus

(32)

ben jungen, frischen Kehlen erschallte, und noch einmal
schüttelten die Knaben dem neuen Ankömmling die
Hände. Dann aber erschallte eine Glocke, zum Zeichen,
daß das Fest beginnen sollte, und nun nahm Jeder seinen Platz ein, um die nöthigen Vorbereitungen zu
treffen. Ein Theil der Knaben eilte zu der Kletterstange,
an der bald einige munter hinauf klimmten — Andere
begaben sich zu den Bogenschützen — und der Rest, welcher aus den ältesten Knaben bestand, worunter auch
Richard war, begab sich in den Stand, von wo aus mit
der Armbrust und Bolzen nach der Scheibe geschossen
werden sollte. Die Reihenfolge wurde bestimmt, ein
Schreiber ward ernannt, der die gethanen Schüsse noti-
ren mußte, und bald befanden sich die jungen Schützen
in voller Arbeit. Die Bogen klirrten, die Sehnen
schwirrten, die Pfeile und Bolzen flogen, und manches
frohe Jauchzen verkündigte, daß bald da, bald dort ein
trefflicher Schuß gethan, oder der Gipfel der Kletterstange
von Einem oder dem Andern der flinken und gewandten
Knaben erklimmt worden war. Die Musik erschallte in
lustigen Klängen, die jungen Mädchen, klein und groß,
tanzten lustig auf dem kurzen, grünen Rasen; die Eltern
gingen von einer Gruppe zur andern, sahen hier dem
Armbrustschießen, dort dem Bogenschützen, da den Klette-
rern, hier den Tänzerinnen zu, freuten sich ihrer Kinder,
thaten wohl selbst einen Schuß, tanzten wohl auch einmal
mit im fröhlichen Reigen, und Alles versprach, daß das
schöne, liebliche Fest einen eben so heitern Ausgang nehmen werde, wie es heiter und vergnügt angefangen hatte.

Die Stunden, von Lachen und Scherzen, von Jubel
und Fröhlichkeit beflügelt, eilten rasch dahin, und schon
neigte sich die Sonne stark dem Untergange zu, als ver-
kündigt wurde, daß nun die gewonnenen Preise vertheilt
werden sollten.

Unter den Bogenschützen hatte Willy Fielding den

(32)

besten Schuß gethan, und gewann den silbernen Becher,
den er mit strahlendem Auge bewunderte und lustig im
Strahl der Sonne funkeln ließ. Bei den Armbrust-
schützen aber war der Ausgang noch zweifelhaft. John
Seymour und Bob Williams hatten wirklich Richard den
Sieg streitig gemacht, und ebenso oft als dieser, in's
Schwarze der Scheibe getroffen.

„Was nun?" fragte John. „Getheilt kann die
Armbrust nicht werden — also müssen wir wohl noch
ein paar Entscheidungsschüsse versuchen. Fange du an,
Richard — oder, wenn's dir lieber ist, können wir auch
um's Anfangen loosen."

„Mir ist's gleich," erwiederte Richard, indem er seine
Armbrust ergriff und den Bogen auflegte. „Soll ich
schießen?"

„Ja!" riefen John und Bob.

Richard erhob die Armbrust — zielte einen Augenblick
ziemlich sorglos — und drückte ab. Der Drücker knackte,
die Sehne klang, der Bolzen schwirrte; einen Moment
herrschte erwartungsvolles Schweigen; dann, als der
Scheibenweiser auf den Mittelpunkt der Scheibe deutete,
machte sich die Bewunderung, welche die Menge für den
jungen Schützen empfand, in Ausrufen laut.

„Goddam, ein wackerer Schuß!" rief selbst John
bewundernd aus. „Zu übertreffen ist er gar nicht, und
wir werden Mühe haben, Bob, Richard nur gleich zu
kommen. Nun, wie ist's? Willst du schießen, oder
soll ich?"

„Schieße du, John," erwiederte Bob. „Ich habe fast
keine Lust mehr, mich noch in einen Wettkampf einzu-
lassen, denn ich sehe doch, daß es vergebens sein wird."

„Pfui, Bob, wer wird den Muth so gleich verlieren,"
sagte vorwurfsvoll eine fremde Stimme.

Alle schauten auf.

„Master Alfred! Der Sohn des Gutsherrn!" mur-

(32)

melte es ringsum, und die Hüte und Mützen flogen von
den Köpfen.

„Ja, gute Leute," sagte Alfred, indem er höflich, aber
doch ein wenig herablassend und stolz den Gruß erwie=
derte. „Eben zu Hause angekommen, hörte ich, daß es
hier außen lustig hergehe, und wollte auch noch etwas
davon genießen. Nun, wie steht's, Bob? Willst du den
Schuß wagen, oder nicht?"

„Versuchen will ich's wohl, junger Herr," antwortete
Bob mit Achselzucken — „aber das kann ich Ihnen vor=
her sagen, daß ich keinen andern Erfolg davon haben
werde, als ausgelacht zu werden."

„Weißt du was, Bob, ich will dir einen Vorschlag
machen!" rief Alfred rasch. „Tritt mir dein Recht auf
den Schuß ab, und ich schenke dir dafür was du ver=
langst."

„Danke, junger Herr," entgegnete Bob. „Ich will
Euch mein Recht mit Vergnügen umsonst abtreten, wenn
es die Beiden da zufrieden sind. John und Richard
müssen ihre Zustimmung zuerst geben, das ist Schützen=
regel!"

„Ah, dies ist Richard? Richard Halford?" rief Alfred,
sichtlich unangenehm überrascht, aus, und maß Richard
mit einem stolzen, kalten Blicke. „Ich habe dich lange
nicht gesehen, und hätte dich kaum wieder erkannt! Aber
gleichviel — John, bist du es zufrieden, daß ich Bob's
Stelle einnehme?"

„Meinetwegen — ich habe nichts dagegen, junger
Herr!" antwortete John gleichgültig. „Weiß ich doch
im Voraus, daß weder Ihr noch ich gegen Richard etwas
ausrichten."

„Das wird sich finden — ich habe auch schon manchen
Schuß gethan, der gelobt worden ist" entgegnete Alfred
stolz. „Vorwärts denn! Gebt Raum, gute Leute! Ich

will den nächsten Schuß thun! Du wirst nichts dagegen
haben, Richard?"

„Nein, o nein," — versetzte dieser nach kurzem Zögern.
„Nur, junger Herr, dürft Ihr Euch nicht gekränkt fühlen,
wenn Ihr etwa die Armbrust nicht gewinnen solltet.
Keine Gunst und gleiches Recht!"

„Nicht anders," erwiederte Alfred kurz, und nahm
Bob's Armbrust zur Hand.

Er zielte ein Weilchen, augenscheinlich mit großer
Genauigkeit und Sorgfalt, dann schoß er. Die Sehne
schwirrte — der Bolzen saß — saß fest auf derselben
Stelle, welche vorhin Richard getroffen hatte.

„Ah, ein guter Schuß, wahrhaftig!" rief John Seymour aus. „Besser hätt' ihn Bob auch nicht machen
können. Jetzt komm ich an die Reihe, und will wünschen,
daß es mir eben so gut gelingt."

Der Bolzen flog nach kurzem Zielen und ein allgemeiner Bravoruf verkündigte, daß John nicht hinter
seinen Vorgängern zurückgeblieben war. Die drei Schüsse
saßen so dicht bei einander, daß man Keinen von den
Schützen zum Sieger erklären konnte. Sie mußten ihr
Wettschießen noch einmal von vorn beginnen. Wieder
schossen sie — wieder zitterten alle drei Bolzen im Mittelpunkte der Scheibe.

„Pah, dem Dinge muß ein Ende gemacht werden,
denn die Sonne nähert sich rasch dem Untergange, und
ehe sie unter dem Horizonte verschwunden ist, muß die
Entscheidung herbeigeführt sein," sagte Alfred. „Die
Scheibe ist zu groß, wir müssen uns ein anderes Ziel
wählen. Dem Astloch dort an der Eiche soll es gelten."

„Auch gut," entgegnete John — die Eiche ist zwar
zehn Schritt weiter entfernt, als die Scheibe, indeß will
ich mein Möglichstes thun. Willst du wieder den ersten
Schuß thun, Richard?"

„Nun freilich!" rief Alfred rasch. „Warum die

Reihenfolge ändern? Erst Er — dann ich — dann du, John."

Richard trat lächelnd vor — nahm sein Ziel ein wenig sorgfältiger, als bisher, und der Bolzen flog unmittelbar in das Astloch hinein, wie ein Vogel, der zu Neste fliegt.

„Bliß, das war ein Schuß, den man nicht besser machen kann!" rief John Seymour voll Erstaunen und Bewunderung aus.

„Aber eben so gut kann man ihn machen," erwiederte Alfred zuversichtlich, und nahm Richards Standpunkt ein.

Fast eine Minute lang zielte er, setzte mehrmals die Armbrust ab, wieder an, und drückte endlich los. Er hatte in der That nicht zu viel behauptet — sein Ziel war so gut genommen, daß sein Bolzen neben dem Richards im Astloche haftete.

„Ein guter Schuß, und nur ein Schelm kann sagen, daß er ihn übertreffen könne," rief John Seymour aus. „Ich sehe immer deutlicher, daß ich keine Hoffnung auf den Gewinn der Armbrust hegen darf, obgleich ich sie für mein Leben gern haben möchte. Nun, so lange nicht alle Hoffnung verloren ist, muß man auch nicht nachlassen. Ich thue meinen Schuß."

Und wacker that er ihn, so wacker, daß wiederum keine Entscheidung herbeigeführt wurde.

„Brav gemacht, John!" sagte Richard lächelnd. „Mein Vater hat mir nicht zu viel von deiner Geschicklichkeit erzählt, und du verdientest wirklich die Armbrust zu besitzen. Ich verzichte darauf, und wenn der junge Herr ebenfalls gesinnt ist, wie ich, so überlassen wir dir den Preis des Sieges."

„Pah, ich mag die Armbrust nicht, aber den Sieg will ich!" rief Alfred hitzig. „Was kümmert mich die Armbrust? Ich habe wohl ein Dutzend schönere daheim, als diese da! Den Sieg, den Sieg will ich haben! Man soll nicht sagen können, daß ich von den Pächtersöhnen meines Vaters überwunden worden sei."

„Aber Ihr seid es auch nicht, junger Herr," erwiederte Richard höflich und freundlich auf diese stolzen Worte. „Das Spiel steht gleich — der Abend nahet rasch heran — laßt es beendigt sein!"

„Nein, ich will eine Entscheidung haben," entgegnete Alfred. „Fang an, wenn du Muth hast."

Ein Blitz des Unwillens schoß aus Richards Augen, und haftig griff er nach seiner Waffe. Gleich nachher ließ er sie aber wieder sinken und schüttelte den Kopf.

„Ich will lieber nicht mehr mitschießen," sagte er einfach. Macht die Sache mit John Seymour allein aus, junger Herr!"

„Ah, er gibt sich also für überwunden," sagte Alfred triumphirend. „Aber dies ist eine Feigheit! Nimmermehr wäre ich bei einem solchen Wettkampfe zurückgetreten. Es ist feig, beim Himmel, freiwillig das Feld zu räumen."

„Feigheit ist es nicht, was mich zurückhält," erwiederte Richard, indem eine leise Zornröthe sein hübsches Gesicht überflog.

„Und was sollte es sonst sein? Feigheit ist es! Feigheit und nichts Anderes! Du fürchtest ausgelacht und verspottet zu werden, und es nützt dich nichts, diese Feigheit beschönigen zu wollen."

Blässe und Röthe wechselte auf Richards Gesicht, und einige Augenblicke lang stand er unentschlossen da, während Alfred ihn mit spöttischem Lächeln betrachtete.

„Wohl denn," sagte er endlich ruhig und entschlossen — ich will das Wettschießen fortsetzen, unter der Bedingung jedoch, daß ich jetzt das Ziel aufstecken darf."

„Gut, ganz gut," entgegnete Alfred. „Ein Ziel das du dir aufsuchst, werden auch wir treffen können."

Richard erwiederte nichts, sondern ging auf die Seite,

schnitt einen Stab von etwa sechs Fuß Länge und der Dicke eines Daumens aus einem nahen Erlengebüsche ab, spitzte ihn an dem einen Ende zu, machte an dem andern eine Spalte, und steckte in diese Spalte ein Silberstück von der Größe eines Thalers. Dann maß er sechzig Schritt Entfernung ab, steckte den Stab senkrecht in die Erde, so daß die kleine Scheibe des Geldstücks obenauf stand, und kehrte zu den Uebrigen zurück, die mit Verwunderung sein Beginnen beobachtet hatten.

„Da," sagte er, „steht mein Ziel, und ich bin bereit, darauf zu schießen, wenn ich einen Gegner finde."

„Das dein Ziel, Richard!" rief John Seymour aus. „Aber man sieht es ja kaum — es ist ja nur ein Lichtfünkchen! Wer soll das aus solcher Entfernung treffen? Aber dies ist nur ein Spaß oder eine Tollheit, Dick!"

„Es ist mein Ernst, verlaß dich darauf, John," erwiederte Richard. „Ich gebe zu, leicht ist der Schuß nicht, aber dennoch ist er mir schon öfters gelungen. Master Alfred, wenn es Euch gefällig ist, so wollen wir unser Wettschießen fortsetzen."

„Lächerlich!" rief Alfred aus. „Du wirst so wenig auf den Punkt schießen, als ich und John, und willst deine Feigheit nur hinter Großthuerei verstecken."

„Ich wiederhole, daß ich zu dem Wettschusse auf das Ziel dort bereit bin," antwortete Richard mit kaltblütiger Ruhe. „Freilich, ich gestehe es ein, wäre mir's selbst lieb, wenn ich keinen Gegner fände — aber an meiner Bereitwilligkeit soll wenigstens Niemand zweifeln dürfen."

„Nun denn, so schieße hin," rief Alfred aus — „aber Schmach und Hohn über dich, wenn du dein Ziel verfehlst."

„Niemand ist so sehr Herr seines Schusses, daß er sagen könne: ich werde mein Ziel treffen, wenn ich will," antwortete Richard. „Gleichwohl will ich schießen und mich der Gefahr aussetzen, als ein Großprahler verlacht

(32)

zu werden, wenn noch ein Anderer das Gleiche thun will. Für nichts und wider nichts aber schieße ich keineswegs."

„Es sei — ich thue den zweiten Schuß," sagte Alfred, „und John Seymour den dritten."

„Nein, Goddam, ich laß es bleiben," erwiederte John ganz erschrocken. „Ein solches Ziel zu treffen, dazu gehört mehr Geschicklichkeit, als ich mir zutraue. Macht Ihr Beiden die Sache allein aus. Ich will meinen Kameraden nicht zum Gespötte werden."

„Wohl denn, wohl, so werden wir Beide allein übrig bleiben," sagte Alfred. „Schieße hin, Richard, und wir wollen sehen, wem die Armbrust zu Theil wird."

„Es soll mich freuen, wenn Ihr sie gewinnt, junger Herr," erwiederte Richard höflich. „Da Ihr jedoch mitschießen wollt, muß ich mein Bestes thun, um mit Ehren aus dem Kampfe hervor zu gehen."

Richard besichtigte, bevor er den schwierigen Schuß that, ganz genau seine Armbrust, und da er fand, daß die Sehne von den früheren Schüssen ein wenig gelitten hatte, so zog er eine frische auf. Auch unter den Bolzen traf er eine sehr genaue und sorgfältige Auswahl, und faßte nun erst sein Ziel in's Auge. Fast eine Minute lang lag er im Anschlage — sein Arm zitterte nicht und schwankte nicht um eines Haares Breite, unbeweglich ruhte die Armbrust auf seiner Hand. Endlich drückte er ab — der Bolzen schwirrte mit Blitzesschnelle durch die Luft — und im nämlichen Augenblicke war auch der glänzende Punkt von dem Stabe verschwunden.

Allgemein war der Jubel, der diesem glücklichen und ausgezeichneten Schusse folgte. Selbst Alfred, so sehr er die Geschicklichkeit seines Gegners beneidete, konnte einen kurzen Ausruf des Erstaunens und der Ueberraschung nicht unterdrücken, und eilte nach dem Ziele hin, um sich zu überzeugen, daß das Thalerstück wirklich herabgeschossen sei. Er fand es eine kleine Strecke von dem Stabe entfernt auf dem Rasen, und ein matter Fleck in der Mitte desselben bewies, daß es der Bolzen gerade im Centrum getroffen hatte.

„Ein vortrefflicher Schuß! Goddam!" rief John Seymour, welcher Alfred mit anderen Knaben auf dem Fuße gefolgt. „Das macht einmal dem Richard nach, wenn Ihr könnt, junger Herr!"

„Ich will's, ja, ich will's!" entgegnete Alfred, glühend vor Eifersucht. „Was ihm geglückt ist, wird mir auch gelingen, und er soll sich nicht rühmen können, daß er mir den Rang abgelaufen oder mich eingeschüchtert hätte." —

Alle kehrten auf den Schießstand zurück, nachdem John den Thaler wieder aufgesteckt hatte, und Alfred brachte ohne Zögern seine Armbrust in Stand. Auch er zog, dem Beispiele Richards folgend, eine neue Sehne auf, suchte sich den besten Bolzen aus und setzte sich in Positur, um den schwierigen Schuß zu wagen. In diesem Augenblicke erschien Baronet Westmore, sein Vater, zu Pferde und rief ihn an.

„He, Alfred, ich glaube, du bist ein Narr," sagte er. „Du kannst ja dein Ziel kaum sehen!"

„Ich seh' es, Vater, und ich werd' es auch treffen, so gut wie Richard Halford!" erwiederte Alfred mit glühendem Gesicht und blitzendem Auge. „Was er gekonnt hat, traue ich mir auch zu."

„Und Ihr habt Recht, junger Herr," flüsterte Richard ihm leise zu. „Aber wartet noch ein klein wenig — Eure Hand ist nicht ganz fest, und wenn Ihr jetzt schösset, würdet Ihr gewiß das Ziel fehlen."

„Ich brauche deinen Rath nicht," entgegnete Alfred herrisch. „Behalt' ihn für dich, bis er dir abgefordert wird."

Gleichwohl aber ließ er, die Richtigkeit von Richards

(32)

Bemerkung wohl erkennend, die schon erhobene Armbrust
wieder sinken und machte sich am Drücker derselben zu
schaffen.

„Nun, das ist gescheidt von dir, daß du den Schuß
sparen willst," sagte der Baronet lachend. „Du möchtest
wohl eher eine Schwalbe im Fluge treffen, als das Ding
da, das man mit bloßen Augen kaum erkennen kann.
Komm, mein Sohn, und begleite mich nach Hause."

„Nein, Vater, ich werde schießen, und du wirst sehen,
daß ich mein Ziel nicht verfehle," erwiederte Alfred
trotzig. „Nur einen Augenblick Geduld! Von dem raschen
Laufen vorhin ist mein Blut ein wenig in Wallung gekommen — aber das wird sogleich vorübergehen. Jetzt,
glaub' ich, kann ich's versuchen!"

Er legte die Armbrust an. Ein wenig, aber fast un-
merklich, zitterte sie noch und schwankte, jedoch nicht
lange. Alfred zielte — beinahe eine Minute verfloß —
endlich drückte er ab.

„Getroffen!" sagte Richard, der mit scharfem Auge
die Wirkung des Schusses beobachtet hatte. „Bravo,
junger Herr! Diesen Schuß werden Ihnen nur wenige
Schützen nachthun."

„Getroffen?" riefen ein paar Stimmen. „Nicht doch!
Der Thaler sitzt noch am Stecken! Man sieht ihn blinken!"
Alfred wurde blaß vor Aerger und Entrüstung, Richard
aber wiederholte laut:

„Getroffen! Getroffen, sag' ich! Zwar ist der Thaler
nicht herunter geschossen — aber der Bolzen hat ihn auf
der rechten Seite gestreift und nach der linken Seite
hinüber gedrückt, so daß er kaum noch hängt. Ah, und
jetzt fällt er ganz von selbst!"

„Richtig! Richtig!" riefen zwanzig Menschen, die Alle
gesehen hatten, daß der Thaler wirklich gefallen war.
„Ein Hurrah für den jungen Herrn!"

Ein lautes Hurrah erscholl, während Alfred bald

erröthend, bald erbleichend zu Boden sah. Er hatt
zwar das Ziel getroffen, aber er konnte sich doch nicht
verhehlen, daß Richards Schuß ein besserer, als der
seinige gewesen war. Bei jenem hatte nicht der leiseste
Zweifel stattgefunden — bei diesem dagegen war der
Erfolg erst in Abrede gestellt worden. In seinem Herzen
mußte Alfred die Ueberlegenheit seines Gegners aner-
kennen, und die Beifallsbezeugungen der Umstehenden
machten daher nur geringen Eindruck auf ihn.

„Brav gemacht, Alfred," sagte der Baronet, als der
Hurrahruf verstummte und man wieder zu Worte kommen konnte. „Die Ehre hast du gerettet — aber die
Armbrust muß trotzdem wohl Richard zu Theil werden,
der, wie ich höre, den Thaler im Nu von der Stange
herunter geholt hat."

„Ja, Herr, das hat er, und so wacker auch Master
Alfred die Armbrust gehandhabt hat, der Richard that
es ihm doch zuvor," sagte John Seymour offenherzig.
„Wenn Einer, so hat er den Preis verdient. Darüber
sind wir Alle einig, wie wir hier sind."

Bei dieser Aeußerung Johns bedeckte eine dunkle
Zornröthe Alfreds Stirn, und er trat hastig einen
Schritt vor. „Das ist nicht wahr!" sagte er trotzig.
„Bis jetzt steht das Spiel noch gleich, indem ich so gut
das Ziel getroffen habe, wie Richard. Es handelte sich
nur um's Treffen, nicht um's Herunterschießen, und
Niemand wird leugnen können, daß mein Bolzen den
Thaler gestreift, also getroffen hat."

„Gut," nahm Richard das Wort. „Schießen wir
noch einmal."

Alfred nahm trotzig die Armbrust zur Hand, sein Vater
aber legte sich in's Mittel, indem er sagte: „Nicht doch,
mein Sohn! Der Preis kommt dem besten Schusse zu,
und du mußt zugeben, daß Richard diesen gethan hat.
Genug des Wettstreites! Richard nimmt die Armbrust,

und du magst dich mit der Ehre begnügen, ein beinahe eben so guter Schütze zu sein, wie dein Gegner."

Die jungen Leute schrieen ein lautes Hurrah bei diesem Richterspruche, nur Richard schwieg und Alfred, welcher zornig die Unterlippe zwischen die Zähne klemmte und seinem Gegner einen bitterbösen Blick zuwarf. „Nimm hin die Armbrust!" zischte er ihm zu — „aber ich werde sie dir gedenken!"

Damit ging er. Richard rief ihm nach, er möchte noch einen Augenblick verweilen, aber Alfred stellte sich, als ob er den Ruf nicht höre, und verdoppelte seine Schritte.

„Laß ihn laufen, Richard," sagte der Baronet — „er wird sich schon wieder besänftigen, da er ja einsehen muß, daß er im Unrecht ist. Nimm die Armbrust, mein Sohn, sie ist dein!"

„Nein, Herr, nein," erwiederte Richard schnell. „Master Alfred war in seinem guten Rechte, indem er behauptete, daß es sich nur um das Treffen des aufgesteckten Zieles handelte. Nur wenn er ganz gefehlt hätte, würde ich der Sieger sein, so aber ist der Sieg unentschieden, und ich darf mir also den Preis nicht zueignen. Ueberlassen wir ihn demjenigen, der nach uns der beste Schütze war, nämlich John Seymour."

„Bravo, Dick!" riefen wohl zwanzig Stimmen. „Bravo! Ja, gebt die Armbrust John, und Master Alfred mag die Sache mit Richard auf andere Weise ausfechten. Richard thut recht, daß er den Preis nicht annimmt."

„Nun denn, so mag ihn John Seymour bekommen," entschied der Baronet. „Nimm hin, John, und magst du manchen guten Schuß mit der Armbrust thun."

Erröthend vor Freude nahm John die schöne Waffe in Empfang. Richard sah sie ohne Neid in seinen Händen. Dennoch war er ein wenig verstimmt, und konnte am Abend zu keiner rechten Fröhlichkeit gelangen.

Die letzten drohenden Worte Alfreds kamen ihm nicht aus 'en Gedanken, und obgleich er Alfred nicht fürchtete, schm~rzte es ihn doch, daß sein Zusammentreffen mit ihm wiederum ein feindliches gewesen war.

„Wunderlich," murmelte er vor sich hin — „ich habe ganz und gar nichts gegen ihn, und dennoch ist er so unfreundlich und gehässig gegen mich! Was ihn nur so sehr an mir verdrießen mag?"

„Ich dächte, diese Frage sei leicht genug zu beantworten," sagte ein altes Mütterchen, das dicht neben Richard stand und die leise gesprochenen Worte vernommen hatte. „Du bist ihm überlegen in allen Stücken, und darum beneidet er dich und haßt dich. Bleibt einander fern, Dick! Wenn du aber doch mit ihm zusammenkommen solltest, so hüte dich, deine Vorzüge gegen ihn geltend zu machen — das würde er dir niemals verzeihen."

„Nein, Mutter Willigis, ich würde noch mehr thun," erwiederte Richard — „ich würde ihm so viel Liebes und Gutes erweisen, daß er mich doch endlich lieben müßte."

Die Alte sah ihn mit freundlicher Verwunderung an. „Ei," sagte sie, „du bist wirklich ein braver Junge, Dick! Gott segne dich, Kind, und gebe, daß dir dies gelingen möge. Liebe ist stärker als Haß, und es mag wohl sein, daß du am Ende doch der Sieger bleibst! Freilich manchen harten Kampf wird es vorher wohl noch geben. Nun, gute Nacht, Dick! Ein braver Junge bist du, das ist wahr! Gute Nacht, gute Nacht!"

Mit diesen Worten ging die Alte davon und ließ Richard nachdenklich zurück. „Liebe ist stärker als Haß," murmelte er. „Wir werden ja sehen, ob Mutter Willigis Recht hat. Vorläufig — was sollte ich fürchten? So lange der gute Baronet lebt, wird Alfred uns nicht viel schaden können."

Drittes Kapitel.

Die Ueberschwemmung.

———

Die Sommerferien verstrichen, ohne daß Richard noch einmal mit Alfred zusammentraf. Richard reiste wieder nach der Schule ab, und kehrte erst im Frühjahre zum väterlichen Hause zurück. Dies geschah im Anfange des Monat März. Der Winter war ungewöhnlich strenge gewesen, und noch lag der Schnee mannshoch auf den Bergen und in den Thälern, fußhoch in der Ebene, als Richard in seine Heimath eilte. Als er ankam, fand er den Vater nicht daheim, sondern nur die Mutter und die kleinen Schwestern.

„Und wo ist der Vater?" fragte er. „Ich möchte hin und ihn aufsuchen."

„Nicht jetzt, Richard," erwiederte die Mutter. „Der Vater ist mit den übrigen Pächtern bei dem Baronet — sie wollen da Rath halten wegen des Thauwetters, was doch nun bald eintreten muß, und wegen der Dämme, die der Ausbesserung hie und da bedürfen, wie der Vater behauptet. Warte nur, Dick — der Vater wird bald zurückkehren, denn er ist schon mehrere Stunden fort."

„Also auf dem Schlosse?" fragte Richard. „Ist Master Alfred auch daheim?"

„Ja, seit Weihnachten," erwiederte die Mutter. „Aber was thut das? Ich weiß wohl, daß ihr Beiden keine große Freundschaft für einander habt — indeß kommt ihr ja auch nicht zusammen. Ueberdieß habe ich gehört, der junge Herr wolle zu Schiffe gehen und See-

(32)

mann werden, und wenn das wahr ist, so kommt er wohl
in Jahr und Tag nicht wieder heim, und ihr seht euch
vielleicht im ganzen Leben nicht wieder."

„Wer weiß, Mutter?" erwiederte Richard. „Gott
führt die Geschicke der Menschen manchmal wunderbar,
und was geschehen soll, das geschieht auch ohne unsern
Willen. Aber da kommt der Vater — wie ernst und
sorgenvoll er aussieht!"

In der That, ernst und sorgenvoll sah der Pächter
Halford aus, als er in die Stube trat, und selbst die
Ankunft Richards konnte ihn nur für eine kurze Zeit
erheitern. Nachdem er den Sohn geherzt und geliebkost
hatte, verfiel er wieder in die vorige trübe und nach-
denkliche Stimmung.

„Aber was fehlt dir nur, Vater?" fragte Richard besorgt. „Bist du unzufrieden mit mir, daß du so gar
nicht erfreut über meine Heimkunft bist?"

„Nicht doch, Dick, nicht doch," erwiederte der Vater —
„ich habe ja nichts, als Gutes und Liebes von dir gehört, wie sollte ich unzufrieden mit dir sein? Nein, nein,
mir geht etwas ganz Anderes im Kopfe herum. Unver-
antwortlich ist es, wie leichtsinnig die Menschen in den
Tag hinein leben. Wenn nur für den nächsten Augenblick Alles gut steht, so kümmern sie sich nicht um die
Zukunft, sondern denken: ‚kommt Zeit, kommt Rath!'
Ja, wenn es dann in den meisten Fällen nur nicht zu
spät wäre! Und daß selbst Master Alfred die Sorglosigkeit der kurzsichtigen Leute unterstützt, das ist mir noch
unbegreiflicher!"

„Aber was denn nur, Vater? Was gibt es denn?"
fragte Richard. „Du könntest uns wirklich bange
machen!"

„Ach, für uns bangt mir nicht, wir sind sicher genug,"
entgegnete der Pächter. „Aber sieh' einmal her, Dick!
Da sieh' dir den Schnee an, der die Ebene so weit das
(32)

Auge reicht, wie ein weißer Mantel bedeckt — und sieh'
nach den fernen Bergen und Schluchten hin, wo er in
ungeheuren Massen aufgehäuft liegt — und bedenke
dann, daß all' dieser Schnee, wenn er schmilzt, keinen
Abzug weiter hat, als unser Flüßchen, das weiter unten
die Gegend durchströmt und jetzt unter der allgemeinen
Schneehülle verborgen liegt — und bedenke weiter, daß
in diesem Jahre das Thauwetter nicht nur sehr rasch
und plötzlich eintreten kann, sondern aller Wahrscheinlichkeit nach so eintreten wird — und nun frage ich dich,
ob das Ergebniß von diesem Allen nicht eine ungeheure
Ueberschwemmung sein muß, wie wir sie seit Menschen-
gedenken nicht gesehen haben!"

„Ja, lieber Vater, das scheint mir allerdings sehr
wahrscheinlich," erwiederte Richard. „Indeß sehe ich
darin noch keinen Grund zu großen Besorgnissen. Ueber-
schwemmungen haben wir ja jedes Jahr, und ich wüßte
nicht, daß sie uns schon besonderen Schaden zugefügt
hätten."

„Spricht jetzt der Dick doch ganz ebenso, wie die Leute
dort oben!" rief der Pächter unwillig aus. „Warum
haben wir keinen bedeutenden Schaden erlitten? Warum?
Weil bis jetzt die Dämme noch immer hoch und stark
genug gewesen sind, um weder das Wasser überfließen,
noch auch durch den Gewalts-Andrang desselben sich
durchbrechen zu lassen. Aber ich fürchte und behaupte,
in diesem Jahre wird es anders kommen! In diesem
Jahre wird die Wasserfluth so hoch steigen, daß sie über
die Dämme hinwegströmt, und dann wehe den armen
Leuten dort unten, die keinen Schutz mehr gegen den
vernichtenden Wogenschwall haben! Ich kenne das!
Man wird zu spät bereuen, meine Warnungen in den
Wind geschlagen zu haben."

„Aber was könnte geschehen, um das gefürchtete Unglück zu verhüten?" fragte die Mutter, welche nun auch

ernſtlich beſorgt wurde, und einen ängſtlichen Blick auf
die tiefer liegenden Ebenen warf, wo ſo manches freundliche Gehöft, ſo mancher Pachthof ſtand. „Was läßt
ſich thun gegen die Uebermacht der entfeſſelten Natur-
gewalten. Gott allein kann da helfen und wird es!"

„Ja, gewiß, Gott wird uns helfen, wenn wir nur den
uns von Ihm verliehenen Verſtand richtig anwenden
wollen," entgegnete der Pächter Halford ernſt und ſogar
ein wenig unwillig. „Schwatzen ſie doch eben ſo oben
auf dem Schloſſe! Immer und immer ſoll der liebe Gott
helfen! In unſerer jetzigen Lage paßt das eben ſo, als
wenn ich in einem Hauſe bliebe, das jeden Augenblick
mit dem Einſturze droht, und ſagen wollte: ‚Ja, das
Haus ſtürzt ein, aber der liebe Gott wird helfen, daß
mir die Balken und Steine nicht auf den Kopf fallen!‘
Hinaus gehen muß ich, oder muß das Haus ſtützen, damit es nicht einfällt — und dann hat mir Gott geholfen
durch die Einſicht und den Verſtand, den er mir verliehen
hat, damit ich ihn gebrauchen ſoll! Nun, wir werden ja
ſehen, ob der Pächter Halford mit ſeinem ſchlichten Ver-
ſtande diesmal richtig geurtheilt hat!"

„Ich weiß aber doch auch nicht, Vater, was geſchehen
könnte, ein ſolches Unglück abzuwenden," ſagte Richard.

„Ein Haus kann man ſtützen, aber wie ſoll man den
Waſſerſtrömen gebieten, nicht höher zu ſchwellen, als es
für uns nützlich oder gefahrlos iſt?"

„Das kann man freilich nicht," erwiederte Pächter
Halford; „aber die Dämme kann man höher machen
und ſtärker, und unterſuchen kann man ſie, ob nicht hie
und da eine Verbeſſerung nothwendig iſt, und kann auf
ſolche Weiſe das Seinige thun, der Gefahr zu begegnen.
Wenn auch dann noch ein Unglück geſchieht, nun, ſo
muß man es hinnehmen und tragen als eine Schickung
Gottes, und hat wenigſtens noch d e n Troſt, daß man
ſich ſagen kann, man habe das Seinige gethan, um das

Schlimmste abzuwenden! Aber vor der Gefahr die Augen verschließen, und sich mit dem Gedanken einschläfern: ‚der liebe Gott wird schon helfen,‘ das ist nicht nur unklug, sondern auch sündhaft obendrein. Nun, ich habe gesprochen! Daß man nicht auf meine Worte, meine Warnungen und Bitten hörte, ist nicht meine Schuld. Thun wir jetzt wenigstens, was an uns ist, den bevorstehenden traurigen Ereignissen die Spitze zu bieten. Du kannst auch mithelfen, Dick!"

„Und was, Vater?" fragte Richard. „Du weißt wohl, ich bin zu Allem bereit. Aber was können wir thun?"

„Nachen und Kähne bereit halten, und Stangen und Stricke hinein legen, damit wir Hülfe bringen können, wo sie nöthig werden sollte," sagte Pächter Halford. „Wir müssen Alle an's Werk gehen, Knechte, Mägde und Alle, denn je eher wir mit unseren Vorsichtsmaßregeln fertig sind, desto ruhiger können wir der Zukunft entgegensehen. Es ist mir auch ganz so, als ob wir nicht viel Zeit zu versäumen hätten."

Es bedurfte keines Antreibens bei Richard und den Leuten des Pächters Halford. Die Letzteren erfuhren kaum, um was es sich handelte, als sie, ihren Herrn und Richard an der Spitze, die Gegend durchstreiften, und alle Nachen, deren sie habhaft werden konnten, auf das Gehöft Halford's schafften. Freilich waren es im Ganzen nur drei, die sie entdeckten, und zwei davon befanden sich noch dazu in ziemlich schlechtem Zustande — aber man besserte sie aus, so gut es gehen wollte, und nun besaß man doch wenigstens einige Mittel, mit deren Hülfe man die Gefahr bekämpfen konnte. Einige Leute spöttelten darüber, daß Pächter Halford so erstaunlich vorsichtig sei, aber dieser ließ die Leute reden und sich in seinem Vorhaben nicht irre machen. Als die Kähne tüchtig kalfatert und mit allem Nöthigen versehen, unter

Dach und Fach gebracht waren, verschwanden die finsteren Wolken an seiner Stirn, und seine Miene wurde
ein wenig heiterer.

„Nun ist's gut, Leute," sagte er — „nun haben wir
gethan, was in unseren Kräften stand, und mehr kann
Niemand verlangen. Warten wir nun ab, was geschieht.
Fügt es der liebe Gott, daß unsere Anstrengungen überflüssig erscheinen, desto besser! Das Gespött der Leute will
ich recht gern über mich ergehen lassen, wenn wir vor
größerem Unglück bewahrt werden."

Einige Tage noch verstrichen, ohne irgend eine Aen-
derung zu bringen. Halford ritt zu den Pächtern, deren
Güter und Höfe am meisten der Gefahr einer Ueberschwemmung ausgesetzt waren, und suchte sie zu bewegen,
wenigstens ihren Viehstand, die Pferde, Rinder und
Schafe in Sicherheit zu bringen — aber man verlachte
meist seine Warnungen, und blieb in unbegreiflicher
Sicherheit ganz unthätig. „Wozu die vielen Umstände,
Nachbar?" sagten die Leute. „Der Damm hat so viele
Jahre dem Wasser gewehrt, er wird auch dieses Jahr
noch vorhalten. Es wird so schlimm nicht werden."

So sprachen sie, und die Pferde wieherten, die Rinder
brüllten, die Schafe blöckten nach wie vor in den Ställ-
len, ohne daß irgend Jemand auf die Sicherung der
armen Thiere bedacht gewesen wäre. Auch Richard, der
mehr und mehr die Befürchtungen seines Vaters theilte,
bemühte sich vergebens, die Leute aus der verderblichen
Sicherheit, welcher sie sich hingaben, aufzurütteln. Man
wies ihn noch kürzer ab, als seinen Vater, und es wurde
ihm noch obendrein manche Kränkung durch den Spott
der Leute zu Theil. Nur allein bei dem Pächter Seymour, Johns Vater, fand Richard Gehör, weil John,
der immer ein guter Freund von ihm gewesen war, seine
Vorstellungen unterstützte.

„Was thut's, Vater," sagte er, „wenn nun auch

wirklich die Vorsicht sich als unnütz auswiese? Es ist ja keine große Mühe, das Bischen Vieh eine Strecke Weges fortzutreiben, besonders da uns Nachbar Halford seine Ställe zur Unterbringung für die Thiere anbietet. Laß die Leute reden, Vater, und sagen, was sie wollen. Besser bewahrt, wie beklagt, Vater! Nachbar Halford meint es gut, und eine freundlich dargebotene Hand soll man nicht zurückweisen."

Pächter Seymour wollte anfänglich nicht auf die Vorstellungen seines Sohnes und Richards eingehen, zuletzt gab er aber doch nach, und ohne Verzug gingen John und Richard an's Werk, die Thiere in Sicherheit zu bringen. Sie trieben sie aus den Ställen, die Pferde und Ochsen wurden zusammengekoppelt, die Schafe mußte einer der Knechte treiben, und so bewegte sich der kleine Zug gemächlich dem Gehöfte des Pächters Halford zu. Unterwegs kam ein Reiter auf einem schönen Rosse einher geritten; es war Master Alfred. Als er die Heerden und bei ihnen Richard und John erkannte, lachte er laut und spöttisch auf.

„Was soll denn das bedeuten?" fragte er. „Bist du von Natur so ängstlich, John, oder hast du dich durch die wunderliche Furcht des alten Halford anstecken lassen?"

„Beides, junger Herr, Beides!" erwiederte John offen und freimüthig. „Ich halte es nicht für Schande, einer Gefahr auszuweichen, so lange es noch Zeit ist; Vorsicht hat noch keinem Menschen geschadet."

„Pah, du solltest dich doch schämen, vor einer Gefahr zu fliehen, die nirgends vorhanden ist, als in der Einbildung Halfords," sagte Alfred mit einem spöttischen Seitenblicke auf Richard.

„Es muß sich erst ausweisen, ob es nur Einbildung ist," nahm Richard ruhig das Wort. „Künftige Ereignisse lassen sich freilich nicht mit so unumstößlicher Gewißheit vorhersagen — aber wo die Sachen so stehen, wie hier, ist einige Besorgniß vollkommen gerechtfertigt."

„Thorheit!" rief Alfred zurück. „Nur ein furchtsames Herz kann in ein wenig Wasser Gefahr sehen. Du bist eben so feig, wie dein Vater, Richard!"

Richard erröthete vor Entrüstung über diesen Vorwurf, der nicht nur ihn, sondern auch seinen Vater treffen sollte, und eine heftige Erwiederung schwebte auf seinen Lippen. Doch beherrschte er sich schnell wieder und antwortete mit ruhigem Ernste: „Ihr Vorwurf ist ungerecht, Master Alfred! Aber gleichviel — in der Stunde der Gefahr werden wir sehen, wer am unerschrockensten und muthigsten ist."

Alfred war sichtlich beschämt von diesen einfachen Worten. Er erröthete, und, anstatt eine Erwiederung zu geben, gab er seinem Pferde die Sporen und sprengte davon.

„Da reitet er hin," sagte John zu Richard. „Wahrhaftig, ich begreife ihn gar nicht. Er ist doch sonst freundlich, edel und herzlich gesinnt, und gerade gegen dich, Dick, den wir Andern Alle lieb haben, zeigt er sich immer gehässig. Weißt du denn nicht, was er gegen dich hat?"

„Nein, ich weiß es nicht," antwortete Richard nachdenklich. „Eine Vermuthung habe ich wohl, aber doch kann ich kaum glauben, daß sie richtig ist. Es kommt mir vor, als ob Alfred neidisch sei auf die geringen Kenntnisse und Fertigkeiten, die ich mir erworben habe, und als ob sich daher seine Abneigung schriebe. Erinnere dich nur, John, wie ärgerlich er war, daß er mich damals beim Armbrustschießen nicht übertreffen konnte."

„Ja, das ist wahr!" rief John aus. „Aber ich muß gestehen, ich finde das gar nicht hübsch von ihm. Er sollte sich doch eher darüber freuen, als sich ärgern."

„Nun, laß ihn," sagte Richard. „Vielleicht, wenn er

(32)

sieht, daß ich keineswegs stolz oder anmaßend bin, legt sich früher oder später sein Groll. Gewiß will ich ihm nie eine gegründete Veranlassung geben, mich zu hassen. Doch da sind wir ja an Ort und Stelle, John. Nun wollen wir die Thiere in den Ställen unterbringen, und dann plaudern wir noch ein wenig oder spielen mit meinen Schwestern."

Dies geschah. Richards Vater, der bald nachher von einem Gange nach den Wällen und Dämmen heimkehrte, freute sich, daß wenigstens einer von seinen Nachbarn seinen Vorstellungen nachgegeben und den besten Theil seiner Habe in Sicherheit gebracht hatte, und sagte dann, indem er durch das Fenster einen besorgten Blick zum Himmel richtete: „Ich fürchte, das Thauwetter wird nun nicht mehr lange auf sich warten lassen, sondern plötzlich mit Macht hereinbrechen. Schon auf dem Heimwege kam mir die Luft wärmer und gelinder vor, als die Tage vorher, und jetzt steigen dort im Südwesten graue Wolken auf, deren Aussehen mir gar nicht gefällt. Gott behüte uns nur vor Regengüssen! Wenn sich zum wärmeren Wetter auch noch anhaltender Regen gesellt, dann weiß ich in der That nicht, wie groß das Unglück werden mag. Die unvorsichtigen Menschen! Ihre Sorglosigkeit ist wahrlich nicht zu verantworten."

Pächter Halford täuschte sich nicht. Die grauen Wolken im Südwesten, anfangs klein und unansehnlich, zogen höher und höher am Himmel hinauf und hüllten ihn allmählig ganz in einen dunstigen Schleier ein. Zugleich wurde die Luft immer milder und wärmer, und am Abend unterlag es gar keinem Zweifel mehr, daß jedenfalls Thauwetter eintreten müsse. Oefters trat Pächter Halford in's Freie hinaus vor seine Thür und betrachtete mit sorglichem Blicke den Horizont. Noch schmolz der Schnee nicht, aber alle Anzeichen deuteten

(32)

darauf hin, daß es nicht lange mehr damit anstehen
konnte.

In der That, als die Familie sich zum Abendessen
niedersetzte, vernahm das scharfe Ohr Richards ein leises
Tröpfeln. Er eilte hinaus und kehrte gleich darauf mit
der Nachricht zurück, daß von den Dächern das Schneewasser herniederrieſele.

„Da haben wir's," sagte Pächter Halford. „Aber wie
ist's mit dem Regen, mein Sohn?"

„Noch regnet es nicht, Vater," erwiederte Richard,
„indeß ist der Himmel so trübe und so von dichten Wolken angefüllt, daß man nicht einen einzigen Stern funkeln sieht."

„Ja, ja, das dacht' ich mir wohl," sagte Pächter Halford. „Doch Wolken bringen nicht immer Regen, also
dürfen wir wenigstens noch hoffen."

Es regnete noch nicht, als man zwei Stunden später
zu Bett ging, aber die Luft wurde immer milder und
wärmer, und ein lauer, weicher Südwestwind erhob sich,
der brausend über die Felder und durch die Wipfel der
Bäume fuhr. Das Thauen des Schnee's nahm so rasch
überhand, daß das Wasser von den Dächern in kleinen
Bächen hernieder strömte und sich hie und da schon ein-
zelne Lachen und Teiche auf der weiten Schneedecke
bildeten.

„Es thauet rasch," sagte Halford, „aber noch ist keine
Gefahr, und es kann noch Alles gut ablaufen, wenn sich
die Schleusen des Himmels nicht öffnen. Gott behüte
uns nur vor Regen!"

Mit diesem Wunsche, der aus seinem innersten Herzen
kam, begab sich Pächter Halford zur Ruhe. Ein paar
Stunden schlief er, aber kurz nach Mitternacht wachte er
wieder auf. Der anfänglich schwache Südwestwind hatte
sich zum Sturm verstärkt, der die Fenster klirren und die
Ziegel auf den Dächern klappern machte. Doch dies

(32)

war es nicht, was den Pächter mit schwerer Besorgniß
erfüllte und ihm einen Ausruf des Schreckens entriß —
sondern das laute Plätschern herabströmender Regen-
güsse war es, die der Sturm in einzelnen Schauern auch
gegen seine Fenster schleuderte.

„Barmherziger Gott, da haben wir das Unglück,"
sagte er. „Wenn das Unwetter so anhält, so werden die
Wälle und Dämme überschwemmt und fortgerissen im
Nu, und keine Macht der Erde wird dem Ungestüm der
heranschwellendenden Wogen widerstehen können."

Von Bangen und Sorge tief ergriffen, stand Halford
auf, kleidete sich an und trat in seine Hausthür. Einen
Augenblick später stand Richard neben ihm, der ebenfalls
das Geräusch des plätschernden Regens und des sausen-
den Sturmes vernommen hatte.

„Das ist schlimm, Vater, nicht wahr?" sagte er.

„Sehr schlimm, mein Kind, viel schlimmer, als meine
bängsten Befürchtungen mich ahnen ließen," erwiederte
Pächter Halford mit sichtlicher Bekümmerniß. „Sieh' nur,
Richard, von den Dächern ist der Schnee schon fast ganz
verschwunden, und trotz der Finsterniß kann mein Auge
bereits einige schwarze Flecken auf der weißen Decke der
Ebene unterscheiden, wo der Schnee also auch geschmol-
zen und die nackte Erde hervorgetreten ist. Gott schütze
die armen Leute, die unten in den Niederungen wohnen!"

„Aber wäre es nicht noch jetzt Zeit, sie zu warnen,
Vater?" fragte Richard. „So schnell kann doch unmöglich das Wasser steigen, daß sie nicht erst noch wenigstens
ihre kostbarste Habe in Sicherheit bringen könnten."

„Nein, noch wäre es Zeit, aber man würde jetzt eben
so wenig auf die Warnung achten, wie früher," antwortete der Pächter betrübt.

„Und doch will ich's versuchen, Vater," sagte Richard.
„Ich kenne Weg und Steg hier herum, und würde mich
in der dunkelsten Nacht zurechtfinden, während jetzt der

Schnee hinreichende Helle verbreitet, um wenigstens
Pfad und Richtung erkennen zu lassen. Ich will mir
ein Pferd satteln und zu den Leuten hinüber reiten."

„In diesem Unwetter?" rief der Pächter aus. „Das
wäre zu viel — und doch — die Pflicht der Nächstenliebe
gebietet uns, den Blinden die Augen zu öffnen, damit
sie wenigstens sehen, wie drohend die Gefahr heranbringt.
Gut, Richard, gut! Sattle dir ein Pferd, ich werde das
Gleiche thun, und wir werden zusammen reiten. Aber
den Mantel umgehängt, mein Junge! Das Wetter ist
schrecklich und der Regen würde uns in wenigen Augenblicken bis auf die Haut durchnässen, wenn wir uns nicht
gegen ihn zu schützen suchten."

Gesagt, gethan. Nur einige Minuten verstrichen und
in raschem Trabe eilten der wackere Pächter und sein
Sohn durch Nacht, Sturm und strömenden Regen davon, um einen letzten Warnungsruf an ihre verblende-
ten Nachbarn ergehen zu lassen. Bei den einzelnen
Pachthöfen in der Niederung hielten sie an und klopften
die Schläfer heraus: Aber übel wurde ihnen ihre auf-
opfernde Menschenliebe gelohnt. Mit verdrießlichen
Worten und Vorwürfen, anstatt mit anerkennendem
Danke, wies man ihre wohlgemeinten Ermahnungen
zurück, und auch nicht Einer war, der denselben Gehör
gegeben hätte.

„Nun denn," sagte Richard erzürnt, als man von dem
vergeblich gemachten Ritte wieder heimgekehrt war —
„wer nicht hören will, der muß fühlen! Ich werde kein
Mitleid mehr mit diesen Leuten empfinden."

„Das wäre sehr unchristlich, mein lieber Dick," entgegnete der Vater. „Dem Irrenden soll man nicht
zürnen, besonders wenn der Irrthum so hart bestraft
wird, wie vermuthlich der unserer Nachbarn. Uebrigens
denk' ich mir, daß dein Herz nichts von den Worten
weiß, die dein Mund spricht, und ich rechne zuversichtlich

(32)

darauf, daß du nicht lässig sein wirst, wenn es, allem Anschein nach morgen schon, Rettung und Hülfe zu bringen gibt. Mein Himmel, welcher Regen! Eine wahre Sündfluth stürzt ja vom Himmel hernieder! Und die Luft so warm, wie an einem Tage im Monat Mai! Ich fürchte, ich fürchte, das Wasser wird eine erschreckende Höhe erreichen!"

Es regnete die ganze Nacht hindurch, und noch am Morgen ergoß sich eine wolkenbruchähnliche Fluth fort und fort auf die Erde und mischte sich mit dem Schnee- wasser, das in wild schäumenden Bächen von den höher gelegenen Orten in die Niederungen hinabstürzte. Ein grauer Dunst erfüllte nebelartig die Luft; aber durch den Dunst hindurch sah man, wie der Schnee mehr und mehr von der Ebene verschwand und in tausend und aber tausend Kanälen und Rinnen dem Flußbette zu- eilte. Der kleine Strom zerbrach krachend seine Eisdecke, seine trüben und schlammigen Wogen hoben sich höher und höher, und plötzlich traten sie aus ihren Ufern und wälzten sich im Nu über die ganze weite Ebene hinweg bis an den Damm, der die Pachthöfe in der Niederung gegen die Ueberschwemmung beschützte.

Ja, jetzt noch beschützte, obgleich kein Mensch sagen konnte, wie lange der Wall dem immer mehr verstärkten Andrange der Wogen werde Widerstand leisten können. Vorläufig freilich schien noch Niemand Gefahr zu be- fürchten. Zwar stieg das Wasser mit überraschender und drohender Schnelligkeit, aber noch erreichte es nicht die Hälfte von der Höhe des Walles, auf welchem sich, da der Regen nachgelassen hatte, Männer, Frauen und Kinder drängten, und mehr neugierig als besorgt die schäumende Wasserfluth beobachteten.

„Die Sache wird so schlimm nicht werden, wie Ihr fürchtet, Halford," sagte Baronet Westmore zu seinem

Pächter, der mit sorgenvoller Miene das langsame, aber
stete Wachsen des Wassers bemerkte.

„Gott gebe, daß Ihr Recht habt, Herr," entgegnete
Halford — „aber bemerkt wohl, bis jetzt haben wir hier
nur einen Theil von dem Schneewasser der Ebene — bei
weitem noch nicht Alles — und aus den Bergen dort
noch nicht einen Tropfen! Und doch reicht das Wasser
jetzt bereits zur Hälfte des Dammes hinan, und muß in
einer Stunde fast bis an den Rand gestiegen sein! Und
dann erst kommt noch das Gebirgswasser hinzu! Wenn
die Dämme nicht halten, kann großes Unglück geschehen."

„Ei, nicht doch, nicht doch, Halford! Ihr seht Alles zu
schwarz!" antwortete der Baronet sorglos. „Ich hätte
nicht gedacht, daß Ihr ein so eigensinniger Mann wäret!
Weil Ihr nun einmal behauptet habt, daß Gefahr zu
befürchten stünde, so soll und muß nun auch die Gefahr
kommen. Nichts da! In ein paar Stunden wird sich
der Wasserschwall hier verlaufen haben, und wenn dann
das Wasser aus dem Gebirge kommt, so findet es reine
Bahn, und wird eben so unschädlich abfließen, wie
dieses da."

„Ihr täuscht Euch selber, Herr," entgegnete Halford.
„Das Wasser verläuft sich nicht, sondern es wird steigen,
bis das Andere herzuströmt, und dann wehe unseren
Dämmen! Ihr solltet doch die Leute zu bewegen suchen,
Herr, daß sie jetzt noch thun, was möglich ist, um ihr
Eigenthum in Sicherheit zu bringen. Eine Stunde
haben sie wohl noch Zeit, und in einer Stunde läßt sich
noch Manches thun!"

Der Baronet schüttelte den Kopf. „Unnütze Furcht,
und unnöthige Mühe," sagte er. „Zu was den Leuten
die vielen Umstände machen! Ich sehe nicht die geringste
Gefahr!"

„Nun, Herr, glaubt mir, Ihr werdet sie sehen, wenn
es zu spät ist," sagte Halford. „Seit zwanzig Jahren

beobachte ich Jahr um Jahr das Steigen des Wassers, und habe mir Mühe gegeben, alle Zuflüsse, die das Thauwetter bringt, genau zu erforschen. Meine Erfahrungen haben mich noch selten getrügt, und ich gebe Euch mein Wort als redlicher Mann, daß der Wasserschwall dieses Mal mit solcher Macht und Höhe steigen wird, daß dieser Damm ihm nicht zu widerstehen vermag.“

Halford sprach so nachdrücklich und mit so überzeugender Kraft, daß seine Worte denn doch einigen Eindruck auf den Baronet machten.

„Wenn Ihr Recht hättet, Halford, so wär's freilich schlimm,“ sagte er. „Jedenfalls“. — fügte er entschlossen hinzu — „ist bewahrt besser als beklagt, und auf die Gefahr hin, mich lächerlich zu machen, will ich Eurem Rathe folgen, und die Leute auffordern, wenigstens ihr Vieh auf die höher gelegenen Punkte der Ebene zu treiben.“

Er ritt zu den Leuten hin und führte seinen Entschluß aus. Aber unverrichteter Sache kehrte er wieder zurück.

„Sie wollen nicht,“ sagte er. „Keiner von Ihnen will Eure Befürchtungen theilen, Halford! Im Gegentheil, sie spotten darüber und meinen, es könne ganz und gar nichts mehr passiren, nun einmal der Fluß vom Eise frei sei! Ich kann mir auch nicht denken, daß noch eine ernstliche Gefahr bevorstehen sollte, und so wollen wir den Leuten denn ihren Willen lassen.“

Halford zuckte die Achseln. „Sie werden zu spät ihren Eigensinn bereuen,“ sagte er mit sichtbarer Bekümmerniß. „Helfen läßt sich da nun nicht mehr. Aber seht her, lieber Herr — das Wasser ist schon wieder um sieben Zoll gestiegen — und jetzt — ha, da kommen die ersten Vorboten, denen bald noch traurigere folgen werden!“

„Ein Ausruf des Erstaunens und Schreckens glitt über des Baronets Lippen, als er, mit den Augen der Richtung folgend, welche Halford mit dem Finger andeutete, die todten Körper einiger Schafe, Ochsen und Pferde auf dem Wasser treiben sah. Bald darauf folgten noch Trümmerstücke eines von der Fluth mit fortgerissenen Hauses oder Stalles, Balken, Latten, Thüren und dergleichen — und jetzt auf einmal wälzte sich mit wüthender Gewalt ein ungeheurer, schäumender, brausender Wasserschwall einher, dessen strudelnde Oberfläche mit Eisschollen, todtem Vieh und Massen von Trümmern aller Art bedeckt erschien.

„Jetzt kommt's!" sagte Halford zum Baronet, dessen Wange bei dem furchtbaren Anblicke dieser Wassermenge erbleichte. „Herunter Alles, was noch auf dem Walle steht! Nach wenigen Minuten wird er überschwemmt sein."

In der That, die Gefahr zeigte sich jetzt zu augenscheinlich, als daß noch irgend Jemand länger Zweifel hegen konnte. Einige Momente hindurch herrschte unter der Menge das tiefe Schweigen des Schreckens — dann aber vernahm man ein lautes Angstgeschrei, und kreischend und jammernd eilte Alles in wilder Flucht davon. Ein Theil der Menschen floh nach der höher gelegenen Ebene hin, wo die Fluth sie nicht erreichen konnte; die Meisten aber, deren Gehöfte in der Ebene lagen, welche sofort überschwemmt werden mußte, wenn das Wasser über den Damm stieg oder ihn durchbrach, eilten nach ihren Häusern und Ställen, um noch im letzten Augenblicke zu retten, was zu retten war. Niemand blieb auf dem Walle zurück, als Baronet Westmore, sein Sohn Alfred, der Pächter Halford und Richard, welche alle Vier gut beritten waren, und im schlimmsten Falle, wenn nämlich das Wasser wirklich so hoch stieg, daß es über den Damm hinwegströmte, mit Hülfe ihrer Pferde sich leicht zu retten vermochten.

„Großer Gott, erbarme dich unser!" sagte der Baronet, indem er mit bangem Auge das Näherkommen des

ungeheuren Wogenschwalles beobachtete. Das rauscht
und kracht und donnert, als müsse die Welt untergehen!
Heiliger Gott, und da treiben ja auch Leichen von Menschen auf der Fluth! Sie muß also weiter oben bereits
furchtbares Unheil angestellt haben. Halford, jetzt fang'
ich auch an zu fürchten, daß wir sehr leichtsinnig gehandelt haben, als wir Eure Rathschläge verwarfen! Kann
dieser Fluth etwas widerstehen?"

„Nichts wird ihr widerstehen, wenn Gott ihr nicht
Einhalt thut," erwiederte Halford mit ernster Traurigkeit. „Wir müssen den Wall verlassen, denn die stei-
gende Fluth wird sogleich darüber hinweg schlagen. Ah,
da ist sie schon!"

In der That schwoll mit lautem Rauschen und Schäu-
men das Wasser mit einem Male so hoch, daß eine Welle
mit Macht über die Oberfläche des Dammes hinrollte
und die Füße der Pferde, welche scheu zurückwichen, mit
Schaumflocken benetzte. Eine zweite, eine dritte Woge
folgte der ersten, und schon fing das Wasser an, auf der
anderen Seite in kleinen Sturzbächen zur Ebene hinab-
zuriefeln.

„Das Unheil ist da!" sagte Halford. „Der Strom
wird in der nächsten Stunde immer mehr anschwellen,
und nichts vermag ihn von seinem Laufe abzulenken.
Kommen Sie, meine Herren! Wir sind hier nichts mehr
nütze, und setzen uns nur der Gefahr aus, vom Wasser
mit hinweggeschwemmt zu werden."

Der Baronet sah wohl das Richtige dieser Bemerkung
ein, aber der Anblick des ungeheuren Wasserschwalls
hatte bei aller Furchtbarkeit doch auch wieder so viel An-
ziehendes und Spannendes, daß er noch immer zögerte,
den Damm zu verlassen.

„Nur wenige Augenblicke noch," sagte er. „Seht
dorthin, Halford! Was ist das?"

„Stämme eines Floßes ohne Zweifel," erwiederte der
(82)

Pächter. „Der Strom muß es weiter oben zertrümmert haben. Mit welcher furchtbaren Gewalt und Schnelligkeit sie herankommen. Herr mein Heiland! wenn da nur nicht ein Unglück geschieht!"

„Welches Unglück?" fragte der Baronet rasch.

„Seht, Herr — dorthin" — antwortete Halford — „zweihundert Schritt von hier macht der Wall einen Bogen, und gegen diesen Bogen drängt natürlich die gerade auf ihn zuströmende Fluth am stärksten. Dem Wasser allein konnte die Festigkeit des Dammes noch Widerstand leisten, ob er aber diesen ungeheuren Balken wird widerstehen können, scheint mir sehr zweifelhaft. Wir werden sehen! Wir werden sehen! Da sind sie — und dort folgen ihrer noch mehr! In wenigen Minuten wird Alles entschieden sein!"

Die schweren, starken Balken von Eichenholz schossen mit einer Schnelligkeit heran, welche die Wucht ihrer Masse um das Hundertfache steigern mußte. Die beiden Männer und deren junge Begleiter folgten ihrem Laufe mit der äußersten Spannung, und obgleich die Pferde nun bereits bis fast an das Knie im Wasser standen, dachte doch Keiner von ihnen daran, jetzt den Wall zu verlassen. Weiter und weiter schossen die wuchtigen Stämme, fast mit der Geschwindigkeit eines Pfeiles, der vom Bogen abgeschossen wird. Jetzt nahete der erste der gefährlichen Stelle — noch ein Augenblick banger Erwartung — dann ein dumpfer Stoß, der eine furchtbare Erschütterung hervorbrachte — und der Balken vom Walle abprallend, dessen Stärke glücklich Widerstand geleistet hatte, wendete sein vorderstes Ende mehr zur Seite, und wurde wie ein Strohhalm von den tanzenden Wellen weiter geführt.

„Diese Gefahr wäre abgewendet," sagte der Baronet. „Gott sei Dank, der Damm ist stark genug, einen Stoß abzuhalten."

„Einen, ja," entgegnete Halford — „aber es wird Stoß auf Stoß kommen, und endlich muß er doch unterliegen. Da seht, Herr!"

Noch ein Balken schoß heran, noch einer und wieder einer, und alle mit dumpfem Krachen, gleich Mauerbrechern, gegen den Wall, der von den furchtbaren Stößen bis auf den Grund erschüttert wurde. Und jetzt kam erst die Hauptmasse der schweren Stämme. Krachend folgte Stoß auf Stoß — der Damm zitterte. Wieder ein Anprall! Und jetzt konnte das Mauerwerk, so fest es war, keinen Widerstand mehr leisten — der Balken brach durch, und mit donnerndem Gekrache brach ein Theil des Dammes zusammen. Die früheren Stämme waren alle von der Fluth mit weiter gerissen worden — dieser aber blieb auf dem Walle liegen — hob und senkte sich einige Mal — neue Stöße erfolgten — und plötzlich ward er von der Fluth, die gleich einem Katarakte durch die gemachte Bresche auf die andere Seite des Dammes stürzte, mit Macht ergriffen, wie die leichte Gerte eines Knaben hoch emporgeschleudert, und in wildem, schmetterndem Sturze in die nun nicht länger geschützte Ebene hinabgeführt.

„Barmherziger Gott, nun ist Alles verloren!" rief Baronet Westmore todtenblaß aus. „Die armen Leute! Ihre ganze Habe wird der wüthende Strom mit sich fortreißen! Halford, Halford, warum haben wir nicht auf Euch gehört! O Gott, o Gott, wieder ein Haufe von Balken! Was für ein Unheil wird er noch anrichten?"

„Er wird die Zerstörung vollends zu Ende bringen," antwortete Pächter Halford mit düsterem Blicke. „Der Wall ist vernichtet! Hat die Fluth nur erst eine Oeffnung gemacht, so groß wie eine Kanonenkugel, so ist ihrer Macht kein Hinderniß zu stark mehr. Jetzt — ha, wie schrecklich!"

Wohl schrecklich war die Wirkung, welche dem Zusammenstoße der Balken mit dem schon so heftig in seinen Grundvesten erschütterten Walle unmittelbar folgte. Man vernahm ein grauenerregendes Krachen und Poltern — es hielt einige Sekunden hindurch an — und dann zeigte ein Blick, daß der Wall in einer Ausdehnung von wenigstens hundert Schritten vollkommen und bis auf den Grund hinunter zerstört worden war. Breit und tief wälzte sich der ungeheure Strom des Wassers durch die Lücke und stürzte verheerend über die Ebene hin. So entsetzlich war der Anblick und so furchtbar mußten die Folgen sein, daß die vier Zuschauer auf dem Walle einige Augenblicke wie erstarrt waren und dann in einen lauten Schrei des Schreckens ausbrachen.

„Das Gefürchtete ist geschehen," sagte endlich Halford mit bebenden Lippen — „jetzt bleibt uns nichts übrig, als zu retten so viel in unserer Macht steht. — Fort, Richard! Die Kähne müssen in den Strom geschafft werden — und jeder Augenblick Zögerung kann irgend einem der Unglücklichen da unten den Tod bringen. Fort, was die Pferde laufen können!"

Der Durchbruch des Dammes, welcher so plötzlich und in so großer Ausdehnung erfolgt war, hatte wie mit einem Zauberschlage die noch stehenden Theile desselben von der Ueberschwemmung befreit, indem sich der ganze Wasserschwall der weiten Bresche, die ihm Luft gemacht hatte, zudrängte. Die Pferde fänden daher kein Hinderniß auf ihrem Wege. Der Wall zog sich bis an die höher liegende Ebene hin, welche vom Wasser noch nicht berührt worden war und überhaupt von der Ueberschwemmung nicht erreicht werden konnte. Die Reiter gaben ihren Rossen die Sporen und sprengten in dieser Richtung davon, um so schnell als möglich Halfords Gehöft zu erreichen und Befehl zum Aussetzen der Kähne zu geben.

In weniger als fünf Minuten war der Pachthof erreicht, und man sprang aus den Sätteln.

„Die Nachen! die Nachen!" rief Pächter Halford seiner Frau zu, welche bleich und angstvoll aus einem Fenster des Hauses auf die beginnende Verwüstung des Wassers schaute. „Wo sind die Knechte, Frau? Die Nachen müssen unverzüglich fortgebracht werden!"

„Halford! Gott sei Dank, du bist es! Und da ist ja auch Richard!" entgegnete die Frau. „Ich war in Angst um Euch!"

„Aber die Knechte, liebes Weib! Wo sind die Knechte?" rief Halford dringend. „Wir haben ja keinen Augenblick Zeit übrig!"

„Die Knechte sind schon fort mit den Kähnen, und du wirst sie unten treffen, lieber Mann," erwiederte die Frau. „Ich dachte mir wohl, daß Ihr sie gebrauchen würdet, als das Wasser den Damm durchbrach, und da schickte ich die Leute fort."

„Recht so, liebes Weib! Das war verständig und umsichtig gehandelt!" sagte Halford. „Aber nun auch geschwind hinunter — die Zeit ist kostbar."

Halford eilte voraus und die Uebrigen folgten ihm. Bald erreichte man die Stelle, wo die Leute des Pächters geschäftig waren, die Kähne flott zu machen, und alle Hände griffen zu, um dieses Werk zu fördern. Selbst der Baronet und sein Sohn Alfred blieben nicht zurück, sondern arbeiteten so wacker, daß ihnen der Schweiß in Strömen von der Stirne floß.

Als die Kähne flott waren, was binnen wenigen Minuten bewirkt wurde, warf man erst einen prüfenden Blick über die Ebene, welche nun bereits völlig überfluthet war. Der Anblick war traurig und mußte die größesten Besorgnisse einflößen. Die am tiefsten liegenden Gehöfte standen natürlich auch am tiefsten im Wasser. Bei einzelnen Häusern ragten schon nur die Dächer

noch über den Wogenspiegel empor, und kläglich war es
zu sehen, wie die Bewohner derselben, Männer, Frauen,
Greise und Kinder auf dem First des Daches saßen und,
von Entsetzen vor dem immer noch mit wüthender Hef=
tigkeit steigenden Wasser ergriffen, jammernd die Hände
rangen und nach Hülfe, nach Beistand, nach Rettung
schrieen. Kläglich war auch der Anblick der Hunderte
von Schafen, der Rinder, der Pferde, welche, zu spät aus
ihren Ställen befreit, von der Fluth überrascht worden
waren, und nun blödend, brüllend, schnaubend und
wiehernd mit den Wellen um ihr Leben rangen. Nach
allen Richtungen hin schwammen sie umher. Ein Theil
davon war bereits todt, die Meisten trieben sich in wilder
Verwirrung durch einander, und nur einer kleinen An=
zahl war es bis jetzt gelungen, eine höher gelegene,
sichere Stelle zu erreichen.

„Wo die Gefahr am größesten ist, dahin, also zu den
entferntesten Pachthöfen hin, müssen wir," sagte Halford,
nachdem er einige Augenblicke das Chaos der Verwüstung
betrachtet hatte. „Es sind da viele Unglückliche, die in
Angst und Sorge schweben, aber wir dürfen keine Rück=
sicht auf sie nehmen, ehe nicht das Allernothwendigste
geschehen ist. Wir haben hier drei Kähne. Die Füh=
rung des einen will ich selbst übernehmen — den anderen
nimm du, Richard — und den dritten — wem überlassen
wir ihn?"

„Mir," sagte Alfred rasch. „Ich will nicht zurückblei=
ben und müssig zuschauen, während Ihr Euch zur Ret=
tung Eurer Nebenmenschen der Gefahr aussetzt, von den
Wellen verschlungen zu werden."

„Nicht doch, Alfred," sagte Baronet Westmore. „Ich
kann das nicht zugeben, daß du dich so in Gefahr begibst!
Du bist auch zu jung und verstehst wohl kaum einen
Kahn zu führen."

„Ich bin nicht jünger, als Richard, lieber Vater,"

antwortete Alfred — „und was die Führung eines Kah-
nes anbetrifft, so habe ich mich schon oft genug darin
versucht, um Bescheid zu wissen. Halte mich nicht zurück,
Vater! Es wäre eine Schmach, wenn ich, der Sohn des
Gutsherrn, müssig am Ufer stehen und zusehen sollte,
wie Andere ihr Leben auf das Spiel setzen, um sich hülf-
reich zu bezeigen."

„Nun denn, ich will dich nicht zurückhalten, aber ich
werde dich begleiten," entgegnete der Baronet, indem er
Miene machte, das dritte Boot zu besteigen.

Halford hielt ihn indeß davon zurück.

„Nein, Herr," sagte er — „Ihr seid hier nöthiger und
könnt Euch nützlicher machen, als wenn Ihr uns auf
das Wasser hinaus begleiten wolltet. Die Geretteten
müssen untergebracht und überhaupt Sorge für sie getragen werden. Wenn Ihr dies übernehmen wolltet,
Sir William, so wäre es gewiß das Zweckmäßigste. In
den Kähnen brauchen wir nur einen geschickten Steuer-
mann und zwei tüchtige Ruderer. Master Alfred versteht
es, wie ich weiß, einen Nachen zu führen, und darum
möcht' ich nichts dagegen einwenden, wenn er mich begleiten will."

„Sei's denn so," sagte Baronet Westmore nach kurzem Bedenken. „Fahre mit den Anderen, Alfred, aber
sei besonnen und vorsichtig, und vergiß nicht, daß du
mein einziges Kind bist."

„Sei unbesorgt, Vater," entgegnete Alfred und sprang
gewandt in den Nachen.

Halford und Richard bestiegen die zwei anderen Kähne,
die Ruderer nahmen ihre Plätze ein, und die Kähne stießen vom Ufer ab.

Obgleich die Strömung innerhalb des großen Bassins,
welches durch die Zertrümmerung des Walles auf der
Ebene entstanden war, nicht die Heftigkeit erreichte, wie
die Hauptströmung jenseits des Walles, so war sie doch

immerhin ſtark genug, um die größte Vorſicht erforderlich zu machen. Man mußte Sorge tragen, den umher-
treibenden Balken aus dem Wege zu fahren, und einen
Zuſammenſtoß mit ihnen zu vermeiden — man mußte
ſich hüten, auf flache Stellen zu gerathen, um nicht zu
ſtranden — und es gehörte ſchon zur Vermeidung dieſer
beiden Uebel viel Geſchicklichkeit und Geiſtesgegenwart.
Die ſchlimmſte Gefahr aber war die, welche im Verborgenen die kühnen Schiffer bedrohte, nämlich abgeſtorbene
Baumſtämme, Pfähle, Mauern und dergleichen mehr,
die vom Waſſer bedeckt waren, ſo daß man ſie nicht wohl
ſehen und ihnen alſo auch nicht ausweichen konnte.
Hier that nun die vollkommene Kenntniß der Gegend,
welche der Pächter Halford beſaß, die weſentlichſten
Dienſte. Er fuhr voran, und ſeine Beſonnenheit, ſein
Scharfblick und ſeine Geſchicklichkeit in der Führung des
Ruders waren ſo groß, daß es ihm gelang, auch dieſer
drohendſten Gefahr bei jeder Gelegenheit glücklich auszuweichen. Da ihm die beiden anderen Nachen dicht
auf dem Fuße folgten und ſich ſorgfältig in ſeinem
Fahrwaſſer hielten, ſo entgingen auch ſie einem Zuſam-
menſtoße, der ſehr leicht unheilvoll und verderblich hätte
werden können, und alle Drei langten nach einer vier-
telſtündigen Fahrt bei dem Gehöfte an, welches am
meiſten von den Schreckniſſen der Ueberſchwemmung bedroht wurde. Nur ein Theil des Daches ragte noch aus
dem Waſſer hervor, und die Stöße, welche das Gebäude
durch heranſchwimmende Balken und andere derartige
Gegenſtände erlitt, ließen den baldigen Einſturz deſſelben befürchten. Auf dem Dache ſaßen zitternd und
weinend vor Todesangſt fünfzehn oder ſechszehn Menſchen und ſtreckten flehend ihre Hände nach den nahenden Rettern aus.

„Schnell, ſchnell!“ riefen ſie. „Das Haus wankt unter
uns, und jeden Augenblick kann es unter unſern Füßen

in Trümmern gehört! Ha, wackrer Halford, braver Nachbar! Dir danken wir unser Leben!"

Die Kähne kamen näher, wurden dicht an den Giebel des Hauses herangedrängt, mit Stricken an denselben befestigt, um das Abtreiben zu verhindern, und nun konnten die Unglücklichen in die Rettungsboote aufgenommen werden. Mit wilder Hast drängten sie sich dem Giebel zu, und es fehlte nicht viel, so hätte Einer den Anderen vom Dache gestoßen, um nur einen Augenblick früher in Sicherheit zu kommen.

„Achtung, Leute! Achtung!" rief ihnen Halford zu. „Nichts übereilt! Wenn Ihr nicht ruhig und besonnen zu Werke geht, so fahren wir wieder davon und überlassen Euch Eurem Schicksale. Meinen Anordnungen muß pünktlich Gehorsam geleistet werden. Zunächst kommen die hülflosen Kinder an die Reihe, dann die Frauen und endlich die Männer! Reicht uns die Kinder her!"

Halford sprach so ernst, so fest und entschlossen, seine Miene war so streng und unbeugsam, daß Niemand es wagte, eine Einrede zu thun. Die Leute auf dem Firste des Daches mäßigten ihre blinde Eile, die Allen Gefahr drohete, und kehrten zur Besonnenheit zurück. Die Kinder wurden in den Nachen gehoben, die Frauen und Männer folgten, und nach einigen bangen Minuten befanden sich Alle in Sicherheit.

„Jetzt bitt' ich," sagte Halford, „daß ein Jeder still und ruhig sitzt. Die Rückfahrt ist nicht gefahrlos, und wir dürfen in keiner Weise durch unvorsichtiges Gebahren Noth leiden. Vorwärts jetzt! Dort dem nächsten Hause zu! Drei oder vier von den Unglücklichen, die dort in Todesangst schweben, können wir noch in die Kähne aufnehmen, ohne sie zu überladen."

Das Haus, welches Halford andeutete, lag nur etwa fünfhundert Schritt von dem vorigen entfernt, und man erreichte es daher in wenigen Minuten. Auch hier ragte nur noch ein Theil des Daches aus dem Wasser, und die Anzahl der Leute, die sich hinauf gerettet hatten, belief sich auf neun: fünf Männer, zwei Frauen und zwei Kinder. Mit lautem Jubel, wie vorhin, wurden die Retter empfangen; Halford aber ließ die Kähne nicht bis dicht an das Haus rudern, sondern hielt ein paar Ellen davon entfernt an.

„Leute," sagte er, „unsere Boote sind schon so beschwert, daß nur noch vier von Euch darin Platz haben. Diese Vier können keine Anderen sein, als die Frauen und Kinder. Diese wollen wir aufnehmen, und ich gebe Euch mein Wort, als ehrlicher Mann, daß wir, sobald sie an's Land gesetzt sind, unverzüglich zurückkehren werden, um auch die hier Gebliebenen abzuholen. Versprecht nur, ruhig so lange auszuharren, jetzt keinen Versuch zu machen, Euch in das Boot einzudrängen; und die Kähne werden dicht heran rudern, um die Frauen und Kinder aufzunehmen. Redet schnell — ja oder nein! Fügt Ihr Euch nicht, so stoßen wir ab und Ihr müßt Alle zurückbleiben!"

„Um Gottes Barmherzigkeit willen, thut das nicht, Nachbar Halford!" rief eine der Frauen in Todesangst. „Nehmt wenigstens meine zwei Kleinen auf, und ich will gerne zurückbleiben, selbst mit Gefahr meines Lebens. Nur die Kinder, die Kinder rettet!"

„Ja, rettet die Kinder," sprach der Pächter Hobhouse, der Vater derselben. „Hört auf mein Weib, Halford! Fahrt heran! Mein Wort darauf, daß Niemand die Boote betreten soll, als die beiden Kleinen, meine Frau und die Magd. Ihr hört es, Leute!" — wandte er sich zu den übrigen Männern. „Ich bleibe bei Euch zurück und theile Euer Schicksal — aber wehe dem, der einen Versuch macht, gegen die Anordnungen Halford's zu handeln."

Die Leute verharrten in düsterem Schweigen, während Halford nicht länger zögerte, seinen Nachen vollends dicht an das Haus zu rudern. Die schreienden Kinder wurden hineingehoben, die Magd folgte, und nur die Mutter der Kinder zögerte noch.

„Mann," sagte sie zu ihrem Gatten — „ich gehe nicht, geh' du! Du bist der Vater und Erhalter meiner süßen Kleinen, und deiner bedürfen sie mehr als meiner. Wenn Eines von uns sterben muß, so will ich es sein! Geh'! Du mußt dich den Kindern erhalten, — du mußt, ich will es!"

Ein kurzer Streit erfolgte, denn der Mann weigerte sich, dem Verlangen seiner Frau nachzugeben, obgleich auch Halford dem edlen, hochherzigen Weibe beistimmte.

„Nein!" sagte er mit fester Entschlossenheit — „nein, ich gehe nicht! Die Mutter muß bei den Kindern bleiben, und im Uebrigen — Gott wird uns schützen, bis Ihr zurückkehren könnt, Nachbar Halford. Geh', mein gutes Weib, und die Hülfe des Herrn sei mit dir!"

Da sie noch zögerte, hob sie ihr Gatte, ein starker, kräftiger Mann, ohne große Anstrengung auf, und setzte sie mit einem Schwunge in das Boot nieder, dem er zugleich einen Stoß mit dem Fuße gab, so daß es zehn Schritte weit hinwegflog.

„Fahrt mit Gott!" rief er. „Wir werden warten! Der Herr schütze Euch und tröste Euch, wenn mich der Tod ereilen sollte! Fort, Nachbar Halford! Die Minuten sind kostbar!"

Diese Bemerkung war so richtig, daß Halford nicht länger zögerte, obgleich er gern noch seinen wackeren Nachbar, den Pächter Hobhouse, gerettet hätte. Er winkte den Zurückbleibenden ein Lebewohl zu, und die Boote traten die Rückfahrt nach dem Lande an. Mit Kraft und Anstrengung ruderten die Männer, um so schnell als möglich zurückkehren zu können, denn der

Heldenmuth und die treue Liebe des Pächters zu seinem
Weibe und seinen Kindern hatte Alle im innersten Herzen gerührt; aber die Nachen kamen nicht so schnell vorwärts, als man wünschte, indem sie bei der Rückfahrt
nicht nur viel schwerer beladen waren, sondern auch noch
gegen die Strömung und mancherlei andere Hindernisse
ankämpfen mußten. Hunderte von Schafen, Rindern,
Pferden schwammen auf dem Wasser herum, und machten
verzweifelte Anstrengungen zu ihrer Rettung, die mehrere
Male die Boote in ernstliche Gefahr brachten, indem
man dem Ungestüm der armen Thiere kaum abzuwehren
vermochte. Doch gelang es dem gewandten Benehmen
der Kahnführer immer, einem drohenden Zusammenstoße
auszuweichen, und allmälig weiter und weiter vorwärts
zu kommen. Bei alledem lag der Punkt, von dem man
ausgefahren war, noch ziemlich weit entfernt, und die
Furcht, nicht schnell genug zu den gefährdeten Leuten
zurückkehren zu können, lag so nahe, daß Niemand sich
der peinlichsten Besorgniß erwehren konnte. Richard
warf manchen bangen Blick nach dem Hause hinüber,
auf dessen Giebel Pächter Hobhouse mit seinen Leuten
saß, und seine Angst, daß es von den noch immer wild
heranstürmenden Wogen zu früh verschlungen werden
könne, stieg immer höher.

„Vater," sagte er, „warum setzen wir nicht die Geretteten am nächsten Landungsplatze aus? Dort der Damm,
der noch mit dem trockenen Lande zusammenhängt, wäre
in wenigen Minuten zu erreichen, und während die armen Leute den Weg bis zu Baronet Westmore zu Fuß
zurücklegen, rudern wir wieder nach dem Hause und
holen die Andern ab."

„Der Einfall ist gut, Richard, sehr gut, und er soll
befolgt werden," erwiederte Pächter Halford erfreut.
„Wunderlich, daß wir nicht schon früher daran gedacht
haben. Hurtig, Leute, nach dem Damm hinüber! die

Strömung ist zwar hier am stärksten, aber wenn wir uns tüchtig zusammennehmen, kommen wir schon durch!"

Die Leute setzten mit einem Hurrah an, und obgleich sie tüchtig arbeiten mußten, kamen sie doch zum Ziele, und setzten die Geretteten an's Land.

„Jetzt zurück," sagte Pächter Halford, „aber nicht Alle. Es sind nur fünf Leute auf dem Dache zurückgeblieben, und zu ihrer Aufnahme sind zwei Kähne mehr als hinreichend, während der dritte sich zu einem andern Punkte wenden kann. Wer soll zu Hobhouse eilen?"

„Ich rette ihn," sagte Richard schnell.

„Und ich begleite dich," fügte Alfred eben so rasch hinzu. „Ueberlaßt uns dies Werk, Halford!"

„Gut, rudert in Gottes Namen," erwiederte der Pächter — „aber seid vorsichtig und gebt Euch nicht unnöthigen Gefahren preis. Noch steht das Haus fest, und wenn nur nicht weiter unten der Damm noch einmal durchbrechen wird, so hoffe ich, daß Alles noch ganz gut abläuft. Aber diese Gefahr ist freilich sehr zu befürchten. Lange kann der untere Wall, der leider viel schwächer ist, als dieser hier, den ungeheuren Druck der Wassermenge, die einen Abfluß suchen muß, gewiß nicht aushalten, und die Strömung wird dann so heftig werden, daß ihr nichts zu widerstehen vermag. Eilt Euch, damit Ihr in Sicherheit kommt, bevor dieses Aergste geschieht."

„Wir wollen unser Bestes thun," erwiederte Richard — und die beiden Boote schossen durch die Strömung zurück, während Halford einem anderen Ziele zusteuerte, wo seine Hülfe nicht minder heiß ersehnt wurde, als von dem armen Hobhouse und dessen Leidensgefährten.

Richard und Alfred hielten ihre beiden Kähne so nahe bei einander, wie möglich, und vernachlässigten keine Vorsicht, um ein Aufstoßen oder gar Scheitern zu vermeiden. Von kräftigen Ruderschlägen getrieben, flogen die Nachen schnell über das schäumende Wasser hin —

aber, noch hatten sie kaum die Hälfte des Wegs bis zu Hobhouse's Gehöft zurückgelegt, als ein dumpfes Poltern und Krachen in der Ferne und eine unmittelbar darauf folgende, heftige Strömung ihnen die schreckliche Gewißheit gab, daß Halford's Befürchtung in Erfüllung gegangen und nun auch der untere Damm zertrümmert worden sei.

„Großer Gott," sagte Richard, „was soll nun werden? Seht nur, Master Alfred, die Strömung ist so reißend, daß wir kaum dagegen ankämpfen können, und ha! da macht sich auch schon die furchtbare Gewalt derselben schrecklich geltend — das Haus, welchem wir die erste Hülfe brachten, ist von den Fluthen mit hinweggerissen worden!"

Alfred wurde bleich — denn das Haus verschwand wirklich vor seinen Augen, und die Wogen rollten schäumend über die Stelle weg, wo eben noch das Dach über sie hinaus geragt hatte.

„Der arme Hobhouse — er ist verloren!" sagte er schaudernd, „Sein Haus wird eben so wenig Widerstand leisten können, wie jenes! Er ist verloren ohne Rettung!"

„Das wolle Gott nicht," entgegnete Richard. „Nein, nein, er muß gerettet werden! Vorwärts, Leute! Vorwärts! Rudert, rudert, und wenn das Blut unter den Nägeln vorspritzt! Vielleicht kommen wir noch früh genug! Rudert, Leute, kein Augenblick ist zu verlieren!"

Richard ergriff selbst ein Ruder, nachdem er das Steuer des Nachens, um nicht dadurch behindert zu sein, festgebunden hatte — und mit Anstrengung aller Kräfte durchschnitt man den reißenden Strom, um zu dem Hause hin zu gelangen. Alfred, obwohl zögernd, folgte in einiger Entfernung.

Noch kaum hundert Ellen vom Hause entfernt, gellte plötzlich ein lautes Schreckensgeschrei von demselben herüber, und zugleich rief Alfred: „Halt inne, Richard! Halt inne! Du kommst zu spät!"

„Was gibt's denn?" fragte Richard, der, eifrig mit Rudern beschäftigt, keinen Blick nach dem Hause geworfen hatte.

„Aber so sieh' doch nur! Sieh' doch selbst!" schrie Alfred zurück. Das Haus bricht ja schon zusammen! Armer, armer Hobbouse!"

Richard wendete sein Auge dem Hause zu, und furchtbar in der That war der Anblick, den es darbot. Die Wucht der Wogen drängte mit entsetzlicher Gewalt gegen das Dach, schäumender Gischt spritzte über dasselbe hinweg, und deutlich konnte man sehen, wie es unter dem furchtbaren Drucke zitterte, bebte und hin und her schwankte. Die armen Leute auf dem Dache mußten sich mit beiden Händen anklammern, um nicht von ihrem gefahrvollen Sitze herunter geschleudert zu werden, und jede neue anprallende Woge entriß ihnen einen wilden, jammernden Schrei des Entsetzens und der Todesangst.

„Hinan, hinan, Leute!" rief Richard. „So lange halten die Balken wohl noch zusammen, bis wir die Unglücklichen erreicht und aufgenommen haben! Um Gottes willen, zögert nicht!"

„Du bist wahnsinnig, Richard, so etwas wagen zu wollen!" schrie Alfred. „Wenn das Haus in Trümmern geht, so wird dein Boot in tausend Splittern zerschmettert! Sei nicht unsinnig, Richard! Hier ist nichts mehr zu helfen! Du rettest Keinen und bereitest nur dir selber Verderben."

Richard hörte nicht auf diese Warnungsstimme. Mit kühner Todesverachtung tauchte er wieder sein Ruder in's Wasser und forderte seine Begleiter auf, seinem Beispiele zu folgen. Aber die beiden Knechte zauderten, und der Anblick des furchtbar erschütterten Hauses war auch so schrecklich, daß man wohl vor der Gefahr, sich

ihm zu nähern, zurückbeben konnte. Mit einem Male,
ehe noch Richard seine Aufforderung wiederholen konnte,
erscholl ein donnerndes Poltern und Krachen, begleitet
von schneidendem Angst- und Schreckensgeschrei, und
todtenbleich sahen die Leute in den Booten einander an.
Das Haus des Pächters Hobhouse war zusammenge-
stürzt, und seine Trümmer wurden von dem wilden
Strome mit hinweggerissen. Nur ein kleiner Theil des
Daches, der zu einer Art von Vorbau gehörte, stand
noch, und gerade auf ihn hatte sich Hobhouse mit dreien
von seinen Leuten zurückgezogen. Einer von den Knechten aber war verschwunden und kam nicht wieder zum
Vorschein.

„Heiliger Gott," rief Richard aus, „das ist fürch-
terlich!"

„Ja, furchtbar ist's," sagte Alfred zitternd, „und furcht-
bar und herzzerreißend gellt auch das Angstgeschrei der
Armen in die Ohren — aber Rettung ist nicht möglich!
Der Versuch dazu wäre der eigene Untergang."

„Und doch muß es gewagt werden," entgegnete Richard.
„Folgst du mir, Alfred?"

Alfred bebte zurück. „Nein," sagte er — „das hieße
Gott versuchen! Jeden Augenblick kann der Rest des
Daches zusammenstürzen. Nein, nein — das wäre wahn-
sinnig und gegen alle Vernunft gehandelt."

„Aber nicht gegen die christliche Nächstenliebe," antwortete Richard mit Entschlossenheit, und ein schönes
Feuer strahlte aus seinen Augen. „Ein Kahn ist hinreichend, die Armen aufzunehmen! Vorwärts, Kinder,
vorwärts! Gott wird uns beistehen, denn es ist ein gutes Werk, das wir ausführen wollen. Vorwärts, sage
ich! Bedenkt, es ist der brave Hobhouse, der dort nach
Hülfe ruft, und Hülfe muß ihm werden, wenn noch ein
Funken von Menschlichkeit in Euch lebt! Thomas! Sa-

muel! die Ruder zur Hand und vorwärts im Namen
Gottes!"

Die beiden Knechte, wackere, gute Bursche, konnten
dieser feierlichen und dringenden Aufforderung ihres
jungen Herrn nicht widerstehen.

„Nun ja denn, vorwärts!" sagte Thomas. „Wo Ihr
Euer Leben einsetzt, Richard, da wollen wir unseres auch
nicht zu hoch anschlagen. Frisch, Sam! Je eher heran,
desto eher wieder fort!"

Die Ruder tauchten in's Wasser und das Boot flog
vorwärts. In weniger als einer Minute war es dem
Hause bis auf zwanzig Schritte nahe gekommen, und
nun ergriff Richard ein Tau, rollte es auf, und schrie
Hobhouse zu, er solle es auffangen und mit Hülfe der
Uebrigen das Boot vollends heranziehen. Das Tau flog,
Hobhouse ergriff es glücklich, und mit der Kraft, die To-
desangst und Verzweiflung verleiht, zog er ganz allein
den Nachen dicht an den Ueberrest des Daches. Kein
Augenblick war zu verlieren; das Dach schwankte wie ein
Rohrstengel hin und her, und wenn es einstürzte, so war
Alles verloren.

„Springt herein! Springt herein!" schrie Richard,
während er mit Blitzesschnelle ein zweites Tau um die
Dachsparren schlang, um das zu frühe Abtreiben des
Bootes zu verhindern. „Hurtig, hurtig! Jeder Augenblick ist Tonnen Goldes werth."

Es bedurfte dieser Aufforderung zur Eile nicht. Die
Leute sahen selbst ein, daß jeder nächste Moment ihnen
den Tod bringen konnte, und zögerten nicht lange, das
rettende Boot zu erreichen. Vier Augenblicke genügten,
um sie in Sicherheit zu bringen, und kaum befanden sie
sich im Boote, als Richard, anstatt den Knoten des Taues
aufzuknüpfen, rasch sein Taschenmesser zog und es durchschnitt. Der Strom riß das Boot im Nu wohl sechzig
Schritt weit vom Hause hinweg, und ein großes Glück

war es, daß dies geschah; denn das Boot hatte kaum diese Entfernung erreicht, als der Rest des Hauses zusammenbrach.

„Achtung!" rief Richard in das Tosen hinein — „geschwind die Ruder zur Hand, damit das Boot durch den Zusammenstoß mit Balkentrümmern nicht gefährdet wird!"

Ein paar tüchtige Ruderstöße brachten den Kahn in Sicherheit, und nun erst, als man sich wieder in freierem Fahrwasser befand, konnte die Rettung der Unglücklichen als gesichert betrachtet werden. Hobhouse ergriff Richards Hand und drückte sie mit inniger Herzlichkeit.

„Ich und wir Alle danken dir unser Leben, Richard," sagte er, „denn ohne dich waren wir unrettbar verloren. Zeit meines Lebens will ich daran gedenken, wie muthig du Alles für uns gewagt hast! Gott vergelt' es dir, Richard! Wir, mein Weib und meine Kinder werden bis an das Ende unserer Tage für dich beten."

„Keinen Dank, Nachbar Hobhouse," antwortete Richard freundlich. „Ihr hättet ja an meiner Stelle dasselbe für mich gethan. Danken wir Alle dem Herrn, der die erschütterten Mauern des Hauses stützte, bis wir uns in Sicherheit befanden. Und jetzt Achtung! Noch ist nicht jede Gefahr abgewendet, und wir müssen wohl aufpassen und auf der Hut sein, wenn wir ohne weiteren Unfall das nächste Ufer erreichen wollen. Aber, wo ist Alfred mit seinem Boote geblieben? Ah, hier! Gott sei Dank, Master Alfred, es ist geglückt, und nun, hoffe ich, werdet Ihr wenigstens meinen Muth nicht wieder in Zweifel ziehen."

Das war ein unbesonnenes Wort von Richard, und er bereuete es auch, sobald er es ausgesprochen hatte. Es klang so stolz und triumphirend, daß es nothwendig Alfred verletzen mußte, da dieser selber das Wagestück Richards nicht hatte unternehmen wollen. Alfred rungehe die Stirn und wendete sich von Richard ab, ohne ihm zu antworten.

„Verzeihung, Master Alfred," sagte dieser sogleich mit Herzlichkeit, als er den übeln Eindruck seiner Worte bemerkte — „ich wollte Euch wahrhaftig nicht beleidigen, sondern weiter gar nichts sagen, als daß Ihr mir damals einen ungerechten Vorwurf gemacht habt, als Ihr mich der Feigheit beschuldigtet. Ich wollte Euch nicht kränken, Alfred, gewiß nicht!"

„Schon gut, Richard," erwiederte der Sohn des Gutsherrn mit finsterem Blicke. „Ich habe dir Unrecht gethan, ich gestehe es ein — aber es ist nicht freundlich von dir, daß du mich gerade jetzt daran erinnerst. Nun, gleichviel! Ich freue mich, daß wenigstens der arme Hobhouse gerettet ist, wenn ich auch nichts dazu beigetragen habe. Lebt wohl, Leute! Mein Nachen ist leer — ich werde dort hinüber fahren, wo, wie ich sehe, noch Beistand erforderlich ist."

Er lenkte seinen Kahn abwärts von Richard, der ihm betrübt nachschaute. „Ja, ja," murmelte er vor sich hin — „Alfred hat Recht, ich hätte ihn jetzt nicht daran erinnern sollen. Der Fehler ist begangen, und es wird Mühe kosten, ihn wieder gut zu machen. Aber, am Ende, wenn Alfred sieht, daß ich nicht entfernt die Absicht hatte, ihn zu kränken, und wenn ich Sorge trage, mich nicht wieder so zu vergessen, so wird es mir vielleicht doch noch gelingen, ihn freundlicher gegen mich zu stimmen."

Trotz dieses Trostes, den Richard sich selbst einsprach, blieb er aber doch noch eine gute Weile nachdenklich und verstimmt, und recht glücklich fühlte er sich erst wieder, als er die Freude sah, mit welcher der gerettete Nachbar Hobhouse von seiner Frau und seinen Kindern am Ufer empfangen wurde. Doch blieb ihm nicht viele Zeit, diese Freude zu theilen, denn noch war das Werk der Rettung

nicht ganz vollendet; und noch manches bangende Herz
wartete sehnsuchtsvoll auf die rettenden Boote.

So große und dringende Gefahren, wie die vorigen,
drohten jedoch nicht mehr. Die übrigen Pachthöfe lagen
etwas höher und mehr außerhalb des Stromes, als die
beiden von den Wellen verschlungenen, so daß wenig=
stens keine unmittelbare Besorgniß vorhanden war.
Dazu hatten Pächter Halford und Alfred ebenfalls schon
das Ihrige gethan, und es blieben nur noch einige Häu=
ser übrig, zu denen man hinrudern mußte, um die be=
drängten Bewohner an das sichere Land zu bringen.
Nach einigen Stunden war auch dies geschehen, und
man hatte, Dank der klugen Vorsicht des wackern Hal=
ford, den Verlust keines weiteren Menschenlebens, als
des armen Knechtes von Mr. Hobhouse zu beklagen.
Schafe, Pferde und Rinder waren freilich viele zu
Grunde gegangen und umgekommen — aber dieser Ver=
lust konnte im Vergleich zu dem, was mit Gottes Bei=
stand erhalten worden war, leicht verschmerzt werden.

Viertes Kapitel.

Alfreds Rache.

Ohne die unbesonnene Aeußerung Richards hätte die
Ueberschwemmung leicht eine Veranlassung werden können, ihn und Alfred mit einander auszusöhnen, denn
der Letztere bewunderte ganz aufrichtig den kühnen und
aufopfernden Muth, welchen Richard bei der Rettung

des Pächters Hobbouse gezeigt hatte. So aber fühlte sich Alfred beschämt; er glaubte, Richard habe ihn absichtlich kränken wollen, und seine Abneigung gegen ihn steigerte sich fast bis zum Hasse. Er vermied auffallend jedes Zusammentreffen mit Richard, und wenn er ihm ja einmal zufällig begegnete, so wendete er sein Gesicht von ihm ab, um ihn nicht grüßen oder seinen Gruß nicht erwiedern zu müssen. Es nützte nichts, daß der Baronet ihm Vorwürfe wegen seiner Unfreundlichkeit machte und ihn aufforderte, den armen Richard, der doch gewiß ein braver und tüchtiger Jüngling sei, nach seinen guten Eigenschaften zu schätzen. Alfred schwieg entweder bei solchen Vorstellungen, oder er erklärte geradezu, daß er Richard nicht leiden möge, daß derselbe ihm unausstehlich sei, und früher oder später gewiß einmal von der Pachtung herunter müsse. Einen Grund für seine Abneigung gab er nicht an, denn er hütete sich wohl vor dem Eingeständniß, daß es hauptsächlich nur Neid sei, was ihm den ehrlichen, guten Richard zuwider machte.

Alles das hätte nun weiter nichts geschadet, denn dem Baronet fiel es nicht entfernt ein, dem braven Halford die Pachtung aufzukündigen, blos weil Alfred den Sohn desselben nicht leiden konnte — aber unglücklicherweise trat ein Ereigniß ein, welches, schmerzlich und betrübend an sich, auch noch die bittersten Folgen für Halford und seine Familie haben sollte. Baronet Westmore wurde krank. Vermuthlich hatte er sich bei der Ueberschwemmung eine tüchtige Erkältung zugezogen, die er anfänglich nicht sehr achtete, bis sie plötzlich einen sehr bösartigen Charakter annahm. Nun wurden in größter Eile Aerzte zugezogen — aber zu spät. Die Krankheit steigerte sich trotz aller angewandten Mittel mehr und mehr, und eines Morgens verbreitete sich die Trauerkunde auf den Pachthöfen, daß der würdige und allgemein geliebte Gutsherr gestorben sei. Niemand erschrack mehr über

diese schmerzliche Nachricht, als Halford; nicht etwa, weil
er fürchtete, daß der junge Baronet Alfred seine feind-
lichen Gesinnungen jetzt bethätigen würde, sondern weil
er seinem Gutsherrn wirklich mit aufrichtiger und herzlicher Liebe zugethan gewesen war. Baronet Westmore
hatte ihm jederzeit viele Freundlichkeit erwiesen, und er
trauerte daher um ihn, als ob er in der That mehr einen
Freund als nur seinen Patron verloren habe. Auch
Richard war tief betrübt: aber es war nicht allein Trauer
über den Tod des trefflichen Herrn, die ihn erfüllte,
sondern auch noch die heimliche, bange Ahnung, daß
Alfred, der jetzige Gutsherr, nun seine Macht dazu mißbrauchen werde, ihn für immer aus seiner Nähe zu entfernen. Dies konnte leicht geschehen, indem er dem
Pächter Halford den Pachtvertrag aufkündigte, welcher
im Herbste ablief und dann erneuert werden mußte.
Indeß der ganze Sommer verstrich, ohne daß Alfred
irgend etwas gegen Richard oder dessen Vater unternahm.
Zwar bezeigte er sich nicht freundlicher als früher und
kam auch nie zum Besuche in Halford's Haus, was der
alte Baronet sehr häufig gethan hatte; aber es hatte
doch auch nicht den Anschein, als ob er hart und feind-
selig gegen Halford auftreten werde. Er ließ die Sachen
gehen, wie sie wollten, kümmerte sich um nichts, und
schien von keinem anderen Gefühle beseelt, als von
Trauer um den Tod des Vaters, welcher so schnell und
plötzlich von ihm geschieden war.

Der Sommer verstrich, die Ernte wurde glücklich beendigt, und noch immer deutete nichts darauf hin, daß
eine Veränderung in den Verhältnissen eintreten werde,
bis Halford sich zum Geschäftsträger des jungen Baronet
begab, um den nun nach wenigen Wochen abgelaufenen
Pachtvertrag wieder auf eine Reihe von Jahren zu ver-
längern. Herr Willis — so hieß der Geschäftsträger —
nahm den Pächter freundlich in Empfang, aber gleich-

wohl zeigte er eine gewisse Verlegenheit in seinem ganzen
Wesen, die für Halford nicht viel Gutes versprach.

„Was habt Ihr nur, Herr Willis?" fragte Halford,
als er die halb verlegene und doch auch wieder theilneh-
mende Miene des Geschäftsträgers bemerkte. „Ist Euch
was Unangenehmes begegnet? Oder störe ich vielleicht?
dann will ich ein anderes Mal wiederkommen."

„Nein, bleibt, Halford," erwiederte Mr. Willis —
„unangenehm ist mir die Sache freilich, sehr unangenehm, und ich habe alles Mögliche gethan, um den jungen Herrn auf andere Gedanken zu bringen — aber da
meine Bemühungen vergeblich blieben, so müßt Ihr ja
doch erfahren, um was es sich handelt!"

„Aber was gibt's denn, Mr. Willis?" fragte Halford.
„Steht denn mir etwas Unangenehmes bevor? Hat der
junge Herr etwa die Pachtsumme erhöht? Denn wegen
meiner Pachtung komm' ich eben her — der Vertrag
läuft in wenigen Wochen ab, und ich möchte ihn also
erneuern! Nun, nur heraus mit der Sprache, Mr. Willis! Ich kann mir wohl denken, daß der junge Herr mir
ein hundert Pfund oder so aufschlagen will!"

„Wenn nur das wäre," sagte Mr. Willis mit einem
Seufzer — „das wäre ein so großes Unglück nicht!
Aber die Sache ist schlimmer, viel schlimmer, Mr. Halford, und es thut mir sehr, sehr weh, daß ich gezwungen
bin, Euch eine so unangenehme Nachricht mitzutheilen."

„Aber so redet doch, Mr. Willis!" sagte Halford.
„Es wäre freilich hart, wenn der junge Herr mich noch
schwerer drücken wollte, gleichwohl will ich zahlen, was
in meinen Kräften steht! Heraus, heraus mit der Summe, Mr. Willis! Wenn man einen sauren Apfel ver-
speisen soll, muß man rasch und entschlossen hinein beißen.
Wie viel soll ich mehr Pacht geben?"

„Darum handelt es sich ja gar nicht, Halford — Ihr
seid vollkommen im Irrthum!"

„Um was denn aber sonst, Mr. Willis?" fragte der Pächter verwundert. „Was kann der junge Herr noch außerdem von mir wollen?"

„Was er will? Nun — es wird mir schwer, es zu sagen, aber heraus muß es ja doch — aufgeben sollt Ihr die Pachtung, Halford! Ganz und gar aufgeben, und Euch eine andere suchen, wo Ihr sie findet."

„Aufgeben! Ich, die Pachtung!" sagte Halford, der ganz bleich geworden war. „Pah, Ihr treibt Scherz mit mir, Willis! Sagt es nur! Nicht wahr, Ihr macht Euch einen Spaß, um mich nachher recht derb auszulachen!"

„Nein, Halford," erwiederte Mr. Willis herzlich und theilnehmend, aber mit der größten Entschiedenheit — „nein, lieber Freund, es ist Ernst, ganz schwerer, bitterer Ernst, und es nützt nichts, daß Ihr Euch selber zu täuschen sucht! Der junge Herr hat mir streng anbefohlen, Euch die Pachtung zu kündigen."

„Mir! die Pachtung kündigen!" rief Halford schmerzlich und tief betrübt aus. „Aber warum? Warum, Mr. Willis? Hab' ich nicht jederzeit pünktlich die Pachtsumme bezahlt? Hab' ich die Aecker nicht gut im Stande erhalten? Kann der junge Herr irgend eine gerechte Klage gegen mich führen? Beantwortet mir das, Mr. Willis!"

Der Geschäftsträger zuckte die Achseln. „Davon ist gar keine Rede gewesen," erwiederte er. „Jedermann in der Gegend hier weiß, daß Ihr der pünktlichste und beste Landwirth seid weit und breit hier herum, und kein Mensch kann sich über Euch beklagen! Ich habe das dem jungen Herrn zehn Mal vorgestellt, ich habe ihm gesagt, daß es eine Ungerechtigkeit und eine Unklugheit noch dazu sei, Euch von dem Pachthofe vertreiben zu wollen, den schon Eure Vorfahren seit mehr als einem Jahrhundert bewirthschaftet hätten — aber Alles ist umſonſt geweſen! Der junge Herr w o l l t e nichts hören, und wies mich endlich ganz barſch meiner Wege!"

„Aber irgend einen Grund muß er doch angegeben haben, Mr. Willis!" ſagte Halford, der nun endlich zu glauben anfing, daß es doch bitterer Ernſt mit der Sache ſei. „Man jagt doch nicht ſo ohne alle Veranlaſſung einen rechtſchaffenen Mann von Haus und Hof! Warum, Mr. Willis, warum will mir der junge Herr ein ſo bitteres Herzeleid anthun?"

„Ja, warum, lieber Halford?" erwiederte der Geſchäftsträger. „Der Himmel mag's wiſſen, was er ſich in den Kopf geſetzt hat. Was er mir ſagte, klingt ſo wunderlich, daß ich's gar nicht glauben mag — er wolle die Pachtäcker, da ſie gerade ſo dicht am Parke lägen, mit zu demſelben heran ziehen, um ihn zu vergrößern, gab er gegen mich vor. Aber ich kann das gar nicht glauben, denn der Park iſt doch wahrhaftig groß genug, und der treffliche Acker der Pachtung kann beſſer benutzt werden, als um Bäume und Strauchwerk darauf zu pflanzen! Ich ſtellte auch das dem jungen Herrn vor, aber das Ende war, daß er ſcharf und ſchneidend zu mir ſagte: „Ihr ſchweigt, Mr. Willis! Ich dulde keine Einwendung und keinen Widerſpruch mehr, und wenn Ihr Anſtand nehmet, meine Befehle auszuführen, ſo werde ich mir einen anderen Geſchäftsträger ſuchen, der weniger widerſpenſtig iſt, als Ihr!" Da blieb mir denn weiter nichts übrig, als zu gehorchen, obwohl mit aufrichtiger Betrübniß und innerem Widerſtreben. Nun, faßt Euch, Halford, und nehmet die Sache nicht ſo ſchwer — ein Mann wie Ihr, ſo treu, rechtſchaffen und geſchickt in ſeinem Berufe, wird leicht eine andere Pachtung finden, die eben ſo einträglich iſt wie Eure jetzige. Laßt Euch den Eigenſinn des jungen Herrn nicht ſo ſehr zu Herzen gehen. England iſt groß, und der Schaden wird zu erſetzen ſein."

Halford wischte die Schweißtropfen ab, die in großen Perlen auf seiner bleichen Stirne standen, und schüttelte traurig den Kopf. „Das ist hart, sehr hart für mich!" sagte er. „Das alte liebe Haus verlassen! Die Heimath meiner Väter mit dem Rücken ansehen! Hinweg wandern mit Weib und Kindern von der Scholle Landes, die ich mit Liebe gehegt und gepflegt habe! Fortgejagt werden ohne Grund und Ursach, wie ein Hund, den man von der Schwelle treibt! Das ist sehr, sehr hart! Aber — ich will mit dem jungen Herrn sprechen! Ich will zu ihm gehen! Ich will ihm sagen, daß er es nicht vor Gott verantworten kann, mich so zu behandeln! In's Ge-dächtniß will ich ihm rufen, wie sein trefflicher, seliger Vater gegen mich verfuhr! Fragen will ich ihn, was ich verbrochen habe — und dann werden wir ja sehen, ob er auf seinem Entschluß beharrt! Auf der Stelle — jetzt — in diesem Augenblicke gehe ich zu ihm!"

Vergebens suchte Mr. Willis, der sich nicht viel Gutes von dieser Unterredung versprach, Halford zurück zu halten und ihn zu bewegen, erst am folgenden Tage zu Alfred zu gehen. Der Pächter befand sich in einer so großen Aufregung, daß er dies Mal seine sonst gewöhn-liche Vorsicht vergaß und auf der Stelle seinen Vorsatz ausführte. Mit besorgten Blicken sah Mr. Willis ihm nach, und zuckte traurig die Achseln, als Halford nach einigen Minuten noch bleicher und aufgeregter, als er hingegangen, von Alfred zurückkehrte.

„Hab' ich's Euch nicht vorher gesagt, Halford? Alles vergebens! Nicht wahr?"

„Ja, Alles vergebens!" erwiederte Halford kummer-voll. „Er hat mir die Thür gewiesen, wie Euch, und ich sehe wohl, daß mir nichts weiter übrig bleibt, als Haus und Hof zu verlassen! Nun, Gott wird weiter helfen! Aber die Stunde, in der ich von der Heimath und den

Gräbern meiner Aeltervater scheide, wird die bitterste
meines ganzen Lebens sein."

Halford ging, und Mr. Willis hielt ihn nicht auf,
indem er einsah, daß der Schmerz des braven Mannes
zu groß war, um jetzt schon gewöhnlichen Trostgründen
zu weichen. Blaß und niedergeschlagen kam Halford zu
Hause an, und erschreckte durch sein verstörtes Aussehen
seine Frau und Richard auf's Höchste.

„Was hast du, Mann? Was fehlt dir, Vater?" riefen Beide zu gleicher Zeit.

Halford erzählte, und mit Bestürzung vernahmen die
Seinigen, daß sie in wenigen Wochen die Pachtung
räumen müßten. Die Mutter brach in Thränen aus,
während Richards Herz voll Unwillen und Entrüstung
erfüllt wurde.

„Pfui, das ist schlecht von Alfred!" rief er aus. „Eine
so niedrige Rache hätte er nicht ausüben sollen. Wenn
er auch wirkliche Ursache hätte, auf mich böse zu sein, so
hast du ihm doch nichts zu Leide gethan, Vater!"

„Und was ist zwischen dir und ihm vorgefallen?"
fragte Halford, der von dem kleinen Zwiste bei der Rettung Hobhouse's noch nichts wußte, weil Richard ihm
absichtlich nichts davon erzählt hatte, um dem Vater
eine vielleicht unnöthige Besorgniß zu ersparen. „Hast
du mit Alfred irgend einen Streit gehabt?"

Richard verhehlte nun nichts mehr, sondern theilte
dem Vater wahrheitsgemäß den ganzen Auftritt nebst
den vorhergegangenen Einzelheiten mit.

„Das erklärt mir freilich Alles," sprach Halford, als
er genau unterrichtet worden war. „Der junge Herr
fühlt eine gewisse Demüthigung bei deinem Anblicke, da
er dich erst verspottet und dann durch deinen Muth und
deine Aufopferung beschämt worden ist — und nur dies
kann der wahre Grund seiner Handlungsweise gegen
mich sein. Um deiner drückenden Gegenwart zu ent-

(32)

geben, schickt er mich fort, da er wohl weiß, daß du allein nicht zurückbleiben kannst. Nun, so sei es denn! Schmerzlich und betrübend ist es mir zwar, die Heimath meiden zu müssen, aber der Grund davon gereicht uns wenigstens nicht zur Schande."

„Oh, Vater, ich hätte nicht so voreilige Worte sprechen müssen, dann wäre das Unglück vielleicht nicht geschehen," sagte Richard schmerzlich. „Ich allein trage die Schuld von Allem."

„Nicht so, Richard," erwiederte der Vater. „Besser wäre es freilich gewesen, hättest du geschwiegen — aber einen Vorwurf brauchst du dir deshalb nicht zu machen, denn du warest gereizt und bist noch zu jung, als daß man dir einen Vorwurf wegen eines raschen Wortes machen dürfte. Tragen wir denn unser Schicksal mit Fassung, Geduld und Ergebung! Gottes Wille hat es so gefügt, und Seinem Willen muß man sich unterwerfen."

Nachdem die erste Aufwallung der erregten Leidenschaft sich wieder besänftigt hatte, besorgte Pächter Halford in der That mit gefaßter und ruhiger Ergebung die nöthigen Geschäfte, welche durch das erzwungene Aufgeben seiner Pachtung natürlich veranlaßt wurden. Freilich, im innersten Herzen schmerzte es ihn tief, daß er von der Heimath scheiden mußte, mit der er durch so viele zarte Bande verknüpft war und auf die er so manche schöne Hoffnung gebaut hatte — aber den Augen der Welt verbarg er diesen Schmerz und Kummer, und zeigte sich so gelassen und freundlich, daß ein scharfes Auge dazu gehörte, den Schleier, in welchen er seine Gefühle und Empfindungen einhüllte, zu durchschauen. Richard, der mit ihm fühlte und selbst empfand, was der Vater nicht aussprach, ließ sich durch die ruhige und heitere Außenseite nicht täuschen. Er fühlte den Schmerz des Vaters sogar doppelt heftig, indem er sich sagen mußte, daß er die, wenn auch unschuldige Veranlassung zu demselben gewesen sei. Er grämte und härmte sich, sein früherer Frohsinn schwand dahin, seine blühenden Wangen verloren ihre frische, gesunde Röthe, und oft standen ihm die Augen voll Thränen, wenn er einen heimlichen Seufzer des Vaters belauschte, oder ihn, wenn er sich unbeachtet glaubte, mit kummervoller Miene die Fluren und Wiesen betrachten sah, von denen er nun so bald auf immer Abschied nehmen sollte.

Eines Tages, als der arme Richard traurig durch den Wald strich, der sich nördlich vom Parke und den Feldfluren nach den Bergen hinüber zog, fiel ihm der Gedanke ein, ob er nicht einen Versuch machen solle, seinen früheren Gespielen Alfred mit sich auszusöhnen und ihn zu bewegen, seine strengen Maßregeln gegen den Vater zurückzunehmen. Anfänglich sträubte sich zwar sein Stolz und sein Selbstgefühl gegen eine solche Demüthigung, die noch dazu aller Wahrscheinlichkeit nach ganz vergeblich sein würde — aber, indem er an den Kummer seines Vaters, an die Sorge und den Schmerz seiner Mutter dachte, ward es ihm nicht schwer, seines Widerwillens Herr zu werden, und er faßte endlich den Entschluß, ohne Zögern den jungen Baronet aufzusuchen und ihn nicht nur um Verzeihung zu bitten, sondern auch ihn anzuflehen, den Vater auf dem Pachthofe zu belassen. Gedacht, gethan! Sein Herz wurde weit und leicht und klopfte laut in der Brust vor Freude, wenn er sich auf Augenblicke der Hoffnung hingab, daß Alfred, der ja doch am Ende nicht böse von Natur war, seinen Bitten Gehör geben würde. Er dachte es sich so entzückend, zu seinem Vater hineilen und ihm die frohe Kunde bringen zu können, daß alles Leid, alle Sorge, aller Schmerz und Kummer nur ein schwerer Traum gewesen sei; im Geiste sah er das glückliche Gesicht des Vaters, die Freudenthränen der Mutter — und nun weilte er nicht länger, sondern schlug unmittelbar den Weg nach dem Schlosse ein, kletterte, um nicht einen großen Umweg machen zu müssen, über das Parkgatter, und erreichte, glühend vor Eifer, die Terrasse, auf welcher sich das Schloß Alfreds erhob. Indem er seine Blicke umherschweifen ließ, um Jemand zu finden, der ihn bei dem Baronet anmelden könne, gewahrte er Alfred selbst am Fenster, wie er nachsinnend in das Weite hinaus schaute.

„Gut!" murmelte Richard, und trat entschlossen durch die Thür ein — „er ist also zu Haus und wird mich wenigstens anhören müssen!"

Im Schlosse fand er leicht einen Diener, der sich bereitwillig zeigte, ihn anzumelden — aber zu Richard's Bestürzung mit der Nachricht zurückkehrte, daß der junge Herr ihn nicht sprechen wolle, sondern befohlen habe, ihn abzuweisen.

Die heiße Röthe der Scham entbrannte auf Richard's Wangen, aber, seiner Eltern gedenkend, kämpfte er muthig gegen seine gereizte Empfindsamkeit an, und, anstatt umzukehren, wie es seine erste Absicht gewesen war, ging er dreist auf Alfreds Zimmer zu und trat hinein, ehe der Diener ihn daran verhindern konnte. Alfred maß ihn mit einem stolzen und zürnenden Blicke, aber auch davon ließ sich Richard nicht zurückschrecken. Bescheiden, aber fest entschlossen, sich nicht abweisen zu lassen, näherte er sich Alfred.

„Verzeihung, Sir," sprach er — „ich bin zudringlich, aber es gilt das Wohl und Wehe meiner theuren Eltern, und Ihr werdet daher die Güte haben, mich wenigstens anzuhören."

„Aber ich will nichts hören," entgegnete Alfred unfreundlich. „Weßhalb du kommst, weiß ich, doch hoffst du vergebens, meinen Entschluß zu erschüttern. Ich bedarf das Pachtgut deines Vaters zu einem besonderen

Zwecke, und will doch nun sehen, ob ich Herr auf meinen Gütern bin, oder nicht."

„Oh, Sir Alfred, Niemand bezweifelt das," antwortete
Richard — „aber laßt mich hoffen, daß Ihr nicht ein
strenger und gebieterischer, sondern ein gütiger und nach-
sichtiger Herr sein werdet, wie es Euer seliger Vater
immer gegen uns war. Oh, Sir Alfred, ich weiß es
wohl, es ist Euch nicht um das Gut, sondern einzig und
allein um meine Entfernung zu thun! Ihr wollt mich
nicht in Eurer Nähe dulden, und darum jagt Ihr auch
meinen Vater von dem Grund und Boden, an dem er
mit so großer Liebe hängt, daß die Entfernung sein Herz
brechen wird. Thut nur das nicht, Alfred! Von Grund
des Herzens flehe ich Euch an, mir zu verzeihen, was ich
in Unbedacht und Voreiligkeit, aber ohne alle böse Absicht Verletzendes für Euch gesagt und gethan habe —
vergebt mir, Alfred, und gewiß, niemals wieder werde
ich Euch Ursache geben, über mich Klage zu führen!"

Die hellen Thränen standen in Richard's Augen, und
seine Stimme bebte, als er diese Bitte aussprach — aber
weder seine flehende Miene noch seine rührenden Worte
schienen irgend einen Eindruck auf Alfred zu machen.

„Was willst du?" erwiederte er kalt. „Ich gebrauche
nur mein Recht, und kein Mensch wird mich darum
schelten dürfen. Deinem Vater kann es nicht schwer
werden, eine andere Pachtung zu bekommen, wenn es
auch nicht gerade die meinige ist. Verlaß mich, Richard
— meine Bestimmungen sind getroffen, und ich werde sie
nicht abändern."

„Und doch, doch werdet Ihr es thun, Sir Alfred!"
rief Richard aus, indem er sich zu Alfred's Füßen warf
und seine widerstrebende Hand ergriff. „Bedenkt doch,
Sir, daß Ihr meinen Vater, der Euch nie etwas zu Leide
gethan hat, bis zum Sterben kränkt! Warum soll der
Unschuldige leiden? Macht mit mir, was Ihr wollt,

Sir, aber ich bitte Euch, schont meinen armen Vater!"
— Alfred wendete sich unwillig ab. „Geh'! Geh'!"
sagte er mit unfreundlicher Härte. „Dein Anblick ist
mir zuwider, und ich will nichts mehr hören! Ja, ich
läugne es gar nicht, daß ich vor Allem d i ch aus meiner
Nähe entfernen will! Ueberall bist du mir im Wege,
und ich sehe doch wahrhaftig nicht ein, warum ich, der
Gutsherr, immer und immer vor dem Sohne meines
Pächters erröthen soll! Du hast deinen Triumph gefeiert, als du den Pächter Hobhouse gerettet hattest —
wohl, ich feiere jetzt den meinen. Nicht umsonst sollst
du mich gedemüthigt haben! Entferne dich! Kein Wort
mehr will ich hören!"

„Nun denn, Gott möge Euch verzeihen, Sir Alfred,
daß Ihr Euer Herz so grausam gegen meine Bitten ver-
schließt," sagte Richard traurig, und erhob sich von seinen
Knieen. „Ich schwöre Euch, daß es nie und niemals
meine Absicht gewesen ist, Euch nur die geringste Kränkung oder Demüthigung zuzufügen! Aber gleichviel —
ich gehe! So schwer auch die Kränkung ist, die Ihr mir
in dieser Stunde angethan habt, ich will es doch nicht
bereuen, zu Euch gekommen zu sein, denn ich brauche
mir wenigstens nun in meinem Gewissen keine Vorwürfe
mehr zu machen, wenn ich meinen armen Vater unter
Eurer Härte leiden sehe. Lebt wohl, Sir! Mein Anblick
soll Euch nicht länger stören!"

Richard ging und Alfred — rief ihn nicht zurück, obwohl er, die Wahrheit zu sagen, einen raschen und plötz-
lichen Antrieb dazu empfand. Sein Stolz hinderte ihn,
diesem besseren Gefühle zu folgen, und der arme, tief
gedemüthigte Richard schlug betrübt den Weg durch den
Park nach Hause ein. Seine Thränen tropften auf den
Pfad und seine Seufzer mischten sich mit dem Säuseln
des Windes in den Bäumen — aber dennoch, so schmerzlich auch seine Gefühle sein mußten, er hätte sie gewiß

nicht gegen die vertauschen mögen, die Alfred's Busen erfüllen mußten. Obgleich gekränkt, gedemüthigt und mit Härte zurückgewiesen, brauchte er sich doch keinen Vorwurf in seinem Gewissen zu machen, während Alfred schon jetzt Reue und Beschämung über seine Schroffheit und Unerbittlichkeit empfand. Aber geschehen war geschehen! Er konnte seine letzte Entscheidung nicht widerrufen, ohne seinen Stolz zu beugen, und da er dies nicht thun wollte, so war den keine Aussicht vorhanden, daß Pächter Halford, der redlichste und bravste Mann weit und breit, dereinst in Ruhe und Frieden seine Tage auf seinem so geliebten Pachthofe beschließen würde.

Fünftes Kapitel.

Der Waldbrand.

Der Herbst nahte heran und mit ihm der traurige Tag, an welchem Halford und seine Familie für immer aus ihrer theuren Heimath scheiden sollten. Alles Nöthige war bereits bis auf weniges besorgt. Das Eigenthum Halford's war auf mehrere Wagen gepackt, denen nur noch die Pferde vorgespannt zu werden brauchten. Die Räume des Hauses, die Ställe, die Höfe waren leer und alles Leben in ihnen erstorben. Die Pferde, die Rinder, die Schafe, das Geflügel und die Hausthiere alle hatte Pächter Halford theils verkauft, theils den Nachbarn anvertraut, die dafür Sorge tragen wollten, bis er eine neue Pachtung gefunden haben würde, was ihm bis jetzt noch nicht gelungen war.

Der letzte Morgen, den die betrübte Familie in dem alten, lieben Hause erleben sollte, brach an. Während die Mutter drinnen unter reichlich fließenden Thränen den Anzug ihrer beiden Töchterchen besorgte und die Anstalten zum letzten Frühstücke traf, das man in den gewöhnten Räumen einnehmen wollte, traten Pächter Halford und Richard aus dem Hause, und betrachteten in traurigem Schweigen die Umgebungen, an denen ihr ganzes Herz mit der innigsten Liebe hing.

„Wie schmerzlich ist es, von der Heimath zu scheiden!" sagte endlich Halford zu seinem Sohne. „Ich hätte nicht gedacht, daß mir die Trennung so nahe gehen würde! Und doch — ist denn der Himmel nicht überall blau, die Erde nicht auch an andern Orten grün und fruchtbar, und Der da droben nicht allerwegen unser Begleiter und bester Freund? Muth, Richard, mein Knabe! Wir werden am Ende auch über diesen Schmerz hinweg kommen, und statt der Thränen wird wieder ein Lächeln auf unserem Antlitze glänzen."

„Gott gebe es, lieber Vater!" entgegnete Richard. „Für mich fürchte ich nichts — ich bin jung und werde mich ohne große Mühe an andere Verhältnisse gewöhnen können. Aber du! Dich trifft der Schlag, der doch mir allein gelten soll, am härtesten. Wie unrecht ist es von Sir Alfred, so zu handeln!"

„Wir wollen ihn nicht schelten, Richard," sagte der Vater. „Er ist der Herr, unser Pachthof ist sein Eigenthum, und er kann damit verfahren nach Gefallen. Aber sieh', da kommen ja unsere Nachbarn, Hobhouse, Seymour, Fielding und Harborne! Gewiß wollen sie Abschied von uns nehmen! Bleibe gefaßt und standhaft, Richard! Nur keine Schwäche! Du mußt zeigen, daß du ein muthiges Herz hast, welches sich nicht so leicht durch ein wenig Unglück beugen läßt. — Guten Morgen, ihr Männer!" rief er dann kräftig den Nahenden zu. „Seid herzlich willkommen, denn ich denke mir, daß ihr mir noch einmal — zum letzten Mal — in meinem Hause die Hand schütteln wollt."

„Ja, das wollen wir, Nachbar," entgegnete der Pächter Seymour, indem er den Worten die That hinzufügte — „aber dies ist eigentlich nicht der Grund, weßhalb wir kommen. Seht Euch einmal um, Nachbar, und wittert die Luft! Irgend etwas Ungewöhnliches muß vorgehen."

Halford schaute den Himmel an, sog mit tiefem Athemzuge die Luft ein und schüttelte den Kopf. „Ihr habt Recht, Seymour," sagte er — „der Himmel hat ein seltsames Aussehen, und die grauen Wolkenmassen scheinen eher Rauch als feuchte Dünste zu sein. Auch riecht die Luft ganz brandig und räucherig, und ich wundere mich, daß ich es nicht schon früher bemerkt habe. Indeß, freilich, meine Gedanken verweilten anderswo. Aber was kann dies sein? Ein versprengtes Gewitter wohl nicht — denn wo sollte es herkommen? Was meint Ihr, Nachbarn?"

„Wir finden keine genügende Erklärung," erwiederte Pächter Hobhouse, „und deshalb sind wir eben zu Euch gekommen, da Ihr der Klügste und Erfahrenste von uns Allen seid."

Halford schüttelte leise den Kopf und warf noch einmal einen prüfenden Blick rings um sich her. Dichte, graue Wolkenmassen zogen über den Himmel hin, dessen reines Blau von einem Dunstschleier verhüllt war, welcher das Licht der mittlerweile aufgegangenen Sonne sehr merklich dämpfte. Sie hing wie eine mattglühende rothe Scheibe am Himmel, und ihre Strahlen vermochten den weißlich grauen Nebel, der immer dichter zu werden schien, nicht zu durchbringen.

„Wunderlich!" — sagte Halford. „Alle Zeichen deuten
auf einen großen Brand in nicht allzu weiter Entfer=
nung, und doch liegt in der Richtung jenseits des
Parkes, von wo der Wind herüber weht, kein größerer
Ort, nicht einmal ein Dorf oder ein einzelner Weiler!
Was kann das sein? Seht nur, Leute — die Wolken
drängen sich immer schwerer heran, der Nebel wird im=
mer dichter, der brandige Geruch schärfer und durch=
bringender! Was kann das sein?"

Die Männer, welche die ungewöhnlichen Erscheinun=
gen nicht zu deuten und zu erklären wußten, schauten
einander ziemlich rathlos an, bis Richard plötzlich aus=
rief: „Vater — der Fichtenwald jenseits der Hügelkette!
Er muß in Brand gerathen sein."

„Der Junge hat Recht!" erwiederte Halford, schnell
überzeugt. „Es ist ein Waldbrand, und ziemlich arg
muß er schon sein, nach den Dampfmassen zu schließen,
die über unsern Häuptern hinziehen. Kein Zweifel
mehr — der Wald steht in Flammen!"

„Aber wie könnte der Brand so mächtig gewesen sein,
wie Ihr sagt, ohne daß man es bemerkt hätte?" fragte
zweifelnd der Pächter Hobhouse. „Um eine solche Aus=
dehnung zu erreichen, müßte die Flamme schon die ganze
Nacht hindurch gewüthet und wir müßten den Feuer=
schein gesehen haben."

„Keineswegs, Nachbar!" entgegnete Halford schnell.
„Der Sommer war heiß und trocken — der ganze Fich=
tenwald muß wie in Harz getaucht sein, und in den
dürren Zweigen springt die Feuersbrunst mit der Schnel=
ligkeit eines Eichhörnchens von Ast zu Ast, von Stamm
zu Stamm. Wir müssen rasch sein, wenn wir dem
Brande Einhalt thun und wenigstens einen Theil des
Waldes retten wollen. Hurtig, Freunde! Holt Eure
Leute herbei! Gebt ihnen Schaufeln, Spaten, Beile,
Aexte, Hacken und Schippen, was Ihr auftreiben könnt,

(32)

und versammelt Euch auf dem Schloßhofe, wo noch kein
Mensch das Unglück zu ahnen scheint. Wir müssen Alle
hinüber, um zu retten und zu helfen, und kein Arm, der
eine Schaufel voll Erde heben kann, darf zurückbleiben!
Beeilt Euch, Ihr Männer! Heute sind die Minuten
eben so kostbar, als damals bei der Ueberschwemmung."

„Aber was sollen wir mit den Schippen und Spaten
thun?" fragte Hobhouse bestürzt.

„Wenn Ihr meinem Rathe folgen wollt, Freunde, so
werde ich's Euch zeigen," antwortete Halford rasch.

„Ihr?" fragten die Andern erstaunt. „Was kümmert
Euch der Wald, der dem jungen Baronet gehört? Ihr
wollet dem Hülfe leisten, der Euch von Haus und Hof
herunter gejagt hat ohne Grund und Ursache?"

„Ja, das will ich, so wahr mir Gott helfe!" entgegnete
Halford. „Heute noch bin ich der Pächter Sir Alfreds,
und Niemand soll sagen können, daß ein Halford seinem
Gutsherrn die Treue gebrochen hätte! Bis der Tag zu
Ende geht bin ich dem jungen Herrn Treue schuldig,
und die Schuld soll bezahlt werden bis auf die letzte
Minute. Hurtig, Männer! Ruft Eure Leute herbei!
Keinen Verzug weiter! Du, Richard, hinauf in's Schloß
und dort Lärm geschlagen! Ich folge dir auf dem Fuße.
Heute können wir nun nicht fort, wie wir uns vorge-
nommen hatten. Geschwind, Richard! Ich will nur die
Mutter benachrichtigen, und werde dir dann auf der
Stelle folgen. Eilt Alle! Wir müssen rasch zur Hand
sein, wenn wir das Feuer dämpfen und ein größeres
Unglück verhüten wollen."

Die Pächter, nicht länger mehr zweifelnd, daß Richard
mit seiner Vermuthung das Richtige getroffen habe,
eilten rasch nach ihren Höfen zurück. Richard rannte in
vollem Laufe durch den Park nach dem Schlosse hin, und
sein Vater, nachdem er sich selbst mit einem Spaten und
einem Beile versehen und seiner Gattin von dem Brande

Nachricht gegeben hatte, ging mit großen und hastigen Schritten hinter ihm drein.

Als Richard den Schloßhof erreichte, befand man sich daselbst noch in vollkommener Ruhe und Niemand schien eine Ahnung von dem Brande zu haben. Da es noch ziemlich früh und die Sonne seit kaum einer Viertelstunde aufgegangen war, schliefen sogar die meisten Bewohner des Schlosses noch, und Richard mußte tüchtig rufen und schreien, ehe die Schläfer geweckt wurden. „Wo ist Sir Alfred?" fragte er. Er muß augenblicklich benachrichtigt werden, daß der Tannenwald jenseits der Kenmore=Hügel im Brande steht. — Hurtig, hurtig!" setzte er hinzu, als die Leute zu zweifeln schienen und zögerten — „die Gefahr ist dringend, und die Verantwortlichkeit auf Euer Haupt, wenn durch Versäumniß die Gefahr vergrößert wird."

„Ich fürchte, Richard hat Recht," sagte der Geschäftsträger des Baronets, Mr. Willis, der rasch herzugeeilt war, und nicht ohne Besorgniß das drohende Aussehen des Himmels bemerkte. „Weckt Sir Alfred auf der Stelle! Einige von Euch müssen nach den Pachthöfen und die Pächter auffordern, zu Hülfe zu eilen! Geschwind!"

„Das ist nicht nöthig, Herr!" sagte Richard. „Die Pächter sind schon benachrichtigt, und werden in kurzer Zeit mit ihren Leuten und Werkzeugen erscheinen!"

„Ah, das ist das Werk deines Vaters, Richard! Nicht wahr?" rief Mr. Willis aus. „Welch' ein braver Mann! Und daß wir ihn verlieren müssen! Ha, da kommt er selbst! Gott grüß' Euch, Halford! Werden die Anderen auch folgen?"

„Unmittelbar hinter mir, Mr. Willis," entgegnete Halford schnell. „Sorgen Sie vor Allem dafür, daß auch die Leute aus dem Schlosse mit Werkzeugen zum Grabenziehen und Hauen versehen werden, denn Sie

(32)

sehen wohl ein, daß ein solcher Brand, wie der dort, nicht mit Wasser zu löschen ist."

„Gewiß, ich fürchte, Ihr habt nur zu sehr Recht," antwortete Mr. Willis. „Die Rauchwolken, die sich von den Hügeln herüberwälzen, sind furchtbar! Wo bleibt nur Sir Alfred? Er muß die Leute anfeuern, damit ein Jeder seine Schuldigkeit thut!"

„Hier bin ich schon, Mr. Willis!" rief der junge Baronet aus dem Fenster herunter. „Lassen Sie mir sogleich ein Pferd satteln! Der Brand scheint allerdings arg zu sein. Glaubt Ihr, Sir, daß auch der Park gefährdet ist?"

Mr. Willis zuckte die Achseln und blickte Halford an, indem er sagte: „Sprecht Ihr, Freund! Ihr versteht die Sache ohne Zweifel besser als ich."

„Nun, wie ist's? Was meint Ihr, Willis?" wiederholte Alfred ungeduldig seine Frage.

„Nun, Sir Alfred," nahm Halford das Wort, „ich denke, so schlimm wird es nicht werden, wenn wir rasch zur Hand sind. Aber lange zögern dürfen wir freilich nicht!"

„Ah, Ihr seid es, Halford!" rief der junge Baronet aus, indem er sichtlich erröthete und sich ziemlich verwirrt zurückzog. „Schon recht — wir werden unser Möglichstes thun!"

„Und wir wollen unverzüglich an Ort und Stelle eilen!" sagte Halford zu Mr. Willis. „Da kommen die Pächter mit ihren Leuten, wie ich sehe! Recht so, Hobhouse! Brav, mein alter Seymour! Ihr seid immer die Ersten auf dem Platze! Und Eure ganzen Leute gleich mitgebracht? Recht so! Kommt denn Alle, so Viele ihrer bereit seid, und laßt uns sehen wie wir des Brandes mächtig werden!"

„Ja, ja, nur voran, Halford," erwiederte der Pächter Hobhouse. „Wie wir hier sind, haben wir uns schon verabredet, Euren Befehlen und Anweisungen zu folgen, und uns ganz unter Eure Leitung zu stellen. Zeigt uns, wo wir Hand anlegen sollen, und ich denke, Ihr werdet uns nicht müßig finden."

„Dank für Euer Vertrauen, liebe Nachbarn und Freunde!" antwortete Halford mit Herzlichkeit. „Frisch daran denn! Man muß den Stier bei den Hörnern packen, wenn man seiner Herr werden will! Vorwärts, vorwärts! Und Gott mag uns beistehen, daß unsere Bemühungen von Erfolg begleitet sind!"

Ohne längeres Zögern eilten die Männer, etwa vierzig oder fünfzig an der Zahl, mit Halford an der Spitze, davon. Richard schloß sich seinem Vater an, da er am wenigsten zurückbleiben wollte, und bald hatte man die Hügelkette erreicht, hinter welcher die Rauchwolken mit einer verstärkten Gewalt hervorbrachen und nun auch ein glühender Schein über den Wipfeln der Bäume sichtbar wurde.

„Hinauf! hinauf!" rief Halford — und hinauf ging es den nächsten Hügel, als ob die Männer Flügel an den Füßen gehabt hätten.

Als man den Gipfel erreichte, sah man den Brand in seiner ganzen Ausdehnung vor sich. Dichte Massen von Rauch wälzten sich über die Waldung hin, aus welcher wie Blitze da und dort die züngelnden Flammen empor zuckten. Ein Funkenregen, aus der Feuerstätte aufstäubend, flog in weitem Bogen über den Wald entlang, und fiel zündend an verschiedenen Orten nieder. Das Prasseln und Knistern der Flammen, das Sausen des Windes, der sich immer stärker erhob, und die Gluth immer mächtiger anfachte; das Krachen und Knattern der trockenen, dürren Fichtenäste, welches unaufhörlich wie rollendes Pelotonfeuer aus Qualm und Lohe erscholl; der schmetternde Sturz halb verkohlter Stämme, die im Fallen noch die nächsten Nachbarn mit niederrissen,

worauf immer eine ungeheure Wolke von Dampf und
Funken aufstob — all' dieses war wohl geeignet, den
Ausruf des Schreckens zu rechtfertigen, welcher dem
Munde der zur Hülfe herbeigeeilten Männer entfloh.
Mit vernichtender Schnelligkeit griffen die gierigen
Flammen um sich. Die züngelnde Lohe hüpfte von
Zweig zu Zweig, von Stamm zu Stamm, und wie ein
gefräßiges Ungeheuer verschlang sie die alten mächtigen
Bäume, die Hunderte von Jahren zu ihrem Wachsthume
gebraucht hatten, im Zeitraume von wenigen Augenblicken. Zuweilen, wenn ein kräftiger Windstoß die
Wolken von Rauch und Funken mit Gewalt niederdrückte
oder hoch in die Lüfte emporwirbelte, konnte man deutlich die Verheerung erkennen, welche die wüthende Flamme bereits angerichtet hatte. Ein Raum von mehr als
hundert Quadratmorgen war bereits völlig niederge-
brannt, und zeigte nichts mehr als rauchende, schwarze,
verkohlte Stämme, welche düster aus der erlöschenden
Glut emporstarrten. Von dieser Brandstätte aus fraß
die Flamme weiter und weiter, brach zur Rechten und
Linken in die Waldung ein, und wälzte sich, vom Winde
getrieben, wie ein vernichtender Lavastrom dem Hügel zu,
auf welchem die Männer ihren Standpunkt genommen
hatten. Die Hügelreihe selbst war auf der Seite, wo sie
nach der Brandstätte sich niedersenkte, mit meist dürrem
Gesträuch und einzelnen Tannen bewachsen. Wenn die
Flamme bis hierher gelangte, so mußte das ganze Ge-
strüpp Feuer fangen, wie Pulver, und dann war allerdings zu fürchten, daß die Gluth sich rasch noch weiter
verbreitete, und sogar den schönen Park des Baronets
sehr ernstlich gefährdete. Ein solches Umsichgreifen mußte
auf jede Weise verhütet werden.

Halford betrachtete mit aufmerksamen Blicken das
Feld der Verheerung, und entwarf mit ruhiger Ueberlegung den Plan zur Rettung.

„Freunde," sagte er, keine Menschenmacht ist im
Stande, den Feuerstrom zu verhindern, bis an den Fuß
dieser Hügel vorzudringen. Aber hier kann ihm eine
Schranke gesetzt werden, die ihm Einhalt gebietet. Zur
Linken kann sich die Gluth nicht weiter verbreiten, als
bis an den Fluß, über den sie nicht hinwegkommen kann;
nach rechts hin schreitet sie nur langsam vor, weil der
Wind sie nicht dahin treibt — also nur nach vornhin ist
die eigentliche Gefahr. So rasch die Flammen vordringen, werden sie uns dennoch so viel Zeit lassen, einen
Graben gegen sie aufzuwerfen. Dieser Graben muß
dicht am Fuße der Hügel gezogen werden, und es wird
uns sehr zu statten kommen, daß gerade hier die Wald-
bäume vereinzelter stehen, als tiefer im Dickicht. Rasch
denn an's Werk! Wir müssen tüchtig schaffen, wenn
wir unser Ziel erreichen wollen; aber erreicht muß es
werden, es koste, was es wolle."

Schnell und besonnen traf Halford seine Anstalten.
Die Leute, welche alle willig und zu den äußersten
Anstrengungen bereit waren, wurden an den geeigneten
Orten aufgestellt, und die Arbeit auf's Zweckmäßigste
unter sie vertheilt. Die besten Holzfäller erhielten Aerte
und Beile, um die Bäume und das Gesträuch niederzu-
hauen und auf die Seite zu schaffen, um dem Feuer die
Nahrung zu nehmen; die Uebrigen aber machten sich
mit Hacken, Schippen und Spaten darüber her, einen
Graben aufzuwerfen, welcher die Linie bilden sollte, die
das Feuer nicht überschreiten durfte. Weiter jenseits
brannten die Flammen ungehindert weiter — aber
mochten sie brennen! Zu retten war da doch nichts
mehr, also durfte gar keine Rücksicht darauf genommen
werden.

Die Leute, welche der Schweißtropfen nicht achteten,
die rastlose Anstrengung ihnen auspreßte, hatten schon
ein gutes Theil Arbeit gethan, als Sir Alfred mit seinen

Leuten und den übrigen Pächtern und Knechten anlangte. Alfred saß zu Pferde und betrachtete mit finsterem Blicke das Schauspiel der verzehrenden Gluth, die
seinen Waldungen einen so bedeutenden Schaden zu-
fügte. Dann sprengte er auf die Leute zu, welche den
Graben aushöb en und so eifrig bei ihrem Geschäft
waren, daß sie die Ankunft des jungen Herrn gar nicht
bemerkten.

„Aber was thut Ihr da, Männer?" rief er ihnen zu.
„Drüben brennt der Wald, und dort müßt Ihr die
Flammen zu dämpfen suchen! Vorwärts, vorwärts!
Wollt Ihr denn alle die Tausende von schönen Stäm-
men von dort bis hierher dem Feuer zur Beute lassen?"

„Ja, Sir Alfred, das wollen wir, weil wir es müssen!" sagte Halford, der in der Nähe stand und die
Worte des jungen Baronet gehört hatte. „Die Gluth
dort aufzuhalten, ist für Menschenkräfte völlig unmöglich. Hier aber bleibt uns wenigstens die Hoffnung, den
Park zu retten. Kann die Flamme hier nicht weiter
vordringen, so werden wir dort zur Rechten leicht mit ihr
fertig werden, während links der Fluß ihr eine unüber-
steigliche Schranke entgegensetzt. Glaubet mir, Herr,
dies ist die Stelle, wo wir arbeiten müssen, wenn unsere
Anstrengungen von Erfolg sein sollen."

„Aber der Wald! Der schöne Wald!" rief Alfred lei-
denschaftlich. „Er brennt nieder bis auf den Grund!"

„Ja, das wird er freilich," entgegnete Halford —
„aber wenn man zu viel retten will, so rettet man oft
gar nichts. Zweifelt nicht an meinem Worte, Sir —
dieser Punkt allein läßt uns hoffen, das entfesselte Element in seinem schrecklichen und verheerenden Laufe
aufzuhalten."

„Aber weiter drüben, der Sumpf!" erwiederte Alfred
ungestüm. „Man kann ihn benutzen, das Feuer zu
dämpfen."

(32)

„Mit Waſſer, Sir?" antwortete Halford und zuckte die Achſeln. „Ein ſolches Feuer kann nur gelöſcht werden, wenn ſich die Schleuſen des Himmels öffnen und ein mächtiger Platzregen niedergießt. Aber dazu iſt vor der Hand wenig Ausſicht vorhanden. Nein, nein — befehlt Euren Leuten, hier mit Hand anzulegen. Je eher wir mit dem Graben fertig ſind, deſto ſicherer werden wir des Erfolges ſein."

„Halford hat Recht, Sir," nahm Mr. Willis, der Haushofmeiſter, das Wort. „Dort iſt nichts mehr zu retten. Bleiben wir hier und helfen tüchtig mit."

„Nein! Wenigſtens nicht ohne einen Verſuch gemacht zu haben, noch einen Theil des Waldes zu retten," entgegnete Alfred hartnäckig. „Ich habe Befehl gegeben, die beiden Feuerſpritzen herbeizuſchaffen, und ich will damit bis zu dem Sumpfe vorbringen. Jeden Augenblick müſſen ſie kommen."

In der That kamen nach wenigen Minuten die Feuerſpritzen den Hügel herunter geraſſelt, und ohne auf die Warnungen Halfords und des Mr. Willis zu achten, drang Alfred mit ſeinen Leuten und den Spritzen muthig in das Dickicht ein. Der erwähnte Sumpf lag etwa dreitauſend Schritte weit tiefer waldeinwärts. Als man ankam, zeigte es ſich, daß er Waſſer genug enthielt, um die Spritzen im Nothfall den ganzen Tag über zu füllen, und Alfred traf ſogleich ſeine Anſtalten, um dem heranbrechenden Feuerſtrome zu begegnen. Er ſtellte die Spritzen an dem einen Ende des Sumpfes auf, der ſich zu ſeiner Linken ein paar hundert Schritte weit hin erſtreckte und breit genug war, um ein Ueberhüpfen des Feuers nicht ſehr fürchten zu laſſen. Die Stellung wäre ganz gut geweſen, wenn das Feuer nicht ſchon allzu mächtig überhand genommen und namentlich zur Rechten ſich ſchon weit über den Punkt hinaus, den Alfred beſetzt hielt, verbreitet gehabt hätte.

Alfred that übrigens, was er irgend thun konnte. Er ließ die Bäume vor sich und zu seiner Rechten so reichlich mit Wasser überspritzen, daß die Zweige vor Nässe trieften, und gab sich nun der Hoffnung hin, daß sie dem glühenden Hauche der Flammen Widerstand leisten würden. Zugleich ließ er nach rechts hin ebenfalls einen Graben ziehen, welcher freilich weder so tief noch breit war, als er wünschte, aber doch wenigstens einige Dienste leisten mußte, die im Verein mit den Spritzen zu einem guten Erfolge führen konnten, und — wie Alfred zu hoffen anfing — auch würden.

„Welche Thorheit von Halford, sich so weit entfernt von dem Feuer aufzustellen," sagte er zu Mr. Willis. „Hier ist der rechte Platz, dem wilden Elemente entgegenzutreten, und wir werden ja 'ehen, ob es uns nicht gelingt, ihn zu behaupten."

„Ich fürchte, Ihr hofft zu viel, Sir Alfred," entgegnete Sir Willis mit besorgter Miene. „Das Feuer ist zu übermächtig! Hört nur das Krachen, das Knistern und Prasseln der Flammen; seht diese ungeheuren Massen von Qualm und Rauch, seht diese tausend feurigen Zungen, die an den Zweigen und Stämmen entlang lecken; hört das Sausen des Sturmes — nein, nein, ich bin jetzt noch fester als vorhin überzeugt, daß Halford mit richtigem Blicke den besten Punkt zum Widerstande ausgewählt hat. Herr Gott, da kommt die Gluth heran! Der Dampf ist erstickend — im Nu muß das Feuer über uns her sein!"

„Nicht so schnell, als Ihr glaubt, und jedenfalls nicht so schnell, daß uns im schlimmsten Falle nicht der Rückzug offen bliebe," entgegnete Alfred. „Aber wahr ist's, dieser Qualm und dieser Aschen- und Funkenregen sind schrecklich! Aber es nützt nichts, wir müssen Stand halten und Halfords Leuten da drüben zeigen, was man mit Muth und Entschlossenheit zu leisten vermag. Da sind die Flammen! An die Spritzen, Leute! Wir müssen ein Element durch das andere ersticken!"

Die Wucht der Flammen brach mächtig heran. In wenigen Minuten entzündeten sie hundert, tausend Bäume zugleich, bis sie die Fichten erreichte, die mit Wasser überschüttet und getränkt worden waren. Hier stand die Gluth einige Augenblicke, aber die Hitze, die sie aushauchte, war so entsetzlich, daß die Feuchtigkeit in den Zweigen und Nadeln rasch zu verdampfen anfing, und in weißen Wolken über die Wipfel aufstieg, wo sie sich mit den ungeheuren Massen des aufwirbelnden grauen Dampfes vermischte. Das dauerte nur eine kurze Zeit. Obgleich Alfred Strahl auf Strahl und Woge auf Woge über die Flammen hinspritzen ließ, machten diese doch reißende Fortschritte, und es war ohne Mühe vorauszusehen, daß alle Anstrengungen, die Gluth aufzuhalten, nutzlos sein würden. Dennoch wich Alfred nicht, sondern ermunterte die Leute zu immer erneuertem Kampfe gegen das wilde Element. Wo die Spritzen arbeiteten, und so weit der Sumpf reichte, wurde den Flammen auch wirklich Einhalt gethan — aber rechts und links schritten sie unaufhaltsam weiter, und zugleich fiel ein so furchtbarer Funkenregen, vom brausenden Sturme getragen, im Rücken der Arbeiter nieder, daß plötzlich auch hier die Lohe prasselnd zum Himmel aufstieg und den Spritzenleuten den Rückweg abschneiden zu wollen schien.

„Heiliger Gott, wir sind Alle verloren, Sir Alfred!" schrie Mr. Willis auf, der zuerst die neue und schreckliche Gefahr bemerkte. „Zurück! Zurück, so schnell wir können!"

In der That, die Gefahr war nahe und dringend. Ein breiter Ring von Feuer schien Alles einschließen zu wollen. Wohin man sah, nichts als Gluth, Funken und Qualm, der die Augen blendete und fast den Athem er-

ſtickte. Ohne auf Alfred zu hören, der ſie zur Beſonnenheit ermahnte, ſtürzten die Leute in wildem Schrecken
einer Stelle zu, welche noch einen letzten Durchgang zu
geſtatten ſchien, und bahnten ſich in verzweiflungsvoller
Haſt einen Weg. Alfred und Mr. Willis wurden von
der Flucht mit fortgeriſſen, ohne ſie aufhalten zu können, und eben, als Alfred ſeinem ſchnaubenden Pferde
die Sporen gab, flammte plötzlich die Baumreihe, welche
man bis dahin noch vor den Flammen beſchützt hatte, in
lichter Lohe auf und ſtrahlte eine glänzende, blendende
Helle aus. Alfreds Pferd, ohnehin ſchon ſinnlos vor
Angſt, wurde von paniſchem Schrecken ergriffen, machte
einen furchtbaren Satz zur Seite und ſchleuderte ſeinen
Reiter mit ſolcher Heftigkeit ab, daß derſelbe, gegen einen
Baumſtamm ſtürzend, beſinnungslos am Fuße deſſelben
liegen blieb. Niemand achtete auf dieſen Unglücksfall.
Die Begleiter Alfreds ſahen nur vor, nicht hinter ſich,
und Alfred ſchien dem ſchrecklichen Schickſale, in dem
Flammenmeere ſeinen Tod zu finden, nicht entgehen zu
können. Nur wenige Minuten noch und das Schreckliche mußte geſchehen ſein. Rings um ihn brauſten die
Flammen — und er lag ohnmächtig am Boden, unfähig,
nur einen Finger zu ſeiner Rettung zu rühren. — —

Mittlerweile ſetzten die Uebrigen ihre Flucht fort, und,
ſeinem natürlichen Inſtinkte folgend, jagte das reiterloſe
Pferd hinter ihnen her. Wenige Augenblicke genügten,
um Alle in Sicherheit zu bringen — aber jetzt, wo ſie
nichts mehr für ſich zu fürchten hatten, gewahrten ſie das
Pferd, das ſchnaubend und verwildert daher galoppirte.

„Großer Gott, Alfred!“ rief Mr. Willis entſetzt aus.
„Das Thier hat ihn abgeworfen — wo iſt er?“

Niemand wußte es, denn Niemand hatte das Ge-
ſchehene bemerkt — aber die Frage beantwortete ſich von
ſelbſt, denn da Alfred nicht hier war, ſo mußte er nothwendig im brennenden Walde zurückgeblieben ſein.

„Wir müssen zurück! Er muß gerettet werden!" sagte
Mr. Willis. „Zurück, Leute! Ihr werdet Euern Herrn
nicht hülflos einem schrecklichen Schicksale überlassen!"

Die Leute schwiegen, sahen sich an, schauten auf das
wogende Flammenmeer und schüttelten die Köpfe.

„Unmöglich, Mr. Willis!" sagte endlich Einer von
den Leuten. „Das wäre gerade, als wenn man dem
Tode in den Rachen liefe. Da ist nichts zu retten mehr!
Sir Alfred ist verloren!"

„Ja, Herr, er ist verloren!" murmelten die Anderen.
„Zu helfen ist da nicht, unmöglich! Er ist verloren!"

„Wer ist verloren?" rief plötzlich eine jugendliche
Stimme, und Richard trat halb athemlos zwischen die
Leute. „Wer ist verloren?"

„Sir Alfred! Der junge Herr!" antworteten Einige.

„Herr Gott, also doch zu spät gekommen!" rief Richard
aus. „Mein Vater dachte wohl, daß Gefahr drohen
müsse, als plötzlich auch v o r dem Sumpfe die Flammen
aufstiegen und Euch in die Mitte nahmen. Er schickte
mich ab, um Alfred zu warnen — und nun — zu spät!
O, Jesus! — Aber vielleicht ist er noch zu retten! Wo
war er, als Ihr ihn verließet?"

„Dicht am Sumpfe, und da muß ihn das Pferd auch
abgeworfen haben," antwortete Mr. Willis. „Vielleicht,
ja, könnte man noch dahin kommen!"

„Das Pferd! Wo ist das Pferd?" schrie Richard,
entschlossen, das Aeußerste zu versuchen.

Das Pferd war glücklich eingefangen worden — man
führte es herbei — Richard schwang sich in den Sattel,
und sprengte, dem Thiere wüthend die Fersen in die
Weichen rennend, gerade den Flammen entgegen. Er
folgte den Räderspuren der geflüchteten Spritzenwagen;
in wenigen Augenblicken erreichte er die Stelle, wo vorhin noch die Flucht offen gewesen war. Jetzt brannten
schon knisternd und knatternd die Zweige der Fichten,

und das Pferd scheute vor den Flammen zurück. Aber
jenseits derselben lag Alfred, und Richard sah ihn. Vorwärts trieb er das bäumende Thier, und schnaubend
setzte es unter den brennenden Zweigen hindurch. Von
Rauch geschwärzt, mit versengten Haaren, langte Richard
an, sprang vom Pferde, und half Alfred, der glücklicherweise wieder zur Besinnung gekommen war, in den
Sattel. Dann schwang er sich selbst hinten auf, und
noch einmal jagte er, jeder Gefahr Trotz bietend, den
mit Flammen besäeten Pfad wieder zurück. Das Pferd
selbst schien die Gefahr zu kennen — es scheute nicht
mehr, sondern sprang muthig durch das Feuer und den
knisternden Funkenregen hin. Die glühenden Funken
fielen wie Regentropfen auf die Reiter und das Thier —
aber Richard schüttelte sie ab, und wenige Sekunden
später hatte er mit Alfred glücklich die Uebrigen erreicht,
und wurde mit einem lauten Hurrah empfangen.

Alle zogen sich nun sogleich noch weiter bis zu der
Stelle zurück, wo Halford unausgesetzt thätig gewesen
war. Breit und lang zog sich der ausgeworfene Graben
am Rande des Waldes hin; viele Bäume, die Gefahr
drohten, waren bereits niedergehauen und auf die Seite
geschafft worden, und Alles versprach ein glückliches Gelingen des begonnenen Rettungswerkes. Da die zurückgekehrten Männer ohne weiteres Zögern ebenfalls mit
Hand anlegten, so wurde die Arbeit mit doppelter Schnelligkeit gefördert, und als die Flammen endlich kamen
mit Macht und Gewalt, da fanden sie eine Schranke, die
sie nicht zu überspringen vermochten, und die verzehrende
Gluth sank, ohne weiteren Schaden anzurichten, in Asche
zusammen. Man wurde des Feuers mächtig, und ein
Abends fallender heftiger Platzregen beseitigte vollends
jede Besorgniß. Nur ein kleiner Theil der Leute brauchte
als Wache zurückzubleiben; die Meisten kehrten nach
Hause zurück, und mit ihnen Halford und Richard, die

im Stillen dem Herrn dankten, daß durch seine Hülfe weiteres Unglück verhütet worden war.

Unterwegs begegnete Frau Willigis den Beiden, und nickte Richard sehr freundlich zu.

„Hab' ich nicht Recht gehabt, Dick, mein braver Junge?" sagte sie, und lachte still und vergnügt in sich hinein. „Deine Liebe ist stärker gewesen, als die Abneigung des jungen Herrn! Wir werden nun wohl noch eine gute Weile zusammenbleiben, so Gott will, und dein Vater kann nun auch wieder seine Wagen abladen lassen. Ich habe so ein Vögelchen pfeifen hören, und weiß mein Theil. Nun, Ihr werdet's auch erfahren — gute Nacht und Gott befohlen!"

Mit diesen Worten ging die alte Mutter, ohne ihre räthselhaften Andeutungen weiter zu erklären. Aber die Erklärung sollte kommen, als Pächter Halford und Richard nach Hause kamen. Alfred erwartete sie in ihrer Wohnung, und streckte Richard, als er eintrat, beide Arme entgegen. Erstaunt, aber auch hoch erfreut, sank Richard an seine Brust.

„Verzeihung, Richard, mein Freund!" sagte Alfred. „Ich habe böse und sehr unfreundlich an dir gehandelt, und du hast es vergolten durch Aufopferung, durch Demuth und endlich durch die Rettung meines Lebens. Dein treues und redliches Herz hat das Vorurtheil, das ich gegen dich hegte, besiegt — ich sehe die ganze Größe meines Unrechtes ein, und ich will gut machen, so viel ich vermag. Vor Allem bitte ich dich um Vergebung und um deine Freundschaft — versage mir Beides nicht!"

„Und mein Vater?" fragte Richard.

„Er bleibt natürlich hier, und erhält von mir sein Gut in Erbpacht für sich und seine Nachkommen, so lange deren vorhanden sind," entgegnete Alfred. „Und jetzt, Richard — bist du jetzt mit mir versöhnt?"

(32)

„Oh, Alfred," erwiederte Richard freudevoll und herzlich — „gezürnt habe ich dir im Grunde nie, sondern es hat mich nur betrübt, daß du nicht so freundlich gegen mich gesinnt warest, wie ich wünschte. Friede denn und Freundschaft unter uns! Nichts soll wieder störend zwischen uns treten!"

Eine lange und herzliche Umarmung besiegelte die Versöhnung. Alle fühlten sich glücklich, Alfred, der wackere Pächter, seine Gattin und die Kinder — am glücklichsten aber war Richard, dessen edles und hochherziges Streben eine so schöne Frucht getragen hatte. Die Pachtung wurde, wie Alfred versprochen hatte, in Erbpacht für die Halford'sche Familie verwandelt, und keine treueren Freunde gab es fortan im ganzen schönen England; als die beiden Freunde Alfred und Richard.